송대에 있어서의 양자법

지은이 ———————————————————————————————

● 가와무라 야스시 (川村康)

　와세다(早稻田)대학 법학부 학사학위와 석사학위 수료
　동경대학 동양문화연구소 조교(助手) 역임
　관서학원대학 (關西學院大學 : Kwansei Gakuin University) 교수

옮긴이 ———————————————————————————————

● 임대희

　경북대학교 사범대학 역사교육과 교수

초판인쇄일 : 2005년 5월 25일
초판발행일 : 2005년 5월 30일

지 은 이 : 가와무라 야스시(川村康)
옮 긴 이 : 임대희
발 행 인 : 김선경
발 행 처 : 도서출판 서경문화사
편　　 집 : 김현미 · 조시내
표　　 지 : 김윤희
필　　 름 : 프린텍
인　　 쇄 : 한성인쇄
제　　 책 : 반도제책사
등록번호 : 1 – 1664호
주　　 소 : 서울시 종로구 동승동 199 – 15 105호
전　　 화 : 02 – 743 – 8203, 8205
팩　　 스 : 02 – 743 – 8210
메　　 일 : sk8203@chollian.net

ISBN 89 – 86931 – 88 – 5　　93910

정가　15,000원

송대에 있어서의 양자법

〈判語를 주된 史料로 해서〉

가와무라 야스시 지음

임대희 옮김

서경

머리말

　　이른바 전통중국에 있어서의 양자법에 대한 연구는 대부분 가족법 전체에 관한 고찰의 일환으로서, 히가시가와 노리하루東川德治[1] · 기요미즈타이지清水泰次[2] · 미즈다니구니가즈水谷國一[3] · 니시야마사까히사西山榮久[4] · 대염휘戴炎輝[5] · 니이다노보루仁井田陞[6] · 시가슈우조滋賀秀三[7] 등에 의해 행해져 왔다.[8]

1) 東川德治,「支那法과 養子」,『法學志林』20권 4호, 1918년4월. 후에『지나법제사 연구』, 有斐閣, 1924년9월에 수록.
2) 清水泰次,「支那의 家族制度 研究」,『早稻田法學』8권, 1928년1월.
3) 水谷國一,「支那에 있어서 家族制度」,『滿鐵調査資料』73편, 南滿州鐵道株式會社庶務部調査課, 1928년2월.
4) 西山榮久,「支那에 있어서 가산분할에 관한 법규와 관습에 관해서」,『東亞經濟研究』12권 3호―4호, 1928년 7 · 10월; 西山榮久,「家族制度 槪要」,『支那의 姓氏와 家族制度』, 六興出版部, 1944년1월.
5) 戴炎輝,「近世 支那 및 臺灣의 養子法」,『臺法月報』31권 7―11호, 1937년7월―11월.
6) 仁井田陞,『당송법률문서의 연구』, 東方文化學院, 1937년3월; 仁井田陞,「支那근세의 희극소설에서 보여지는 私法」, 石井良助 편,『中田선생환갑기념법제사논집』, 岩波書店, 1937년3월; 仁井田陞,「支那養子法의 史的 변천」,『史學雜誌』50편 12호, 1939년12월; 仁井田陞,『支那身分法史』, 東方文化學院, 1942년 1월.
7) 滋賀秀三,『중국가족법론』, 홍문당, 1950년4월; 滋賀秀三,『중국가족법의 원리』, 창문사, 1967년3월.
8) 최근 중국에 있어서는 莫家齊,「從『名公書判淸明集』看宋朝的繼承制度」,『법학잡지』, 1984년6기; 郭東旭,「宋代財産繼承法初探」,『하북대학학보』, 1986년3기 등 상속법의 일환으로서의 연구도 이루어지고 있다.

그러나, 이들의 연구 중 대염휘 이전의 것은, 그 사료를 입법례와 전적典籍, 관행조사 등에서만 취하였고, 판어判語를 활용하지는 않았다. 판어가 법제사의 사료史料로서 유효하게 활용되게 된 것은 니이다노보루(仁井田陞)의 연구에서부터이다.

애초에, 양자법과 가족법뿐만 아니라 일반적으로 입법이 갖추어지지 않았던 전통중국의 민사법을 연구함에 있어, 그 미비함을 보충하기 위해서는 다른 사료를 활용하지 않으면 안 된다.

그러나「구관조사舊慣調査」의 이름아래, 청말부터 현대중국까지의 과도기에 걸쳐서 행해진 관행조사로 전통중국의 법을 논할 수 없고, 그것을 대신해서 전적중에서 발견한 관행 안에 의해서도 이 부족함을 충분하게는 메꿀 수 없다. 그래서 지방관의 재판례인 판어를 사료로 해서 활용하지 않으면 안 되는 것이다. 이것이 지금의 판례와 같은 체계성을 갖고 있지도 않고 아직 완전히 입법의 부족함을 메울 수 있는 것도 아니지만, 어쨌든 당시의 법정 현장에서 논해졌던 법관행에 관한 기록이기 때문이다.

본고本稿는 이상과 같은 관점에서부터 송대에 있어서의 양자법의 실태를 현재에 전해지고 있는 송대 4종 판어 - 송대의 명판결문집인『명공서판청명집名公書判淸明集』[9]과, 개인문집 중에 판어를 수록한

---

9)『名公書判淸明集』[『淸明集』]은 宋刻不分卷本(明刻本의 4,5,8,9권에 대강 해당)이 靜嘉堂文庫에, 明刻 14권본이 상해도서관 및 북경도서관(10권까지)에 소장되어 있다. 송각본에 관해서는 영인본(고전연구회 영인『명공서판청명집(淸明集)』1964년8월 [영인본『청명집(淸明集)』] 및 王曾瑜・陳智超・吳泰의 세 사람에 의한 표점본(중국사회과학역사연구소편,『중국고대사회경제사 자료』제1집, 복건인민 출판사, 1985년9월)이 있고, 梅原郁에 의해 일본어로 번역되고 있다(梅原郁 역주,『명공서판청명집(淸明集)』, 同朋社, 1986년12월 [梅原譯『청명집(淸明集)』]. 명각본에 관해서는 표점본(중국사회과학원역사연구소 송요금원사연구실点校『명공서판청명집(淸明集)』중화서국, 1987년1월 [중화서국『청명집(淸明集)』]이 있다. 본고에서의 인용에 있어서는 송각본 잔존부분은 영인본『청명집(淸明集)』을 사용해 명각본과의 대교한 것으로 주를 넣는

『면재勉齊선생 황문숙공문집黃文肅公文集』10), 『후촌선생대전집後村先生大全集』11), 『문산文山선생전집』12) – 를 주된 사료로 하고 그 밖의 여러 사료도 가능한 한 참조해서, 그 이념과 현실의 양 측면에서 체계적으로 서술해 가고자 시도한 것이다.

것으로 표시하고, 명각본에만 잔존하는 부분에 관해서는 동경대학동양문화연구소 소장의 상해도서관본 복사와 함께 중화서국『청명집(淸明集)』을 사용한다. 또한『청명집(淸明集)』의 해제, 소개에 관해서는 仁井田陞,「청명집(淸明集)戶婚門의 연구」(『동방학보』동경4冊, 1933년11월. 후에『중국법제사연구와 도덕법과 관습』(동경대학출판회, 1964년3월〔仁井田陞『중국법제사연구』Ⅳ〕)에 수록), 仁井田陞,「영락대전본「청명집(淸明集)」에 관해서」(仁井田陞,『중국법제사연구』Ⅳ), 仁井田陞,「명공서판청명집(淸明集) 해제」(영인본『청명집(淸明集)』), 長澤規矩也「판본해설」(영인본『청명집(淸明集)』), 周藤吉之,「고전연구회 刊. 정가당문고 소장「명공서판청명집(淸明集)」에 관해서」(『大安』10권 9호, 1964년9월. 후에『송대사연구』(동양문고, 1967년3월)에 수록), 陳智超「명각본《명공서판청명집(淸明集)》술약」(『중국사연구』1984년4기), 陳智超,「송사연구의 귀중한 사료-명각본《명공서판청명집(淸明集)》소개-」(중화서국『청명집(淸明集)』부록 7) 등을 참조.

10) 黃榦,『勉齋先生黃文肅公文集』. 정가당문고소장 송각본의 권38-40에서「판어」를 수록했다. 북경도서관소장 元刻本은 권38-40(중화서국『면재집』부록 2에, 사고전서 수록『청명집(淸明集)』도 권32-33에 같은 내용의「판어」를 수록했으나, 본고에서의 인용에 있어서는 송각본을 사용하고 원각본, 사고전서본의 대조를 주로 넣어 표시한다.

11) 劉克莊,『後村先生大全集』. 四部叢刊 본의 권192-3에「書判」을 수록했다. 중화서국『청명집(淸明集)』부록 3에도 수록되어 있다. 본서에서는『청명집(淸明集)』과 중복하는 판어가 있는데, 이 인용에 있어서는『청명집(淸明集)』을 사용하고,『후촌집』과의 대조를 주를 넣어서 표시한다. 또한 程有慶「《後村居士集》鐵琴銅劍樓舊藏宋本」(『문헌』1987년3기)에 의하면 북경도서관에 송각본『후촌거사집』50권 중에 38권이 잔본으로서 수장되어있다는 것이지만「서판」은 포함되어 있지 않은 모양이다.

12) 文天祥,『文山先生全集』. 4부 총간본의 권12에「문판」을 수록했다. 중화서국『淸明集』부록 4에도 수록되어 있다. 다만 본서는 민사관계의 판어를 포함하지 않기 때문에 본고에서는 사용하지 않는다.

제1장

養子의 目的

가족은 계속적으로 발전·성장해 가지 않으면 안되고 그것은 부모로부터 아들 아들에게서 손자에게로 라고 하는 승계과정의 연쇄에 의해 실현되어간다 그러나 자연의 흐름에만 맡기고 있어서는 이 쇠사슬이 도중에서 끊어져버리는 때가 있다 그 때 이 끊어진 쇠사슬에 새로운 연결 고리를 덧붙여 주는 수단이 바로 양자인 것이다

제**1**장
양자養子의 목적目的

    가족은 계속적으로 발전·성장해 가지 않으면 안 되고, 그것은 부모로부터 아들, 아들에게서 손자에게로 라고 하는 승계관계의 연쇄에 의해 실현되어 간다. 그러나 자연의 흐름에만 맡기고 있어서는 이 쇠사슬이 도중에 끊어져 버리는 때가 있다. 그때, 이 끊어진 쇠사슬에 새로운 연결고리를 덧붙여 주는 수단이 바로 양자인 것이다.

    중국인에게 있어서 가족이 계속 이어진다는 것은 첫째로, 제사가 끊어지지 않는다는 것이었다. 그들의 사생死生관에 의하면, 사람은 죽으면 「혼」이 되어 「사후(死後) 세계」로 가는데, 그곳에서의 생활양식은 생전의 세계에서 구하지 않으면 안 된다. 즉 생전의 세계에서 그들 「혼」을 제사지내고, 공양하지 않으면 「혼」은 「굶어」죽고 마는 것이다.13) 『춘추좌씨전春秋左氏傳』의

    초나라 사마인 자량子良이 아들 월초越椒를 낳았다. 그러자 (자량의 형인)

---

13) 仁井田陞, 『支那신분법사』, pp.773~774.

자문(子文)이 말하기를, 「반드시 이를 죽여라. 이 자식은 곰과 범의 형상을 하고 승냥이와 이리의 소리를 내니, 이걸 죽이지 않으면 반드시 우리 약오씨若敖氏가 망할 것이다. 속담에 말하기를, 〈이리는 새끼 때부터 마음이 늘 산야에 있다〉라고 한다. 이 아이는 곧 이리다. 그런데 어찌 기를 수 있단 말인가?」라고 했다. 그러나 자량은 안된다고 했다. 자문은 이것을 큰 근심거리로 여기었다. 그래서 그는 임종을 앞에 두고 그의 씨족을 모아놓고 말하기를, 「이후에 월초가 정권을 잡으면 다들 속히 외국으로 떠나, 재난을 당하지 말라」라고 했다. 그리고 울며 말하기를, 「혼도 먹을 것을 구하는 것인데, (월초가 약오씨를 멸한다면)우리 약오씨의 혼은 앞으로 배고프지 않을 것인가?」라고 했다.14)

라고 하는 기술은 이 점을 잘 설명하고 있다. 그리고 제사를 집행하는 사람은 당연히 그들의 남계男系의 자손이 아니면 안되었다. 다시 말해 자손이 끊기고 집안이 끊기는 것은, 혼에 대한 제사가 끊기고 혼을 굶어죽게 만드는 것이었다. 아들이 없는 것이 최대 불효로 여겨진 이유가 바로 여기에 있었다.

그런데 자연스럽게 아들을 얻을 수 없는 때가 있다. 그때 「생명의 접목」15)에 의해서 제사 승계자인 아들을 만들어 주는 것이 양자제도의 가장 중요한 목적이었다.16)

양자의 목적이 우선 제사를 이어가는 것에 있는 이상, 어떤 사람이 아들을 얻지 못하고 죽었을 때는 그 사후에라도 양자를 얻어 주는 것이 허락되어야 했다. 그것은 선조의 제사뿐만 아니라, 우선 첫째로 사자死者본인의 제사를 집행하기 위해서였다. 이 「사후양자」는 제사를 이어가기 위한 전통중국 양자법의 특색이고, 또한 이것

---

14) 『춘추좌씨전』 宣公4년(楚司馬子良生子越椒, 子文曰, 必殺之 是子也. 熊虎之狀而豹狼之聲, 弗殺必滅若敖氏矣, 諺曰, 狼子野心, 是乃狼也, 其可畜乎, 子良不可, 子文以爲大慼, 及將死, 聚其族曰, 椒也知政, 乃速行矣, 無及於難, 且泣曰, 鬼猶求食, 若敖氏之鬼, 不其餒而).
15) 滋賀秀三, 『중국가족법의 원리』, p.108.
16) 仁井田陞, 『支那신분법사』, p.774; 滋賀秀三, 『중국가족법의 원리』, p.108.

은 양자제도가 「집안을 위한 양자」라기 보다는 「부모를 위한 양자」
라는 것을 분명히 하고 있다.17) 「사후양자」를 세워 「멸망한 나라를
다시 일으키고 끊어진 집안을 되살린다」18)는 것은, 실은 「사람의
명맥의 부활」19)을 주로 문제로 하고 있었던 것이다.

그리고 선조의 제사는 그 남계의 자손이 아니면 집행할 수 없다
는 점에서 전통중국 양자법의 또 하나의 특색인 「이성불양異姓不養」
이라는 원칙이 이끌어져 나온 것이다.

그리고 다른 사람의 아들을 양자로 하는 것을 「걸양乞養」·「과
방過房」·「입사立嗣」·「입계立繼」·「입후立後」등이라 하고, 양자 쪽에
서 보면 「출계出繼」·「다른 사람의 후계자가 된다(위인후爲人後)」라고
한다. 즉 「과방」은 친부모의 방房에서 양부모의 방으로 옮겨가는 것
이고, 「입사」는 후계자[嗣子]를 세우거나 후계자로 인정하는 것이며,
「입계」는 계자繼子로 인정하는 것이다.

「출계」란 친부모의 방에서 나와서 양부모의 뒤를 잇는 의미이
다.20) 또, 전통중국에 있어서 단순히 「자子」라 한 경우에는 아들만
을 가리키는 것이고 본고本稿도 이 용어법에 따른다. 「자」란 「후계
자[사자]」즉 제사의 승계자이고 딸은 원칙적으로 제사의 승계자가
될 수 없었다.21) 송대의 판어判語에서도 양자의 목적이 제사를 이어
가는 것에 있다는 것을 논한 것이 있다.

---

17) 滋賀秀三, 『중국가족법의 원리』, p.106. 「요컨대 양자는, 가령 家를 위하는 것
   이라기보다는 사람을 위한 것이었다」.
18) 『논어』 堯曰 제20.
19) 滋賀秀三, 『중국가족법의 원리』, p.334 주(87) 참조.
20) 이들 용어의 의미에 관해서는 滋賀, 『중국가족법의 원리』, pp.110~121, p.299
   참조.
21) 다만 『청명집(淸明集)』 戶婚門, 권9－19, 取贖 「孤女贖父田」에 「兪梁死于紹定
   二年, 並無子孫, 僅有女兪百六娘, 贅陳應龍爲夫, ……兪梁旣別無子孫, 仰以續祭
   祀者惟兪百六娘而已」라고 하는 것은 주목할 가치가 있을 것이다.

법정에서 (원고 아장阿張은) 「학문學文은 자신의 친동생이외의 사람을 자신을 위해서 입사立嗣하려고는 원하지 않았습니다」라고 진술하고 있지만, 그녀의 말대로 해버리면 학문의 혈통은 끊어져 버리게 된다. …이것은 이학례李學禮(학문의 친동생)가 형의 재산을 자기 것으로 하려고 계획해서, 모친 아장을 부추켜서 소송을 일으키게 한 것임에 틀림없다.

형제의 은정을 잊고 계절繼絶의 마땅함을 버리고, 형의 제사를 폐하고 형의 혼을 굶기려고 한 것이다. 이러한 행동을 참아야 한다고 한다면, 어떠한 행동이라도 참아야 하는 것이 되고 말 것이다.22)

혜손惠孫이 친아버지의 집으로 돌아가 왕광문王廣聞(친부親父)의 재산을 계승했기 때문에, 왕이王怡(양부)의 제사는 끊어지게 되었다. 그러나 혜손이 친가親家에 돌아가도, 형손衡孫(왕이王怡의 친동생인 촉蜀의 사후양자)이 여전히 양가에 머물기 때문에, 촉에게는 후계자가 있다.

이怡에게는 후사後嗣가 없는 것이 되지만, 촉의 제사가 끊어지지 않는다면, 성여聖與(이怡와 촉의 친아버지)의 제사도 끊어지는 일은 없다. 단지 슬퍼해야 할 일은, 왕이王怡의 혼이 제사를 받지 못하게 되는 것뿐이다.

족장 왕성목王聖沐이 본 관청에 소송을 일으켜, 법에 따라서 소목昭穆상당자를 뽑아서 명계命繼하고자 요청한 것은 당연히 옳은 일이다.23)

양자, 특히 사후양자는 죽은 자가 「제사가 끊어진 혼」이 되는 것을 피해 그 제사를 집행하게 하는 것을 목적으로 하고 있던 것이다.24)

그런데 양자는 현실적으로 제사의 승계만을 목적으로 한 것이라고는 할 수 없다. 제3장에서 논하듯이, 기아수양棄兒收養이란 의미에

---

22) 『청명집(淸明集)』 戸婚門, 권8-04, 立繼類 「叔教其嫂不願立嗣意在呑倂」(今此所陳乃稱, 學文自親弟下, 不願更與之立嗣, 如此則是絶學文之後矣…… 此必是李學禮志在呑倂乃兄之家業, 遂教其母以入嗣, 忘同氣之恩, 棄繼絶之誼, 廢其祭祀, 餒其鬼神, 是可忍也, 孰不可忍也).

23) 『청명집(淸明集)』 戸婚門, 권8-13, 立繼類 「父子俱亡立孫爲後」(其惠孫只得歸所生父家承紹王廣聞之業, 而王怡之香火絶矣, 雖然惠孫雖去, 衡孫尙存, 是蜀有後, 而怡無後, 蜀之香火不絶, 則聖與之香火亦不絶, 但可惜, 王怡爲不祀之鬼耳, 族長王聖沐經本司陳乞照條擇昭穆相當人爲王怡命繼, 義當然也).

24) 이 외 『청명집(淸明集)』 戸婚門, 권7-04, 立繼 「探闖立嗣」에 「命繼一事, 所合區處, 以綿一位嗣續之脈」이라고 하는 것도 참조가 된다.

서 「아이를 위한 양자」인 것도 있을 수 있었다. 남송시대 원채袁采의 가훈서인 『원씨세범袁氏世範』에

> 가난한 사람은 다른 사람의 아이를 어릴 때부터 양자로 해야 한다. 왜냐하면, 가난한 사람에게는 노후의 양식으로 할 전택田宅이 없기 때문에, 그 아이의 부양에만 의지해야 하기 때문이다. 어릴 때부터 의식을 돌봐 키우지 않으면, 그 마음을 자신의 곁에 두지 않기 때문이다.
> 따라서 부자가 다른 사람의 아이를 양자로 할 때에는 성인을 양자로 취해야 하는데, 지금의 부자는 양자를 꺼려서 철이 들기 전부터 쓰다듬어 키우기도 하고 극빈한 아이를 키우기도 한다. 그런 아이는 성장해서 불초不肖하게 되고, 재산을 탕진해 버리고 마는 것이다. 그렇게 되고 나서 인연을 끊을 대책을 강구하기 때문에 결국 소송을 벌이는 사태가 일어나는 것이다.[25]

라고 쓰여 있듯이, 노후의 반포反哺나 부양을 목적으로 한 소위 「살아있는 부모를 위한 양자」도 존재하고 있었다.[26] 더욱이 판어에는,

> 사람이 아들이 없어 입계立繼하기에 이르는 것은, 그 가산을 보전하고, 선조의 제사가 제대로 집행되기를 원하기 때문이다.[27]

라 되어 있어, 제사를 이어가는 것뿐 아니라 「가업을 보전」하는 것도 양자를 세우는 목적이었다. 양자를 세우는 첫번째 목적이 제사를 이어가는 것이라고 하여도, 현실적으로는 동시에 가산의 승계와

---

25) 『원씨세범』1권, 睦親 「養子長幼異宜」(貧者養他人之子, 當於幼時, 蓋貧者無田宅可養暮年, 惟望其子反哺, 不可不自其幼時衣食撫養, 以結其心, 富者養他人之子, 當於旣長之時, 今世之富人養他人之子, 多以爲諱, 故欲及其無知之時撫養, 或養所出至微之人, 長而不肖, 恐其破家, 方議逐去, 致有爭訟).
26) 사료에는 명확한 형태로는 나타나 있지 않지만 가내 노동력의 확보라고 하는 목적도 분명히 존재하고 있었을 것이다. 그리고 그것은 후계자 [嗣子]로서의 양자보다도 義子로서의 양자로 보다 많이 구해졌을 것임에 틀림없다. 仁井田升, 『支那신분법사』, pp.774~775 참조.
27) 『청명집(淸明集)』戶婚門, 권8－18, 立繼類 「治命不可動搖」(人之無子而至於立繼, 不過願其保全家業, 而使祖宗之享祀不忒焉耳).

도 관련되는 것이기 때문에,28) 양친이나 죽은 자가 자산가인 경우에는 종종 그 재산을 노리고 양자가 되려하고, 혹은 자기자식을 양자로 들이려고 다투는 현상이 나타났으며 판어에도 이러한 사례가 많이 보인다.

구장丘莊 즉 구육사丘六四는 구훤丘萱의 사촌형이다. 구훤이 아들을 남기지 않고 죽고, 그 뒤에 아유阿劉가 단신 과부 생활을 하고 있었다. 구장丘莊은 나쁜 마음을 품어 사촌동생이 죽어갈 때 그 가산을 노리고 구신丘新을 입계立繼하려고 말참견을 했다. 이 뻔뻔스러운 계획이 달성되지 못하고 끝나자 다시 나쁜 계획을 계속해서 생각해 내어 마침내 가산분배에 의해 구훤의 것으로 되어있던 삼구리三瞿里의 전田50種을29) 멋대로 계약서 2통을 작성해서 스스로 중개인이 되어 주부朱府에 팔아 넘겨 버렸다.30)

도대체 왜 범우范遇는 부모가 죽고 가산분할이 행해진후 8년뒤, 형인 자경子敬도 죽었을 때, 자경의 동생 선보善甫와 조카 여경餘慶에게 억지로 입계立繼 문서에 서명하게 하고, 자신의 아들 문손文孫을 (망형亡兄)희보熙甫의 후사後嗣로 하려고 한 것일까. 이것은 실은 형에게 아직 후사가 세워져 있지 않은 것을 걱정했기 때문이 아니라, 형과 동생에게로 분할된 가산을 빼앗으려고 했기 때문이라고 하는 것이다.31)

---

28) 결국 제사승계와 재산승계는 동일물의 양 측면과 같이 불가분의 존재인 것이다. 滋賀秀三, 『중국가족법의 원리』, pp.113~116 참조.

29) 「種」은 토지의 면적의 단위. 愛宕松男는 남송 복건지방에 특유의 협소한 면적단위로 명대의 「弓」과 동일의 것이라고 추정하고 있다(愛宕松男 「封案~柝斷의 制─송대에 있어서 집행유예형에 관해서─」(동방학회편 『동방학회창립25주년기념동방학논집』, 동방학회, 1972년12월) p.215 주(13)).

30) 『청명집(淸明集)』 戶婚門, 권5─08, 爭業下 「從兄盜賣已死弟田業」(丘莊卽丘六四者丘萱之從兄也, 丘萱身死無子, 阿劉單弱孀居, 丘莊包藏禍心, 垂涎於從弟之方死, 染指於丘新之立繼, 覬覦不獲, 姦巧橫生, 竟將丘萱三瞿里已分田五十種, 自立兩契, 爲牙賣與朱府).

31) 『청명집(淸明集)』 戶婚門, 권8─12, 立繼類 「嫂訟其叔用意立繼奪業」(夫何范遇者, 獨於父母亡分業八年之後, 兄子敬亦亡, 遂抑逼其弟善甫姪餘慶簽押立繼文字, 以己子文孫爲熙甫後, 此豈誠念其兄之未立後哉, 不過欲奪其一兄一弟已分之業爾).

태진원熊賑元은 세아들을 얻었다. 장남은 방邦, 차남은 현賢, 삼남은 자資라 했다. 태자熊資가 죽고 그 아내 아감阿甘도 개가해 버렸기 때문에, (태자의 방房에는) 미혼의 딸 하나만이 남겨져 있을 뿐이었다. 태자의 집에는 전田 350파把32)가 있고, … 법에 의하면 전부 그 딸에게 지급되어 마땅한 것이었으나, 결혼하지 않은 채 죽어 버렸다. 이제 두형이 자신의 아들을 (태자의)후계자로 세우려고 다투고 있다. …후계자를 세우려는 주장은 동생을 위해서라는 명목이긴 하지만, 실은 그 전을 얻고자 해서인 것이다.33)

진여춘陳如椿은 술책에 의해서 생계를 꾸리고 있다고 스스로 말하고 있기 때문에, 그 본성은 부랑자이다. 소송을 일으켜서 유劉씨의 재산을 가로채려고 했으나, 뜻을 이룰 수 없었기에, 드디어 진민학陳敏學을 부추겨 소송을 일으켰다. 민학의 아들을 진지현陳知縣의 사자嗣子로 세우고자 했는데 이것은 유씨의 가산을 빼앗으려는 흉계로 시정의 부랑자에게는 다반사였다. 진민학은 사대부의 신분이면서 의리를 돌아보지 않고 유씨가 자신의 숙모인 것도 생각하지 않고, 일부러 본주本州에 문서를 넘겨주고 부랑자 진여춘과 공모해서 멋대로 소송을 일으키고 숙부의 가산을 가로채려고 했던 것이다. 이것만큼 파렴치한 행위는 이외에는 더 없을 것이다.34)

이러한 분쟁이 일어나면 그것에 따라서 폭력사태가 발생하기도 하고35) 계속해서 소송이 반복되는 것은36) 물론, 무고誣告사건이 발

---

32) 「把」는 「水田을 재는 면적의 단위이고 종자 벼…하나를 파종할 정도, 또한 볏모 한 다발을 심을 수 있을 정도의 넓이를 의미하는 것인 듯 생각된다」(滋賀秀三, 『중국가족법의 원리』, p.202 주(a)).

33) 『청명집(淸明集)』戶婚門, 권4－13, 爭業上 「態邦兄弟與阿甘互爭財産」(熊賑元生三子, 長曰邦, 次曰賢, 幼曰資, 熊資身死, 其妻阿甘已行改嫁, 惟存室女一人, 戶有田三百五十把,…… 從條盡給付女承分, 未及畢姻, 女 復身故, 今二兄爭以其子立嗣, …… 立嗣之說, 名雖爲第, 志在得田(임대희 외, 「『청명집』「호혼문」제4권 역주」, 『中國史硏究』33, 2004년12월, pp.269～270)).

34) 『勉齋集』35권 「陳如椿論房弟婦不應立異姓子爲嗣」(陳如椿自稱狹術爲生, 則其爲人乃破落, 把持起到劉氏錢物而不得, 遂扶陳 敏學論訴, 意欲立敏學之子爲陳知縣之嗣, 異日併有劉氏物業, 此市井破落之常, 不足深責, 辰溪知縣陳敏學身爲士夫不顧義理, 不念劉氏乃其叔母, 亦敢移本州, 與破落陳如椿狹同妄訴, 欲以吞倂叔父之業, 廉恥道喪, 莫比爲甚).

35) 『청명집(淸明集)』戶婚門, 권7－04, 立繼 「探闒立嗣」(蔡氏立嗣, 斫木之訴, 雖曰二事, 實則相因, 只綠立嗣未定, 遂致斫木有爭,……近因夢登奉其妻父生母范氏之

생하는 일도 있었다.

판어에는 친자식이 없었기에 생전양자를 얻은 사람의 사후, 그의 유복자라고 자칭하는 사람이 나타나서 재판에 말려든 사건이 있는데, 이것을 재판한 판사는

> 이오李五(자칭 유복자)는 요饒씨 일족의 집에 출입하고 있었기 때문에, 아마도 그의 편을 드는 사람도 많을 것이다. 족장들을 소환하면, 그에게 유리한 증언을 하기 위해 출정出廷해 오는 사람도 있음에 틀림없다. 그러나 실은, 필시 요조饒操가 응신應申을 양자로 삼은 것에 대해서 동족 중에 불평을 가진 사람이 많아서, 이 기회를 이용해서 이오를 조정해서 그 뜻을 이루고자 획책한 것이다.[37]

라 말하고, 양자결연에 대한 불만이 이러한 사태를 야기 시킨 것이라고 하고 있다.[38] 이러한 사정이기에, 이런 분쟁을 재판하지 않으면 안 되는 관할 관청으로서는,

---

命, 就本位山內斫伐柴木, 於諸位本不相干, 而諸位子弟群然將夢登等行打).
36) 『청명집(淸明集)』징악문, 권13-22, 妄訴「挾讐妄訴斯浚孤寡」(陳銖之妻傅氏命
同宗三歲之姪以爲之嗣, 經官除附, 初不違法, 初不礙理, 陳鑑乃乘涎資財, 見利
忘義, 欲以己子攙繼, 陳鑑無端興詞, 橫擾寡婦, 自縣而州, 自州而監司, 自監司而
省部, 滾滾二十餘年, 詞訟始絶)와 같이, 현에서 중앙까지 20여 년 동안 계속된
사건이 있다. 더구나 그 예로는 입계의 소송이 실패로 끝나 진감이 그 후 부
씨의 부동산을 실력으로 침탈해 부씨는 이 부동산의 회복을 원해 소송을 일
으키고 있는 중에 사망해 버렸다.
37) 『청명집(淸明集)』戶婚門, 권8-37, 別宅子「無証據」(緣李五出沒於族人之家, 往
往多有主之者, 若問族長, 必有出而證, 其實大 槪饒操過房應申, 族多不平, 承機
抵隙, 令得以騁).
38) 『청명집(淸明集)』懲惡門, 권13-10, 告訴「自撰大辟之獄」.『후촌집』193권「饒
州司理院申張惜兒自縊身死事」에서는 姜氏의 하녀 張惜兒가 정신병이 원인으
로 自縊한 것을, 자살 시켰다고 하는 것으로서 무고한 무고자의 한사람 王子
才(강씨의 姪)에 관해서, 그 동기를「王子才(王子才後村集昨張伯圭)因立嗣之怨
欲覆叔母之家 …… 自撰(自後村集作白)大辟之獄」이라고 하고 있다.

죽은 사람의 제사를 존속하고, 끊어진 집안을 계승하게 하는 것은 법뿐만 아니라 누구나 다 아는 당연한 일이다. 죽은 사람과 동종同宗인 형제兄弟·자子·질姪인 사람은 모두 천륜을 알아서 조금이라도 거기에서 이익을 얻으려고 생각해서는 안 된다.39)

라고 경고를 하지 않을 수 없었던 것이다.

그러나 이것과는 반대로, 죽은 사람의 유산이 아주 적거나 전혀 없는 경우에는

왕평王平(사자死者)의 명의로는 농사지을 땅도 살집도 없었기 때문에, 아무도 일부러 후계자가 되려고 하지 않았다. 하물며 족인族人가운데는 입사立嗣를 다투고자 하는 사람도 없기 때문에, 왕방王方(왕평의 형)이 이 문제를 스스로 처리해야 하는 것이다. 적당한 사람이 있으면 후계자로 세우면 좋고, 없으면 어쩔 수 없기에 단념하면 된다. 관부官府를 번거롭게 할 필요는 없는 것이다.40)

라고 하듯이 승계자가 나타나지 않는다고 하는 사태가 생겨났다. 또 후계자를 마땅히 세워야 할 사자死者의 한쪽이 부유하고 다른 한쪽이 빈곤하거나 하면 부유한 쪽에 대해서는 입사경쟁이 생기지만 빈곤한 쪽은 돌보아지지 않거나 서로 억지로 떠맡기게 되었다.

채蔡씨 일족에게는 4개의 방房이 있고, 그 제3번째 방인 노원輅院에게는

---

39) 『청명집(淸明集)』 戶婚門, 권7-07, 立繼 「不可以一人而爲兩家之後別行選立」 (存亡繼絶, 非特三尺昭然, 爲宗族兄弟子姪者, 皆當以天倫爲念, 不可有一毫利心行乎其間).

40) 『청명집(淸明集)』 懲惡門, 권13-30, 誣賴 「提擧司判」(王平旣無田可耕, 無屋可居, 誰肯願爲立嗣, 况族人又無爭立嗣者, 王方可自區處, 有人則立, 無人則已, 何必撓動官府). 이 사건은 「假爲弟命繼爲詞欲誣賴其堂弟財物」·「又判」·「提擧司判」·「王方再經提刑司釘鎺押下縣」의 四判으로 되어 빈곤한 친동생 王平의 생전은 돌보지도 않던 王方이 사후 堂弟 王子才가 王平의 재산을 횡취했다고 무고하고 아울러 王平에게의 입사를 원했던 것이다.

두 아들이 있었다. 장남은 여가汝加이고, 재梓를 낳았다. 차남은 여려汝勵이고, 기杞를 낳았다. 재와 기는 모두 죽고, 각각 데릴사위는 있었지만 친자식이 없는데도 명계命繼도 행해지지 않았다. 양몽등楊夢登과 이필승李必勝은 재의 사위이고, 조필예趙必忰는 기의 사위이다. … 지금 범范씨(재의 생모)는 「두 사람의 손주사위에게 노후를 맡기고 싶고, 기와 재를 위해서는 후사後嗣를 세울 생각은 없습니다」고 하고 있지만, 부인이나 여자는 법의 이치를 알 리가 없다. …

명계라는 문제가 노원의 혈통을 존속시키고 채씨 사이에서 으르렁거리는 다툼을 없애도록 처리하지 않으면 안된다. 존장尊長인 채역蔡域 등은 모두 일치해서 제1방인 해楷의 아들 엽燁을 기의 후사로 하도록 주장하고 있는데, 이것이 극히 타당하다.

제4방인 병楝이 자신의 아들 소炤를 세우려고 다투고 있지만, 여기에 전혀 도리가 없는 것은 이미 왕주부王主簿의 판결원안이 확인하고 있다. 그러나 이 판결원안의 처치로서는 아직 불충분하다. 기를 위해서 사자嗣子를 세우려고 한 이상에는, 재를 사자 없이 둘 수는 없다. 재에게는 사위가 두 사람 있기 때문에 지분持分이 적어지고, 기에게는 사위가 한 사람이기 때문에 지분이 많아진다. 그 때문에 모두 기의 사자가 되기를 원하고 재의 후사는 되려고 하지 않는 것이다.

채씨가 그려온 가계도에 의하면, 네방房중 해에게는 남자가 3명, 병에게도 남자가 3명 있어, 출계出繼할 수 있다. 현縣에 통지해서 해의 아들 엽과 병의 아들 소에게 현정縣庭에서 제비를 뽑게 해, 한사람을 재의 아들, 다른 한 사람을 기의 아들로 명입命立 시키기로 했다. 양자를 세운 후, 재와 기의 가산 전지산림田地山林은 본현本縣의 관官에게 맡겨서 (양자兩者를 섞은 후) 공정하게 배분시키도록 요구했다. 그렇게 하면 하늘에 의하여 판가름된 것이기에, 불공평이라는 불평등도 없어질 것이다. (균등하게 분배되었기에 재산의) 반을 양자로 세워진 사람에게 주고, 나머지 반을 데릴사위에게 주도록 한다. 여자는 친딸이고 사위도 오랜 세월 데릴사위로서 생활해 왔기 때문에, 법령을 적용해서 균등히 분배해야 마땅하다.[41]

---

41) 『청명집(淸明集)』戶婚門, 권7-04, 立繼「探闠立嗣」(蔡氏有四大位, 第三輅院位二子, 長曰汝加, 生梓, 幼曰汝勵, 生杞, 梓杞俱亡, 各有女贅婿而無子, 不曾命繼, 楊夢登李必勝梓之婿也, 趙必忰杞之婿也, …… 今范氏乃曰, 只欲依二孫婿以養老身, 不願爲杞梓立後, 婦人女子, 安識法理, …… 命繼一事, 所合區處, 以綿一位嗣續之脈, 以絶諸位毗睨之爭, 尊長蔡械等合詞推擇, 以第一位梓之子燁爲杞後, 極爲允當, 而第四 位楝者, 乃欲以己子炤爭立, 全無道理, 已見于王主簿所擬, 然亦有區處未盡者, 旣爲杞立嗣, 又豈可使子無後, 梓位二婿, 事力稍分, 杞位一

엽수발葉秀發은 아들 없이 죽었다. 본현은 경서와 법에 근거를 두어, 손孫과 오吳씨 성을 가진 사람은 모두 이성異姓이기 때문에 입사立嗣할 수 없고, 동종소목상당同宗昭穆相當한 사람으로부터 사자를 찾지 않으면 안 된다고 했는데, 이것은 사리에 맞다.

만약 소목상당昭穆相當을 논하면, 용지容之도 영지詠之도 모두 수발秀發의 사촌동생이기 때문에, 용지의 아들 혜손慧孫도 영지의 아들 기손寄孫도 모두 후계자로 세울 수 있다. 그런데 지금 두 사람 모두 자기 아들을 수발의 후사로 세우려고 다투고 있어, 용지는 「혜손을 세운지 3년 지났습니다」고 주장하고, 영지도 「기손을 세운지 3년 지났습니다」라고 주장하고 있다. 그런데 그들의 친형인 서지瑞之에게도 후사가 없지만, 용지는 「기손은 이미 서지의 아들로 세워졌습니다」고 주장하고, 영지도 「혜손은 이미 서지의 아들로 세워졌습니다」고 주장하고 있다.

두 사람의 주장은 엇갈리고 모두 자기 아들을 수발의 후사라 하고 서지의 후사가 되지 않도록 다투고 있다. … 이것은 수발의 가산이 부유한데 비해서, 서지의 집은 몰락해 버렸기 때문일 것이다. 용지와 영지는 이익을 추구해서 형제싸움을 하기에 꺼리지 않고, 관官에 소송을 일으킨 것을 창피해 하지 않고, 마침내는 그들의 어머니가 편애한다고 비방하기에 이르렀다.

용지와 영지를 소환해 관청에서 혜손과 기손 두 사람에게 향을 피우고 제비를 뽑게 해 하늘에 심판을 맡겨, 한사람을 서지의 사자, 한사람을 수발의 사자로 하도록 하면 사람의 계략은 소멸하고, 천리天理가 저절로 확실하게 되고, 사자死者의 제사를 보존하고 끊어진 집안을 승계 시키며, 노인을 편하게 해서 어린아이를 사랑하게 되니, 생자生者도 사자死者도 모두 원한을 품는 일은 없어지게 될 것이다.[42]

婿, 生理稍足, 故又皆願爲杞之後, 而不爲梓之後也, 以蔡氏所畵宗枝圖觀之, 四位中櫱 惟有三子, 棟亦有三子, 可以出繼, 今欲帖縣, 將櫱之子燁棟之子炤當官拈鬮, 以一爲者梓子, 而一爲杞之子命立, 旣立, 所有兩分業田地山林, 仍請本縣委官從公均分, 庶幾斷之以天, 而無貧富不公之嫌, 合以一半與所立之子, 以一半與所贅之婿, 女乃其所親出, 婿又贅居年深, 稽之條令, 皆合均分).

[42] 『청명집(淸明集)』 戶婚門, 권7-02, 立繼 「兄弟一貧一富拈鬮立嗣」(葉秀發無子, 本縣援經據法謂, 孫與吳皆異姓不應立, 只當於同宗昭穆相當者求之, 爲秀發後, 容之謂已立慧孫三年, 詠之亦謂已立寄孫三年, 但其親兄瑞 之亦無後, 容之謂寄孫係已立爲瑞之之子, 詠之亦謂慧孫係已立爲瑞之之子, 二說交馳, 爭欲以其子爲秀發後, 而不願爲瑞之後, …… 蓋秀發生理頗裕, 瑞之家道侵微, 容之詠之徇利忘義, 遂鬩于牆而不願, 訟于官而不恥, 甚至誣其母以偏愛, …… 欲喚上容之詠之, 當廳以慧寄二名焚香拈鬮, 斷之以天, 以一人爲瑞之嗣, 以一人爲秀發嗣, 庶幾人謀自息, 天理自明, 存亡繼絶, 安老懷少, 生死皆可無憾).

　이런 경우, 관사官司는 불공평하다는 불만을 해소하고 후일의 분쟁을 피하기 위해 두 방房의 재산을 합계해서 균등하게 분배하기도 하고 향을 피워 제비뽑기를 하게 하여, 공평하게 함에 고심하지 않으면 안 되었던 것이다.

　이와 같이, 양자결연은 종종 족내族內의 분쟁을 불러일으키는 경향이 있었기 때문에, 후사後嗣가 없는 사자死者를 위해서 구태여 후계자를 세우지 않고, 다음의 판어와 같이 형제가 차례로 제사를 담당하는 방편도 받아들여졌다.

　　범통일范通一은 네 아들을 얻었다. 장남은 희보熙甫, 차남은 자경子敬(즉 감세監稅), 삼남은 우遇(즉 달보達甫), 사남은 술述(즉 선보善甫)이라 한다. 희보는 아내를 얻어 아들도 낳았지만, 오래지 않아 부부와 아들 모두 죽고 말았다. 도리에 따르면, 당연히 희보를 위해서 입계立繼를 행해야 할 형편이다. … 희보의 사망 시에는 그의 부모 모두 살아 있었는데, 어느 쪽도 입계할 의사는 없었다. 그것은 그 자식을 사랑하지 않았기 때문이 아니라, 「적은 재산이긴 하지만 현존하는 세 아들에게 나누어 주면 세 아들의 재력은 동등하게 되지만, 만약(세 아들의 아들 중에서) 손자 한사람을 희보의 후사後嗣로 세우면, 세 집 가운데 한 집안이 (통일通一의) 가산의 반을 취득하고, 남는 반을 두 집이 나누게 되니까, 세 아들 사이에 재산의 많고 적음의 차가 생기고 만다」고 생각한 것이다. 이것이 통일의 본의였기 때문에, (입계하지 않고) 오히려 가산은 세 아들에게 균등히 나누는 것으로 하고, 희보가 (아내의 지참 재산으로) 스스로 구입한 경지를 증상전烝嘗田 (수입을 제사비용으로 충당하는 밭)으로 해서 세 집에게 1년 교대로 관리하게 해서, 희보의 제사를 지내게 했던 것이다. 세 집의 아들들은 모두 희보의 조카이기 때문에, 이렇게 하면 입사立嗣를 하지 않아도 제사는 끊어지지 않는 것이다. … 희보가 죽고 나서 15년, 봄가을의 제사는 빠지는 일없이 행해져 왔다. 이것은 범희보십오공范熙甫十五公의 증상전烝嘗田이 있었기 때문이다. 범통일范通一의 세 아들이, 아버지의 명령에 따라 매년 교대로 계절 제사를 해왔기 때문에, 범씨范氏의 혼도 굶는 일은 없었던 것이다.43)

---

43) 『청명집(淸明集)』 戶婚門, 권8－12, 立繼類 「嫂訟其叔用意立繼奪業」(范通一有　子四人, 長曰熙甫, 次二曰子敬(卽　監稅), 次三曰遇(卽　達甫), 次　四曰述(卽　善　甫), 熙甫已娶妻生子, 未幾, 夫妻與子俱亡, 以理言之, 當爲　立繼, …… 當熙甫

다시 말해, 양자의 목적이 우선은 제사를 이어가는 것에 있었지
만, 실제 그것에 관계된 사람의 입장에서 보면 가산家産의 승계承繼
쪽이 더 큰 관심사였던 것이다.

死時, 其父母俱存, 皆無立繼之意, 非不愛其子也, 蓋謂, 蕞爾田業, 分與見存三
子, 則其力均, 立一孫爲熙甫後, 則一房獨分之業已割 其半矣, 割其一半使二子
分受之, 則三子中立有厚薄之分, 此通一之本意也, 故寧均與三子, 而以熙甫私置
之田爲蒸嘗田, 使三房輪收, 以奉其祭祀, 三房之子皆其猶子, 雖不立嗣, 而祭祠
不絶矣, …… 熙甫死已一十五年, 而春秋祭祠無缺者, 以所立范熙甫十五公, 蒸
嘗田在故也, 爲三子者, 遵父之命, 輪年時祠, 則范氏之鬼不餒矣). 다만 이 판어
에서는 결국 次男 子敬의 死後 三男 遇가 자신의 아들 文孫을 입사하고자 해
서 분쟁이 발생하고 있다. 또한 祭祀財産의 형제에 의한 輪流管理는『후촌집』
192권「持服張輻狀訴弟張戴張輅瞻塋産業事」에도「前輩尙有爲義壓者, 今瞻塋
田土乃祖先刱置 , 弟兄皆有分者, 若恐諸弟不能保守, 則經官立約, 花利輪收, 祭
亭之餘, 以助伏臘, 通天下之成法也,…… 牒洪郞中請, 提幹兄弟四人, 將瞻塋田業
開具田段坐落畝步産錢, 專置一簿, 開載契簿, 長位抱收, 別立瞻塋關約, 並經印
押, 每位各收一本, 自淳祐五年爲始, 租課長房先收, 以後輪流掌管, 周而復始」라
고 나타내고 있다.

同宗 養子

현실적으로는 후계자를 삼을 목적으로 하지

않는 양자도 많이 존재하고 있었다

이것은 버려진 아이나 후처가 데려온 아이를

성이 될 때까지 양육하는 것과 같은 것으로

소위 일시적 임시적인 양친자관계이고

본래 승계에는 해당될 수 없는 것이었다

이러한 양자를 本稿에서는 養子로서의 양자로 불기로 한다

제2장
동종양자同宗養子

제1장에서 논했듯이, 양자는 본래 제사를 이어가는 것을 목적으로 하고 있었지만 현실적으로는 가산의 승계承繼라는 면도 무시할 수 없는 것이었다. 이 「승계」라는 본래 의미에서의 양자를 본고本稿에서는 「후계자〔嗣子〕로서의 양자」로 부른다.

그런데 현실적으로는 후계자〔嗣子〕를 삼을 목적으로 하지 않는 양자도 많이 존재하고 있었다.44) 이것은 버려진 아이나 후처가 데려온 아이를 성인이 될 때까지 양육하는 것과 같은 것으로, 소위 일시적이고 임시적인 양친자養親子 관계이고, 본래 「승계」에는 해당될 수 없는 것이었다. 이러한 양자를 본고에서는 「의자義子로서의 양자」로 부르기로 한다.

한편, 「후계자〔嗣子〕로서의 양자」는 제사승계라는 목적 때문에 양친과 성姓을 달리해서는 안 될 뿐 아니라, 「동종同宗」 즉, 부계父系와 혈통을 같이하는 사람이 아니면 안 되었다.

---

44) 仁井田陞, 『支那身分法史』, p.779; 滋賀秀三, 『중국가족법의 원리』, pp.551~558.

여기에서 양자를 고찰함에 있어, 「동종」과 「이종동성異宗同姓」을 포함한 의미로서의 「이성異姓」을 구별할 필요가 있다. 본래 동종양자가 「후계자〔嗣子〕로서의 양자」이고, 이성양자가 「의자로서의 양자」라는 구별이 확실히 되어 있었지만, 현실적으로는 이성의 「후계자〔嗣子〕로서의 양자」가 많이 나타나기 때문이다.45)

본장本章에서는 동종양자를 양자의 원칙적 존재로 해서 양자의 일반적인 성립과 효과, 종료를 논하고, 이성양자에 대해서는 장章을 새롭게 해서 논하기로 한다.

제1절 성립

1. 요건

1) 양친養親이 될 요건

(1) 아들이 없을 것

당대의 호령戶令에

> 아들이 없으면, 동종同宗으로 소목상당昭穆相當한 사람을 양자로 할 것을 허락한다.46)

---

45) 또한 동종의 의자로서의 양자도 이론적으로는 생각될 뿐이지만, 이것에 대해서는 「이것은 친생남자를 포기하면 사자가 되고, 친생남자라면 이성단순 의자와 같은 지위에 머무를 것이다. 어쨌든 특히 그 성질을 고찰할 필요는 없다」(滋賀秀三, 『중국가족법의 원리』, p.101 주4), 「동종의 義子라는 것은 이론상으로는 가능해도 실제로는 거의 문제가 되지 않았다고 해도 좋을 것이다」(滋賀秀三, 『중국가족법의 원리』, p.556) 라는 滋賀秀三의 지적에 따라 지장 없다고 생각된다.

라고 규정되어 있듯이, 양친이 될 사람은 우선 아들이 없는 사람이 아니면 안되었다.47) 이 당령의 규정은 송대에도 계속 이어져, 북송 천성령天聖令에는

> 아들이 없으면, 동종同宗의 아들로 소목昭穆에 일치하는 사람을 양자로 하
> 는 것을 허락한다.48)

라는 규정이 있으며, 남송의 판어判語에는

> 자손이 없으면, 동종同宗으로 소목상당昭穆相當의 사람을 양자·양손으로 삼
> 는 것을 허락한다.49)

라고 하는 영문令文이 인용되어 있다.

양자가 친아들이 없는 경우에 제사의 계속을 확보하기 위한 제도인 이상, 정당한 승계자인 아들50)이 이미 존재하고 있음에도 불구하고 일부러 다시 양자를 취하는 것은 불필요한 행위였던 것이다.

---

46) 仁井田陞, 「諸無子者, 聽養同宗於昭穆相當者」, 『唐令拾遺』, 동방문화학원, 1933 년 3월, p.233.

47) 仁井田陞, 『支那신분법사』, p.786.

48) 『續資治通鑑長編』 권303, 神宗元豊 3년3월乙丑; 『宋會要輯稿』30책, 禮36, 喪服, 雜服制, 元豊 3년3월2일(無子者, 聽養同宗之子昭穆合者). 仁井田陞는 이것을 天聖令의 正文이라 한다(仁井田陞, 『당령습유』, p.233)지만 取意文일 가능성도 있다.

49) 『청명집(淸明集)』 戶婚門, 권8−05, 立繼類 「已立昭穆相當人而同宗妄訴」. 『청 명집(淸明集)』 戶婚門, 권7−01, 立繼 「生前抱養外姓難以動搖」는 「諸無子孫, 聽養同宗昭穆相當者」, 『청명집(淸明集)』 戶婚門, 권7−12, 立繼 「已有養子不當 求立」은 「諸無子孫, 許乞昭穆相當者」, 『청명집(淸明集)』, 戶婚門, 권7−16, 立 繼 「倉司擬筆」은 「諸無子孫, 聽養同宗昭穆相當爲子孫」라 한다.

50) 嫡子(정실아내의 아들)나 庶子(첩의 아들)를 불문하고, 또 친자나 양자를 불문 한다.

이미 아들이 존재하고 있음에도 불구하고 새로 양자를 취하면, 가산 분할에 아들 균분均分[51]이라는 원칙을 택하고 있는 이상, 가산은 점점 세분화되고 농업경영도 소규모화 되어 생산성이 약화되기 때문에, 불필요한 양자는 국가 정책적 견지에서도 인정하지 않는 것이 당연하였다.

> 방삼方森에게는 친형제가 없기 때문에 가산분할문서를 만들리가 없다. 아내 아황阿黃과의 사이에서 생긴 친아들 방흡方洽이 있기 때문에 명계命繼를 행할 일은 없다.[52]

> 사자死者에게는 아들과 딸이 있었던 것이다. 4세世인 재종형제가 그 아들을 양립시키려고 하는 등의 행위가 어찌 도리에 맞을까?[53]

다만, 양자밖에 없을 때에는 두 번째 양자를 취하는 것이 허용된 사례도 있었고,[54] 그것이 이성양자인 경우에는 관사官司측에서 「쌍립雙立」을 권한 판어도 있다.[55] 더욱이,

---

51) 仁井田陞, 『당령습유』, p.245. 「諸應分田宅及財物者, 兄弟均分」.

52) 『청명집(淸明集)』 戶婚門, 권8−07, 立繼類 「已有親子不應命繼」(方森旣無親兄弟, 安有支書, 旣有妻阿黃親生子方洽, 安用命繼).

53) 『후촌집』권193 「樂平縣汪茂元等互訴立繼事」(死者有兒有女, 豈有四世再從兄弟欲以其子雙立之理).

54) 『청명집(淸明集)』 戶婚門, 권8−07, 立繼類 「後立者不得前立者自置之田」(慶安堯葞, 盖均之爲阿游之的孫, 阿游願爲亡長男如旦兩立, 官司亦只得聽從其說). 또한 『후촌집』권192 「貴溪縣毛文卿訴財産事」에서는 「彦明自立二子 各已聚婦」라 하여 양자를 2인 收養한 것이 나타나고 있다.

55) 『청명집(淸明集)』 戶婚門, 권7−15, 立繼 「雙立母命之子與同宗之子」(阿毛于當年十一月內問其表姑廖氏家, 乞次子法郞立爲廷吉後, 名曰黃臻, …… 押阿毛臻下縣, 仰於黃廷新廷壽子姪八人, 當廳聽阿毛自行選之, 令外將阿毛見存産業標撥作兩分, 經官印押, 付黃臻及新立之子各人收執), 같은 책 戶婚門, 권8−17 立繼類 「先立一子俊將來本宗有昭穆相當人雙立」(貴奴之子雖異姓, 方在襁褓, …… 然使獨立, 恐不能絶丁僖之詞, 莫若照條檢校, 先立貴奴之子, 仍俊丁族子孫之生者, 擇昭穆相當而並立之).

　　범승范僧은 지금, 순희淳熙3년 (1176년)의 계약서를 근거로 해서 다투어,
「(계쟁중係爭中의) 산지에는 양모 아황阿黃과 형 성지誠之의 묘소가 있습니다」
라고 주장하고 있다.56)

고 하는 기사는, 이미 친아들 (형 성지誠之)이 있음에도 불구하고 양
자(승僧)를 두고 있던 것이 보인다. 빈곤·재해·전란 등 때문에 어
린아이의 사망률이 높았던 전통 중국에 있어서 아들은 역시 많으면
많을수록 좋다고 하는 것도 부모 된 자의 바램이었던 것이 아닐까.
친아들이 있어도 경제적으로 여유가 있으면 억지로 양자를 취하려
고 했던 것은 상상하기에 어렵지 않다.

(2) 양친養親의 연령

　　양친이 될 수 있는 연령이 문제가 되는 것은 주로 미성년 사망
자를 위한 사후양자의 경우이지만, 생전 양자의 경우에도, 어느 시
점에서 「무자無子」이면 허용되는가 하는 것이 문제가 된다. 대염휘戴
炎輝는

　　그러나 젊어서 요절했거나, 미혼인 사람은 모두 후사를 세울 수
없다.57)라는 청례淸例의 규정을 인용해서 「사자死者에 대해서조차도
20세 이상이 아니면 양자를 세울 수 없다. …… 생자生者는 장래에
있어서 아들을 얻을 가망이 있기 때문에, 20세 이하인 경우는 양자
를 두는 것을 허락할 필요가 없다. 때문에 사자死者도 마찬가지로
생각해야 한다」58)고 해서, 생전사후를 불문하고 미성년자는 양친이

---

56) 『청명집(淸明集)』 戶婚門, 권5－17, 爭業下 「經二十年而訴典買不平不得受理」
　　(范僧今以淳熙三年之契爭理謂, 山內有所養母阿黃及兄誠之兩墓). 같은 책 戶婚
　　門, 권7－25, 孤寡 「正欺孤之罪」(陳子牧先娶戴氏無子, 立璋孫爲子, 旣而庶生一
　　子瑛孫, 年十三)에서는 또한 13세의 서자가 있음에도 불구하고 양자를 취했던
　　사례도 존재한다.
57) 其尋常夭亡未婚之人, 不得槪爲立後

될 수 없다고 하고 있다.

송대에는 이에 대한 입법례는 찾을 수 없지만, 판어를 통해서 보면 생전양자로는 단지 성년자만이 양친의 요건이 되는 것은 아니었고, 반대로 사후양자로는 미성년사망자라도 양친이 될 수 있는 경우가 있었던 것 같다.

우선 생전양자의 경우, 성년인 것을 직접적으로 요건으로 한 사례는 찾을 수 없지만,

> 방삼方森은 경신년庚申年(경원 6년, 1200년) 생으로, 20세에 아황阿黃을 아내로 얻었다. 아황은 갑자년甲子年 (가태嘉泰4년, 1204년)생으로, 16세에 방삼方森에게 시집왔다. 아황은 계미년癸未年(가태 16년, 1223년)에 딸 하나를 낳았다. 이름은 유고柳姑라 하고 5세에 아버지를 여의었고 현재 15세이다.
>
> 아황은 을유년乙酉年 (보경寶慶원년, 1225년)에 아들 하나를 낳았다. 이름을 흡洽이라 하고 3세에 아버지를 여의었다. 현재 13세이다. 방구方龜는 「(자신은) 방삼方森이 백부인 방개方凱에게서 양자로 취한 사람입니다. 8세가 되었던 정축년丁丑年(가정嘉定10년, 1217년)5월에 아버지 방삼과 함께 서방진書坊鎭에 가서 작은 전당포를 경영했습니다. 기묘년己卯年(가정嘉定12년, 1219년)정월에 나의 아버지는 아내 아황阿黃을 얻었습니다」고 진술하고 있다. (양자를 취한 것이) 정축년丁丑年이라고 하더라도, 방삼方森은 18세가 되자 방구方龜를 양자로 삼은 것이 된다.
>
> 대개 아들이 없어 입사立嗣를 하는 것은 노인이 되어버렸거나 중병에 걸려버렸다고 하는 것과 같이 어쩔 수 없는 경우여야 하는데, 18세밖에 되지 않아서 아무 이유도 없이, 다른 사람의 8세 된 아들을 양자로 삼는 것은 있을 수 없는 일이다.
>
> … 방삼의 생전에, 방구는 그와 함께 서방진書坊鎭에서 장사한 것을 기억하고 지금 그의 유산을 보고 욕심을 내서, 양자가 되었다고 하는 주장을 꾸며 낸 것이다.[59]

---

58) 戴炎輝, 「近世 支那 및 臺灣의 養子法」 II, pp.69~70.

59) 『청명집(淸明集)』戶婚門, 권8-07, 立繼類 「已有親子不應命繼」(方森係庚申生, 年二十而娶阿黃, 其阿黃係甲子生, 年十六而嫁方森, 阿黃於 癸未年內親生一女, 名柳姑, 五歲喪父, 見年一十五, 阿黃於乙酉年內親生一 男, 名洽, 三歲喪夫, 見

라고 하는, 18세 미성년자가 양자를 얻었다고 하는 주장을 불합리하다고 물리친 판어가 있다. 이것은 미성년자는 생전양자의 양친이 될 수 없었다는 것을 나타내고 있다고 말할 수 있다.

그러나 이 판어는 더욱이 입사立嗣의 조건을 「연로年老 아니면, 병독病篤」으로 한정하고 있다. 이것은 자식이 없는 성년자라면 언제라도 양자를 얻을 수 있었다는 것은 아니며, 「장래에 아들을 얻을 가망이 있는」[60]한에서는 일반적으로 양친이 될 수 없었다는 것도 나타내고 있는 것이다.

그렇다면, 「병독」이라든가 「연로」란 것은 어느 정도의 나이를 가리키는 것일까. 니이다노보루仁井田는 「당률령 등에서는 아내 나이 50세를 기준으로 해서 적자가 없을 때, 서자를 적자로 세우는 규정이 있고, 또 아내가 50세로 아들이 없을 경우 이혼원인이 되는데, 이 연령을 수양收養의 경우의 무자無子의 해석에 이용할 수 있을 지도 모른다」[61]고 해서 아내 50세라는 조건을 제시하고 있다.

年一十三, 所謂方龜者, 據其供稱, 係是方森就伯方 凱抱養爲子, 年方八歲, 於丁丑年五月隨父方森同到書坊開小典買賣, 己卯年 正月龜父續娶阿黃, 以丁丑考之, 方森年始十八而已; 抱養方龜爲子, 大抵無 子立嗣, 初非獲已, 不是年老, 便是病篤, 豈有年始十八, 無故抱養他人八歲 男爲子之理, …… 方森在日, 方龜想隨其在書坊買賣營運, 今見其死後有遺 下物業, 遂啓貪圖之心, 創爲抱養之說). 또한 사건의 시간적 관계를 표로 나타내면 다음과 같이 된다.

干支	年	号	西	曆
庚申	慶元	六	1200	方森生
甲子	嘉泰	四	1204	阿黃生
丁丑	嘉定	10	1217	方森抱養方龜?
己卯	嘉定	12	1219	方森娶阿黃
癸未	嘉定	16	1223	方柳姑生
乙酉	寶慶	元	1225	方治生
丁亥	寶慶	3	1227	方森歿
丁酉	嘉熙	元	1237	<현재>

60) 戴炎輝, 「近世 支那 및 臺灣의 養子法」Ⅱ, p.70.
61) 仁井田陞, 『支那신분법사』, p.799, 주(12) 참조.

또 시대는 상당히 거슬러 오르지만, 『춘추공양전春秋公羊傳』에는 아내의 월경 종료에 따라 양자를 얻었다고 하는 기술[62]이 있어, 아내에게서 아들을 얻을 수 없게 되었을 때라는 것이 조건의 하나였던 것 같다.

그러나, 유감스럽게도 송대의 판어에는 부부 모두 나이가 「연로」인지를 직접 밝혀주는 사례는 발견할 수 없다. 단지 35세 정도로 「불취이무자不娶而無子」라서 양자를 취한 사례[63]나, 양자수양 후에 친아들을 얻은 사례[64]가 있는 것을 보면 실제로는 그 정도 고령이 아니라도 양자수양을 하고 있었던 것 같다.

다음에 사후양자의 경우에는,

> 이학문李學文은 아내를 얻고 나서 죽었다. 그 조부(학문의 할아버지)는 그를 위해서 후계자를 세웠는데, 학문은 미성년자가 아니었다 (이것은 정당한 입사立嗣였다).[65]

라고 있는 것을 보면, 미성년 사망자에 대한 입사는 행하지 않는 것이 원칙이었던 것으로 생각된다. 그러나 현실적으로는 그 사망시

---

62) 『춘추공양전』권8, 襄公 6년秋 「不月者, 取後于莒」.

63) 『청명집(淸明集)』戶婚門, 권7−10, 立繼 「婿爭立」(戴贈有親弟戴盛,…… 戴盛不娶而無子, 自乳哺中, 養陳亞六爲嗣子, 今年已四十七, …… 戴贈, …… 年八十有七)에서는 乳兒로 양자가 된 陳亞六이 현재 47세, 양친 戴盛의 친형 戴贈이 현재 87세이기 때문에 대성은 40세가 안된, 아마 35세 정도에 養親이 된 것이 된다. 또한 대성은 미혼이었기 때문에, 미혼으로도 양친이 될 수 있었던 것이 된다.

64) 『청명집(淸明集)』戶婚門, 권8−25, 分析 「母在不應以親生子與抱養子析産」(陳文卿吳氏昨來抱養陳厚爲子, 繼而親生二子, 陳謙陳黃是也). 『청명집(淸明集)』戶婚門, 권9−01, 違法交易 「已出嫁母賣其子物業」(徐氏乃陳師言之繼妻, 元乞養一子, 曰紹祖, 又親生二子, 曰紹高紹先, 及女曰眞娘) 등.

65) 『청명집(淸明集)』戶婚門, 권8−04, 立繼類 「叔敎其嫂不願立嗣意在呑併」(李學文旣娶而亡, 其祖又嘗爲立嗣, 則非未成丁之子矣).

의 연령에 따라 다른 대응이 이루어지고 있었다. 미성년 사망자는 복제服制 상, 사망시의 연령에 따라 장상長殤(16세 이상 19세 이하), 중상中殤(12세 이상 15세 이하), 하상下殤(8세이상 11세 이하), 무복지상無服之殤(7세이상), 불위상不爲殤(생후 3개월 미만)의 5단계로 나누어져 있었는데,66) 하상에 대해서는

> 하상에게는 후계자를 세울 수 없다는 법규정은 원래 존재하지 않는다. … 그럼에도 불구하고 그 재산을 (호절戶絶이라고 해서) 관에서 몰수해 버리는 것은, 도리에 맞지 않는 일이다.67)

라고 해서 이것에 대한 입사를 인정한 판어와,

> 주운간朱運幹은 두 아들을 얻었다. 장남인 사호司戶는 과거에 급제했다. 그러나 차남인 힐승詰僧은 10세로 죽었다. 하상에 후계자를 세운다는 도리는 들은 적이 없다. 주운간은 인정에 이끌리고 족인에게 유혹되어 주원덕朱元德의 아들 개옹介翁을 힐승詰僧의 후계자로 세웠는데, 곧 후회해서 현縣에 소송을 일으켜 이러한 인연을 끊었다. 그로부터 몇 년이 지났다. 최근 주운간이 죽자, 그 유골도 식지 않았는데, 원덕元德이 소송을 일으켜 다시 한번 그 아들 개옹을 운간運幹의 손자로 세우려고 했다. … 주사호朱司戶에게 명한다. 망

---

66) 『儀禮』喪服, 大功殤 九月七月)「【經】大功布衰裳, 牡麻經, 無受者, 子女子子之長殤中殤, 【傳】傳曰, 何以大功也, 未成人也, 何以無受也, 喪成人者, 其文不縟, 故殤之經不樛垂, 蓋未成人也, 年十七至十六爲長殤, 十五至十二爲中殤, 十一至八歲爲下殤, 不滿八歲以下, 皆爲無服地殤, 以日易月, 以日易月之殤, 殤而無服, 故子生三月則父名之, 死則哭之, 未名則不哭之」. 『禮記』檀弓上「周人以殷人之棺椁葬長殤, 以夏后氏之聖周葬中殤下殤, 以有虞氏之瓦棺葬無服之殤, 【註】十六至十七爲長殤, 十二至十五爲中殤, 八歲至十一爲下殤, 七歲已下爲無服之殤, 生未三月不爲殤」. 『慶元條法事類』권77, 服制門, 服制, 服制令「諸男女亡年, 拾玖至拾陸爲長殤, 拾伍至拾貳爲中殤, 拾壹至拾捌歲爲下殤, 生參月至柒歲者爲無服之殤, 哭之以日易月, 本服期者哭之以拾參日, 大功玖日, 小功伍日, 緦麻參日, 卽已娶及嫁許〔謂依令廳嫁者〕, 則服之如成人」.
67) 『청명집(淸明集)』戶婚門, 권8−10, 立繼類「諸戶絶而立繼者官司不應沒入其業入學」(下殤不當立嗣, 初無此條, …… 今沒入其業, 於理安乎).

부의 유언을 존중해서 개옹을 거절하도록 힘써, 박정한 족인族人에게 유혹되어서는 안 된다.68)

라고 해서 이것을 물리친 판어의 2종류가 보인다. 그러나 후자가 「이理」를 근거로 해서 하상 입사를 거절한 것에 비해서, 전자는 이것을 「애초에 이러한 법규정은 없다」라고 해서 인정하는 것이니까, 전혀 하상 입사를 금하는 법문은 존재하지 않았던 것이 된다. 그렇다고 한다면 장상 및 중상에 대한 입사를 금하는 법문도 존재하지는 않았으므로, 「법」으로서는 하상 이상으로의 입사는 허용하고 있었다고 해석해야 마땅할 것이다.

한편, 무복지상無服之殤 및 불위상不爲殤의 요망자夭亡子의 경우에는 입사가 인정되지 않았던 것 같다.

> 3세에 요절한 아들에게, 법에 정한 순서를 위반하여 후계자를 세우면, 이것에 대해서 다툴 소송을 그만두게 할 수 없다.69)

라고, 판어는 3세 요망夭亡한 아들을 위한 입사를 「위법」이라 정하고 있기 때문에, 이러한 경우에 대해서 어떠한 입법이 행해지고 있던 것이라고 추측된다. 그러나, 결국은

> 대저 증씨曾氏에게 오진吳鎭은 친아들이다. 자기 아들이 일찍 죽었는데, 그것을 후계자 없는 상태로 둘 모친이 있을 리가 없다.70)

---

68) 『청명집(淸明集)』 戶婚門, 권7-11, 立繼 「下殤無立繼之理」(朱運幹有兩子, 長司戶登科, 次詰僧十歲幼亡, 未聞有爲下殤入嗣之理, 朱運幹情之所鍾, 爲族人鼓惑, 遂立朱元德子介翁爲詰僧之後, 隨卽追悔, 經縣投詞, 遣已多年矣, 近朱運幹身故, 肉未及寒而元德訟端隨起, 且復欲以其子介翁爲孫, …… 仰朱司戶, 遵故父之命, 力斥介翁, 毋爲薄族所搖).
69) 『청명집(淸明集)』 戶婚門, 권8-14, 立繼類 「所立又亡再立親房之子」(夫以三歲幼亡子, 違法越次與之立嗣, 安能弭爭者之詞).

라고 하듯이, 요절한 아들에 대해서 후계자를 세우는 것은 부모로
서의 당연한 인정이라고 한 판어도 남아있으므로, 미성년사망자에
대한 입사는 현실적으로는 어느 정도 행해지고 있었다고 봐도 좋을
것이다.

2) 양자養子될 수 있는 요건

(1) 양친兩親과 동종同宗일 것

전술한 영문令文에 보이듯이, 양자는 우선 제1로 양친과 동종同宗,
즉 아버지 쪽의 조상을 동일하게 하는 혈족집단에 속하는 사람이어
야 했다. 그 이유는 동종자同宗者가 아니면 그 제사를 집행할 수 없
다고 여겼기 때문인 것이다.71) 이 항에 대해서는 다음 장에서 상세
하게 이야기한다.

(2) 양친兩親과 소목상당昭穆相當일 것

이것도 전술한 영문令文에 보이듯이, 양자는 양부모와「소목상당
昭穆相當」의 관계가 아니면 안되었다.72) 만약「소목불상당昭穆不相當」
인 양자결연이 이루어지면, 영令을 위반한 죄〔위령죄〕로 태형 50대
의 형벌이 주어지고73) 결연은 무효로 되어 호적상의 기재는「개정」
될74) 것이라고 되어 있었다.

---

70)『청명집(淸明集)』戶婚門, 권8-18, 立繼類「治命不可動搖」(緣曾氏之於吳鎭, 乃
　　其親生之子也, 豈有其子早世, 母氏忍使之無繼者).
71) 仁井田陞,『支那신분법사』, pp.787~788; 滋賀秀三,『중국가족법의 원리』, pp.300
　　~302.
72) 仁井田陞,『支那신분법사』, p.793, p.796; 滋賀秀三,『중국가족법의 원리』, p.302.
73)『당률소의』권27, 雜律, 違令.『宋刑統』권27, 雜律, 違令及不應得爲而爲(「諸違令
　　者, 笞五十」).

소목昭穆이란, 선조의 종묘를 제사지낼 때, 「태조 혹은 시조는 영원히 태조·시조로 그 사당은 옮길 수 없는 것이다. 때문에 이것을 불천不遷의 사당이라고 한다. 태조의 다음 대를 소昭라 하고 태조의 다음다음 대를 목穆이라 한다. 이러한 방식으로 차례로 이후 4대를 소라고 하고 5대를 목이라 하고 6대를 소라고 하고 7대를 목이라 하고, 서로 바꾸어 가는 것이다」[75] 라고 하는 것으로, 「소와 목은 한 세대마다 정해지는 것으로, 한번 소가 된 사람은 영원히 소이고, 한번 목이 된 사람은 영원히 목이 되는 것이다. 소가 목이 되고, 목이 소가 되는 일은 절대 있을 수 없다. 또 소목이 서로 바꾸어 정해지는 관계로, 아버지와 아들은 항상 소목을 달리하고 할아버지와 손자는 항상 소목을 같이 한다」[76]. 때문에 양부와 양자도 소목을 달리하지 않으면 안되었다.

이 소목의 순서가 지켜졌던 상태가 「소목상당」으로, 구체적으로 양자는 양부로 봐서 아들과 동일한 배행排行에 있는 사람 —조카, 당조카, 재종조카, 삼종조카— 이 아니면 안 되었던 것이다.[77]

---

74) 『당률소의』권4, 名例, 會赦應改正徵收; 『송형통』권4, 명례률, 會赦不首故蔽匿及不改正徵收(「諸會赦, 應改正徵收, 經責簿帳而不改正徵收者, 各論如本犯律, …… 【注】謂以嫡爲庶, 以庶爲嫡, 違法養子, 【注疏】疏議曰, …… 又準令, 自無子者, 聽養同宗於昭穆合者, 若違令養子, 是名違法」).

75) 諸橋轍次, 『支那의 家族制』, 大修館書店, 1940년5월, p.254.

76) 諸橋轍次, 『支那의 家族制』, p.256.

77) 아래의 게시한 판어 이외에 소목상당자를 압사한 사례로서는 『송사』권286, 薛奎傳(「奎性剛不苟合, 遇事敢言, …… 無子, 以從子爲嗣」), 『송사』권125, 禮志28, 凶禮4, 服紀, 繼絶(「大觀4년詔曰, 孔子謂, 興滅繼絶, 天下之民歸心, 王安石子雱無嗣, 有族子棣已嘗用安石孫恩例官, 可以棣爲雱後, 以称勝善善之意」), 『송회요』30책, 례36, 상복, 잡복제(「懲宗大觀4년 9월15일 詔, 孔子謂, 興滅繼絶, 天下之民歸心, 王安石子雱不幸無嗣, 有族子棣已嘗用安石孫恩例官之, 此聞興訟未已, 可仍舊以逮爲雱後, 以称勝善善之意也」), 「고종 소흥8년 10월2일조, 故太尉洮軍節度使同知樞密院事种師道, 以再從姪洋爲後, 其神道碑令本家陳乞委官製撰」(앞과 같다) 등이 있다.

　　왕학정사중王學正思中은 강씨江氏를 아내로 맞았는데 아들을 낳지 못했기에 동생 학록學錄의 차남 작림作霖을 양자로 삼았다. 작림은 두 번 아내를 맞았지만, 모두 아들을 낳지 못했다. 그래서 왕사중王思中 부부는 조카인 종이수宗二秀의 차남을 작림의 양자로 세웠다. 이름은 화로華老라 하고, 소목상당昭穆相當이다. 왕영석王永錫은 화로의 숙부인데, 그가 쓴 계보와 진술서에도 이의를 달지 않았다. 강江씨는 화로의 조모이지만, 그녀도 이의를 제기하지 않고 있다. 조부와 아버지가 화로를 양자로 하고 존장이 후계자가 될 것을 명하고 조모가 지지하고 있기 때문에, 화로가 작림의 후계자인 것은 산악과 같이 안정되어 있어, 누구에게도 동요시킬 수 없는 것이다.78)

　　도자공涂子恭은 후사後嗣 없이 죽었다. 사촌형 도자인涂子仁이 차남을 자공의 후계자로 하려고 하는 것은 옳은 일이다. … 도자인이 그 아들 회손淮孫에게 자공의 뒤를 잇게 한 것은, 소목昭穆에 순서에 맞고 법에 장애는 없다. … 회손에게 자공子恭의 후계자가 되는 것을 허락한다.79)

　　혜손惠孫이 귀종歸宗해 버린 이상, 본종本宗중에서 한사람 소목상당자昭穆相當者를 뽑아 왕이王怡의 제사를 승계 시킬 따름이다. 이 도리는 명백하다. … 왕가王家의 족장 왕성태王聖泰를 소환해서 조사한 바, 왕광병王廣炳의 차남 연해淵海만이 마침 3세로 왕이王怡를 숙부라 부를 배행排行이고, 이 외에는 왕이王怡를 이을 수 있는 사람은 없다고 하는 것이다.80)

　　지금 왕방王方은 현縣에 「사촌동생인 왕자재王子才가 친동생인 왕평王平이 남긴 재산을 가져가 버렸습니다」라고 고소해, 왕평을 위해서 명계命繼하기를 요구하고 있다. … 왕방의 고소를 반복해 조사하고 진심으로써 판단하면, 이

---

78) 『청명집(淸明集)』 戶婚門, 권8-05, 立繼類 「已立昭穆相當人而同宗妄訴」(王學正思中娶江氏爲妻無子, 立弟學錄次男爲子, 名作霖, 娶兩妻俱無子, 王思 中夫妻又爲立姪宗二秀次男爲子, 名華老, 可謂昭穆相當矣, 王永錫於華老爲叔父, 所畵宗枝及所供狀並無異辭, 江氏於華老爲祖母, 亦無他說, 祖父父養之, 尊長命之, 祖母主之, 華老之得爲作霖嗣, 安如山獄, 誰得而動搖之哉).
79) 『청명집(淸明集)』 戶婚門, 권8-09, 立繼類 「立繼營葬嫁女並行」(涂子恭使無嗣, 堂兄涂子仁以次子爲之嗣, 義也, …… 涂子仁以其子准孫繼兄涂子恭後, 昭穆爲順, 於條無礙, …… 聽准孫爲子恭後).
80) 『청명집(淸明集)』 戶婚門, 권8-13, 立繼類 「父子俱亡立孫爲後」(惠孫旣已歸宗, 只得就本宗內選一昭穆相當人繼承王怡香火, 其理甚明白, …… 喚到王家族長王聖泰等契勘, 只有王廣炳次子淵海方三歲, 喚王怡係是叔行, 此外別無可繼之人).

것은 동생을 위해서 명계命繼한다고 하는 미명아래, 왕자재의 재산을 갈취하
려는 술책을 부리고 있는 것에 지나지 않고 그 밖에 아무 목적도 없는 것이
다. 명계命繼 건에 대해서는 왕방은 「소목상당昭穆相當이라는 점에서는, 왕자재
의 차남을 후계자로 세울 수 있다」고 말하고 있지만, 이것은 본심을 감추고
자 하는 것이다.
　이 주장은 합법하기 때문에 다툴 여지는 없지만, 왕평에게는 재산이 없기
때문에 명계命繼의 일은 약간 처리하기 어렵다. 그러나 왕평을 제사지내지 않
은 채로 둘 수는 없기 때문에, 명계命繼의 옳고 그름은 왕방王房의 방장房長등
이 의논한 뒤에, 가장 적당한 사람을 사자嗣子로 세우도록 하고, 그런 후에
관사官司가 이것을 처리하는 것으로 하자.81)

　　인가人家의 입계立繼는 원래 조부모·부모의 치명治命(정상적인 정신상태에
서의 유언)에 근거해서 소목상당昭穆相當으로 법의法意에 저촉되지 않는다면,
관사官司라 하더라도 조금도 간섭할 일은 없는 것이다.82)

　이상의 판어가 나타내듯이, 양자로서 우선 생각될 수 있는 것은
소목상당이고, 소목상당자昭穆相當者이면 그 양자로서의 지위는 지극
히 안정된 것이었다. 이것과는 반대로 소목불상당자昭穆不相當者, 즉
양친의 존속, 동배자同排者, 손孫이하의 배행에 해당하는 사람은 법적
으로는 양자가 될 수 없는 사람이었다. 소목불상당자를 후계자로
세우고 소목의 순서를 어지럽히는 것은 종묘의 질서를 어지럽히는
것으로, 선조에게로의 제사를 올바르게 행할 수 없고, 혼을 굶어죽

---

81) 『청명집(淸明集)』 懲惡門, 권13－28, 誣賴 「假爲弟命繼爲詞欲誣賴其堂弟財物」
　　(今據王方經縣論, 當弟王子才搬傳親弟王平身後財物, 乞與命繼事, …… 反覆王
　　方之詞, 律之誅心之法, 不過欲假爲弟命繼之美名, 以施其로籠騙取之術耳, 外此
　　何意, 至于命繼一節, 王方所陣, 以昭穆相當而論, 則有王子才之次子可立, 此尤
　　足寓有心于無心者, 果是合法, 又復何爭, 但王平其無財本, 命繼之說尙難區處,
　　然王平亦不可使爲不祀之鬼, 命繼之當否, 明當從王宅房長中從長商議擇立, 却聽
　　官司施行).
82) 『청명집(淸明集)』 戶婚門, 권8－19, 立繼類 「後立者不得前立者自置之用」(人家
　　立繼, 固有出於祖父母父母之治命, 而昭穆相當, 法意無礙, 雖官司亦不 容加毫
　　末其間).

게 하기에 이르는 것이다. 따라서 소목불상당자의 입사에 대한 관사의 태도는 꽤 엄격한 것이었다.

세광世光은 아들을 얻지 못하고 죽었는데, 미성년인 두 딸이 있다. 통사通仕는 승공丞公(세광의 양부)의 친동생이므로 … 공정한 마음으로 세광을 위해서 후사後嗣를 세워 마땅하다. 그러나 고아가 된 두 딸을 불쌍히 여기지도 않고 재산을 취하려는 생각에만 사로 잡혀 먼저 다른 일은 제쳐두고서 아들 세덕世德을 세광世光의 후계자로 세우려고, 세광의 유언 2통을 날조해서 그 근거로 하고 있다.

세속世俗에는 동생을 양자로 삼는 것도 원래 존재하지만, 이것은 종족내에 이의를 제기하는 사람이 없을 때에 비로소 인정되는 것이다. 그러나 지금 소송이 몇 년이나 걸려 있다. 만약 빨리 통사通仕가 깨닫지 않는다면 이 2통의 유언은 말소되어 버릴 뿐이다.

왜냐하면, 국가에는 동생을 양자로 세운다고 하는 법규정은 존재하지 않기 때문이다. 만약 세광이 살아있어, 스스로 관官에 출두해서 세덕을 양자로 삼고 싶다고 주장한다고 하더라도, 관사官司는 별도로 소목상당昭穆相當한 사람을 구하도록 할 따름인 것이다. 하물며 (세광은 죽고) 족중族衆도 지지하지 않고, 근거가 되는 것은 官의 검인을 받지 않은 유언뿐이어서는 더하다.[83]

강제대江齊戴는 아들을 얻지 못하고 죽었다. 소목상당자昭穆相當者를 구하면 강연江淵의 아들 서瑞가 뒤를 이어 마땅하지만, 일족一族의 사람은 「강연은 그 아들의 한사람에게 제맹齊孟(제대齊戴의 형)을 계승시킨 적이 있는데, (그 아들은) 사람의 후계자가 되는 자의 책임을 다할 수 없었기 때문에, (강서江瑞는 폐하고) 강초江超의 손자 희禧에게 제대를 잇게 하고 싶다」고 호소하고 있다.
지금 취조한 바, 희는 초超의 아들로 손자는 아니다. 손자가 아니라면 소목昭穆의 순서에 맞지 않으므로 유사有司로서는 이 주장에 따르고 싶어도 따를 수 없다. 어쩔 도리가 없기 때문에 따로 다른 파派에서 고를 수밖에 없

---

83) 『청명집(淸明集)』戶婚門, 권8-08, 立繼類「繼絶子孫止得財産四分之一」(世光死無子, 却有二女尙幼, 通仕者丞公之親弟, …… 當公心爲世光立嗣, 今 恤孤之誼無聞, 謀産之念太切, 首以己子世德爲世光之後, 而竇藏世光遺囑二紙以爲執手, 世俗以弟爲子, 固亦有之, 必須宗族無間言而後可, 今爭訟累年, 若不早知悔悟, 則此遺囑二紙止合付之一抹, 何者, 國家無此等條法, 使世光見存, 經官以世德爲子, 官司亦不過令別求昭穆相當之人, 況不繇族衆, 不經 官司之遺囑乎).『후촌집』권193「建昌縣劉氏訴立嗣事」.

다.84)

　　아진阿陳은 형수이고 장양중張養中은 동생이다. 형수는 버려진 아이를 양손
養孫으로 하려고 하고 동생은 자기 아들을 형의 후사後嗣로 하려고 하고 있다.
… 아진阿陳은 남편 장양직張養直의 사후, 30년에 걸쳐서 미망인으로, 친아들
이옹頤翁을 양육해 왔는데, 이옹頤翁은 24세로 죽고 말았다. 그래서 이옹頤翁
을 위해서 후계자를 세우려고 하는 것이다. … 지금 장양중張養中은 어떻게
해서라도 차남인 아애亞愛에게 대를 잇게 하려고 하고 있지만, 아애亞愛는 이
옹頤翁의 사촌이 아닌가. 만약 사촌동생을 손자로 삼는다고 하면, 하늘의 윤
리는 문란해지고 말 것이다. 「소목상당昭穆相當」의 법에 비추어 봐도 전혀 부
당하다.85)

　동종에 아들의 배행에 해당하는 사람이 없는 경우에는, 양자를
세우지 않고 직접 양손養孫을 세우는 일이 행해졌다. 남송 영令

　　무릇 자손이 없으면 동종소목상당한 사람을 양자로 해서 양자·양손으로
삼는 것을 허락한다.86)

에 있는 「무자손無子孫」, 「위자손爲子孫」은 이것을 나타내는 것이고,
판어에도 이 조문을 기초로

　　법에는 「자손이 없으면 소목상당昭穆相當한 자를 양자들여 자손으로 삼는

---

84) 『청명집(清明集)』 戶婚門, 권8-15, 立繼類 「命繼與立繼不同」(江齊戴無子, 論來
昭穆相當, 則江淵之子, 名瑞者, 可繼之, 而族黨之訴則 謂, 江淵嘗以子繼齊孟矣,
不能盡爲人後者之責, 故欲以江超之孫, 名禧者, 繼齊戴, 今契勘, 禧乃超之子, 非
孫也, 非孫, 則昭穆不順, 有司雖欲從之不 可得也, 無已, 則別擇他派).
85) 『청명집(清明集)』 戶婚門, 권7-12, 立繼 「已有養子不當求立」(阿陳嫂也, 張養中
叔也, 嫂欲立遣棄子爲孫, 叔欲以自己子爲嗣, …… 阿陳自夫張養直身故之後, 已
守志三十年, 撫養就生一子頤翁, 年二十四歲而夭, 遂與頤翁立嗣, …… 今張養中
必欲以次子亞愛爲繼, 殊不知, 亞愛頤翁爲弟, 若以弟爲孫, 則天倫紊亂, 揆之昭
穆相當之條, 委爲不合).
86) 『청명집(清明集)』 戶婚門, 권8-05, 立繼類 「已立昭穆相當人而同宗妄訴」(諸無
子孫 聽養同宗昭穆相當者 爲子孫).

것을 청하는 것을 허락한다」고 있다. … 법에도 아들이 없어 손자를 세우는
것을 허락한다는 것이 말해지고 있다.[87]

라고 말하고 있는 것이 있어, 실제로 무자입손無子立孫을 행한 사례
도 남겨져 있다.

> 준달俊達은 친 자손이 없었기 때문에, 전지田地를 매각해서 3인人의 관을
> 매장한 것은 사자死者를 위해서 행한 것이다. 공예公禮는 준달俊達의 사후양손
> 이 되었고, 전토는 그 조부의 장례를 위해서 매각된 것이기 때문에, (그 반환
> 을) 소송할 여지는 없다.[88]

> 빈彬과 언보彦輔는 형제지만, 수십년전에 가산을 분할해서 별거하고 형제간
> 의 교류도 하지 않고 있었다. 빈彬은 형인데 자손이 없고, 그가 죽게 되었을
> 때에 언보彦輔는 관사로서 빈을 위협하여 강제로 8세인 손자 영가榮哥를 그의
> 후사後嗣로 세우게 했다.
> 　그 1년후, 빈彬이 죽자 언보彦輔는 호절戶絶과 검교檢校의 소송을 일으켰다.
> 그렇게 하자 빈彬의 아내 아륙阿陸은 이것을 불평해서, 밭 8무苗, 회자會子 1
> 천, 가옥 한 채를 영가榮哥에게 나누어 주고 생가生家로 돌아가게 하고, 자신
> 은 딸 백삼낭百三娘과 함께 삭발하고 비구니가 되어 집을 부수고 절로 들어가
> 버렸다.
> 　… 만약 언보彦輔가 정말로 형을 사랑하고 형수를 생각하는 마음에서 그의
> 혈통이 끊어지는 것을 불쌍히 여겨 이를 이어주고자 자신의 손자를 형의 손
> 자로 한 것이라면 물론 법과 도리에도 적합해, 형제간의 진정을 극히 자세히
> 한 조치라고 말할 수 있다. 아무것도 잘못된 점은 없다. 그런데 빈彬이 죽자
> 마자 호절戶絶소송을 일으킨 것은 언보彦輔가 사실 천륜의 사랑에 근거를 둔
> 것이 아니라, 손자를 이용해서 재산을 뺏으려고 한 것일 따름이다. … 만약
> 아륙阿陸이 우씨尤氏의 혈통을 끊으려고 영가榮哥를 손자로 세우게 하지 않으
> 면 그것은 용서될 수 없다.
> 　지금은 영가榮哥를 세워버린 이상, 그에게 아버지의 뒤를 잇게 해, 농지·

---

87) 『청명집(淸明集)』 戶婚門, 권7－12, 立繼 「已有養子不當求立」(在法, 諸無子孫,
　　許乞昭穆相當, …… 況法中亦許無子立孫者聽).
88) 『후촌집』 권193 「都昌縣申汪俊達孫汪公禮訴産事」(俊達旣無親的子孫, 則當來
　　賣田骨以葬三喪, 乃死者之幸也, 公禮旣是俊達死　後過房爲孫, 所賣田骨係爲乃
　　祖掩骸, 又何訟爲).

가옥·돈을 나누어주어 양육하는 것이 남편을 위해서나 자신을 위해서나 차선책이라고 할 수밖에 없다. 이미 나누어 준 농지·가옥·돈을 그대로 영가榮哥에게 주는 것 외에, 아륙阿陸에게 전력으로 그 남편과 딸의 장례를 치르게 하고 그러고도 남은 농지가 있으면, 그 반을 우빈尤彬의 첨분전瞻墳田으로 해서 영가榮哥에게 관리시키고 전매는 허락하지 않는다. 지금은 임시로 언보彦輔 부자에게 영가榮哥가 성인이 될 때까지 맡겨 관리시킨다. 이것으로 도리에도 적합하다. 아륙阿陸은 비구니가 되어 버리고 가옥도 절이 되어 버린 이상, 동산動産과 남은 반의 농지는 그녀의 의견에 맡겨 노후 비용으로 하게 한다.[89]

그런데 당령 및 북송 천성령天聖令에는 「손孫」이란 글자가 들어 있지 않은 것에서부터, 「양손」의 시비에 대해서 북송기에는 약간의 논쟁이 있었던 것 같다. 원풍元豊 3년(1080)에는,

원풍元豊 3년 3월 2일, 태상례원太常禮院이 "국자박사國子博士인 맹개孟開가 조카 손자인 종안宗顔을 적손으로 하고 싶다고 간청하고 있습니다. 영令에는 「아들이 없으면, 동종同宗의 아들 가운데 소목昭穆에 적합한 사람을 부양할 것을 허락한다」고 있지만, 「자손을 계절繼絶하고 호적을 나우어야 한다면, 18세 이상이 아니면 나눌 수 없다.」[90]고도 되어 있으므로, 손자가 조부를 직접 계

---

89) 『청명집(淸明集)』 戶婚門, 권7-22, 孤幼 「欺凌孤幼」.(彬與彦輔兄弟也, 析居各爨已數十年, 不知有手足之義久矣, 彬爲兄, 瞽而無 子孫, 彦輔于其垂亡之時, 脅以官司强以其八歲之孫榮哥爲之後, 越一年, 彬死, 而彦輔又興戶絶檢校之訟, 于是彬之妻阿陸心懷不平, 但撥田八畝會千緡屋一所給付榮哥, 歸本生家撫養, 乃與其女百三娘削髮爲尼, 棄屋爲寺, …… 使彦輔果有愛兄念嫂之意, 憐其絶嗣, 思所以繼之, 以己之孫爲兄之孫, 本合理法, 又能以骨肉眞情委曲區處, 夫豈不可, 何爲于彬之方歿也, 又興戶絶之訟, 盖彦輔本非篤天倫之愛, 不過欲以其孫據有其家皆耳, …… 使阿陸盡絶尤氏之嗣, 不立榮哥爲孫, 則不可, 今旣立榮哥, 以紹其夫之後, 又撥田畝錢屋以瞻之, 則所以爲夫謀爲身謀, 亦不得已而爲此下策矣, 除已撥田畝錢屋與榮 哥外, 欲告示阿陸, 先竭力安葬其夫其女, 仍將見在田産, 再撥一半作尤彬瞻墳田, 今榮哥爲主, 不許典賣, 目今權責付彦輔父子, 爲其孫主張, 以候出幼, 于理亦順, 所有阿陸身旣爲尼, 屋旣爲寺, 應隨身浮財及所餘一半田産, 合從其便, 終老其身).

90) 仁井田陞는 이 令文을 「諸子孫繼絶, 應析戶者, 非十八已上, 不得析」(仁井田陞, 『당령습유』, p.235)라고 복원하고 있다. 또한 당령은 「諸以子孫繼絶, 應析戶者, 非年十八已上, 不得析, 其年十七已下, 命繼者, 但於本生籍內」(仁井田陞, 『당령

승하는 것은 인정되고 있던 것이 됩니다. 또, 진晉의 시중 순의苟顗가 아들이 없어 형의 손자를 양손으로 삼은 예[91]도 있습니다. 개開가 간청하는 대로 해 주십시오"라고 말하였다. 이에 따르라고 황제가 지시하였다.[92]

라고 해서, 국자박사國子博士인 맹개孟開의 입손立孫에 대해서, 일부러 「자손 계절繼絶」의 문구가 있는 영문令文과 진晉 순의苟顗의 입손했던 일을 근거로 하고 있다. 또 정화政和 3년 (1113년)에는,

정화政和 3년 윤 4월 27일, 호부戶部 상서 유병劉炳이 「유지왕언림有旨王彦林이 동생 언통彦通을 숙모 송宋씨(의 남편의 아버지?)의 계절손繼絶孫으로 할 것을 청구하고 있습니다. 호부원외랑 개신蓋侁은 「언통의 건은 원풍元豊년간의 맹개孟開가 조카손자 종안宗顔을 적손으로 세운 예를 보면, 대단히 사리에 맞다」고 주장하고, 대리사大理寺의 관官도 모두 타당하다고 하고 있지만, 사승寺丞오환吳環만은 이의를 제기하고 있습니다. … 공자孔子는 「절세絶世를 이어주면, 천하의 민심이 돌아온다」라 말하였는데, 애초에 후사後嗣 없이 끊어져 버렸기 때문에 비로소 계절繼絶을 행하는 것입니다. 만약 조부에게 아들이 있어도 며느리를 맞아야 비로소 양손을 얻을 수 있는데, 미혼인 채로 죽어버려서는 양손을 얻을 수 없다고 한다면, 천하에 끊어져버릴 집안은 셀 수 없이 많을 것입니다. 예禮도 법도 잘못된 것이 되어 버립니다. 이것은 개신蓋侁의 주장이 올바릅니다. … 「절호絶戶를 전부 계승하게 해버리면, 천하에는 호절戶絶(에 의한 수입)이 없어져 버린다」고 하는 주장도 있습니다만, 애초에 법이 양

습유』, p.234)라고 규정한다.

91) 『晋書』권39, 苟顗傳 「顗無子, 以從孫徵嗣, 中興初, 以顗兄玄孫序位顗後, 封臨淮公, 序卒, 又絶, 孝武帝又封序子恒繼顗後」.

92) 『송회요』30책, 레36, 상복, 잡복제(元豊三年三月二日, 太常禮院言, 國子博士孟開乞以姪孫宗顔爲嫡孫, 據令無子者, 聽養同宗之子昭穆合者, 又曰, 子孫繼絶應不析戶者, 非十八以不得析, 則是有孫繼祖者, 又晉侍中苟顗無子以兄之孫爲孫, 請如開所乞, 從之), 또한 이 사건에 대해서 『송사』권125, 禮志28, 凶禮 4, 服紀, 契絶에는 「元豊國子博士孟開請以姪孫宗顔爲孫, 據晋侍中苟顗無子以兄之孫爲孫, 其後王彦林請以弟彦通爲叔母宋繼絶孫, 詔皆如所請」, 『續資治通鑑長編』권303, 神宗에는 「원풍3년 3월 乙丑, ……禮院言, 國子博士孟開乞姪孫宗顔爲嫡孫, 據無子者, 聽養同宗之子昭穆合者, 又曰, 子孫繼絶應析戶者, 非十八以上不得析, 則是有以孫繼祖者, 又晋侍中苟顗無子以兄之孫爲孫, 請如開所乞, 從之」가 있다.

자양손을 정하고 있는 것은 천하의 호절에 의해 없어져 버릴 집안을 구하기 위해서입니다. 호절재산에 의한 수입은 얼마쯤인가 하면, 정화政和원년 (1111년)의 제로諸路의 호절전戶絶錢은 겨우 1만 여관에 지나지 않습니다. 만약 모든 집이 후사後嗣를 세워 호절이 없어지면, 1년에 1만여 민緡의 수입을 잃는다고 하더라도, 그것은 성주聖主의 즐거움입니다」고 보고하였다. 황제는 이에 따르라고 지시했다.93)

라고 해, 종래는 혼인 후 사망한 아들에 대해서만 입손을 인정하던 것을 미혼으로 사망한 아들에 대해서도 입손을 인정하는 조치가, 대리시大理寺에서의 합의를 근거로 해서 행해지고 있다. 이 기사에서부터는 전혀 아들이 없던 경우의 입손이 인정되고 있었는지 어떠했는지는 살필 수 없지만, 여하튼, 남송 영令에 「양손養孫」이 명확히 규정된 것은 이와 같은 논의를 근거로 한 것일 것이다.

그런데, 「법」에 소목불상당昭穆不相當은 양자로 할 수 없다고 하고 있지만, 현실의 「세간」에서는 소목불상당昭穆不相當인 후계자 설립이 널리 행해진 관행이었던 것 같다.94) 전술한 판어에

세속에는 동생을 양자로 하는 일도 물론 존재한다.95)

---

93) 『송회요』30책, 례36, 상복, 잡복제(政和三年閏四月二十七日, 戶部尙書劉炳言, 有旨王彦林以弟彦通與叔母宋氏爲繼絶孫, 今戶部員外郞蓋佽議, 彦通用元豊中孟開以姪孫宗顔爲嫡孫例, 事體明甚, 大理寺官皆以爲允, 獨寺丞吳環異議, …… 孔子曰, 繼絶世, 天下之民歸心焉, 盖以其無後而絶, 故繼之也, 若祖自有子又嘗娶婦方得養孫, 或有子未娶而亡亦不得養孫, 則天下之絶世將不可計, 以是爲禮法不亦可乎, 盖佽議是, …… 若曰使皆有繼續, 則天下遂無戶絶, 夫法有養子養孫, 盖廬天下有 絶滅之家也, 戶絶財産所得幾何, 政和元年諸路戶絶錢萬餘貫而已, 使皆知立後遂無戶絶, 一歲雖失萬餘緡, 聖主之所樂爲也, 從之), 또한 이 건에 대해서는 『송사』권125, 예지28, 흉례 4, 복기, 계절(註(90)前揭) 및 같은 책 권356, 劉昺傳의 「大理議戶絶法, 若祖有子未娶而亡, 不得養孫爲嗣, 昺曰, 計一歲諸路戶絶, 不過得錢万緡, 使歲失万緡而天下無戶絶, 豈不可乎, 詔從其議」의 기사가 있다.

94) 仁井田陞, 『支那신분법사』, p.796.

95) 『청명집(淸明集)』 戶婚門, 권8-08, 立繼類 「繼絶子孫止得財産四分之一」. 『후

라고 있는 것은 일본에서 말하는 「순順양자」가 행해지고 있던 것을
나타내는 것이고, 『원씨세범袁氏世範』의

> 동성同姓인 아들이라도 소목불순昭穆不順이면 후사後嗣로 삼아서는 안 된다.
> 기러기 같은 천한 생물이라도 순서를 어지럽히거나 하지 않는데, 인간은 반
> 대로 그 원칙을 파괴하고 있다. 심지어 숙부를 조카로 삼는 것은, 도리에 맞
> 지 않는 것 뿐 아니라, 싸움의 원인도 된다.
> 　만약 어쩔 수 없다면, 동생이나 조카손자를 양자로 해서 제사지내게 하라.
> 그러나 친아들 같이 양육하고 재산을 주지 않으면 안된다. 양자가 된 사람도
> 양부를 친아버지와 같이 봉양하게 하라.96)

라는 기술記述은 소목상당자가 없을 경우에 동생이나 조카손자를 양
자로 삼는 것을 용인할 뿐 아니라, 현실적으로 존속尊屬을 양자로
삼는 일이 행해졌던 일 조차 살필 수 있다. 그리고 판어에는 편의
적 조치인 것을 강조하면서도, 소목불상당昭穆不相當을 알면서 사촌
동생을 양자로 삼는 것을 인정한 사례가 있다.

> 　나는 이 사건을 반복해서 취조해 봤는데, 전씨田氏의 존장 금영할金鈴轄의
> 편지수통에는 (사촌동생을 후계자로 세우는 것은) 소목불상당昭穆不相當이기
> 때문에 지장이 있어, 「가족 모두 가운데 양자로 세울 수 있는 사람이 없다는
> 것은 불쌍히 여길 일이다」고 쓰여있다. … 그러나, 나는 빨리 법률대로 통사
> 通仕를 처단하려고는 생각지 않는다. 만약 「호절戶絶후의 양자는 가산의 4분
> 의 1을 얻는다」는 영문令文에 따르고자 원한다면, 여기에서 서약서를 만들어,
> 관官에 맡겨서 전田씨 일족 및 유劉씨 모자와 추국秋菊모자를 설득시킨 뒤에,
> 일전의 화의和議대로 임시로 세덕世德(세광世光의 숙부 통사通仕의 아들)에게
> 세광世光의 제사를 승계시켜 가산의 4분의 1을 획득시키고, 4분의 3은 세광
> 世光의 두딸에게 주는 것으로 한다. 이것으로 비로소 법의法意에 적합한 것이
> 다. 그러나 만약 다시 분쟁을 일으키면 「(절호絶戶의 재산은) 다 친딸에게 준

촌집』권193 「建昌縣劉氏訴立嗣事」(世俗以弟爲子, 固亦有之).
96) 『원씨세범』권1, 睦親 「立嗣擇昭穆相順」(同姓之子昭穆不順, 亦不可以爲後, 鴻
　　雁微物猶不亂行, 人乃不然, 至以叔拜姪, 於理安乎, 況起爭端, 設不得已, 養弟
　　養姪孫以奉祭祀, 惟當撫之如子, 以其財産與之, 受所養者奉所養如父).

다」는 법문을 적용해서, 모두 두딸에게 급여해 버릴 따름이다.
　　… 통사通仕가 자신의 아들 세덕世德을 등사登仕(세광世光)의 후사後嗣로 하려고 하더라도, 소목불순昭穆不順이기 때문에 본래는 세울 수 없다. 그러나 친가쪽의 사람이기 때문에, 임시로 계절繼絶시키는 것으로 한다. 본군本軍에 통지한다. 전세덕田世德과 그의 친부 통사通仕를 소환하고, 관에 불러 세광의 두딸과 가산을 제비를 뽑아 나누게 한다. 출정을 응하지 않으면, 등사登仕가 받을 몫은 현縣에서 전부 딸들에게 주게 한다. 법률대로 일이 처리 되어버리면 후회해도 늦다.97)

또, 소목불상당자가 입사를 청구한 사례로, 그 청구는 거절하면서도 반드시 그 이유로서 소목불상당昭穆不相當을 언급하지 않은 판어도 있고,98) 관官이 소목불상당자의 입사를 허용한다고 하더라도, 그것은 전혀 소목상당자가 없고 또는 족인族人의 일치된 동의가 얻어진 경우에99) 한정되어 있고, 관官의 태도는 대체로 꽤 엄격했다.100)

---

97) 『청명집(淸明集)』 戶婚門, 권8－08, 立繼類 「繼絶子孫止得財産四分之一」(當職反復此事, 因見田氏尊長鈴轄家書數紙, 亦以昭穆不相當爲疑, 又云, 族中皆無可立之人, 可憐, …… 當職今亦未欲遽繩通仕以法, 如願依絶戶可得四分之一條令, 可當廳責狀, 待委官勸論田族幷劉氏秋菊母子, 照前日和議, 姑以世德奉世光香火得四分之一, 而以四分之三與世光二女, 方合法意, 若更紛拏, 止得引用盡給在室女之文, 全給與二女矣, …… 通仕欲以子世德繼登仕之後, 昭穆不順, 本不應立, 以其係親房, 姑令繼絶, 仰本軍, 喚田世德與本生父通仕前來拈鬮, 如不肯來, 徑將此一分縣盡給諸女, 條法行, 悔之無及). 『후촌집』권193 「建昌縣劉氏訴立嗣事」.
98) 『청명집(淸明集)』 戶婚門, 권8－07, 立繼類 「已有親子不應命繼」는, 예전에 死者의 양자로 받아들여진 것으로서[抱養] 가산분할을 청구하는 「伯」의 아들의 주장을 사자에는 實子가 있고, 또 원고의 주장에 신빙성이 없는 것을 이유로 해서 물리쳤다. 또한 『勉齊集』권39 「陳如椿論房弟婦不應立異姓子爲嗣」는 사자의 姪의, 이성양자를 폐하고 자신의 아들의 입사를 하려는 청구를, 이성자의 수양이 사자자신에 의해 정당하게 행해졌던 것을 입증하여 물리쳤다.
99) 『청명집(淸明集)』 戶婚門, 권8－08, 立繼類 「繼絶子孫止得財産四分之一」(世俗以弟爲子, 固亦有之, 必須宗族無間言而後可). 『후촌집』권193 「建昌縣劉氏訴立嗣事」.
100) 滋賀秀三, 『중국가족법의 원리』, p308.

(3) 친부모에게 있어 장자 혹은 독자가 아닐 것

양자가 되는 사람의 세번째 요건으로서, 친가에 있어서 장자 또는 독자가 아닐 것이 제시되어 있다.[101] 이것은 『청명집淸明集』에 인용된 남송 영令

> 다른 사람의 후계자가 될 사람은 적자로써 하지 않는다.[102]

에 나타나 있다.

본래 여기서 말하는 「적자」는 「적처嫡妻소생의 아들」, 「적처의 아들」의 뜻이 아니라, 『당률소의』에 「본처의 장자가 적자이다(嫡妻之長子爲嫡子)[103]」라고 하는 부분에서, 봉작封爵 및 식봉食封을 단독으로 상속하는 사람으로서의 적자[104]인 것이다. 그러나, 송대에 봉작과 관계없이 모든 가산이 남자에게 균분되었던[105] 민호民戶에게는 이러한 의미에서 보면 적자는 없다. 이하의 판어는 이것을, 일본에서 말하는 「대를 이을 아들」과 같이, 단순한 장남 혹은 유일한 남자로 해석해서 그 출계를 부정하고 있다.

> 진자목陳子牧은 이전 대대씨大戴씨를 아내로 삼았는데, 아들을 낳을 수 없었기에 장손璋孫을 양자로 삼았다. 그러나 당시 이미 서자인 오손珸孫을 얻어, 13세가 되어 있었다. 그후 정팔낭鄭八娘을 아내로 삼았는데, 여기서도 아들을 낳지 못했다. 18년이 지나 자목子牧과 장손璋孫은 차례로 죽었다. 오손珸孫은 자목子牧의 친아들이기 때문에, 자목子牧의 집안의 혈통은 물론 끊어지지는 않았

---

101) 仁井田陞, 『支那신분법사』, p.797; 滋賀秀三, 『중국가족법의 원리』, p.327.

102) 『청명집(淸明集)』 戶婚門, 권7−22, 孤寡 「正欺孤之罪」. 『청명집(淸明集)』 戶婚門, 권6−06, 爭田業 「陸地歸之官以息爭兢」은 「爲人後者, 不以嫡」라 한다 (諸爲人後者, 不以嫡子).

103) 『당률소의』 권12, 호혼, 立嫡違法, 『송형통』 권12, 호혼률, 養子〔立嫡〕.

104) 仁井田陞, 『支那신분법사』, p.762 참조.

105) 仁井田陞, 『당령습유』, p.245, 「諸應分田宅及財物者, 兄弟均分」.

다. 장손璋孫을 위해서 입사立嗣하지 않았지만 진陳씨의 (집안의 계통繼統이라
고 하는)대계大計는 해를 받지 않은 것이다.
　… 자목子牧의 사후, 오손璵孫을 교육하고, 아내를 얻어주고, 가계를 지탱해
서 파탕破蕩시키지 않도록 하는 것이 정팔낭鄭八娘의 책임이었다. 그런데 자목
子牧이 죽자마자, 정팔낭鄭八娘의 마음은 냉담해져 버렸다. 진사경陳士駉은 그
래서 우선 오손璵孫을 부추켜서 가산을 파탕破蕩시키고, 다음으로 소룡紹龍을
(장손璋孫의) 양자로 세워 남은 가산을 빼앗아 버렸다. 진소룡은 진사경의 장
남이었다. 규정에 따르면 다른 사람의 후계자가 된 사람은 적자가 아니어야
된다. 진사경은 비록 진씨의 일족이지만 지금부터는 진자목의 집안의 일에
관여하지 마라. … 진소룡陳紹龍의 입사立嗣서류는 말소하고 서류에 철해둔
다.106)

　　장칠사張七四는 장육일張六一의 적자이고, 장청張淸은 그 숙부이다. 장청張淸
이 살았을 때, 장칠사張七四는 별거해서 다른 도都(보갑保甲의 단위, 250호戶
를 도보都保로 한다) 에 살고 있었다. 장청張淸의 사후에 장칠사張七四는 그 가
옥에 들어왔던 것이다. 이것이 장칠사張七四가 장청張淸의 아들이 아닌 첫번째
의 증거이다.
　　만약 양자가 되었다고 주장한다고 하더라도 그렇다면 어째서 존장이나 이
웃의 사람이 증명해 주지 않고, 관官의 제부除附서류에도 기재되어 있지 않은
가. 더욱이 안례安禮가 제출한 본현本縣이 가희嘉熙2년 (1238년)에 다른 사건
으로 내린 판결문에는, 장청張淸은 장칠사張七四의 숙부라고 명기하고 있다.
이것이 장칠사張七四가 장청張淸의 아들이 아닌 제2의 증거이다. 만약 정말로
양자가 되었다고 한다면, 법은 「다른 사람의 후계자가 될 사람은 적자이어서
는 안된다.」고 규정하고 있다. 장칠사에게 종족가계도를 그려 예시하게 하니,
거기에는 본래 친부가 장칠사 한 명만을 낳은 것으로 되어 있으므로 실제로
적자이다. 다른 사람의 적자인 사람이 스스로 그 친부모의 후사를 끊고 그
숙부에게 양자로 들어가는 것이 이치에 맞는 것인가? 장칠사張七四가 장청張

---

106) 『청명집(淸明集)』 戶婚門, 권7－25, 孤寡 「正欺孤之罪」(陳子牧先娶戴氏無子,
　　立璋孫爲子, 旣而庶生一子璵孫, 年十三, 再娶鄭八娘亦無子, 閱十八年, 子牧璋
　　孫相繼而亡, 璵孫乃子牧親生之子, 子牧之家本非絶嗣, 若爲璋孫立嗣與否,陳氏
　　之大計未害也,…… 若子牧旣亡之後, 敎導璵孫, 爲之婚娶, 主持家業, 無使破
　　壞, 此獨非鄭八娘之責乎, 奈何子牧之肉未寒, 而鄭八娘之心冷矣, 陳士駉所以
　　鼓誘璵孫而破蕩于其先, 又得以立紹龍而 呑噬于其後, …… 陳韶龍陣士駉長子,
　　照條, 諸爲人後者, 不以嫡子, …… 陳士駉雖爲陣之房族, 自後不得干預陳子牧
　　家事, …… 陳紹龍立嗣, 亦合倂抹 附案).

淸이 아들을 남기지 않고 죽고, 그와 안례安禮의 토지거래에 불분명한 점이 있는 것을 알고 이것을 빼앗으려는 마음이 들어서, 그래서 양자가 되었다는 사실을 날조하여 재산을 빼앗으려는 계략을 꾸민 것임은 확실하다. … 장청張淸의 가산은 조사한 후에 전부 절호絶戶의 법조항에 따라 관에서 몰수하고, 현학縣學 학생의 학비로 보조한다. 그리고 장칠사張七四를 친아버지 장육일張六一의 집으로 강제로 보내어 귀종歸宗시키고 그 제사를 승계시킨다.107)

전례前例는 장자를 「적자」라 하고, 후례後例는 독자를 「적자」라 한 것이다. 장자의 출계를 부정하는 이유는 확실하지 않지만, 독자의 출계를 부정하는 것은 후례後例에 논해져 있듯이 「친부모의 승계를 끊는다」는 이유에서다.

친가에 있어서 독자인 사람이 다른 집으로 출계해 버리고 말면, 친가에는 그 제사를 승계할 사람이 없어지게 되어 제사는 단절된다. 친아들이 없는 사람의 제사를 계속할 목적으로 한 양자가 도리어 친아들이 있는 사람의 제사를 단절해 버리고 만다면 이것은 불합리한 것이다. 따라서 독자에게는 출계가 인정되지 않고, 후대(특히 청대)에 나타나는 「독자 겸조兼祧」즉 독자가 동시에 두 집의 후계자가 되는 관행108) 은 남송의 판어에서는 부정되고 있다.

---

107) 『청명집(淸明集)』 戶婚門, 권6－16, 爭田業 「陸地歸之官以息爭兢」(蓋張七四乃張六一嫡子, 張淸乃其叔也, 張淸未死, 張七四自異居而各都, 張淸死, 張七四始竄身而入室, 此其非張淸之子一也, 若曰過房, 何爲尊長憐里 不敢指證, 經官除附, 並無明文, 而安禮執出本縣嘉熙二年別事斷由, 明指張 淸爲張七四之叔, 此其非張淸之子二也, 縱曰果曾過房, 在法, 爲人後者, 不以嫡, 張七四畵列宗派圖, 其本生父只生七四一인, 實爲嫡子, 爲人嫡子, 乃 自絶其本生父母之嗣, 而過房于其叔, 于理可乎, 此是張七四因張淸死而無子, 又知安禮交易不明, 亦起吞併之心, 故創過房之說, 以爲占據産業之計明矣, …… 契勘張淸但于物業, 盡照絶戶條法拘籍入官, 或爲縣學養士之助, 仍將 張七四押歸本生父張六一家, 承續香火). 임대희 외, 「역주 『청명집』「호혼문」 권6」『중국사연구』36, 2005 참조.
108) 仁井田陞, 『支那신분법사』, p.797; 滋賀秀三, 『중국가족법의 원리』, pp.335~338 참조.

방문량方文亮은 세 아들을 얻었다. 장남 언덕彦德, 차남 언성彦誠은 전처 황黃씨가 낳은 아들이고, 삼남 운노雲老는 첩 이李씨가 낳은 아들이다. 언성彦誠은 일찍 죽었는데, 아들 중을仲乙이 있다. 운노雲老는 막 2세가 되었기에, 가산은 전부 장남 언덕彦德이 관리하고 있다. 이전 언덕彦德이 「아들 중을仲乙이 도리에 반해서 도박賭博을 행하고, 전산田産을 훔쳐 팔아버렸습니다」라고 고소해 왔기에, 중을仲乙을 소환해서 진술을 듣는 것과 동시에 족장이 쓴 계도를 조사한 바, 중을仲乙은 언덕彦德의 아들이 아니고 실제로는 조카인 것으로 판명되었다. 언덕彦德은 「중을仲乙을 양자로 삼았습니다」고 진술하고 있다. 조카를 양자로 삼은 것은 도리에 맞지만, 언덕彦德에게는 이미 중이仲二라고 하는 양자가 있고, 중을仲乙의 친아버지 언성彦誠에게는 그 외에는 아들이 없기 때문에, 이유도 없이 가계家系를 어지럽히고 언성彦誠의 혈통을 단절시켜 좋을 이유가 없다. 이것은 언덕彦德이 전 재산을 취하려고 계획해서, 조카를 아들이라고 사칭한 것으로 사리에 맞지 않는 것이다. 중을仲乙은 이것에 대한 불만으로 재산을 파탕破蕩할 행동으로 나왔다.[109]

방천록方天祿은 아들을 얻지 못하고 죽었다. … 본래 양자를 세워 마땅하지만, … 방천복方天福의 아들은 독자이기 때문에 세울 수 없다. 만약 방천복方天福의 아들을 양자로 하면 천록天祿의 가산은 천복天福에게 돌아가는 것이 되고, 그 혈통을 단절하는 것과 같은 일이 되고 만다. … 천복天福을 현縣에 호송하고, (현縣에서) 족장을 소환해서 방方가의 전 재산을 공정하게 이등분 시켜, 천록天祿에게 돌아가 마땅할 재산은 관에서 장부를 작성해서 관리한다. 그리고 본종本宗의 소목상당자昭穆相當者를 골라 천록天祿의 후계자로 세운다[110]

---

109) 『청명집(淸明集)』 戶婚門, 권9-08, 違法交易 「業未分而私立契盜賣」(方文亮生三男, 長彦德, 次彦誠, 前妻黃氏生, 幼雲老, 妾李氏生, 彦誠已死, 有男仲乙, 雲老年方二歲, 家業盡係長男彦德主掌, 昨據彦德入狀論, 男仲乙非理賭博, 盜賣田産, 及追到仲乙詳所供狀, 倂巧族長所畵宗枝, 乃知仲乙非彦德之男也, 實其姪也, 據彦德稱, 曾抱養仲乙爲子, 以姪爲子, 於理雖順, 但彦德已自立一男, 名仲二, 仲乙親父彦誠又無他子, 豈當無故變亂宗枝, 絶滅彦誠繼嗣, 此皆是彦德起意倂包利取全業, 指姪爲兒, 名不正言不順, 此仲乙所以不伏, 此非理破蕩之由也).

110) 『청명집(淸明集)』 戶婚門, 권8-26, 檢校 「檢校孩幼財産」(方天祿死而無子, …… 子固當立, …… 方天福之子旣是單丁, 亦不應立, 若 以方天福之子爲子, 則天祿之業倂歸天福位下, 與昌支均矣, …… 仍將天福押 下縣, 喚上族長從公將但千戶下物業均分爲二, 其合歸天祿位下者, 爲置籍, 仍擇本宗昭穆相當者立爲天祿後).

독자겸조는 양부모 혹은 친부모가 두 집의 가산을 독점하는 것과 관련되는 것을 이들 판어는 나타내고 있다. 결국 독자겸조를 금하는 실질적인 목적은 이러한 행위를 방지하는 것에 있었을 것이다.

게다가, 같은 이유에서 어떤 사람의 양자가 중복해서 출계하는 것도 허락되지 않았다. 양자는 본래 한 사람 밖에 세울 수 없는 사자이고, 본질적으로 「독자」였기 때문이다.

> 오등운吳登雲은 이미 계오季五의 양자가 되어있음에도 불구하고 다시 계팔季八의 후사後嗣가 되려고 하는데, 이것은 그 가산을 취하려는 것에 지나지 않고, 전혀 사자死者를 위해 하는 것은 아니다. … 등운登雲이 혼자서 두 집의 가산을 취하려고 하기에 이른 것은 어떤 규정에 근거를 둔다고 할 것인가.
> … 주朱씨 (계팔季八의 모母)의 유언에 따라서 (장례비용을) 표발摽撥하고, 남은 가산에 대해서 따로 명계命繼를 행하게 한다. … 역시 친가인 계일수季一秀와 계칠수季七秀의 두 사람 중에서 한사람을 골라 세운다.111)

다음의 판어는 의붓자식이 그대로 양자가 되고, 그 후 친가가 호절되어 버렸음에도 불구하고, 오히려 다른 집으로 출계하고자 한 내용이다.

> 장개연張介然은 세 아들을 얻었다. 장개연張介然은 죽었지만 그 아내 유劉씨는 아직 살아있다. 장남 장영張迎은 진陳씨를 아내로 얻었는데, 일찍 죽어 아들이 없다. … 지금 족인族人인 장달선張達善은 「숙부 장영張迎에게는 후계자가 없기 때문에, 나는 소목상당昭穆相當한 자로서 내가 승계承繼해야 마땅합니다」고 소송해 왔다.
> 유劉씨는 늙은 몸을 이끌고 몇번이고 출정해서 "장달선張達善같은 사람은

---

111) 『청명집(淸明集)』 戸婚門, 권7-07, 立繼 「不可以一人而爲兩家之後別行選立」
(吳登雲已過房爲季五子, 今又欲爲季八後, 亦不過貪圖其産業, 豈眞爲死者計哉, …… 至於登雲以一身而跨有兩位之産, 又出何條令, …… 除照朱氏遺囑摽撥外, 餘一分産業別立命繼, …… 仍就親房季一秀季七秀兩位選立一人).

세우지 않겠다"고 강력히 주장하고 있다. … 유劉씨의 고소장에 의하면, 「장달선張達善은 친모가 정의鄭醫에게 시집갈 때 의붓자식이 되어, 그 집에서 양육되어 정鄭씨의 양자가 되었습니다」라는 것으로, 이것에 대해서는 현縣에 기록이 있다.

유劉씨의 고소장에는, 「장달선張達善은 원래는 장자수張自守의 아들로, 형제가 둘이었는데, 형인 전노全老는 방탕해서 돌아오지 않고 회전淮甸에서 죽었기 때문에, 자수自守의 집은 호절戶絶되었습니다. 장張씨의 대를 잇고 싶어한다면 자수自守의 집을 이어야 마땅합니다」고 하는데 이 주장도 타당하다. 양부의 집을 버리고, 친부의 혈통을 끊으면서까지 다른 사람의 사자嗣子가 되려고 해서는 안 된다.112)

판어중에 장달선張達善은 「족인族人」이라고 불리고 있기 때문에, 이 시점에서는 친가에 귀종歸宗했을 가능성도 있지만, 그러나 친가에서도 독자이고 양가에서도 독자이기 때문에 어쨌든 출계는 인정될 수 없는 상황이었던 것이다.

(4) 양자養子의 연령

생전양자로서의 양자는 양부보다 나이가 적지 않으면 안되고, 사후양자라도 모母(사자死者의 아내)에 의한 입계立繼인 경우에는 양모보다 나이가 적지 않으면 안되었다. 이것은 『청명집(淸明集)』에 인용된 남송 융흥칙隆興勅에

---

112) 『청명집(淸明集)』戶婚門, 권7－09, 立繼「爭立者不可立」(張介然有三子, 介然身故, 其妻劉氏尙存, 其長子張迎娶陣氏, 早喪而無子, …… 今族人張達善狀稱, 叔張迎亡嗣續, 自以昭穆相當, 今應承繼, 劉氏年老 垂白, 屢造訟庭, 不願立張達善, 其詞甚功, …… 據劉氏狀稱, 張達善隨所生 母嫁鄭醫, 抱養於彼家, 遂爲鄭氏之子, 有縣案可證, 又據劉氏狀稱, 張達善 原係張自守之子, 兄弟兩人, 其兄全老漂蕩不歸, 死于淮甸, 自守之戶已絶, 若欲繼張氏, 合當繼自守之戶, 此說亦有理, 豈可捨抱養之家, 絶親父之後, 反欲爲他人之嗣).

　　자손이 없어 동종소목상당자同宗昭穆相當者를 양자손으로 할 때, 생전양자이
면 반드시 양부보다 나이가 적어야 한다.113)

라는 규정과 이것을 받아들인 다음의 판어에 서술되어져 있다.

　　황정길黃廷吉은 4형제였는데, 그에게 후계자를 세웠을 때에는 그 중 두사
람에게는 아직 아들이 없고, 정진廷珍만이 아들이 있었다. 그러나 그 아들들
은 나이가 황정길黃廷吉과 비슷하기에 세울 수 없었다. 융흥칙隆興勅에는 「자
손이 없어 동종소목상당同宗昭穆相當한 자를 뽑을 때, 생전에 키운다면 모름지
기 키우는 아버지의 나이보다 적어야 한다」고 되어 있다. 이것은 융흥칙隆興
勅이다. 칙령소간상勅令所看詳에는 「모母에 의해 양자로 되는 사람의 나이도 양
모보다 연소해야 한다」라고 되어 있다. 따라서 모毛씨(황정길黃廷吉의 아내)가
정진廷珍의 아들을 양자로 하지 않은 것은 이 조문에 따른 것으로 논란의 여
지가 없다.114)

　　판어에는 「그 나이는 황정길과 서로 비슷하다」라고도 있으므
로115), 양부모보다 나이가 적다고 하더라도 나이가 너무 비슷한 사
람은 양자로서는 바람직하지 않았다.
　　양부모보다 양자가 나이가 적지 않으면 안되었던 것은, 「이것은
친자관계를 만드는데 있어 진실 같지 않으면 안되기 때문이다」.116)

---

113) 『청명집(淸明集)』 戶婚門, 권7－16, 立繼 「倉司擬筆」(無子孫養同宗昭穆相當
　　　者, 其生前所養, 須小于所養父之年齒). 또한 隆興은 1163－1164년.
114) 『청명집(淸明集)』 戶婚門, 권7－16, 立繼 「倉司擬筆」(黃廷吉兄弟四人, 當其初
　　　立嗣之時, 其二人則未有子, 廷珍一人有子, 其年皆 與黃廷吉相若, 不得而立,
　　　在法, 無子孫養同宗昭穆相當者, 其生前所養, 須小于所養父之年齒, 此隆興勅
　　　也, 勅令所看祥, 則爲母所養者, 年齒亦合小于 所養之母, 則毛氏不養廷珍之子,
　　　正合上條, 無可議者). 이 사건은 「双立母命之子與同宗之子」「倉司擬筆」「提
　　　擧判」의 3판으로 되어, 처음이 通城知縣의 書擬, 다음이 荊湖北路提擧常平司
　　　의 簽廳에서의 判決原案, 마지막이 提擧常平司 자신의 판으로 구성되어 있
　　　다.
115) 이 점을 『청명집(淸明集)』 戶婚門, 권7－15, 立繼 「双立母命之子與同宗之子」
　　　는 「廷珍雖有三子, 與廷吉年齒相若」라 한다.
116) 戴炎輝, 「近世 支那 및 臺灣의 養子法」Ⅱ, p.71.

그러나 전술한 융흥칙隆興勅 및 판어에서 추측하면, 사후양자에서는
양부보다도, 또 어머니에 의하지 않는 사후양자에서는 양모보다도
연장자라도 양자가 될 수 있었다. 죽은 부모의 나이를 아들이 앞지
르는 것은 친자식간에도 있을 수 있기 때문에, 사후양자에서는 연
령을 고려할 필요는 없는 것이 틀림없다.

　이것과는 별도로, 성인이 양자가 될 수 있었는가 아닌가 하는
점도 고찰해 볼 필요가 있다.

<blockquote>

　정□□丁□□는 후계자 없이 죽었다. 정희丁僖는 삼종조카이니까 소목상당昭
穆相當이지만, 21세이고 이미 친아버지의 가산을 승계하고 있고, 이미 아내가
있고 □□□□와 사이가 나쁘고, (□□의)집에 숨어 들어가 그 첩과 밀통한 적
이 있고, 근친들인 일악一鶚과 일기一夔, 또 서모·계모에게도 마음에 들지 않
았기 때문에, 만약 그를 무리하게 입사立嗣하면 소송이 끊이지 않을 것이
다.117)

</blockquote>

라고 하는 판어는, 소목상당자인 삼종조카 (증조부를 같이하는 조
카)의 입사를 거절하는 이유중 하나로서, 21세 즉 성인인 점을 들고
있다. 물론 여기에서 가장 중시된 점은 사자死者와의 불화不和라는
점이므로 성인이라는 것만으로 양자가 될 수 없다고 할 수는 없지
만, 이외에도 기혼이나 친아버지의 재산승계도 이유로 들고 있는
것도 주목할 가치가 있다. 성년이고 또한 기혼이고, 친아버지의 가
산을 승계하고 있으면, 이미 친아버지의 혈통을 이어 한 집안을 구
성하고 있는 것이 되므로 양부의 인격을 계승하기 위해서는 약간의
문제가 생기는 것은 아닐까.118)

---

117) 『청명집(淸明集)』 戶婚門, 권8-17, 立繼類 「先立一子俟將來本宗有昭穆相當
　　人双立」(丁□□無嗣, 丁僖孫三從姪, 雖昭穆相當, 但年二十有一, 已承父分, 已
　　自婚娶, 餘□□素有讎隙, 入其家亂其妾, 又近親一鶚一夔庶母繼母之所不樂,
　　若强立之, 何以絶詞).
118) 이 점에 대해서 滋賀秀三는 「경우에 따라서는 이미 형제와 가산을 분할해

『원씨세범袁氏世範』에는 부자는 성인을 양자로 해야 마땅하다고 하지만 실제로는 어린 시절에 수양이 행해지고 있다는 지적이[119] 있고, 판어에도 성인의 수양은 거의 나타나지 않는다. 사후양자에서는 약간 사정은 다를지 몰라도, 적어도 생전양자로서는 미성년, 그것도 될 수 있는 한 어린 자를[120] 수양하는 것이 일반적이었던 것 같다.

(5) 근친자의 우선

이상의 요건을 갖춘 양자후보자가 여러 명 있을 때는 원칙적으로 원족遠族보다도 근친인 사람이 우선적으로 입사되었다.

의제擬制적인 부자관계라고는 하지만, 양자는 「양부의 인격을 인계 하는 사람」[121] 이기 때문에, 그 기맥이 순조롭게 이어 가도록 하기 위해서는 양부와 가능한 한 가까운 혈연관계에 있는 사람이 아니면 안되었다. 다만, 후술하듯이 생전양자 및 명계命繼 이외의 사후양자에서 사자의 선택은 입사권자立嗣權者의 의사에 맡겨져 있기 때문에, 이 요건은 명계命繼의 경우에만 타당한 것에 지나지 않는다.

일가의 가부가 되어 있는 자가 다른 집의 사자가 되는 것도 없는 것은 아니다」(滋賀秀三, 『중국가족법의 원리』, p.345)라 하고 있는데, 그런데 이런 자는 「이미 분득한 재산을 잃는 것은 아니고, ……그 위에 더욱이 사부에 재산을 계승하는 것이 된다」(滋賀秀三, 『중국가족법의 원리』, p.345)에서, 사실상 독자 겸조와 같은 결과를 낳게 되는 것이다. 滋賀秀三는 관행조사를 사료로서 하고 있기 때문에, 이와 같은 지적이 독자 겸조에 대해서 부정적인 남송에 대해서도 적합한지 어떤지 의문이라 하지 않을 수 없다.

119) 『원씨세범』권1, 睦親 「養子長幼異宜」(富者養他人之子, 當於既長之時, 今世之富人養他人之子, 多以爲諱, 故欲及其無知之時撫養, 或養所出至徵之人).

120) 『송사』권265, 李昉傳(初沼未有子, 昉母謝方娠, 指腹謂叔母張日, 生男當與叔母爲子, 故昉出繼于沼)에서는 「指腹養子」(仁井田陞, 『支那신분법사』, p.798)조차 행해지고 있었던 것을 나타내고 있다.

121) 滋賀秀三, 『중국가족법의 원리』, p.108.

왕광한王廣漢이 고소한 입계立繼사건에서 법에 의하면 왕이王怡가 죽었기에 근친 중에서 소목상당자昭穆相當者를 뽑아 이이를 위해서 뒤를 잇게 하는 것이 적당하다. 왕광한王廣漢은 이이의 사촌 형제이므로, 만약 왕이王怡가 죽은 당시에 아들이 두사람 이상 있었다고 하면, 근친이기 때문에 그 아들을 무시하고 원족遠族에서 후계자[嗣子]를 세우거나 하지 않았다. 그러나 그때에는 왕광한王廣漢의 차남은 아직 태어나지 않고, 족인族人도 왕이王怡의 혈통을 단절할 수는 없었기 때문에, 일동 상담한 후에 왕광병王廣炳의 3살인 아들 연해淵海를 세운 것이었다.

이 연해淵海는 원방遠房의 아들이긴 하지만 소목昭穆은 순서에 맞고, 다른 방房에도 입사立嗣할 수 있는 아들이 없었기 때문에 누구도 이의는 제기할 수 없었던 것이다. … 그런데 연해淵海는 입사立嗣된 후 곧 급사해 버렸다. 이때에는 왕광한王廣漢에게도 차남이 태어나 있었기에, 관사官司에서 그 아들을 왕이王怡의 후사後嗣로 하더라도 족인族人은 누구도 다툴 수 없었던 것이다.

그런데 현縣은 조사를 잘못해서, 어찌된 사정인지 왕기王奇를 연해淵海의 아들로 세우고 말았다. 도대체 3살에 죽은 아들에게 법이 정한 순서를 넘어서 입사立嗣를 행하면, 이것에 대해서 다툴 소송을 그만두게 할 수 없다. 마침내 왕광한王廣漢이 소송을 일으켰지만, 판결이 내리기전에 왕기王奇도 죽어 버렸다. …왕광한王廣漢의 아들 왕춘王椿은 왕조산王朝散의 직계 손자이기 때문에, 왕이王怡의 후사後嗣로 하면 사리에도 맞고, 소목昭穆도 타당하고, 법에 비추어도 전혀 지장은 없다. … 현縣에 통지한다. 법에 따라서 공정하게 왕광한王廣漢의 차남 왕춘王椿을 왕이王怡의 후사後嗣로 하고, 제부除附의 수속을 해서 증명서를 교부하라.122)

라고 해서, 판어는 명확하게 근친 우선을 명언하고 있다. 또, 앞에

---

122) 『청명집(淸明集)』戶婚門, 권8－14, 立繼類 「所立又亡再立親房之子」(王廣漢所
爭立繼事, 以本條論之, 王怡不在, 只合於近親中擇昭穆相當人與之繼後, 王廣
漢從兄弟也, 使其是時已有兩子, 則以近親而言, 固不當捨其子而 立遠族, 只然
此時王廣漢次子未生, 族人以王怡不可絶嗣, 同共商議, 立王廣炳之三歲子淵海,
其淵海雖是遠房, 昭穆旣順, 諸房則未有子, 所以皆無可爭,…… 豈料, 淵海得立,
未幾忽爾身故, 當是時王廣漢亦旣有次子, 官司立 爲王怡後, 族人夫誰得而爭
也, 縣道有失契勘, 乃又立王奇爲淵海子, 夫以三 歲幼亡子, 違法越次與之立嗣,
安能弭爭者之詞, 其王廣漢爭訴在官, 尙未豫決, 而所立王奇又爾不在, …… 王
廣漢之子王椿旣是王朝散直下子孫, 立爲王怡後, 名正言順, 昭穆相當, 考之本
條, 皆無一毫可疵, …… 欲帖縣, 照條□ □□□廣漢次子王椿爲王怡後, 除附給
據).

언급한 소목불상당자가 입사를 청구한 사례에서 편의적으로 종제從
弟가 입사하는 것을 인정한 판어도,

고 한 것은 종제입사從弟立嗣하는 것을 용인한 이유의 하나로 삼고
있다.

(6) 양친兩親과 신분을 같이 할 것

당률은

　　잡호雜戶의 아들을 양자손으로 삼으면 도형 1년 반, 양녀로 삼으면 장형
　　100대, 관호官戶의 경우는 각각 1등급을 더한다. 양손녀가 된 사람도 이것과
　　같다. 만약 부곡部曲 및 노비를 양자손으로 삼으면, 장형 100대로 하고 각각
　　인연을 끊고 원래의 신분으로 돌아가게 한다. [주인이 없는 경우 및 주인이
　　몸소 양자손으로 삼을 경우는 양민으로 할 것을 허락한다]124)

라고 규정해서 양민이 천민을 양자로 삼는 것을 형벌로써 금하고,
주인이 없는 부곡部曲·노비를 양자로 하는 것과 주인이 몸소 부곡
部曲·노비를 양자로 삼은 경우를 제외하고, 이러한 양자결연은 무
효로 하고 본래의 신분과 호적으로 돌아가게 하도록 하고 있다.

　게다가 소의疏議에서는 천민 간에도 신분을 달리하면 서로 양자
결연하는 것을 금하고 있었기 때문에125), 당대에는 양천간이나 종

---

123) 『후촌집』권193, 「建昌縣劉氏訴立嗣事」(與其立疎族, 不若立近親).
124) 『당률소의』권12, 호혼, 養雜戶等爲子孫; 『송형통』권12, 호혼률, 養子 〔立嫡〕
　　(諸養雜戶男爲子孫者, 徒一年半, 養女, 杖一百, 官戶, 各加一等, 與子, 亦如之,
　　若養部曲及奴爲子孫者, 杖一百, 各還正之〔無主及主自養者, 聽從良〕).
125) 『당률소의』권12, 호혼, 養雜戶等爲子孫; 『송형통』권12, 호혼률, 養子 〔立嫡〕
　　(若當色自相養者, 同百姓養子之法, 雜戶養官戶, 或官戶養雜戶, 依戶令, 雜戶

류나 다른 천민간의 양자결연은 금지되고, 양자는 양친과 동일한 신분에 속할 것을 요건의 하나로 하고 있었다.126)

양천제가 붕괴한 송대에는 이런 규정은 의미가 없어 졌지만, 주복主僕간의 양자결연은 사실상 인정되지 않았던 것 같다.

> 황이안黃以安은 불행하게 일찍 죽어서, 아들이 없었다. … 아원阿袁이 실은 (황이안黃以安의) 생모가 아닌데도 생모의 뜻이라고 사칭해서, 조노曹老가 실은 황성黃姓의 사람이 아닌데도 황씨黃氏의 아들로 세우고자 한다면, 표면상은 법에 따르는 것 같아도, 실은 실태를 갖추고 있지 않기 때문에, 뇌환雷煥(황이안黃以安의 숙부)의 소송을 그만두게 할 수는 없다.
>
> 더욱이 조노曹老와 그의 아버지가 실은 서성徐姓이고, 원래는 황씨黃氏의 하인이라고 하면, 구두가 새것이라도 베개로 삼아서는 안되는 것과 마찬가지로, 명분의 소재는 백세를 거쳐도 바뀌지 않기 때문에, 이영以寧(황이안黃以安의 형)이 하인의 아들을 동생의 아들로 하는 것을 수긍하지 않는 것도 당연하다. 동생을 욕되게 하고 숙부를 욕되게 할 뿐 아니라, 이영以寧 자신을 욕되게 하고, 위로는 조상을 욕되게 하는 것이 되기 때문이다. … 아원阿袁, 아탕阿湯(황이안黃以安의 아내) 및 조노曹老부자를 소환해서 관官에 출두시켜 진술을 듣고, 황黃씨의 여러 존장에게 물어서, 아원阿袁이 이안以安의 생모인지 아닌지, 조노曹老가 서성徐姓인지 아닌지, 아탕阿湯이 명계命繼를 원하고 있는지 아닌지를 확실히 하면, 곧 판결을 내리게 할 것이다.
>
> … 만일 조노曹老가 양자가 될 수 없다면, 뇌환雷煥에게는 아들은 있지만 손자는 없으므로 세울 수 있는 사람이 없어지게 되고 만다. 그때는 지현知縣에 다시 종족친척의 도리를 차리는 사람에게 청해서, 상담한 후에 사자嗣子를 뽑아 세우게 해서 존망계절存亡繼絶의 의를 다하게 하도록 청하는 것이다.127)

官戶皆當色爲婚, 據此, 卽是別色準法不得相養, 律旣不制罪名, 宜依不應爲之法, 養男從重, 養女從輕, 若私家部曲奴婢養雜戶官戶男女者, 依名例律, 部曲奴婢有犯, 本條無正文者, 各準良人, 皆同百姓科罪).

126) 仁井田陞, 『支那신분법사』, p.798.

127) 『청명집(淸明集)』戶婚門, 권7-05, 立繼「不當立僕之子」(黃以安不幸早世無子, …… 阿袁如果非所生, 而謂出于生母之命, 曹老如果非姓黃, 而欲立爲黃氏之子, 則是雖有此法, 實無此事, 何以絶雷煥之詞, 況曹老父子如果姓徐, 又素爲黃氏僕, 履雖鮮不可加于枕, 名分所在百世不易, 以寧亦何忍以僕之子爲弟之子, 非特辱其弟, 欲其叔, 亦自辱其身, 而上辱祖先矣, …… 合追阿袁阿湯與曹老父子出官供對, 及會問黃氏諸尊長, 要見阿袁是不是生母, 曹老是不是姓徐,

위의 판어에는 주종간의 양자결연을 금하는 입법은 나타나지 않지만, 조노曹老가 서성徐姓 즉 황黃씨의 하인이라면 「당연히 세워서는 안된다」라고 하고 있기 때문에, 「도리」로서는, 이러한 결연은 주복의 分을 범하는 것으로 허용할 수 없었을 것이다.128)

2. 당사자

양자결연은 일종의 신분계약이기 때문에, 그것이 성립하기 위해서 친부모와 양부모간의 합의가 필요하다. 친가의 당사자는 양자가 되는 본인이 아니고 친부모일 것은 당률에 있어서 위법한 양자결연에 의해서 처벌된 사람이 「양자養者」와 「여자與者」인 것에129) 의해 확실하다. 양자자신이 성인이라고 하더라도 친부모가 있다면 그 의사가 우선했을 것이기 때문에, 양자본인이 당사자 일 수 있는 것은 본인이 성인이고, 친부모가 없을 때만 해당된다. 또, 버려진 아이를 수양한 경우 등은 친가의 승인이 있을 수 없는 것은 말할 필요 없

阿湯是不是情願命繼, 則曲直可以立判, …… 萬一曹老不當立, 雷煥有子無孫, 亦無可立之人, 請知縣, 再請宗族親戚識道理者合謀選立, 以盡存亡繼絶之義).

128) 『송사』권215, 孝義傳에는 「劉孝忠, 幷州太原人, 母病經三年, 孝忠割股肉, 斷左乳以食母, 母病心痛劇, 孝忠然火掌中, 代母受痛, 母尋愈, 後數歲母死, 孝忠傭爲富家奴, 得錢以葬, 富家知其孝行, 養爲己子, 後養父兩目失明, 孝忠爲舐之, 經七日復能視」라고 하여, 家奴를 양자로 한 사례가 있는데, 이 경우는 유효충의 효행이 중요시되었기 때문이고, 일반적인 예라고 말하기 어렵다.

129) 『당률소의』권12, 호혼, 養子捨去; 『송형통』권12, 호혼률, 양자〔立嫡〕(卽養異姓男者, 徒一年, 與者, 笞五十). 『당률소의』권12, 호혼, 養雜戶等爲子孫; 『송형통』권12, 호혼률, 양자〔立嫡〕(諸養雜戶男爲子孫者, 徒一年半, 養女, 杖一百, 官戶, 各加一等, 與者, 亦如之). 또한 『당률소의』권12, 호혼, 子孫別籍異財; 『송형통』권12, 호혼률, 父母在及居喪別籍異財〔居喪生子〕(若祖父母父母令別籍及以子孫妄繼人後者, 徒二年, 子孫不坐)의 율문에 의해서도, 자손이 양자결연의 당사자로서는 받아들여지고 있지 않는 것은 분명하다.

다.

  문제가 되는 것은 양자 당사자로서, 결연 즉 입사立嗣의 시기에
따라 「사자嗣子일수 있는 적격자 중에서, 특정인을 현실적으로 사자
로 선정하는 권한」[130]을 가진 사람이 달랐다. 양부가 되어야 할 사
람의 생전에는, 즉 생전양자의 경우에는 바로 양부 자신만이 그 권
한을 가졌다. 양부가 사망한 뒤, 즉 사후양자의 경우는 아내가 살아
있고 또 개가하지 않고 있다면 그들이 이 권한을 가지고, 직계 존
속이 없으면 일족의 장노長老들이 협의한 후에 사자를 선정했다. 호
절戶絶이전의 아내에 의한 것을 「입계立繼」, 호절 이후의 것을 「계
절繼絶」, 「명계命繼」등이라 칭한다.
  여기에서는 생전양자生前養子, 입계, 명계의 3가지에 대해서 나누
어 설명하겠다.

1) 생전양자生前養子

  양부가 될 사람의 생존 중에는 그 자신이 수양 즉 양자결연의
당사자가 되어 사자를 선정하고, 친가로부터 받아들였다. 이것은 그
의 아내는 물론, 부모나 족장의 간섭을 받지 않는 자유로운 선택으
로, 이른바 「택현택애擇賢擇愛」가 허용되는 것이었으나,[131] 실제로는
그의 부모와 상담하는 등, 부모의 의사를 존중하지 않을 수 없었다.

  왕학정사중王學正思中은 강江씨를 맞아 아내로 삼았지만 아들을 낳을 수 없
  었기에, 동생 학록學錄의 차남 작림作霖을 양자로 삼았다. 작림作霖은 두번 아
  내를 맞았는데, 모두 아들을 낳지 못했다. 그래서 왕사중王思中부부는 조카인
  종이수宗二秀의 차남을 작림作霖의 양자로 세웠다. 이름은 화로華老이고 소목상

---

130) 滋賀秀三, 『중국가족법의 원리』, p.322.
131) 滋賀秀三, 『중국가족법의 원리』, pp.335~336.

당昭穆相當이다. … 조부와 부父가 그를 양자로 하고, 존장이 후계자〔嗣子〕가 될 것을 명하고, 조모가 지지하고 있다.132)

이 판어判語에서는 조부 왕사중王思中이 직접 화로華老의 입사를 결정한 것 같은 말로 표현되어 있지만 실은 조부 사중思中과 아버지 작림作霖이 상담해서 이것을 결정하고, 그 뜻을 받아들인 존장이 화로華老의 친부 종이수宗二秀와의 교섭에 성공한 것이다.

오당吳鐺이 오단吳壇의 양자가 되고, 오심吳深이 오단吳壇의 양손이 된 것은 모두 조부모·부모의 치명治命에 근거하고 있다. … 만약 오숭吳崇에게 정말로 형제를 생각하는 마음이 있었다면(있고, 그 때문에 오당吳鐺을 성이 다른 것을 이유로 거절하려고 하는 것이라면), 백부 오원좌吳元佐가 후계자〔嗣子〕선정을 상담했을 때에 충고했어야 되는 것이다. … 오단吳壇과 그의 아버지 오원좌吳元佐가 후계자〔嗣子〕선정을 상담했다.133)

이 판어에서는 조부와 아버지가 사자선정을 상담한 결과를 유언으로 남기고, 여기에 근거해서 사후양자가 이루어진 것으로, 생전양자의 범주에는 본래 들어가지 않지만, 전례 모두 조부와 아버지의 상담에 있어서의 최종적인 결정권을 양부자신이 가지고 있던 것은 틀림없다.

또 니이다노보루仁井田은「대체로, 생전에 자신의 후계자〔嗣子〕를 세울 수 있는 사람, 혹은 자기 아들을 위해서 명계할 수 있었던 부

---

132)『청명집(淸明集)』戶婚門, 권8-05, 立繼類「已立昭穆相當人而同宗妄訴」(王學正思中娶江氏爲妻無子, 立弟學錄次男爲子, 名作霖, 娶兩妻俱無子, 王思中夫妻又爲立姪宗二秀次男爲子, 名華老, 可謂昭穆相當矣, …… 祖父父養之, 尊長命之, 祖母主之).

133)『청명집(淸明集)』戶婚門, 권8-18, 立繼類「治命不可動搖」(吳鐺之立爲吳但之子, 吳深之立爲吳但之孫, 皆出於祖父母父母之治命, …… 設使吳崇眞有意於愛念骨肉, 當伯父吳元佐議立之初, 自合從事於幾諫, …… 吳但與其父吳元佐之議立也).

모는, 유언에 의해서도 이것을 할 수 있었던 것이다134)」고 하는데, 사자死者의 의사는 입계 및 명계에 해당되어 존중되고, 또는 주장의 근거로 여겨지는 일은 있어도, 유언만으로 양자결연이 이루어질 수 있었다고는 생각하기 어렵다. 위의 판어에 있어서도 「치명治命」 그 자체에 의해 입사가 이루어진 것은 아니고, 그것에 따라서 후계자〔嗣子〕 선정에 관한 족의族議가 행해졌다고 생각해야할 것이다.

2) 입계立繼

남편이 아들을 얻지 못하고 죽었지만 아내가 살아있고, 또한 다른 집으로 개가하거나 친가로 돌아가지 않고 남편의 집에 머물러 지조를 지키고 있으면, 죽은 남편의 가산의 관리권이 아내의 수중에 돌아감과 동시에 후계자〔嗣子〕 선정권도 아내에게 귀속하는 것으로 되어 있었다.135) 남송의 판어에는

남편이 죽어도 아내가 있으면 (후계자〔嗣子〕 선정은) 아내의 의사에 따른다.136)

---

134) 仁井田陞, 『중국법제사연구』IV, p.427.

135) 滋賀秀三, 『중국가족법의 원리』, p.329. 『청명집(淸明集)』 戶婚門, 권7-16, 立繼 「倉司擬筆」에는 「在法, 諸分財産, 兄弟亡者, 子承父分, 寡妻守志而無男者, 承夫分, 妻得承夫分財産, 妻之財産也, 立子而付之財産, 妻宜得而與之, 豈近親他人所得而可否之乎」라 한다.

136) 『청명집(淸明集)』 戶婚門, 권8-03, 立繼類 「父在立異姓父亡無遣還之條」(夫亡妻在者, 從其妻). 『청명집(淸明集)』 戶婚門, 권7-15, 立繼 「雙立母命之子與同宗之子」, 『청명집(淸明集)』 戶婚門, 권7-16, 「倉司擬筆」, 『청명집(淸明集)』 戶婚門, 권7-17, 「提擧判」, 『청명집(淸明集)』 戶婚門, 권8-05, 立繼類 「已立昭穆相當人而同宗妄訴」, 『免濟集』권40 「謝文學訴嫂黎氏立繼」는 「夫亡妻在, 從其妻」, 『청명집(淸明集)』 戶婚門, 권7-12, 立繼 「已有養子不當求立」은 「夫之妻在, 則從其妻」, 『청명집(淸明集)』 戶婚門, 권5-03, 爭業下 「僧歸俗承分」은 「妻在從妻」, 『청명집(淸明集)』 戶婚門, 권7-19, 歸宗 「出繼子破一家不可歸宗」,

고 하는 영문令文이 종종 인용되어 있다. 그리고 양부 본인에 의한 후계자〔嗣子〕 선정이 다른 사람의 간섭을 받지 않았던 것과 같이, 아내에 의한 후계자〔嗣子〕 선정의 경우도 존장이나 관사官司는 물론, 조부모 부모의 간섭도 배제되었다.137)

> 입계立繼는 반드시 따라야 마땅할 사람의 의사에 따른다. 이李씨가 (남편의 사망에 의해)가장이 된 이상, 입계立繼는 반드시 이李씨의 의사에 따르게 된다. 이李씨의 고소장에는 「유회劉恢를 후계자로 세운 후 벌써 10여 년도 지났습니다. 유빈劉賓은 증거서류를 위조해서 가산을 갈취하려고 하고 있습니다」라고 되어 있다.
>
> 유빈劉賓의 고소장에는 「존장들은 빈賓의 아들 명손明孫을 후계자로 세워버렸다」, 「이李씨는 노인으로 병에 걸려, 망령이 나 있습니다」 등이라고 되어 있다. 이것을 봐도 명손明孫의 입계立繼가 무리가 멋대로한 계략에 의한 것이고, 이李씨의 본의에 의한 것이 아닌 것은 확실하다.138)

> 법에는 「남편이 죽고 처가 있으면, 그 처를 따른다」라고 한다. 존장도 관사官司도 억지로는 할 수 없는 것이다.139)
>
> 만약 남편이 죽어도 처가 있으면 (후계자〔嗣子〕 선정은) 당연히 처의 의사

『청명집(清明集)』戶婚門, 권8−17, 立繼類「先立一子俟將來本宗有昭穆相當人雙立」, 『청명집(清明集)』戶婚門, 권8−26, 檢校「檢校嬰幼財産」, 『후촌집』권192「德興縣董党訴立繼事」는「夫亡從妻」라 한다.

137) 仁井田陞, 『支那신분법사』, pp.502∼503; 滋賀秀三, 『중국가족법의 원리』, pp.331∼334. 또한 『송회요』30책, 예36, 상복, 雜服制에는「哲宗元祐元年閏二月十八日, 禮部言, 故朝請郎致仕李弼賢妻王氏狀, 亡夫從祖惟清係繪像臣僚, 爲本支無嗣, 乞依張知白例, 推旁支恩, 詔從之, 仍令李惟清族中推有義立爲嗣」라고 하여, 과부가 禮部에 亡夫에게의 입사의 허가를 요구한 사례가 있다. 「張知白例」에 대해서는 『송사』권310, 張知白傳에는「知白……無子, 以兄子子思後」라 하는 것뿐으로, 생전양자인지 처에 입사인지는 분명하지 않다.

138) 『청명집(清明集)』戶婚門, 권8−01, 立繼類「當出家長」(立繼之法, 必由所由, 李氏旣是家長, 則立繼必由李氏, 李氏之詞則曰, 已立 劉恢繼嗣十餘年, 而劉賓暗作據照謀奪, 劉賓之詞, 一則曰, 衆尊長立賓男明 孫爲繼, 二則曰, 李氏老病昏昧等語, 則明孫之立, 乃出於羣當之私計, 而非 出於李氏之本意明矣).

139) 『청명집(清明集)』戶婚門, 권8−03, 立繼類「父在立異姓父亡無遣還之條」(在法, 夫亡妻在者, 從其妻, 存長與官司亦無抑勒之理).

에 따르는 것이다. 조부모·부모라도 이것을 물리칠 수는 없다. 하물며 숙백叔伯형과 같은 근친존장의 경우에 있어 말할 필요가 있겠는가140)

실제로 과부가 후계자 선정을 행할 때에는 남편의 유언이 남겨져 있으면 그것을 존중해야 하고, 반대로 남편의 유언은 과부가 자기의 주장을 정당화하는 근거이기도 했다.141) 사자死者의 제사를 목적으로 하는 이상, 사자死者의 뜻에 따르지 않는 사람을 후계자로 세운다면, 혼이 그 제사를 받지 않을 우려도 있기 때문이다. 물론 망부의 조부모 부모와의 상담도 행해지고 있다.

아유阿游는 남편 왕구汪球와의 사이에 다섯 아들을 얻었다. 여단如旦, 여규如珪, 여장如璋, 여송如松, 여옥如玉이다. 왕구汪球의 사후, 장남 여단如旦도 일찍 죽었는데, 여단如旦의 아내 아주阿周는 시어머니(의모義母)유游씨의 의사 및 남편 여단如旦이 생전에 남긴 유언을 근원으로, 여규如珪의 아들 경안慶安을 여단如旦을 위해서 입사立嗣했다.142)

사문학謝文學, 이름은 준준이라 하는 사람이 「형수 여黎씨가 나의 아들 오육동랑五六冬郎을 입사立嗣하지 않고, 사촌형 사붕謝鵬의 아들 오팔자五八玹를 입사立嗣하고자 합니다」라 고소해 왔다. 가정嘉定 3년 (1210) 에 제소해서부터 지금까지 벌써 5년이 경과하였고, 영도현寧都縣의 양지현楊知縣, 가지현袈知縣, 공주贛州의 첨청僉廳 및 본주本州의 조사법趙司法은 모두 「후계자를 세우는 것은 여黎씨의 의사에 따라야 마땅한 것으로, 사문학謝文學은 다툴 수 없다」고

---

140) 『청명집(淸明集)』戶婚門, 권7-16, 立繼 「倉司擬筆」(若夫亡妻在, 自從其妻, 雖祖父母父母亦焉得而遣之, 而況于近親尊長如叔伯兄者乎).
141) 그러나 令文에 따르면, 亡夫의 遺思에 반대한 입사도 용인하지 않을 수 없는 것이 된다. 그리고 그것은 「使謝駭元無意立謝鵬之子, 尙聽黎氏所立, 況又出於謝駭之本意乎」(『면재집』권40「謝文學訴嫂黎氏立嗣」)라고 하는 기술에서도 또한 살펴볼 수 있다.
142) 『청명집(淸明集)』戶婚門, 권8-19, 立繼類 「後立者不得前立者自置之田」(阿游與夫汪球共生五者子, 如旦, 如珪, 如璋, 如松, 如玉, 汪球身故之後, 其長男如旦亦早世, 妻阿周奉阿姑游氏之命及其夫如旦存日遺囑, 將如珪之子慶安與如旦爲嗣).

하고있다. 법을 지키고 도리에 따르면, 이것은 극히 명백한 일이다. 영도현寧
都縣이 여려씨를 소환해서 받은 진술에는 「남편 사참謝驂은 살아있을 때 언제
나 동생 사준謝駿과 다투어서 원수사이 같았습니다」 「남편은 병이 무거워지
자, 사붕謝鵬의 아들 오팔자五八孜를 후계자로 세워 주도록 말했습니다」라 되
어 있다.

　게다가 족장 몇 명을 소환한 바, 모두 「사참謝驂은 사준謝駿의 아들을 세우
려고는 원하지 않았고, 사붕謝鵬의 아들을 세워 주도록 원하고 있었습니다」고
진술했다. 법에는 「남편이 죽고 아내가 있으면 그 아내에게 따른다」라 규정
하고 있기 때문에, 사참謝驂에게 원래 사붕謝鵬의 아들을 입사立嗣할 의사가
없었다고 하더라도, 여려씨의 입사立嗣를 허락하는 것이다. 하물며 이것은 사
참謝驂의 본의에서 나온 것이 아니겠는가.143)

그런데 판어에는 처가 살아있고 또한 개가하지 않고 남편의 집
에 머물러 있음에도 불구하고 처의 입사권을 부정하고 족장의 협의
에 의한 명계를 행한 사례도 있다.

　정□□丁□□는 아들을 얻지 못하고 죽었다. … 검청이 역시 의문으로 생각
하는 점은, 만약 구□씨가 정말로 (정□□丁□□의) 아내라면 「남편이 죽으면
아내에게 따른다」라는 조문에 의해 입계立繼를 행해 마땅한데, 구□씨는 □□
□□가 사망한 날 丁□□丁□□의 집으로 들어 왔다고 하는 점이다. 이 정도로
부끄러움을 모르는 부인도 없을 것이다.144)

　방천록方天祿은 아들을 얻지 못하고 죽었다. 아내는 겨우 18세인데 과부가

---

143) 『면재집』권40 「謝文學訴嫂黎氏立嗣」(謝文學, 名駿, 訟其嫂黎氏不立其子五六
　　冬郎爲嗣, 而立堂兄謝鵬之子五八孜 爲嗣, 自嘉定三年論訴, 至今經隔五年, 寧
　　都楊知縣袈知縣, 贛州僉廳, 及本州趙司法, 皆以爲, 立嗣當從黎氏, 謝文學不應
　　爭立, 援法據理, 極爲明白, 寧都縣曾追到黎氏出官供責稱, 是其夫謝驂在日, 與
　　弟謝駿時常爭뇨, 有同冤家, 又稱, 其夫病重稱, 欲立謝鵬之子五八孜, 又追到族
　　長數人並稱, 謝驂不 願立謝駿之子, 而願立謝鵬之子, 而願立謝鵬之子, 在法,
　　夫亡妻在, 從其妻, 便使謝驂元無意立謝鵬之子, 尙聽黎氏所立, 況又出於謝驂
　　之本意乎).
144) 『청명집(淸明集)』 戶婚門, 권8−17, 立繼類 「先立一子俟將來本宗有昭穆相當
　　人雙立」(丁□□無子, …… 僉廳猶有疑焉者, 若□氏果其妻, 則有夫亡從妻之條,
　　然 乘□□死日乃入, 婦人有無恥者若是乎).

되어, 그대로 죽은 남편의 집에 머물 의사는 없었을 것이다. … 족장을 소환
해서 방方가의 전 가산을 공정하게 이등분 시켜, 천록天祿에 돌아가 마땅할
것은 관에서 장부를 작성해서 관리한다. 또 본종本宗의 소목상당자昭穆相當者를
뽑아 천록天祿의 후사後嗣로 세우게 한다. 아내가 있으면 본래는 검교(관에 의
한 미성년자의 재산관리)는 행하지 않지만, 일에는 임기응변이라는 것이 있
다. 18세의 과부에게 망부의 집에 머무를 의사가 없고, 더군다나 왕사성王思
誠이란 자가 곁에서 재산을 엿보고 있다고 한다면, 검교를 행하지 않을 수 없
다.145)

앞의 사례에서는 혼인이 실질적으로 성립되어 있지 않았던 점,
뒤의 사례에서는 과부에게 망부의 집에 머무를 의사가 없고, 더욱
이 왕사성王思誠이란 남자와 추한 관계에 있는 것 같은 것을 이유로
처의 입사권은 부정되고, 동시에 족장에 의한 명계를 행하도록 하
였다. 또 후자에서는 검교를 행하는 것에 의해 과부의 가산관리권
도 부정되어있다.
　　부부 모두 죽고 첩만 집에 있을 경우는 물론 처가 아닌 첩에게
는 가산관리권도 입사권도 인정되지 않기 때문에 호절로서 조부모
부모 혹은 족장에 의한 명계가 행해지게 된다.146)

3) 명계命繼

　　남편이 아들을 남기지 않고 죽고, 처도 사망 혹은 개가·귀종했
을 때에는 그 호戶는 호절이 되고, 가산은 여자에게 주어지든지 몰
관沒官되게 되어 있었다. 그러나 호절 후라도 사자死者의 제사 부활

---

145) 『청명집(淸明集)』 戶婚門, 권8－26, 檢校 「檢校嬰幼財産」(方天祿死而無子, 妻
　　方十八而孀居, 未必能守志, …… 喚上族長從公將但千戶 下物業均分爲二, 其
　　合歸天祿位下者官爲置籍, 仍擇本宗昭穆相當者立爲天祿後, 妻在者本不待檢校,
　　但事有經權, 十八孀婦旣無固志, 加以王思誠從旁垂涎, 不檢校不可).
146) 滋賀秀三, 『중국가족법의 원리』, pp.561～562.

을 명목으로 해서 입사가 행해질 수 있었다.

이때의 후계자〔嗣子〕선정은 사자死者의 조부모·부모·직계 존속이 생존해 있으면 그들에 의해서 (직계 존속에 의한 명계), 그들도 죽었으면 족장들의 협의에 의해(족장에 의한 명계)행해졌다. 특히, 족장에 의한 입사의 경우에는, 양자가 되는 사람에게 양자가 될 것을 명하면 그것으로 결연은 마치기 때문에, 「명계」라고 불리운 것이다.

입계와 명계의 차이는, 판어에 인용된 순희지휘내신료주청淳熙指揮內臣僚奏請에

> 입계立繼란, 남편이 죽고 아내가 있을 때, 입사立嗣를 그 아내의 뜻에 따르는 것을 말한다.[147]

라고 정의되어 있다. 그리고 명계는 더욱이 직계 존속에 의한 것과 족장에 의한 것으로 나누어지는데, 이것에 대해서는

> 입사立嗣는 조부모·부모의 뜻에 따른다. 일가가 완전히 대가 끊어지게 되었을 때는 친족존장의 뜻에 따른다.[148]

라는 법문(어쩌면 영令의 취의문)이 있고, 더욱이 족장에 의한 명계에 대해서는

> 호절戶絶되어 명계하는 것은 방족房族과 존장의 뜻에 따른다.[149]

---

147) 『청명집(淸明集)』戶婚門, 권8-16, 立繼類「再判」(立繼者, 謂夫亡而妻在, 其絶則其立也, 當從其妻, 命繼者, 謂夫妻俱亡, 則其命也, 當惟近親尊長).
148) 『청명집(淸明集)』戶婚門, 권7-09, 立繼「爭立者不可立」(立嗣合從祖父母父母之命, 若一家盡絶, 則從親族尊長之意).
149) 『청명집(淸明集)』戶婚門, 권7-12, 立繼「已有養子不當求立」(戶絶命繼, 從房族尊長之命).

끊어진 집안의 대를 잇고자 하는 사람은 절가絶家의 근친존장의 명계를 얻
으면, 이것을 허락한다150)

라고 하는 규정도 설정되어 있다.

판어에는 여기에 예로 든 마지막 영문令文과 「남편이 죽고 아내
가 살아있으면未亡妻在, 그 아내의 의사를 따른다從其妻」고 하는 영문
令文을 인용한 뒤,

칙령소간상勅令所看詳에는 「만약 생전에 양자를 두지 않고 부부가 함께 죽
고, 근친이 그를 위해서 입사立嗣를 상담했다면 '계절繼絶'이라 하지만, 만약
부부가 죽어도 그 조부모 부모가 생존해 있어 양손을 두거나, 혹은 남편이
죽어도 아내가 있어 양자를 취하면 '계절繼絶'은 아니다」라고 한다. 법의 뜻을
살펴본 바, 부부가 함께 죽으면 조부모 부모에 의해 양손이 세워지고, 조부모
·부모도 없을 때는 근친 존장의 명령에 의해 결정되는 것이다. 만약 남편이
죽고 아내가 살아있으면 당연히 그 아내의 의사에 따른다.151)

라고 해서, 족장에 의한 명계만을 특히 「계절」152)이라 이름 붙인 칙
령소간상勅令所看詳을 인용하고 있는 것이 있다.

---

150) 『청명집(清明集)』 戶婚門, 권8−05, 立繼類 「已立昭穆相當人而同宗妄訴」(其欲
繼絶, 而得絶家近親尊長命繼者, 聽之). 『청명집(清明集)』 戶婚門, 권7−16, 立
繼 「倉司擬筆」은 「其欲繼絶, 而得絶家親尊長命繼者, 聽之」라 한다.
151) 『청명집(清明集)』 戶婚門, 권7−16, 立繼 「倉司擬筆」(勅令所看祥云, 如生前未
嘗養子, 夫妻俱亡, 而近親與之立議者, 即名繼絶, 若夫妻雖亡, 祖父母父母見在
而養孫, 或夫亡妻在而養子, 各不入繼絶之色, 窃詳法意, 謂夫妻俱亡, 由祖父母
父母立孫, 無祖父母父母, 由近親尊長命斷, 若夫亡妻在, 自從其妻).
152) 「繼絶」이라고 하는 말은 『논어』堯曰 제20의 「興滅國, 繼絶世」, 『呂氏春秋』
권6, 審應覽의 「魏惠王使人謂韓昭侯曰, 未鄭乃韓氏亡之也, 願君之封其後也,
此所謂存亡繼絶之義」, 『춘추곡량전』권8, 僖公 17년의 「桓公嘗有存亡繼絶之
功, 故君子爲之諱也」등을 典據한 것일 것이다.

(1) 직계 존속에 의한 명계命繼

사자死者에게 조부모·부모 등의 직계 존속이 생존하고 있으면 입사는 그들의 뜻에 의한다.153) 판어는

> 법에 「입계立繼는 족장에 의한다」고 있는 것은, 가까운 친족이 전혀 없는 경우를 위해서 설정된 규정이다. 만약 부모가 살아있으면, 부모의 뜻에 따라야만 한다.154)

라고 해서, 족장의 협의보다도 직계 존속의 의사 쪽이 우선하는 것을 분명히 말하고 있다.

사자死者의 아버지가 명계한 사례로써는

> 우애虞艾는 생전에 진陳씨를 아내로 맞아, 처가 친가에서 지참재산으로 받은 전토 120종種을 얻었다. 불행히도 진陳씨와 우애虞艾는 차례로 죽어 버렸는데, 아버지 우현승虞縣丞은 애艾를 위해서 후사後嗣를 세우려고 하지 않아, 진좌陳佐(아내 진陳씨의 동족자)가 (전토 120종을 호절몰관戶絶沒官하는 것에 대해서) 소송을 일으키기에 이르렀다. 초운사鐫運使가 입사立嗣를 명하는 판결을 내리자, 그때야 비로소 우승虞丞은 논의하여 동족인 우승부虞升夫의 아들 우계虞繼를 우애虞艾의 후사後嗣로 했다.155)

고 하는 판어가 있다.156) 우현승虞縣丞은 동족과 입사를 상담하고는

---

153) 仁井田陞, 『支那신분법사』, p.503; 滋賀秀三, 『중국가족법의 원리』, pp.334~335.

154) 『청명집(淸明集)』 戶婚門, 권8-12, 立繼類 「嫂訟其叔用意立繼奪業」(在法, 立繼由族長, 爲其皆無親人也, 若父母存, 當由父母之命).

155) 『청명집(淸明集)』 戶婚門, 권8-06, 立繼類 「立昭穆相當人復欲私意遣還」(虞艾存日娶陣氏, 得妻家摽撥田一百二十種與之隨嫁, 不幸陣氏與虞艾想繼物 故, 乃父虞縣丞不能爲之立後, 致陳佐有詞於官, 譙運使判令立嗣, 虞丞方議 以族中虞丞夫之子虞繼爲虞艾後).

156) 『청명집(淸明集)』 戶婚門, 권8-12, 立繼類 「嫂訟其叔用意立繼奪業」에서는 「熙甫已聚妻生子, 未幾夫妻與子俱亡, 以理言之, 當爲立繼, …… 當熙甫死時, 其

있지만, 결정권이 그의 손에 있었던 것은 확실하다.

사자死者의 모친에 의한 명계는 부친에 의한 명계보다 많은 사례가 남아 있다.

> 이학문李學文에게는 소목상당자昭穆相當者가 없는 데다, 그 어머니 아장阿張도 명계를 원하지 않는다는 소장訴狀을 몇 번이고 제출하고 있기 때문에, 관사官司로서도 억지로 이성異姓에서 후계자[嗣子]를 구하도록 시킬 수 없다.157)

> 애초에 증씨曾氏에게 오진吳鎭은 친아들이다. 자기 아들이 일찍 죽었는데 그것을 후계자 없는 상태로 둘 모친이 있을 리가 없다. 지금 증曾씨는「벌써 세번째 손孫인 암호岩護를 오진吳鎭의 계자繼子로 했기 때문에, 이 이상의 입사立嗣는 원하지 않습니다」고 진술하고 있다. 남편 오단吳壇이 죽은 뒤, 가사는 전부 증曾씨가 처리해 왔기 때문에, 오진吳鎭을 위한 입사立嗣를 논의도 그녀가 원하는 대로하고 어찌 다른 사람들이 참견할 수 있겠는가?158)

위의 판어159)가 나타내고 있듯이, 족의를 행할 가능성은 있었지

父母俱存, 皆無立繼之意」로 해서 死者의 부모가 있고 입계를 하지 않으면, 관도 이것을 용인하고 있다.「立嗣權」이란 단순히 사자를 선정할 뿐만 아니라, 입사할지 하지 않을 지도 선택할 수 있는 권리인 것이다.

157)『청명집(淸明集)』戶婚門, 권8-04, 立繼類「叔敎其嫂不願立嗣意在吞倂」(今李學文卽無昭穆相當之子, 而其母阿張又常有不願命繼之詞, 在官司, 豈可 强令求之異姓).

158)『청명집(淸明集)』戶婚門, 권8-18, 立繼類「治命不可動搖」(緣曾氏之於吳鎭, 乃其親生之子也, 豈有其子早世, 母氏忍使之無繼者, 今據曾氏所供, 昨已將弟三孫男岩護繼之吳鎭, 此外更不願他立, 自從其夫吳但下世, 每事皆係曾氏處分, 則議立吳鎭, 亦須聽從其願, 他人何預焉).

159) 死者의 母에 의한 입사의 사례로서는 이상 두 사례 외,『청명집(淸明集)』戶婚門, 권7-12,立繼「已有養子不當求立」(阿陳嫂也, 張養中叔也, 嫂欲立遺棄子爲孫, 叔欲以自己子爲嗣, ……阿陳自夫張養直身故之後, 已守志三十年, 撫養就生一子頤翁, 年二十四歲而夭, 逐與頤翁立嗣, 以祖母之命, 儘可以立幼孫, 以寡嫂之分, 豈不尊于乃叔, 撥之尊長命立之條, 委無違礙)과 같이, 사자死者 모母의 의사가 사자 동생보다도 우선한다고 한 사례도 있다.

만, 여기서도 최종적 결정권은 어머니160)가 가지고 있던 것이다.

또, 사자死者의 아내가 있을 때는 당연히 아내가 입사권자이지만, 이때 사자死者의 어머니가 살아 있으면, 어머니쪽이 상당히 큰 발언권을 가지며, 현실적으로는 어머니의 의사 쪽이 우선해 버린 경우도 있다.

> 장개연張介然은 세 아들을 얻었다. 개연介然은 죽었는데 그의 처 유劉씨는 아직 생존하고 있다. 장남 장영張迎은 진陳씨를 아내로 맞았지만, 일찍 죽어서 아들을 남기지 않았다. 그러나 유劉씨는 건재하고 개연介然의 아들들과 같이 살고, 가산은 분할되지 않고 가사는 전부 어머니 유劉씨가 처리하고 있기 때문에, 장영張迎은 죽어 버렸어도 과부는 안심하고 살고 있다. … (그런데 동족인 장달선張達善이 장영張迎의 후계자〔嗣子〕가 되려고 소송을 제기) … 유劉씨는 늙은 몸을 이끌고 몇 번이고 관청에 와서 「장달선張達善과 같은 사람은 세우지 않는다」고 강력히 주장하고 있다. … (후계자〔嗣子〕에게 있어서의) 조모 유劉씨도 (사자死者의) 과부 진陳씨도 건재하기 때문에, 입사立嗣를 행한다고 한다면 그녀들이 스스로 족중族中의 현명한 자제를 뽑을 수 있어 그녀들의 의향여하에 따르지 않으면 안되는 것이다. 장달선張達善은 이 사실에 생각이 미치지 못하고, 도리어 장상도張翔道의 「입사立嗣해 마땅하다」라는 고소장을 근거로 하고 있지만, 이것은 부당한 증거에 근거해 자기 멋대로의 주장을 하고 있는 것에 지나지 않는다. 장달선張達善자필의 계도에는 애초에 상도翔道라는 이름은 없어 이것이 근친의 족인族人이 아닌 것은 확실하다. 친조모의 의사를 무시하고 무턱대고 먼 친척의 사람의 주장에 따라서, 무리하게 양자가 되려고 해서는 안 된다.
>
> … 유劉씨에게는 아들과 며느리를 돌보도록 말하고, 입손立孫에 관해서는 전부 그녀의 의사에 맡긴다161)

---

160) 『청명집(淸明集)』 戶婚門, 권7－06, 立繼 「不當立僕之子」에 「阿陳如果非所生, 而謂出于生母之命, …… 則是雖有此法, 實無此事」라고 하는 것에 의하면, 여기에서 말하는 어머니는 생모인 것을 필요로 한 것 같다.

161) 『청명집(淸明集)』 戶婚門, 권7－09, 立繼 「爭立者不可立」(張介然有三子, 介然身故, 其妻劉氏尙存, 其長子張迎娶陣氏, 早喪而無子, 盖劉氏康强, 兄弟聚居, 産業未析, 家事悉聽從其母劉氏之命, 所以子雖亡, 寡婦安之, …… 劉氏年老垂白, 屢造訟庭, 不願立張達善, 其詞甚功, …… 今祖母劉氏在堂, 寡婦陣氏尙無恙, 苟欲立嗣, 自能選擇族中賢子弟, 當聽其 志嚮可否, 張達善不此之思, 反執

(왕여단汪如旦이 사망한 후, 처 아주阿周가 망부의 유언과 시어머니 아유阿游의 뜻에 따라 동생 왕여규汪如珪의 아들 경안慶安을 입사立嗣하였다. 10년 후, 막내동생 왕여옥汪如玉의 아들 요명堯蓂의 입사立嗣를 아유阿游가 청구하였다. 판어判語는 이것을 여옥如玉의 책모라고 간파했지만) … 그러나 경안慶安도 요명堯蓂도 모두 아유阿游가 친손자이다. 아유阿游가 죽고 장남 여단如旦을 위해서 두 사람을 입사立嗣하고 싶다고 원하고 있는 이상, 관사官司도 그 주장에 따를 수밖에 없다.162)

위의 두 사례 모두 모친은 가사의 실권을 장악한 이른바 「당가當家」163)의 지위에 있다고 생각되므로 입사권도 「당가」가 가지는 권한 속에 포함되어야 하는 것이었을지 모른다.

(2) 족장에 의한 명계命繼

사자死者의 처도 직계 존속도 존재하고 있지 않을 때에는, 일족의 장로들이 협의한 끝에 후계자를 선택해서 입사를 행했다.164) 이 협의에 대해 판어에서는,

> 족인族人도 왕이王怡의 혈통을 단절할 수는 없었기 때문에, 일동 상담한 끝에 왕광병王廣炳의 세살된 아들인 연해淵海를 세웠다.165)

라고 하듯이 「공동상의」, 「평의」, 「의議」 등의 단어에 의해 나타나

族長張翔道之狀, 以爲當立, 安知非偏詞曲 證, 何況張達善自畫宗枝圖, 初無翔道名, 顯非親族屬, 豈舍親祖母之命, 妄從遠族人之說, 硬欲爲人之後, …… 今仰劉氏撫育子婦, 如欲立孫, 願與不願, 悉從其意).

162) 『청명집(淸明集)』 戶婚門, 권8-19, 立繼類 「後立者不得前立者自置之田」(然慶安堯蓂盖均之爲阿游之的孫, 阿游願爲亡長男如旦兩立, 官司亦只得聽從 其說).

163) 「당가」의 의의에 대해서는 仁井田陞, 『중국의 농촌가족』, 동경대학출판회, 1952년8월, p.246; 滋賀秀三, 『중국가족법의 원리』, p.286 참조.

164) 仁井田陞, 『支那신분법사』, p.503; 滋賀秀三, 『중국가족법의 원리』, p.334.

165) 『청명집(淸明集)』 戶婚門, 권8-14, 立繼類 「所立又亡再立親房之子」(族人以王怡不可絶嗣, 同共商議, 立王廣炳之三歲子淵海).

져 있다. 또 『송회요』에는

> 소성紹聖 원년 (1094년) 12월 5일, 상서성이 "원우元祐 7년 (1092년)의 남교사서절문南郊赦書節文에는 '이후 호절戶絶의 집안에 근친이 법조에 따라서 입계立繼를 행하지 않으면, (가산은) 호절몰관戶絶沒官으로 한다'고 있습니다만, 현재 호절戶絶의 집안에는 근친존장의 명계를 허락하고 있고, 이미 영令으로 규정되어 있기 때문에, 호절몰관戶絶沒官을 행해서는 안됩니다"고 보고하고, 이것에 따랐다.166)

라는 기사가 있다. 이에 의하면 원우元祐 7년에는 근친의 명계가 행해지지 않을 때에는 가산은 즉각 관에 몰수되는 취지의 입법이 이루어졌는데, 2년 후인 소성紹聖 원년에는 폐지되었다. 이 입법이 어느 만큼의 현실적 의의를 가지고 있었는가는 분명하지 않지만,167) 상서성의 말에 의하면 소성紹聖 원년에는 이미 근친 존장에 의한 명계가 영문화令文化되어 있던 것이 명확하다. 또, 전술한 영문令文은, 절호絶戶의 후계자가 되기에는 근친 존장의 명계를 얻어야 한다고 정하고 있으며, 판어도 마찬가지로

> 상속인 [계사繼嗣]으로 세워진다고 하는 것은 존장이 본심과 방장房長의 공의에 근거해서, 어쩔 수 없이 다른 사람의 후계자가 되는 것이라면 문제는

---

166) 『송회요』30책, 禮36, 喪服, 雜服制(紹聖元年十二月五日, 尙書省言, 元祐七年南郊赦書節文, 今後戶絶家, 近親 不爲依條立繼者, 官爲施行, 今戶絶家, 許近親尊長命繼, 已有著令, 卽不當 官爲施行, 從之). 이 건에 대해서『송사』권125, 禮志28, 凶禮 四, 服紀, 繼絶에는「紹聖元年, 尙書省言, 元祐南郊赦文, 戶絶之家, 近親不爲立繼者, 官爲施行, 今戶絶家, 許近親尊長命繼, 已有著令, 卽不當 官爲施行」라 한다.

167) 이와 같은 입법은「송대의 입법은 당장의 필요나 착안에서 나온 무수한 신료들의 상서에 근거하여, 법체계 전체가 제대로 들어맞는지 되돌아볼 여유도 없이 빈번히 제정되거나 개폐되는 경향이 뚜렷하다」(滋賀秀三, 『중국가족법의 원리』, p.566)라고 한 일례로 말할 수 있을 것이다. 이 시기는 신법・구법 양당의 당쟁에 의해 이 경향은 더욱더 두드러지게 된다.

없다. 그러나 사자死者의 사대부 지위를 목적으로, 관官이 이미 판결을 내린
뒤에 입사立嗣를 다투려고 하는 것은 의에 근거한 것이 아니라, 이익에 근거
한 것이다.168)

라고 가족회의에 근거해야 한다는 것을 선언하고 있다. 다음과 같
이 협의를 거치지 않고 족장 한 사람이 단독으로 행한 명계는 뒤집
혀질 수 있는 것이었다.

> 오자순吳子順이 죽고 그 아들 오승吳昇도 죽었다. 자순子順의 아내 아장阿張
> 만이 살아있고, 지참재산인 밭 10여 종種을 보유하고 있었다. … 장張씨가 죽
> 자 오진吳辰은 그 손자 진노鎭老를 억지로 오승吳昇의 후사後嗣로 하려고 했다.
> 증거로서 제출된 제부除附의 문서를 조사한 바, (입사立嗣의) 보증인이 된 족
> 장은 오자대吳子大이다. 자대子大란 오진吳辰이다.
> 진노鎭老는 군문君文의 아들인데, 군문君文은 자대子大의 아들이다. 존장이라
> 자칭해서 자신의 손자를 남의 후사後嗣로 한다는 것은 도리에 어긋나는 일이
> 다. … 지금 장張씨와 오승吳昇의 관은 둘다 매장되지 않고 있다. 오군지吳君至
> 의 주장에 따라 장張씨의 지참재산에서 비용을 염출해서 두사람의 장례를 치
> 르게 한다. 관사官司가 장부를 주어 수입과 지출의 계산을 시킨다. 장례 종료
> 후, 족중族中에서 족중族衆의 의사에 따라 한사람을 뽑아 입사立嗣하고, 제사를
> 승계시키고 남은 밭을 준다. 오군문吳君文일가는 참견해서는 안 된다.169)

후계자[嗣子] 선정에 있어서는, 시가슈우조滋賀는 「동족의 합의는
객관적으로 공평한 것에 뜻을 두어야만 한다. "생전 택애擇愛, 사후

---

168) 『청명집(淸明集)』 戶婚門, 권7-03, 立繼 「吳從周等訴吳平甫索錢」(凡立繼之
   事, 出於尊長本心房長公議, 不得已而爲人後, 可也, 今儒其依冠, 乃欲爭立於官
   司已斷之後, 爲義乎, 爲利乎).
169) 『청명집(淸明集)』 戶婚門, 권8-11, 立繼類 「利其田産自爲尊長欲以親孫爲人
   後」(吳子順死, 其子吳昇又死, 獨子順妻阿張在, 留得自隨奩田十餘種, …… 及
   張 氏之死, 吳辰又欲以其孫鎭老强爲吳昇之後, 觀其執到除附文字, 求其所謂族
   長保明者, 乃吳子大也, 子大卽吳辰也, 鎭老乃君文之子, 君文乃子大之子焉, 烏
   有自爲尊長而以親孫爲人後之理, …… 今張氏吳昇兩喪俱未葬, 合從吳君至所
   陣, 於張氏自隨田內量所費撥賣, 以了兩喪, 官司給簿收支, 葬畢, 於族中從衆選
   立一人承祀, 却撥餘田與之, 吳君文一家不得干預).

논파論派"라는 속담도 있듯이, 이 경우는 이미 택현택애擇賢擇愛의 여지는 없고, 엄밀히 촌수를 따져서 제일 가까운 촌수의 사람을 입사해야 한다」170)고 지적하고 있지만, 남송의 판어에서 보이는 것처럼 사자死者의 명백한 유사遺思가 남아 있으면 이것을 존중해야 하고, 근친자 우선을 말하는 것은 사자死者의 의사가 불분명한 경우에 한했을 것이다.171)

  왕제익王齊翼(성여聖與의 아버지)은 아들 성여聖與와 그의 처 여余씨와 함께 생존중, 가정嘉定13년 (1220년)에 현縣에 「광한廣漢을 성여聖與의 사자嗣子로 세우고 싶지는 않습니다. (광한廣漢은 성여聖與의 당조카)」고 주장하고 있기 때문에, 당조카 왕광문王廣聞의 아들 혜손惠孫을 (성여聖與의) 아들 왕이王怡의 후계자로 세웠다.

  지금 혜손惠孫이 귀종해 버린 이상, 본종本宗내에서 한사람 소목상당자昭穆相當者를 뽑아 왕이王怡의 제사를 승계 시킬 따름이다. … 족장의 평의는 연해淵海를 왕이王怡의 후계자[繼嗣]로 세운 것 외에, 다시 왕광한王廣漢을 성여聖與의 후계자로 세우고자 하고 있다. 그 이유를 조사한 바, 여余씨가 생전 이 유언을 남겼다고한다. 이것은 이전의 통판이 보고해 온, 왕제익王齊翼부자와 여余씨는 광한廣漢을 세우고 싶어하지 않는다는 말과 모순된다. 만약 정말로 이러한 유언이 있다면, 관官의 검인을 거친 후에 증거로서 제출한다.172)

---

170) 滋賀秀三, 『중국가족법의 원리』, p.335.

171) 명백한 遺思가 남겨져 있지 않아도, 死者와 生前不知였던 것 같은 자는 입사에서 제외되었을 것이다. 예를 들면『청명집(淸明集)』, 戶婚門, 권8−17, 立繼類「先立一子俟將來本宗有昭穆相當人雙立」에서는, 死者 丁□□의 후계자〔嗣子〕될 것이라고 바랬던 유일한 동종소목상당자 丁僖를 물리친 이유의 하나로「與□□素有儲隙」가 천거되고 있다.

172)『청명집(淸明集)』戶婚門, 권8−13, 立繼類「父子俱亡立孫爲後」(王齊翼〔卽聖與之父〕同男聖與婦余氏在日, 曾於嘉定十三年經縣陣稱, 不欲立廣漢爲聖與之嗣〔廣漢卽聖與之堂姪〕, 遂立堂姪王廣聞之子惠孫爲男王怡之嗣, 今來惠孫旣已歸宗, 只得就本宗內選一昭穆相當人繼承王怡香火, …… 今却據族長評議, 已立淵海繼王怡外, 更欲立王廣漢爲聖與之後, 究其所以乃謂, 余氏在日有此遺囑, 殆與前此通判所申, 王齊翼父子幷余氏不欲立光漢之說背馳, 設果有遺囑, 便合經官印押執出爲照).

더욱이 사자가 될 수 있는 적격자라도 족인族人의 동의를 얻지 못하면 거절되고, 재산을 노려 책모를 꾸민 사람의 아들의 경우도 입사에서 제외되는 것이 당연했다.

생각컨대, 입계立繼와 명계命繼에는 각각 법문이 있다. 법에 의하면 강희江禧에 의한 승계는 소목불상당昭穆不相當이기 때문에 상속인으로 세울 수 없다. 입사立嗣될 수 있는 것은 강단江端뿐이다. 그러나 족중族衆의 심정을 살피면, 시랑侍郎은 강연江淵(강단江端의 부父)과 강제대江齊戴(사자死者)의 처의 아버지인데, 강연江淵의 행동에 불만을 품고 있기 때문에 강연江淵의 편을 들지는 않을 것이다.

강유원江劉員은 강제익江齊翼의 친형이지만, 강연江淵의 과실을 늘어놓고 있으므로 그 아들을 세우는 것을 원하지 않는 것은 당연하다. 그 위에 동노東老는 세아들 —장남 유원劉員, 차남 제맹齊孟, 삼남 제대齊戴—을 얻었지만, 이전 제맹齊孟이 상속인 없이 죽어, 강연江淵이 그 한 아들을 상속인으로 했는데, 그 아들을 다른 사람의 후계자가 된 자의 책임을 다하지 못하여 양모 왕王씨에게서 인연을 끊자는 소송을 당하고 있다.

지금 제대齊戴에게도 상속인이 없고, 강연江淵은 다시 자기 아들로 대를 잇게 하고자 하지만, 그렇게 하면 동노東老의 세 아들에게 분할된 재산 중에 3분의 2가 강연江淵의 손에 돌아가 버리게 된다. 때문에 족인族人이 이의를 제기해서 소송이 끊이지 않는 것이다.173)

생각컨대, 희보熙甫의 제사를 위해서는 증상전烝嘗田이 있으므로, 그 제사비용으로는 그것으로 충분할 것이다. 만약 지금 가산분할 뒤에 갑자기 후계자〔嗣子〕을 세우거나 하면, … 재산을 갈취하려는 나쁜 사람의 계략을 성취시켜주고 말 뿐 아니라, 사자死者에게 이익을 가져다주지 못하는데다가 생자生者에게도 손해를 가져오는 것이 된다.

… 만약 반드시 입계立繼하고자 한다면, 범우范遇는 재산을 갈취하려는 계

---

173) 『청명집(淸明集)』, 戶婚門, 권8－16, 立繼類「再判」(竊謂, 立繼命繼皆有條令, 揆之於法, 江禧之繼, 昭穆不順, 誠不當立, 其可立者江瑞而已, 然察之衆情, 侍郎爲江淵江齊戴之外舅, 方不平江淵之所爲, 而不願與其爭, 江劉員乃齊戴之親兄, 方歷擧江淵之過, 而不願立其子, 蓋自 可見矣, 況東老一位三子, 長劉員, 次齊孟, 次齊戴, 向者齊孟死而無後, 江淵嘗以一子繼之矣, 不能盡爲人後之責, 致爲其母王氏所訴, 今齊戴之嗣弗續, 江淵又欲以子繼之, 如此則其位下三房物業, 江淵者得其二, 此族黨之所以必爭, 而詞訴之所以紛紛也).

획이기 때문에 그 아들 문손文孫은 세워서는 안된다.[174]

또 일가의 부父와 자子가 사망하였는데, 승계자인 손孫이 없다면

> 역시 절가絶家의 명계에는 일거양득이라는 것이 있다는 말은 부자父子 모두
> 죽어 제사를 승계할 사람이 없는 경우, 반드시 아버지를 위해서는 명계하지
> 않아도 좋고, 손자를 세우면 아버지의 제사도 그 손자에게 승계 된다고 하는
> 것이다.[175]

라고 하듯이, 아들을 위해서만 입사를 행하면 충분했다. 아버지에게 아들이 생기면, 그 시점에서 아버지의 제사는 아들에게 승계될 수 있게 되기 때문이다.

3. 양자문서와 제부除附

1) 양자문서

친가와 양가 사이에 양자결연에 대한 합의가 성립하고, 또는 족장의 합의에 의해 명계가 결정되면, 일정한 합의 문서가 작성되었다.[176] 이 양자문서는 후대 「계서繼書」, 「계단繼單」, 「사단嗣單」등이라

---

174) 『청명집(淸明集)』 戶婚門, 권8-12, 立繼類 「嫂訟其叔用意立繼奪業」(愚見謂, 熙甫旣有烝嘗田, 自不乏祀, 若於産業已分之後, 驟立一人爲嗣, …… 非惟遂兇人呑倂之謀, 抑且無益死者, 反有害於生者矣, …… 如必欲立繼, 則范遇設計呑倂, 其子文孫亦不當立).

175) 『청명집(淸明集)』, 戶婚門, 권8-13, 立繼類 「父子俱亡立孫爲後」(絶家命繼, 有一擧而兩得者, 謂 如父子俱亡, 無人承紹香火, 不必爲父命繼, 而立孫, 則父之香火在其中矣).

176) 仁井田陞, 『支那신분법사』, p.798; 滋賀秀三, 『중국가족법의 원리』, pp.327~328. 양자문서의 구체적인 형식 및 내용에 대해서는 仁井田陞, 『당대법률문

칭해지고177), 송대에서는 「입계문자立繼文字」178)라고도 칭해지고 있다.

이 문서에는 결연 당사자뿐만 아니라, 양부의 형제나 조카 등의 이해관계자도 서명했다.

> 왕구汪球의 사후, 장남 여단如旦도 일찍 죽었는데, 처 아주阿周는 시어머니 유游씨의 뜻과 남편 여단如旦이 생전에 남긴 유언을 바탕으로, 여규如珪의 아들 경안慶安을 여단如旦을 위해서 입사立嗣했다. 그 문서에는 형제들이 서명하고, 막내동생 여옥如玉도 여기에 참가하고 있다. 더욱이 관官에 제부除附 수속을 밟아, 발급된 증명서를 경안慶安에게 수령하게 시켰다.179)

다만, 판결에 의해 입사立嗣가 명해지고, 법정에서 후계자〔嗣子〕가 결정된 경우에는 그 자리에서 제부除附수속이 취해졌으므로180), 이러한 경우에는 양자문서는 작성될 필요가 없었던 것이다. 버려진 아이를 수양한 경우에는 당연히 작성될 리도 없고, 나중에 논하듯

서의 연구』, 동방문화학원, 1937년3월 〔仁井田陞, 『당송법률문서의 연구』〕, pp.532~542; 同, 「명청시대의 人賣及 및 人質文書의 연구(2)」, 『사학잡지』46편 5호, 1935년5월, pp.70~87; 同, 「支那近世의 戲曲小說에서 본 私法」石井良助編 『中田先生還曆祝賀法制史論集』, 암파서점, 1937년3월, pp.466~470; 戴炎輝, 「近世 支那 및 臺灣의 養子法」IV, p.38; 張山鐘, 「出嗣字」, 『民俗台灣』2권 2호, 1942년2월 등을 참조.

177) 滋賀秀三, 『중국가족법의 원리』, p.327.

178) 『청명집(清明集)』戶婚門, 권8-12, 立繼類「嫂訟其叔用意立繼奪業」.

179) 『청명집(清明集)』戶婚門, 권8-19, 立繼類「後立者不得前立者自置之田」(汪球身故之後, 其長男如旦亦早世, 妻阿周奉阿姑游氏之命及其夫如旦存日遺 囑, 將如珪之子慶安與如旦爲嗣, 其文字內諸子皆有知押, 而幼男如玉實預焉, 旣又經官除附, 給據付慶安收執). 『청명집(清明集)』戶婚門, 권8-12, 立繼類「嫂訟其叔用意立繼奪業」에서는「夫何范遇者, 獨於父母亡分業八年之後, 兄子敬亦亡, 逐仰逼其弟善甫姪余慶簽押立繼文字, 以己子文孫爲熙甫後」라 하고, 강제적이기는 하지만 범우는 弟와 姪을 서명으로 더하고 있다.

180) 『청명집(清明集)』戶婚門, 권8-05, 立繼類「已立昭穆相當人而同宗妄訴」(案, 給斷由寸江氏收執, 當官除附, 備榜縣門).

이 제부수속조차도 반드시 취해지고 있었던 것은 아니었기 때문에, 양자문서가 반드시 항상 작성되어야 했던 것은 아니다. 따라서 양자문서의 작성이 양자결연에 있어서의 성립요건은 아니고, 단순한 증거에 지나지 않았던 것이다.181)

2) 제부除附

결연이 성립되어 양자문서가 작성되면, 당사자는 이것을 관사官司에 제출해서 「제부」수속을 받았다.182) 「제부」란, 판어判語에

> 인가人家가 동종同宗의 아들을 양자로 할 때, 갑을甲乙 양가에 호적이 있으면, 갑호에 아들이 없어 을호의 아들을 양자로 할 경우에는, 을호에서 아들의 호적名籍을 빼서 [除] 이것을 갑호에 올리게[附] 된다. 그런 까닭에 「제부除附」라고 하는 것이다.183)

라고 정의되어 있듯이, 양자를 「관에 신고하고, 생가의 호적에서 이름을 빼서[除] 양가의 호적에 이름을 올리는[附]184)」수속으로, 양친자 관계의 성립에 의한 아들의 신분상의 지위변동을 국가의 호적에 반영하여 기록하는 것이다.185)

---

181) 결국 養子文書는 「양자 결연의 성립을 증명하는 유력한 자료」(戴炎輝, 「近世 支那 및 臺灣의 養子法」IV, p.38) 내지는 「후일의 다툼을 방지하기 위한」(滋賀秀三, 『중국가족법의 원리』, p.327) 것에 불과하다.

182) 仁井田陞, 『支那신분법사』, p.803; 滋賀秀三, 『중국가족법의 원리』, p.52 주 (83), p.328.

183) 『청명집(清明集)』 戶婚門, 권8-20, 戶絶 「夫亡而有養子不得爲之戶絶」(人家養 同宗子, 兩戶各有人戶, 甲戶無子, 養乙戶之子以爲子, 則除乙戶子名籍, 而附之 於甲戶, 所謂之除附).

184) 滋賀秀三, 『중국가족법의 원리』, p.52 주(83).

185) 또한 당 호령에 의하면, 繼絶子는 18세가 될 때까지는 親家의 호적 내에 남 겨둬야 하는 것으로 되어 있다(諸以子孫繼絶, 應析戶者, 非年十八已上, 不得

이것은 당사자의 신청에 의해, 혹은 입사에 관한 소송의 판결집 행의 일환으로서186) 행해졌으며 당사자에게는 양자결연의 성립을 증명하는 「공거公據」가 발급되었다.

> 유헌游憲은 성보性甫의 양자가 되어, 성을 가賈, 이름을 선宣이라 바꾸고 제부除附의 수속을 취해서 증명서를 발급 받았다.187)

> 하두환何斗煥은 존충存忠의 족자族子이다. … 두환斗煥의 (존충存忠에게) 입사立嗣는 보우寶祐3년 (1255년)의 일인데, 관사官司에서 제부除附의 증명서를 발급한 것은 5년후의 일이다. 이것은 하何씨의 족의族議가 완전히 일치하고 있지 않고 있었기 때문이다.188)

그리고 제부 및 그 공거는 양친자 관계의 존재를 입증하는 유력한 증거가 되어 분쟁 예방의 수단도 되었다.

> 여자강余自强이 여단례余端禮의 양자가 된 것은 소정紹定 5년 (1232년)의 일로, 현縣과 제형사提刑司에서 제부除附의 수속을 취하고 있다. 이 정도로 명백하면 누구도 모르는 자 없다.189)

析, 其年十七巳下, 命繼者, 但於本生籍內, 注云, 年十八然聽, 卽所繼處, 有母在者, 雖小赤聽析出(仁井田陞, 『당령습유』, p.234)).

186) 『청명집(淸明集)』 戶婚門, 권8-05, 立繼類 「已立昭穆相當人而同宗妄訴」(註(180)前揭)

187) 『청명집(淸明集)』 戶婚門, 권5-09, 爭業 「姪仮立叔契昏賴田業」(游憲旣爲性甫所養, 卽從賈姓, 立名賈宣, 除附給據).

188) 『청명집(淸明集)』 戶婚門, 권7-19, 歸宗 「出繼子破一家不可歸宗」(盖何斗煥者, 存忠之族子也, …… 斗煥之立, 在寶祐三年, 而官司出給除附公據, 乃遲遲在五年之後, 是必何氏族議有所未盡協而然也). 이 외 『청명집(淸明集)』, 戶婚門, 권8-19, 立繼類 「後立者不得前立者自置之田」에도 「汪球身故之後, 其長男如旦赤早世, 妻阿周奉阿姑游氏之命, 及其夫如旦存日遺囑, 將如珪之子慶安與如旦爲嗣, 其文字內諸子皆有知押, …… 旣又經官除附, 給據寸慶安收執」이라 한다.

189) 『청명집(淸明集)』 戶婚門, 권9-02, 違法交易 「出繼子賣本生位業」(余自强出繼余端禮, 係是紹定五年, 經縣經提形司除附, 張皇如此, 誰不知之).

우계虞繼의 입사立嗣는 우애虞艾의 사후 초운사譙運使가 진좌陳佐의 소송 때문에 입계立繼를 명한 후의 일이다. … 관사官司에는 문서가 정확히 보관되어 있어, 명계한 월일은 당연히 조사할 수 있는 것이다.190)

애초에 본적지의 관청은 제부除附의 수속을 밟은 증거가 없음을 보고해 왔다. 더욱이 관사官司에서 그 부자의 고소장을 조사해 보니(그 주장은) 전혀 일정하지 않다. … 위로는 관사官司를 속이고, 아래로는 고아를 학대해, 그 죄는 면할 수 없다.191)

생각컨대, 증曾씨는 이미 노년이므로 (죽은 아들亡男 오단吳壇을 위해서) 입사立嗣한 손자 암호岩護에 대해서는 관사官司가 제부除附의 수속을 취해 주어 올바른 대책을 해야 한다. 그렇지 않으면 후일 또 소송이 제기되어 오단吳壇의 가산은 없어지고 말 것이다.192)

그러나 제부도 양자결연의 성립요건은 아니었다. 양친자 관계는 당사자의 합의 혹은 수양 사실만으로 성립한 것이다.

판어에 인용된

제부除附의 수속을 밟지 않아도, 관사官司가 조사해서 양친자 관계가 사실로 판명되면, 제부의 수속을 취한 것으로 간주한다.193)

---

190) 『청명집(淸明集)』戶婚門, 권8−06, 立繼類「立昭穆相當人復欲私意遣還」(且虞繼之立, 盖因虞艾死後, 譙運使因陣佐之詞責令立繼, 而後虞繼始立, …… 官司文書具在, 其命繼之月日固可考也). 여기에 말하는「文書」는 구체적으로는 除附를 경유한 호적의 기재인 것일 것이다.

191) 『청명집(淸明集)』戶婚門, 권8−32, 孤幼「叔父謀呑幼姪財産」(況初來旣無本屬申牒除附之可憑, 而官司勘驗其父子前後之詞, 反覆不一, …… 上則罔冒官司, 下則欺虐孤幼, 其罪已不可逃).

192) 『청명집(淸明集)』戶婚門, 권8−18, 立繼類「治命不可動搖」(窃念, 曾氏年華已晚, 近立孫男岩護, 官司宜與除附以爲善後之計, 不然, 他 日詞訟復興, 吳坦之業難保).

193) 『청명집(淸明集)』戶婚門, 권8−20, 戶絶「夫亡而有養子不得謂之戶絶」(雖不除附, 官司勘驗得實, 依除附法). 『청명집(淸明集)』戶婚門, 권8−14, 立繼類「立繼有據不爲戶絶」에는「准法, 異姓三歲以下, 並聽收養, 卽從其姓, 聽養子之家申官附籍, 依親子孫法, 雖不經除附, 而官司勘驗得實者, 依法」이라 하고, 이

이라고 하는 영문令文은 제부라는 형태로 양친자 관계의 존재가 형식적으로 입증되지 않아도 사실상 그 존재가 확인되면 그것은 법적으로 완전히 유효하게 성립하였다는 것을 보여주고 있다. 그리고 이 영문令文을 인용하는 판어는 이것에 앞서

> 후사候四는 빈민으로 호적이 없다. 그 위에 이성異姓이라도 3세 이하의 아들이면 수양하는 것은 법이 확실히 허락하고 있어, 양가의 성을 갖게 한다. 친가가 어디인지는 문제로 삼지 않기 때문에, 제적除籍이라는 것은 있을 수 없다. 정창丁昌이 양자를 취하는 데 관官에 부적附籍을 신청하면 충분하다.[194]

라고 논해, 이성양자에는 제적은 필요없고 양가로의 호적에 이름을 올리는 것만으로 충분하다고 하고 있다.

현실적으로 제부이외의 증거에 의해 양자결연의 성립을 입증한 예로는, 다음의 판어가 있다.

> 문보文寶가 원진元振을 양자로 한 때는 제부除附의 수속을 취하지 않았기에 수양시의 연령은 입증할 수 없다. 그러나 문보文寶의 생전에 정봉길鄭逢吉(문보文寶의 형)은 편지 중에서 원진元振을 조카로 부르고 있으므로 원진元振이 문보文寶의 양자인 것은 확실히 진실이다.[195]

일련의 문장을 令의 1개조로 해석하면 이 규정은 이성양자에만 적용된 것이고, 동종양자에는 제부는 성립요건이었다고 말하는 것도 가능했을 것인데, 「夫亡而有養子不得謂之戶絶」에 있어서 인용된 쪽, 및 「立繼有據不爲戶絶」의 인용문에서는 「申官附籍」과 「不經除附」라고 하는 전후 다른 표현이 되고 있는 것을 고려한다면, 「雖不經除附」이하는 전반과는 별개의 조문(의 일부)이 된다라고 해석해도 지장이 없을 것이다.

194) 『청명집(清明集)』 戶婚門, 권8-20, 戶絶 「夫亡而有養子不得謂之戶絶」(彼候四貧民, 未必有戶, 兼收養異姓三歲以下, 法明許之, 卽從其姓, 初不問 所從來, 何除之有, 若只謂丁昌養子, 合申官附籍則可耳).

195) 『청명집(清明集)』 戶婚門, 권8-03, 立繼類 「父在立異姓父亡無遺還之條」(文寶之養元振, 不經除附, 當時年歲固不可考, 然當文寶生前, 鄭逢吉折簡與 之, 已呼之爲姪, 以此勘驗, 昭然不誣).

더욱이 제부나 공거가 있다고 하더라도, 그것이 반드시 사실을 반영하고 있는 것은 아니므로, 완전히 증거로서 인정되는 것은 아니다. 전통 중국 사회에서 공문서류는 언제나 위조가 아닌가 하는 의심의 눈으로 보았고 제부라 해도 예외일 수 없었기 때문에, 양자소송의 심리에 있어서 제부에만 의지하는 것보다 그 외의 증거가 오히려 중요시되어야 했다.

제부除附의 증명서와 양자문서를 위조한 사람을 조사해서 사실을 진술하면 관대한 처분을 내린다. 만약 숨기려고 한다면 고문을 가한다.[196]

증거로서 제출된 제부除附의 문서를 조사해 본 즉, … (오진吳辰 스스로 존장이라 칭하고 장張씨의 망부에게 자신의 손자를 입사立嗣한 것이 판명) … 장張씨가 가령 병에 걸렸다고 하더라도, 2월에 오진吳辰과 소송을 다투게 되면서 6월에는 이미 그 손자를 상속자[後嗣]로 했다는 건 있을 수 없다. 삼척동자라도 속지는 않는다.
… 오씨吳氏 친가의 존장 오군지吳君至를 소환한 바, …「오군문吳君文(오진吳辰의 아들)은 장張씨의 신청서를 위조하고, 권현權縣의 관청에 부탁해서 증명서를 발급해 받았던 것이다」고 증언했다. 이것만큼 의롭지 못한 풍속이 있을까?[197]

동생과 조카에게 억지로 양자문서를 작성하게 하고, 형수인 장張씨가 소송을 제기하자 곧 현리縣吏와 결탁해서 제부除附의 증명서에 도장을 받아, 현승縣丞의 관청에서 호적을 고쳐 쓴 것이다. 따라서 이들 문서는 부정한 것으로 증거로 할 수 없다.[198]

---

196) 『후촌집』권193 「樂平縣汪茂先等互訴立繼事」(勘問假寫除附公據及過房書帖之人, 如實供, 當與闊略, 或更隱諱, 枷勘).
197) 『청명집(淸明集)』 戶婚門, 권8-11, 立繼類 「利其田産自爲尊長欲以親孫爲人後」(觀其執到除附文字, …… 張氏縱有疾病, 豈有二月內方與吳辰鼓訟, 六月內卽以其孫爲後, 雖三尺之童尙不可欺也, …… 及追到吳氏親房尊長吳君至供證, …… 又謂, 吳君文假作張氏詞, 於權官處陣乞給據, 其不義之俗有如此者).
198) 『청명집(淸明集)』, 戶婚門, 권8-12, 立繼類 「嫂訟其叔用意立繼奪業」(抑逼其弟與姪爲此私約, 於嫂張氏旣論之後, 旋計會縣吏印押除附公據, 又經 丞廳改正

여기에 예시한 것과 같은 유력자와 서리胥吏와의 결탁은, 당시 일상 다반사였던 것이다.

제2절　효과

1. 양가에 대한 효과

1) 권리

양친자 관계의 성립과 동시에, 양자가 된 사람은 양가에 있어서는 친아들과 동일한 지위를 획득했다.[199] 생전양자의 경우, 결연 후에 친아들이 출생했다고 하더라도 인연을 끊지 않는 한 친아들과 동등하게 취급되었으며 가산에 대한 지분도 동일했다.[200]

　　진문경陳文卿과 오吳씨는 예전에 진후陳厚를 양자로 했는데, 그 후 친자식 두명을 낳았다. 진겸陳謙과 진인陳寅이다. 오吳씨 부부가 현명해서 친아들이 태어난 후도 평등하게 하여 세아들이 사이좋게 다투지 않도록 했다면 문제는 없었을 것이다.[201]

　　전현승田縣丞에게는 아들이 두명 있었다. 세광등사世光登仕는 양자이고, 진진珍珍은 친아들이다. 현승縣丞이 남긴 가산은 두사람에게 균등하게 나누어져 마땅하다.[202]

戶帳, 此文約不正, 何可照用).
199) 仁井田陞, 『支那신분법사』, pp.802~803; 滋賀秀三, 『중국가족법의 원리』, p.311.
200) 仁井田陞, 『支那신분법사』, pp.805~806; 滋賀秀三, 『중국가족법의 원리』, p.313.
201) 『청명집(清明集)』戶婚門, 권8-25, 分析「母在不應以親生子與抱養子析産」(陳文卿吳氏昨來抱養陳厚爲子, 繼而親生二子, 陳謙陳寅是也, 吳氏夫婦若 賢, 則於有子之後, 政當調護均一, 使三子雍睦無間言可也).

서徐씨는 진사언陳師言의 후처이다. 진사언陳師言에게는 서徐씨와의 재혼 이
전부터의 양자 소조紹祖와 서徐씨와의 사이에 생긴 친아들 소고紹高, 소선紹先
및 딸 진낭眞娘이 있었다. 사언師言이 죽자 서徐씨는 스스로 남편의 가산을 5
등분해서 양자에게는 5분의 1을 줄뿐이고 그녀의 자녀 세사람과 함께 5분의
4를 차지해 버렸다.
　　법에 의해서도 이것은 올바르지 않다. 소조紹祖가 편애한다고 서徐씨에게
불평한 것도 당연한 일이다.203)

양자가 이미 존재하고 있는데 어떤 사정에 의해서 또 한 사람의
양자가 세워질 경우에도, 먼저 세워진 양자와 나중에 세워진 양자
사이에 가산 지분에 대한 차별은 생기지 않는다.204) 단지, 먼저 세
워진 양자가 친가의 도움으로 사들인 전산田産에 대해서는 나중에
세워진 양자는 지분을 갖지 못한다는 것이 다음의 판어判語에 나타
난다. 즉 양자 자신에게 특유 재산이 있으면 그것은 다른 사람(아
들)에게 분할되는 것이 아니었다.

　　경안慶安(먼저 들인 양자)이 여단如旦에게 명계되었을 때에는 여단如旦의 가
산으로는 생곡전生穀田205) 21석石밖에 없었다. 그 후 경안慶安이 친부 여규如

---

202) 『청명집(淸明集)』 戶婚門, 권8-08, 立繼類 「繼絶子孫止得財産四分之一」(田縣
　　丞有二子, 曰世光登仕, 抱養之子也, 曰珍珍, 親生之子也, 縣丞身後財 産, 合作
　　兩分均分).
203) 『청명집(淸明集)』 戶婚門, 권9-01, 違法交易 「已出嫁母賣其子物業」(徐氏乃陳
　　師言之繼妻, 元乞養一子, 曰紹祖, 又親生二子, 曰紹高紹先, 及女 曰眞娘, 師言
　　死, 徐氏自將夫業分作五分, 乞養一子一分而已, 與親生三子自 占四分, 於條亦
　　未爲是, 宜乎, 紹祖以偏愛議其母).
204) 『청명집(淸明集)』 戶婚門, 권7-15, 立繼 「雙立母命之子與同宗之子」에서는 황
　　정길의 寡妻 阿毛가 스스로 수양한 이성양자 黃臻과, 그 후 동족의 이의의
　　결과 쌍립된 동종양자 黃禹龍과의 사이에서 「所據分撥一節, 尋索到阿毛夫黃
　　廷吉受分關書倂典買人戶産業干照, 備引差鄔節監宅牙董丁傑下保, 呼集黃氏族
　　長, 將黃廷吉分産, 從公作兩分均分」으로서 황정길의 가산이 균분되고 있다.
205) 「生穀田」을, 梅原郁는 「可耕田」(梅原 譯, 『청명집(淸明集)』, p.66)으로 해석하
　　고, 「穀을 생산하는 田인지 生穀(탈곡하지 않은 곡물)을 몇 석이 나오는 田地

珪에게서 돈을 빌려서, 여단如旦이 생전에 전매했던 생곡전 17석石을 다시 사들였다.

지금 아유阿游의 양립兩立의사는 완강하고, 철회시킬 수 없기 때문에, 경안慶安이 이전부터 경작하고 있던 생곡전 21석은 요명堯蓂(후에 들인 양자)과 나누어 관리 경작시킨다.

그러나 경안慶安이 스스로 돈을 준비해서 다시 사들인 생곡전 17석은 균분될 가산에 포함해서는 안된다.206)

일가에 양자와 데릴사위가 있던 경우에는, 양자가 생전양자인지 사후양자인지에 따라서 취급이 달랐던 것 같다. 양자가 양부의 생전에 수양되었다면, 집안에 데릴사위가 있다고 하더라도 양자는 친아들과 마찬가지로 가산 전부를 승계했다.207) 그러나 사자死者가 데릴사위에게 가산을 남겨주는 요지의 유언을 남기고 죽은 후 양자가 세워진 경우는, 소흥紹興31년 (1161년)에

(소흥紹興)31년 4월 19일, 지부주知涪州 조불의趙不倚가 「인호人戶의 소송을 조사해보면 호절戶絶, 계양繼養, 유언에 의한 재산취득에 대해서는 각각 정제定制가 있지만, 판결은 때로 한쪽으로 치우친 것이 있어, 이것이 소송을 증가시키는 것입니다. 예를 들면 갑의 아내가 딸 하나를 낳았지만 아들을 낳지

라고 하는 것인지 분명하지 않다(梅原 역, 『청명집(淸明集)』, p.66주(3))라고 풀이하는데, 滋賀秀三는 「생곡전」그대로 특별한 역어를 주고 있지 않다(滋賀秀三, 『중국가족법의 원리』, p.512). 아마 「곡물....석의 수량을 내는 전지」의 뜻일 것이다.

206) 『청명집(淸明集)』 戶婚門, 권8−19, 立繼類 「後立者不得前立者自置之田」(但慶安當來命繼如旦位下, 止有生穀田貳拾壹石, 續後就所生父如珪借錢, 贖 回如旦存日所典生穀田壹拾柒石, 今來阿游兩立之意既是堅決不回, 則慶安元 佃生穀田貳拾壹石, 與堯蓂均分管佃, 所是自備錢取贖生穀田壹拾柒石, 不當 在均分之數.

207) 『청명집(淸明集)』 戶婚門, 권7−26, 孤寡 「宗族欺孤占産」은 劉傳卿의 아들 季六과 그 처 阿曹와의 사이의 養子 春哥에게, 딸 季五郎의 데릴사위 梁萬三보다 우선하여 전경의 가산을 계승할 것을 판결하고, 춘가가 성인이 될 때까지 阿曹에게 관리하도록 명하고 있다. 양자에게 친자와 동일의 代位權을 인정하고 있는 것이다.

못했다고 합니다. 갑의 아내가 죽고 갑은 후처를 맞아, 갑의 딸을 키워 데릴
사위를 맞았습니다. 그 후 갑은 중병에 걸리고 아들이 없기에 재산을 전부
데릴사위에게 주도록 유언했습니다. 그런데 갑이 죽자 갑의 후처가 갑의 조
카를 양자로 했기 때문에, 갑의 데릴사위는 갑의 유언과 문서를 증거로 해서
양자와 갑의 재산을 다투게 되었습니다. 이것을 재판한 관사官司에는 전 재산
을 양자에게 승계 시킬 방법도 있다면 유언대로 데릴사위에게 승계 하는 방
법도 있다고 한 형편입니다」라고 보고하였다.

　급사중給事中 황조순黃祖舜 등은 「유사有司에서 명확하게 심의하고 고쳐서
통지를 내리자 생각합니다. 그렇게 하면 주현州縣의 이러한 재판에서 일률적
인 판결을 내리게 할 수 있고 소송을 그만두게 하는 일에 일조가 될 것이다」
고 답신하였다.

　「조순祖舜이 조사한 바 법에는 규정이 없다는 것이다. 지금 균급均給이라는
조치를 취하라」는 조서가 내려졌다.208)

종래는 양자에게 전부 주거나 혹은 데릴사위에게 전부 주는, 가
지각색의 조치가 취해지고 있던 것을 통일해 양자와 데릴사위에게
균분하는 요지의 칙령이 내려져 있다. 더우기 다음 소흥紹興32년
(1162년)에는 이 사건에 대해서,

　(소흥紹興32년) 11월 24일, 권지원주權知沅州 이발李發이 「최근 내려진 지
시에 의하면 유언이 있으면 재산은 양자와 데릴사위에게 균분하도록 되어있
기 때문에 균분한다면 잘못이 아니게 됩니다. 그러나 재산이 1500관 이상이
면, 유언을 받은 사람은 현행법에 의해 3분의 1을 얻기에 그칩니다. 따라서
양자와 균분할 수 없습니다. 양자와 데릴사위에게 750관씩 주면 유촉재산법
에 위반되어 버립니다. 유사有司에 다시 참정參訂을 더하도록 명할 것을 요청

---

208) 『송회요』151책, 食貨 61上, 民産雜錄(三十一年四月十九日, 知涪州趙不倚言,
　　契勘人戶陳訴, 戶絶繼養遺囑所得財産, 雖各有定制, 而所在理斷, 間或偏於一
　　端, 是致詞訟繁劇, 且如甲之妻有 所出一女, 別無兒男, 甲妻旣亡, 甲再娶後妻,
　　撫養甲之女長成, 招進舍贅 婿, 後來甲患危無子, 遂將應有財産遺囑與贅婿, 甲
　　旣亡, 甲妻却取甲之的侄 爲養子, 致甲之贅婿執甲遺囑與手疏, 與所養子爭論
　　甲之財産, 其理斷官司, 或有斷令所養子承全財産者, 或有斷令贅婿依遺囑管係
　　財産者, 給事中黃祖舜 等看詳, 欲下有司審訂申明行下, 庶幾州縣有似此公事,
　　理斷歸一, 亦少息詞 訟之一端也, 詔, 祖舜看詳法所不載, 均令給施行).

합니다」고 보고하였다.

호부戶部가 「제로주현諸路州縣에서 이러한 소송을 일으키는 사람이 있으면, 그 때에 유언 된 전산田産이 법정 액수를 넘으면 유언을 받은 사람에게는 법의 규정에 따라 주고 남은 부분은 전부 양자에게 주도록 하고, 재산의 액수가 유촉 법의 법정액에 미달이면 최근 내린 지시에 따르도록 하겠습니다」고 답신하여 이것에 따랐다.

유언된 재산이 천관에 달하지 않고 나중에 세워진 양자가 있다면 이것과 균분하고, 1000관 이상이면 500관, 1500관 이상이면 3천관을 상한으로 해서 3분의 1을 주고, 남은 것은 전부 양자에게 준다라고 하는 것이다.209)

가산 총액이 1000관 미만이면 양자와 데릴사위에게 균분하지만 1000관 이상 1500관 미만이면 데릴사위는 500관, 1500관 이상이면 3000관을 상한으로 해서 3분의 1을 데릴사위에게 주고 남은 것은 양자에게 주어야 한다는 것이 확실히 되었다.

그러나 이것은 사자死者가 그 가산을 전부 데릴사위에게 주는 요지의 유언을 남기고 있는 경우에 한정된 것이며, 데릴사위에게 처음부터 무조건 이러한 지분이 인정되고 있던 것은 아니다.210) 판어에는, 데릴사위는 있지만 아들 없이 죽고, 그 모친이 그때까지 명계를 행하지 않고 있던 형제(형에게는 데릴사위가 두 사람 있다) 두 사람에 대해, 각각 명계를 명하고 형제간의 재산에 불공평이 생기지 않도록 처리한 뒤,

---

209) 『송회요』151책, 食貨 61上, 民産雜錄(十一月二十四日, 權知沅州李發言, 近降指揮, 遺囑財産養子與贅婿均給, 即 顯均給不行誤, 若財産滿一千五百貫, 其得遺囑之人, 依見行成法, 止合三分 給一, 難與養子均給, 若養子贅婿各給七百五十貫, 即有礙遺囑財産條法, 乞 下有司更賜參訂, 戶部看詳, 諸路州縣如有似此陣訴之人, 若當來遺囑田産過 於成法之數, 除依條給付得遺囑人外, 其餘數目盡給養子, 如財産數目不滿遺 囑條法法之數, 合依近降指揮均給, 從之, 謂, 如遺囑財産不滿一千貫, 若後 來有養子, 合行均給, 若一千貫以上, 給五百貫, 一千五百貫以上, 給三分之 一, 至三千貫止, 餘數盡給養子).

210) 仁井田陞, 『支那신분법사』, p.750, 「贅婿는 有分親이 아니기 때문에, 유언이 없는 이상 쳬서는 가산을 취득할 수 없는 것은 옛날과 바뀌지 않았다」.

(재산의) 반을 양자에게, 반을 데릴사위에게 주도록 한다. 딸은 친딸이고 사위도 오랜 세월 데릴사위로서 살아왔기 때문에 법령을 적용해서 균분해 마땅하다.211)

라고 해서, 양자와 데릴사위에게 가산을 균분하게 하는 것이 있다. 이것도 「이것을 조령에 의하면 모두 합하여 균분한다」라고는 하고 있지만, 입사立嗣권자인 모친이 입사立嗣를 원하지 않고 노후를 데릴사위들에게 맡기고 싶어하고 데릴사위도 오랜 세월 동거해 온 것을 고려한 후의 조치이고, 아마도 전술한 입법을 유추 적용한 것이다.

　　위와 같은 특수한 사정이 아니면, 호절戶絶이전에 세워진 입계자立繼子는 친아들과 동일한 지분을 가지게 된다. 그러나 호절후에 세워진 계절자繼絶子의 경우에는, 남송에 이르면 지분이 제한되도록 되어있다.212)

　　순희淳熙지휘내신료주청에 말한다. 조종의 법에 의하면, 입계立繼란 남편이 죽고 처가 있을 때, 그 처의 의사에 따라 입사立嗣가 행해지는 것을 말한다. 명계命繼란 부부가 모두 죽었을 때, 근친 존장의 명에 의해 입사立嗣가 행해지는 것을 말한다. 입계자는 친아들이 아버지의 분分을 승계 한다는 법과 동일하게, 아버지의 가산을 이어받는다. 명계자는 미혼, 또는 이혼하고 친정에 와 있는 딸 〔귀종녀歸宗女〕이 없는 경우에 재산의 3분의 1을 얻기에 그친다라고 하였다.213)

---

211) 『청명집(清明集)』 戶婚門, 권7-04, 立繼 「擇闍立嗣」(合以一半與所立之子, 以一半與所贅之婿, 女乃其所親出, 婿又贅居年深, 稽 之條令, 皆給均分).

212) 당대에는 戶令에 「諸應分田宅及財物者, 兄弟均分, …… 兄弟亡者, 子承父分 〔繼絶亦同〕」(仁井田陞, 『당령습유』, pp.245~246)라고 하기 때문에, 계절자라고 하더라도 친아들과 동등한 몫을 가지고 있었던 것이 된다.

213) 『청명집(清明集)』 戶婚門, 권8-16, 立繼類 「再判」(淳熙指揮內臣僚奏請謂, 安祖宗之法, 立繼者, 謂夫亡而妻在, 其絶則其立也, 當從其妻, 命繼者, 謂夫妻俱亡, 則其命也, 當惟近親尊長, 立繼者, 與子承 父分法同, 當盡擧其産以與之, 命繼者, 於諸無在室歸宗諸女, 止得家財三分 之一).

그리고 『청명집(淸明集)』에서 인용한 남송령에서는

    이미 호절戶絶이 된 집에서 계절繼絶의 자손을 세운 경우 [근친존장이 명계한 사람을 말한다], 절가絶家의 재산은 ①미혼의 딸만 있는 경우에는 전 재산의 4분의 1을 계절繼絶자손에게 준다. ②미혼의 딸에 더해서 이혼하고 친정에 와있는 딸이 있는 경우에는 5분의 1을 주고, 미혼 딸과 귀종녀에게는 남은 5분의 4를 「호절법戶絶法」214)에 의해 분배한다. ③이혼하고 친정에 와있는 딸 [귀종녀歸宗女] 만 있는 경우에는 「호절법戶絶法」에 의해서 귀종녀歸宗女에게 주고 나머지를 2등분해서 반을 계절자손繼絶子孫에게 주고 반을 沒官한다. ④출가한 딸만 있는 경우에는 전 재산의 3분의 1을 비율로 해서 2등분을 출가녀와 계절繼絶자손에게 균분하고 1등분을 몰관한다. ⑤미혼의 딸·귀종녀·출가녀도 없는 경우에는 전 재산의 3분의 1을 계절繼絶자손에게 주고 (남는 것은 몰관)215)한다. ⑥어느 경우나 총액 3천관을 상한으로 하지만, 가산총액이 2만관에 이르면 2천관216)을 증급增給한다.217)

---

214) 여기에 말하는 「戶絶法」은 『청명집(淸明集)』戶婚門, 권7−14, 立繼 「立繼有據不爲戶絶」에 인용된 令文 「諸戶絶財産, 盡給在堂諸女, 歸宗者減半」(『청명집(淸明集)』戶婚門, 권8−08, 立繼 「繼絶子孫止得財産四分之一」 및 『후촌집』권193 「建昌縣劉氏訴立嗣事」는 「諸戶絶財産, 盡給在室諸女」라고 한다)의 것일 것이다. 이것으로 말하면 귀종녀는 재실녀의 반을 얻는 것이 된다.

215) 滋賀秀三은 『청명집(淸明集)』戶婚門, 권4−10, 爭業上 「羅棫乞將妻前夫田産沒官」(임대희 외, 「『청명집』, 「호혼문」제4권 역주」, 『中國史研究』33, 2004년 12월, pp.263∼265)에 인용된 본 령문에 따라, 「若無在室歸宗出嫁諸女, 以全戶三分給一, 餘將沒官」을 보충하고 있다(滋賀秀三, 『중국가족법의 원리』, pp.388∼391).

216) 『청명집(淸明集)』戶婚門, 권8−33, 女承分 「處分孤遺田産」(諸已絶之家而立繼絶子孫, 謂近親尊長命繼者, 於絶家財産, 若只有在室諸女, 卽以全戶四分之一給之, 若又有歸宗諸女, 給五分之一, 其在室并歸宗女, 卽以所得四分依戶絶法給之, 止有歸宗諸女, 依戶絶法給外, 卽以其餘減半給之, 餘沒官, 止有出嫁諸女者, 卽以全戶三分爲率, 以二分與出家女均給, 一分沒 官, 若無在室歸宗出嫁諸女, 以全戶三分給一, 並至三千貫止, 卽及二萬貫, 增給二千貫).『청명집(淸明集)』戶婚門, 권4−10, 爭業 「羅棫乞將妻前夫田産沒官」은「諸已絶之家而立繼絶子孫, 謂近親尊長繼者, 於絶家財産, 若無在室歸宗出嫁諸女, 以全戶三分給一分, 餘將沒官」(임대희 외, 「『청명집』, 「호혼문」제4권 역주」, 『中國史研究』33, 2004년12월, pp.263∼265), 『청명집(淸明集)』戶婚門, 권8−16, 立繼類 「再判」은 「諸已絶之家立繼絶子孫 [謂近親尊長命繼者], 於絶家財産者, 若止有在

라는 것에 의하면 계절繼絶자손의 가산에 대한 지분은 절가絶家에 여자가 어떠한 형태로 존재하는가에 따라 달랐는데, 어느 쪽으로 하더라도 3분의 1을 넘는 일은 없었다. 이것을 표로 해서 나타내면 다음항의 표와 같이 된다.

	재실녀	귀종녀	출가녀	계절자손	몰관
재실녀만	3/4	–	0*	1/4	0
재실녀귀종녀	8/15	4/15	0*	1/5	0
귀종녀만	–	1/2	0*	1/4	1/4
출가녀만	–	–	1/3	1/3	1/3
여자가 없음	–	–	–	1/3	2/3

* 출가녀는 무시한다.218)

또 『송회요』의

(소흥紹興2년(1132년) 9월 22일, 강남동로제형사江南東路提刑司가 「본사本司에 현재 제기되어 있는 소송중에, 호절戶絶 입계 자子에게 대를 잇게 된 집

室諸女, 即以全戶四分之一給之, 若又有歸宗諸女, 給五分之一, 止有歸宗諸女, 依戶絶法給外, 即以其餘減半給之, 餘沒官, 止有出嫁諸女者, 即以全戶三分爲率, 以二分與出嫁諸女均給, 餘一分沒官」, 『청명집(清明集)』 戶婚門, 권8-16, 立繼類 「再判」, 『청명집(清明集)』 戶婚門, 권8-08, 立繼類 「繼絶子孫止得財産四分之一」 및 『후촌집』권193 「建昌縣劉氏訴立嗣事」는 「諸已絶而立繼絶子孫, 於絶戶財産, 若止有在室諸女, 即以全戶四分之一給之」라 한다.

217) 「並至三千貫止」이하의 의미에 대해서, 仁井田陞, 滋賀秀三는 모두 「취득몫 총액」의 뜻으로 해석한다(仁井田陞, 『支那신분법사』, p.485; 滋賀秀三, 『중국가족법의 원리』, p.390). 『송회요』151책, 식화61상, 소흥2년9월22일, 소흥32년11월4일, 및 『송사』권200, 형법지 2곳에 실린 호령 「戶絶之家, 許給其家三千貫, 及二万貫者, 取旨」 등의 사료를 헤아려보면 이와 같이 해석하는 것이 타당하다고는 생각되는데, 여전히 의문의 여지가 없는 것은 아니다.

218) 滋賀秀三, 『중국가족법의 원리』, p.394.

의 재산을 부당하게 주었다고 하는 것이 있습니다. 본사本司에서 보는 바, 호
절戶絶의 집은 법에 의해 명계할 것이 허락되어 있는데, 계사繼嗣된 사람은 친
가의 재산도 양가의 재산도 취득할 수 없게 되어 있어, 정말로 불쌍히 여길
사정입니다. 그래서 절호絶戶에 명계된 사람에게는 대를 잇게 된 집의 재산을
'출가녀등의 법'에 비겨서 나누어 줄 것을 허락하도록 요청합니다」라고 보고
하였다.

　　호부가 「본사本司의 보고대로 하고 싶습니다. 만약 절가絶家에 법에 의해
입계될 사람이 있다면, 그 재산은 '호절戶絶출가녀의 법'에 따라, 3천관을 상
한으로 해서 3분의 1을 주고, 나머지는 현행조법에 따라(몰관)해야 한다고
생각합니다」라고 답신하여 여기에 따랐다.[219]

　　이 기사에 의하면 소흥 2년 9월 22일 이전에는 계절자에게는 양
가의 재산도 친가의 재산도 전혀 주어지지 않았던 것 같이 보인다.
니이다노보루仁井田는 이것에 의해 「송대의 피명계자被命繼者의 가산
취득법은 남송의 소흥 2년 후에 생긴 것 같다」[220]고 하고, 이것에
대해서 시가슈우조滋賀는 「그 이전에 있어서 계절繼絶의 후계자〔嗣
子〕는 절가의 재산을 전연 취득할 수 없었다고 보는 것은 의문이며,
별단의 규정도 없이 싸움도 없는 채로, 통상의 사자와 같이 취급되
고 있었다고 보는 편이 자연스럽다」[221]라는 비판을 가하였다.

　　당대에는 계절자도 친아들과 같은 취급이 이루어지고 있었기[222]
때문에, 시가슈우조滋賀의 주장이 정당하다고 생각되지만, 단지, 『송
회요』의 기사만 보면, 계절자에게는 가산을 주지 않는 취지의 입법

---

219) 『송회요』151책, 식화61상, 民産雜錄(九月二十二日, 江南東路提刑司言, 本司見
　　有人戶陳訴, 戶絶立繼之子不合給 所繼之家財産, 本司看詳, 戶絶之家, 依法旣
　　許命繼, 却使所繼之人並不得所 生所養之家財産, 情實可矜, 欲乞將已絶命繼之
　　人, 於所繼之家財産, 視出嫁 女等法量許分給, 戶部看詳, 欲依本司所申, 如係
　　已絶之家有依條合行立繼之 人, 其財産依戶絶出嫁女法三分給一, 至三千貫止,
　　餘依見行條法, 從之).
220) 仁井田陞, 『支那신분법사』, p.485.
221) 滋賀秀三, 『중국가족법의 원리』, p.382 주(184).
222) 주(212)참조.

이 존재하고 있었다고 생각된다. 이것은 친아들과 같이 취급되고 있던 계절자에 대한 몫에 대해서 소흥 2년 이전의 어느 시기에 그 지분을 부정하는 입법이 새롭게 제정되었기 때문이다. 그러나 소흥 2년에 이르러서 계절자의 몫을 부정하는 입법이 폐지되고 계절자가 친아들과 같은 몫을 갖게 된 것 같다.223)

입계자立繼子와 계절자의 취급의 차이는 「호절」이라는 사실에 의해 생겨나는 것이다. 일가의 남편과 처, 아들이 죽어 호절이 되면, 남송법에 있어서는 그 집의 재산은 미혼의 딸이 있으면 전부 그에게 주어지고, 귀종녀가 있으면 미혼의 딸에게서 반 나누어 주고224) 출가녀 뿐이라면 3분의 1을 주고 나머지는 몰관되었다.225) 딸이 없어도, 후계자〔嗣子〕를 낳은 첩이 개가하지 않고 있는 경우에는 그 첩에게 가산의 사용수익이 인정되었다.226) 이들 이외의 경우에는 절호絶戶의 재산은 원칙으로서 몰관─국고에 귀속되었던 것이다.227)

---

223) 이 점에 대해서도 당쟁이 입법에 미친 영향을 생각하지 않을 수 없다. 이와 같은 입법은 아마 徽宗朝─신법기─에 재정권을 이유로 해서 제정되어, 구법기인 高宗朝에 이르러 그 폐해가 지적되게 된 것일 것이다.

224) 주(214) 참조.

225) 『송형통』권12, 호혼율, 戶絶資産(「臣等參照, 諸今後戶絶者, 所有店宅畜産資財, 營葬功德之外, 有出嫁女者, 三分給與一分, 其餘並入官」).

226) 『청명집(淸明集)』, 戶婚門, 권8-17, 立繼類「先立一子俟將來本宗有昭穆相當人雙立」(諸戶絶人有所生母若祖母同居者, 財産並聽爲主). 『청명집(淸明集)』戶婚門, 권8-08, 立繼類「繼絶子孫止得財産四分之一」및 『후촌집』권193「建昌縣劉氏訴立嗣事」는「諸戶絶人有所生母同居者, 財産並聽爲主」라 한다.

227) 북송에서는 『송회요』121책, 食貨1, 農田雜錄에「(天聖元年)7월, 殿中丞齊嵩上言, 檢會大中祥符八年勅, 戶絶田並不均與近親, 賣錢入官, 肥沃者不賣, 除二稅外, 召人承佃出納租課, 變易舊條, 無所稽據, 深成煩擾, 欲請, 自今後如不依戶令均與近親, 卽立限許無産業及中等已下戶不以肥瘠全戶請射, 如須沒納入官, 卽乞許全戶不分肥瘠召人承佃」이라 하는 바이기 때문에, 大中祥符八年(1015년) 칙에 의해 호절전은 근친에게는 급여하지 않고, 비척에 의거해 매각 또는 소작으로 주는 것으로 규정하였지만, 天聖元年(1023년)에는 이것을 고쳐 근친에게의 급여를 허락하고, 근친이 없을 경우에는 매각 또는 소작을 주는 것이라 하는 것으로 알려지고, 다시 천성5년(1027)에는「(천성5년)4월, 詔, 條

다시 말해 호절의 재산은 원칙적으로 여자―이것에 대해서도
「급給」이라는 표현을 쓰고 있다―와 국고에 귀속해야 하는 것으로,
계절자손은 이것을 당연히 승계할 수 있는 것은 아니고, 오히려 국
가가 혜택을 베푸는 형식으로 승계자의 지위를 인정해 주는 것에
지나지 않았다.228) 때문에 그 지분에 제한을 가해도 상관없다고 남
송의 입법자들은 생각하고 있었던 것이다.229) 사실, 남송정부는 호
절재산은 액수의 다과는 어찌되었던 간에, 귀중한 수입원의 하나여
서, 국가는 이것을 매각 혹은 소작을 주어서 수입을 올리고 있었
다.230) 판어에도 몰관전沒官田의 매각이나 소작에 관한 사례가 나타

貫戶絶財産, 律令格勅及臣僚起請甚多, 宜令禮部員外郎知制誥陳琳工部郎中龍
圖閣待制馬宗元與審刑院大理寺, 同檢尋前後條貫子細, 詳定聞奏, 今詳前勅,
若亡人遺囑証驗分明, 並依遺囑施行, 切綠戶絶之人, 有係富豪戶, 如無遺囑, 除
三分給一, 及殯殮營齊外,其餘店宅財物, 雖有同居三年已上之人, 恐防爭訟, 並
仰奏取指揮, 當議量給同居之人, 餘並沒官, 所有今日已前見估賣莊田無人買者,
勘會如已有人租佃者, 並給見佃人, 更不納租課, 只依元稅供輸出戶爲主, 如無,
卽許無田産戶全分請射, 其已典賣田産, 不得更有檢估根括」(『송회요』151책, 식
화61상, 민산잡록)과 같은 상세한 입법이 이루어지고 있다. 이 외 接脚夫나
贅婿, 義子 등에게 재산의 일부분이 주어진 경우가 있고, 남송에서는 유언에
의한 유증이 가산의 삼분의 일을 상한으로 허락한 입법(『송회요』151책, 식화
61상, 민산잡록, 紹興31년 4월 19일, 소흥32년 11월 24일)도 제정되었다.
228) <옮긴이주>; 육정임, 「송대 호절재산법 연구」, 『송요금원사연구』5, 2001년
참조. 육정임은 명계자의 재산 취득이 기존의 호절재산 계승자에게 어떤 영
향을 주었는지는 알 수 없다고 하였으나, 그의 「송대 호절재산법 연구」논문
에서는 호절법의 조건과 호절 재산법의 개정에 따른 변화를 통해 호절 재산
귀속에 관한 규정의 변화상을 시대순으로 검토하는데 그치고 있다.
229) 滋賀秀三, 『중국가족법의 원리』, p.381.
230) 北宋政和元年(1111년)에는 호절 재산에 의한 수입은 만여 관에 지나지 않았
다(『송회요』30책, 예36, 상복, 잡복제, 정화3년 윤4월, 27일, 『송사』권356, 유
룡전). 이 송대의 구휼사업은 이것을 주된 재원으로서 했다(梅原郁, 「송대의
구휼제도―도시의 사회사에 의해서―」(中村賢二郎編, 『도시의 사회사』ミネル
ヴァ서방, 1983년 11월) [梅原「구제제도」] p.198, p.203). 남송에서는 이것은
상당히 상회한 수입을 얻고 있었던 것이라 추측된다. 또한 남송에서는 淳熙
2년 6월 11일, 勅, 荊湖南路轉運副使李椿奏, 人戶請佃沒官戶絶田産, 旣召人承

나있다.231)

買訖, 卽是民田, 起理二稅輪納沒錢, 又當差沒, 所有元佃租米, 自合蠲除, 奉聖旨, 依, 餘路依此」(『慶元條法事類』권47, 賦役門一, 拘催稅租, 申明, 隨勅申明, 戶婚)라고 하는 申明, 「諸戶絶有財産者, 廂耆鄰人卽時申縣籍記, 當日委官躬親抄估, 量其葬送之費, 卽時給付, 共不得過參伯貫, 財産及萬貫以上, 不得過伍拾貫, 責付近親或應得財産者, 同爲營辦〔無近親及應得財産人者, 官爲營辦, 僧道卽委主首〕)(『慶元條法事類』권51, 道釋門 2, 亡歿, 旁照法, 戶令)이라고 하는 慶元令 등, 호절재산의 취급에 관한 입법이 행해지고 있었는데,「紹熙元年(1190)玖月貳拾玖日, 勅, 民間或有紛爭未決之財, 或有取贖未定之訟, 孤幼檢校未該年格, 或盜賊臟物未辨主名, 或已商失貨未有所歸, 或理逋督責未及元數, 如是之類, 則其材皆寄於官, 謂之寄庫錢, 今之州縣, 幸其在官, 不復給還, 又其甚者, 不應檢校*檢校, 不應追罰*追罰, 本非盜臟指爲盜臟, 本非戶絶指爲戶絶, 强入之官, 泊至飜訴明白, 其財已不復存矣, 可戒, 郡縣應民間寄庫錢, 皆令刷具別置簿厤, 專作庫眼, 俟其陳請, 卽時給還, 或非理役人, 旣經飜訴給還者, 亦仰依限支給, 如或循習弊, 並許人戶越訴, 委自省部御史台, 取其違慢悖理尤甚者, 其職位姓名, 取旨責罰」(『경원조법사류』권36, 庫務門1, 給還寄庫錢物, 申明, 隨勅申明, 廐庫)라고 하는 신명은 본래 호절이 아닌 것도 호절로서 재산을 몰관해버리는 주현관이 있었던 것을 나타내고 있다. 또한 송대에 있어서 沒官田의 出佃·出賣에 관해서는 鳥居一康,「송대에 있어서 官田出賣策」(『동양사연구』36권1호, 1977년 6월)을 참조.

231) 예를 들면, 『청명집(清明集)』, 戶婚門, 권8-20, 戶絶「夫亡而有養子不得謂之戶絶」(林知縣亦不照應, 便將丁昌作戶絶, 抱沒其業, 而奪之丁昌妻兒之懷, 以資告訐無賴之輩, …… 朱先妄告, 本合坐罪, 經赦原免, 其已納買業価錢二百十四貫有零, 未委是何處, 官司妄行交收, 告示朱先)에서 徑自齎鈔前去請領은 호절 몰관의 청구자가 240관으로 이 토지의 불하를 받는 것을 나타내고 있다. 또한 『청명집(清明集)』戶婚門, 권8-33, 女承分「處分孤遺田産」(余榮祖連年入狀告論戶絶, 謂是解勳掩有入己, 乞行籍沒歸官, 前政已略施行抱納租課, 使之入錢數踰千緡)은 몰관의 청구자로 이 토지의 소작을 행하고 있다. 이 외 『청명집(清明集)』戶婚門, 권4-10, 爭業「羅械乞將妻前夫田産沒官」(羅械以寧老所分田産, 作絶戶獻于官(임대희외,「『청명집』,「호혼문」제4권 역주」, 『中國史研究』33, 2004년12월, pp.263~265))도 불하하고 또는 소작을 목적으로 해서 들고 있을 것이다. 더욱이 『청명집(清明集)』官吏門, 권1-37, 禁戢「禁戢攤塩監租差專人之擾」(周謙一頃沒官田, 或者教貪, 謂 其田若能修復, 可增數倍, 入其說者差官踏視, 望風奉承, 以已廢不可修之陂, 謂之見在, 以已荒不可耕之田, 謂之見佃, 於租額外頓加租數, 輒乃憑此行抱監, 通判更不詳審, 便差專人將佃押下寨監納, 寨兵恃其有所承準, 輒敢將佃家十餘人, 鐵料抱鎖, 拷打無全膚, 以爲騙乞之資)도 몰관전이 소작으로 내고 있었던 것을 나타내고 있다.

그러면, 계절자에 대한 가산분여는 현실적으로 어떻게 행해지고 있었던 것일까.

해여림解汝霖은 여진족의 입구入寇에 의해 부부 모두 죽고, 그 가족은 전부 포로가 되었다. 수년후, 막내딸 칠고七姑와 손녀딸 수낭秀娘이 생환했다. … 여림汝霖의 가산은 지주가 차지하는 몫으로서 조곡租穀이 1년에 2백석을 내려가지 않을 정도로 많지만, 해근解懃(여림汝霖의 조카)은 자기 것으로 생각해서 수지收支의 장부도 만들지 않고, 딸들의 혼담도 진행하지 않고, 단지 반가伴哥라는 계절자 한 사람을 세워 여림汝霖의 가산을 승계시켰을 뿐이었다.
절가絕家라고는 하지만 존장이 명계했기 때문에, 이성으로 3세이하가 아니었던 것은 일단 불문에 붙인다. 그러나 어린아이를 이용해서 삼촌의 전산田產을 독점하고, 미혼인 두 딸에게는 아무것도 해주지 않았다는 것에서는 비난을 피할 수 없다. 해여림解汝霖에게는 친아들이 남아있지 않으니까 호절戶絕로서 처리해야 한다. … 해여림解汝霖에게는 어린 딸과 손녀가 있을 뿐이지만, 모두 미혼이기에 「호절법戶絕法」에 의해 균분시킨다. … 반가伴哥는 계절자繼絕子이기에 4분의 1을 준다. 남은 4분의 3은 두 미혼의 딸에게 균분한다.232)

위의 판어에서는 영문令文의 ①과 같이 계절자 반가伴哥에게 4분의 1, 미혼인 어린 딸 칠고七姑와 손녀 수낭秀娘에게 8분의 3씩이 급여되어있다.

통사通仕의 뜻을 추측해 보면, 자기 아들에게 현승縣丞(세광世光의 아버지)의 가산의 반을 취득하게 하려고 하는 듯 한데, 이것은 그렇게는 할 수 없는 것이다. … 세광世光의 집에 입사立嗣를 행하지 않으면, 관사官司가 세광世光의

---

232) 『청명집(淸明集)』 戶婚門, 권8-33, 女承分 「處分孤遺田產」(解汝霖因虜入寇, 夫婦俱亡, 全家被虜, 越及數年, 始有幼女七姑女孫秀娘回歸, …… 汝霖家業, 歲收主分租穀大約不下二百石, 不爲不厚, 解懃以己任之, 旣無收支簿書, 又不主盟姻議, 惟立繼絕之子一人, 曰伴哥, 以承汝霖之業, 雖云絕家, 尊長許令命繼, 異姓非三歲以下, 亦姑勿論, 然狹一幼子, 而占據乃叔田產, 二女在室, 各無處分, 安能免議, 解汝霖卽無親子, 合作戶絕 施行, …… 今解汝霖只有幼女孫女, 並係在室, 照戶絕法均分, …… 伴哥繼絕, 合給四分之一, 其餘三分, 均與二室女爲業).

지분인 재산을 전부 그의 두 딸에게 주더라도 어떤 부적합함도 없어, 통사通仕는 분쟁할 수 없는 것이다. 만약 유劉씨, 추국秋菊과 그녀들이 낳은 자녀가 세덕世德(통사通仕의 아들)이 세광世光의 후계자가 되는 것에 동의했다고 하더라도, (세덕世德은) 세광世光의 전 재산의 4분의 1을 얻을 뿐이다. 통사通仕가 세광世光의 전 재산을 취득하게 하고 싶어도 할 수는 없는 것이다.[233]

이 판어는 전현승田縣丞에게 양자 전세광등사田世光登仕와 첩 유劉씨의 아들 진진珍珍이 있으며, 등사登仕는 하녀 추국秋菊에게서 딸 둘을 낳았는데, 현승縣丞, 등사登仕 모두 처를 얻지 못하고 죽었다. 현승縣丞의 동생 통사通仕가 자신의 아들 세덕世德을 등사登仕에게 입사立嗣한 사건으로, 본래는 소목불상당昭穆不相當인데 족중族中에 소목상당자昭穆相當者가 없기 때문에 할 수 없이 세덕世德의 입사立嗣를 인정했다고 하는 것이다.

이 시점에서의 가산 분배는 현승縣丞의 가산이 미분할 상태였기 때문에, 등사登仕와 진진珍珍이 2등분하고, 세광世光의 지분에 대해서 그 4분의 1을 계절자 세덕世德에게 주고, 남은 4분의 3을 추국秋菊이 낳은 두 딸에게 주게 되어, 여기서도 영문슦文의 ①이 그대로 적용되어 있다. 그런데, 이 판어에서는 소송이 반복됨에 따라서 현승縣丞과 유劉씨와의 사이에도 두 딸이 있었던 것이 판명된다.

놀랍게도 유劉씨도 두 딸이 있었다. 이 두딸은 현승縣丞의 친딸이므로, 등사登仕가 살아있으면 진낭珍郎과 재산을 균분하고, 두 딸은 각각 아들의 반을 얻게 된다. 그러나 지금은 등사登仕는 죽어버렸기 때문에 「제자諸子균분의 법法」[234]에 따를 수밖에 없다.

---

233) 『청명집(淸明集)』 戶婚門, 권8-08, 立繼類 「繼絶子孫止得財産四分之一」(度通仕之意, 欲以一子中分縣丞之業, 此大不然, …… 世光一房若不立嗣, 官司盡將世光應分財産給其二女, 有何不可, 通仕有何說可以爭乎, 若劉氏秋 菊與其所生兒女肯以世德爲世光之子, 亦止合得世光全戶四分之一, 通仕雖欲 全得一分, 可乎), 『후촌집』권193 「建昌縣劉氏訴立嗣事」.

234) 「제자균분지법」에 대해서 滋賀秀三는 「이 말을 해석한다」(滋賀秀三, 『중국가

현승縣丞의 두 딸은 진낭珍郞과 함께 아버지의 가산에 지분을 가지고, 그 중 진낭珍郞이 반을 얻고 나머지 반을 두 딸에게 균급均給한다. 등사登仕의 두 딸은 사자嗣子와 함께 등사登仕의 지분을 승계하고, 그 후계자[嗣子]는 사후에 세워졌기 때문에, 4분의 3을 두 딸에게 주고 4분의 1을 후계자[嗣子]에게 준다. 이렇게 처리해서, 비로소 법의法意에 부합하는 것이다.

단 유劉씨는 「등사登仕의 두 딸의 차지한 몫이 나의 두 딸보다도 많지 않느냐」고 할 것이 틀림없다. 그리고 등사登仕도 아직 매장되지 않고 있으므로 추국秋菊의 두 딸에게는 유劉씨의 두 딸과 같이 (등사登仕의 지분의) 4분의 1씩을 주고, 남은 4분의 1을 등사登仕의 장례비용에 충당하기로 한다.235)

이후 현승縣丞의 동산動産은 유劉씨의 지배하에 있기 때문에 분할되는 재산에서는 제외할 것이 결정되어 결국 부동산에 대해서 다음의 그림과 같은 분할이 판결되었다.

			판결	법정
縣丞	世光登仕	通仕	1/8	1/8
		女	1/8	3/16
		女	1/8	3/16
	珍珍		1/4	1/4
	女		1/8	1/8
	女		1/8	1/8
	登仕의 葬儀費用		1/8	–

족법의 원리』, p.432 주(56))라고 하고 있다. 당호령의 「諸應分田宅及財物者, 兄弟均分, …… 兄弟俱亡, 則諸子均分」(仁井田陞, 『당령습유』, pp.245~246)에 상당하는 남송령이 있었을 것이라고 생각되지만, 내용은 판연하지 않다.

235) 『후촌집』권193 「建昌縣劉氏訴立嗣事」(未知, 劉氏亦有二女, 此二女旣是縣丞親 女, 使登仕尙存, 合與珍郞均分, 二 女各合得男之半, 今登仕旣死, 止得依諸子 均分之法, 縣丞二女合與珍郞共承 父分, 十分之中, 珍郞得五分, 以五分均給二 女, 登仕二女合與所立之子共承 登仕之分, 男子係死後所立, 合以四分之三給二 女, 以一分與所立之子, 如此 區處, 方合法意, 但劉氏必謂, 登仕二女所分反多 於二姑, 兼登仕見未安葬, 所有秋菊二女照二姑例各得一分, 於內以一分禿登仕 安葬之費).

위의 두 사례에서는 어느 쪽도 영문令文의 규정에 거의 따른 판결이 내려있지만, 이것과는 다른 분배를 한 사례도 있다.

> 황행지黃行之는 후사後嗣 없이 죽고, 딸이 두 명 있다. 장녀는 9살이고, 차녀는 유아이다. 지금 그를 위해 소목상당인昭穆相當人을 후계자로 세워, 두 딸에게 있는 아직 분할하지 않은 지참금에서 3분의 1을 입계자立繼子에게 제사비용으로서 주도록 하면, 계절繼絶의 의의義와 「제녀諸女에게 균급均給한다」는 법에도 합치하고, 황黃씨의 혈통도 존속 가능하다.[236]

라고 하는 판어는 계절자와 두 딸에 대한 3분에 1씩의 균분이 「계절繼絶의 의와 제녀諸女에게 균급均給한다는 2개의 법을 동시에 만족시킨다」라고 하고 있다. 그리고,

> 고오일高五一은 아들 없이 죽고, 노비 아심阿沈이 낳은 당시 1살의 딸 공손公孫이 있을 뿐이었다. 아심阿沈은 소정 5년 (1232)에 전산田産의 검교를 청구하고, 오일五一의 친동생 고오이高五二도 같은 해 그의 차남 육사六四를 오일五一의 후사後嗣로 세울 것을 청구했다. 관官에서는 사호司戶참군을 파견해서 검교의 수속을 취하고, 법관에 이건을 송부해서 고육사高六四를 후사後嗣로 세울 것을 결정했다.
> 아심阿沈에게는 고오이高五二와 공동으로 공손公孫을 양육하도록 명했지만, 곧 아심阿沈은 딸을 데리고 왕삼王三에게 개가해 버렸다. 고육사高六四는 가희嘉熙 2년(1238년)에, 성인이 되었다해서 자신의 지분의 전산田産급여를 청구하고, 관사는 법에 따라서 4분의 3을 고육사高六四에게 주고, 4분의 1은 공손公孫의 것으로서 아심阿沈에게 매년 소작금을 징수해서 공손公孫의 양육비에 충당하도록 했다.[237]

---

236) 『청명집(淸明集)』 戶婚門, 권7−13, 立繼 「官司幹二女已撥之田與立繼子奉祀」 (黃行之無嗣, 有女二人, 其長九歲, 次幼, 今爲立昭穆相當人爲其後, 今就二 女名下, 幹未詳得奩具三分之一, 與立繼子爲蒸嘗之奉, 其于繼絶之義, 均給 諸女之法, 兩得之, 而黃氏一脈可續).

237) 『청명집(淸明集)』 戶婚門, 권7−28, 女承分 「阿沈高五二爭租米」(高五一死無子, 僅有婢阿沈生女公孫, 年一歲, 阿沈于紹定五年陳乞檢校田 産, 高五二乃五一親弟, 亦于當年陳乞立其次子六四爲五一後, 已差司戶檢 校, 及送法官指定

라고 하는 판어도 계절자 고육사高六四에게 4분의 3, 딸 공손公孫에게 4분의 1이라는 분배가 「조條에 비춘」것이라 하고 있다. 전술한 영문令文과는 전혀 정반대의 처치가 「조條에 비춘」것이라고 하는 것은 해당 관사의 오해에 의한 것일까, 그렇지 않으면 전술 영문令文과는 다른 법규정을 적용한 것일까. 판명되지 않는 부분이다.[238]

절호絶戶에 딸이 전혀 존재하지 않은 경우는 영문令文의 ⑤에 의하면, 계절자에게 가산의 3분의 1이 주어지고 나머지 3분의 2는 몰관되도록 되어 있지만, 판어에서는 대부분 여기에 수정이 가해져 있다.

> 나겸羅謙은 세 아들을 얻었다. 장남은 절喦, 차남은 숭崇, 삼남은 선仚이라
> 한다. 그들은 부모가 죽고, 상이 끝나자 가산을 3분할했다. … 나숭羅崇이 죽
> 자, 아들 나영로羅寧老는 어머니가 (나숭羅崇의) 동증조제同曾祖弟 〔6촌 동생〕인
> 나역羅棫에게 개가할 때 따라가서 (나역羅棫의)의붓자식이 되었다. 후에 나영로
> 羅寧老도 죽고, 나역羅棫은 영로寧老의 지분이었던 전산田產을 절호絶戶라해서
> 관에 바쳤다. 지금 나영로羅寧老의 숙부 나선羅仚이 큰형 나절羅喦의 차남을 형
> 을 위해서 명계하고자 하는 것은 법에 따른 것이다.
> … 나선羅仚에게 큰형의 아들을 나숭羅崇의 후계자로 세울 것을 허락하고,

立高六四爲後, 仍令高五二同共撫養公孫, 未幾, 阿沈携其 女改嫁王三, 高六四
于嘉熙二年稱已出劾, 乞給承分田產, 官司照條以四分之 三與高六四, 存一分
于公孫, 令阿沈逐年收租, 爲撫養公孫之資).

238) 앞에 실은 령문을 지적한 『청명집(淸明集)』 戶婚門, 권8－33, 女承分 「處分孤
遺田產」은 作者范應鈴이 開禧2년(1205년)의 進士이다. 『송사』권410, 范應鈴
傳에서 13세기 전반의 것이라 추정되고, 같은 책 戶婚門, 권8－08, 立繼類 「繼
絶子孫止得財產四分之一」, 『후촌집』권193 「建昌縣劉氏訴立嗣事」는 작자 劉
克莊이 淳祐 9년(1249년)에서 寶祐 6년(1258년)까지의 江東提刑이었던 시기
의 만든(『후촌집』권193, 소립사사)것에서, 令文은 1205년부터 1258년까지의
사이의 어느 시기, 적어도 1249까지는 존속했던 것이 된다. 그러나 令文과
정반대이고, 법의 적용은 嘉熙2년(1238년)이기 때문에, 입법의 변천이 있었다
고 하더라도 판어의 작성연대에서는 이것을 납득할 수 없다(또한 같은 책 戶
婚門, 권7－13, 立繼 「官司幹二女已撥之田與立繼子奉祀」는 작자연대 또한 불
명).

나숭羅崇의 가산의 3분의 1을 급여하고, 남은 3분의 2는 이미 처분한대로 몰관한다. … (나숭羅崇의 미망인 아왕阿王과 나역羅棫의 혼인은 위법이기에 이혼하게 한다.239)

… 아왕阿王이 다시 나숭羅崇의 집에 돌아와, 두번다시 개가하지 않고 후사後嗣를 양육한다면, 「남편이 죽으면 그 아내에게 따른다」는 법을 적용해서, 아왕阿王을 관리자로 해서 몰관은 면제한다.240)

강제대江齊戴가 남긴 일절의 토지 가옥 동산 등을 공정하게 조사해서 장부를 작성하고, 3등분하라. 3분의 1은 강서江瑞를 제대齊戴의 후계자로 명계해서 제사를 승계시키도록 하고, 관사에서 다시 조사한 뒤에 장부를 작성하고, 족장을 골라서 수지收支를 관리시켜서 관이 감사하고, 강서江瑞가 성인이 된 다음 주도록 한다.

강연江淵(강서江瑞의 친아버지)은 관여해서는 안 된다. 3분의 1은 「여러 딸에게 준다」고 하는 법을 유추해서 의장義莊을 만들고, 종족중의 고아·과부·빈곤자를 원조하도록 하고 족장을 뽑아서 수지收支를 관리하게 해서 관이 감시한다. 나머지 3분의 1은 몰관한다.241)

위의 첫 번째 예는, 본래는 계절자에게 3분의 1을 주고 나머지 3

---

239) 『당률소의』권14, 호혼, 嘗爲祖免妻而嫁娶, 『송형통』권14, 호혼률, 同姓及外姻有服共爲婚姻〔夫喪守志〕(諸嘗爲祖免親之妻而嫁娶者, 各杖一百, 緦麻及舅甥妻, 徒一年, 小功以上, 以姦論, 妾, 各減二等, 並離之). 同曾祖兄弟은 小功親이다. 이 판어는 또한 「諸違法成婚, 爲嘗爲祖免以上親之妻, 未經二十年, 離會赦, 猶離」라고 하는 령문을 인용하고 있다.

240) 『청명집(淸明集)』戶婚門, 권4−10, 爭業 「羅棫乞將妻前夫田産沒官」(羅謙生子三人, 長曰嵒, 次曰崇, 三曰㳂, 父母身亡, 已當服闋, 分而爲三, …… 今羅崇死, 有男羅寧老, 隨母改嫁同曾祖之弟羅棫, 後寧老又死, 羅棫 以寧老所分田産, 作絶戶獻于官, 今寧老之叔羅㳂以長兄羅嵒次男爲兄命繼, 於法亦順, …… 合聽羅㳂以長兄之子立爲羅崇後, 將羅崇家業給與三分之一, 其餘照已行沒官, …… 若阿王再歸羅崇之家, 不復改嫁撫養其子, 當用夫亡 從其妻之法聽阿王爲主, 免與沒官(임대희 외, 「『청명집』, 「호혼문」제4권 역주」, 『中國史研究』33, 2004년 12월, pp.263〜265)).

241) 『청명집(淸明集)』, 戶婚門, 권8−16, 立繼類 「再判」(將江齊戴見在應干田地屋業浮財等物, 從公檢校抄箚, 作三分均分, 將一分命 江瑞以繼齊戴後奉承祭祀, 官司再爲檢校, 置立簿曆, 擇族長主其出入, 官爲 稽考, 候出幼日給, 江淵不得干預, 將一分附與諸女法, 撥爲義莊, 以瞻宗族 之孤寡貧困者, 仍擇族長主其收支, 官爲考覈, 餘一分沒官).

분의 2는 몰관해야 하는데, 위법으로 개가한 과부의 귀종수지歸宗守志를 조건으로 계절자를 입계자立繼子로 간주해서 전 가산을 승계하게 하도록 한다. 두 번째 예는 몰관되어 마땅한 3분의 2중에서 반을 의장義莊 창설자금으로 충당시키고 있다. 두 사례 모두 융통성 없는 판단을 피해서 당사자의 이익을 도모한 것으로, 이러한 태도야말로 전통중국에 있어서의 사법관의 이상이었던 것이다.242)

2) 의무

양자가 친아들과 동일한 권리를 가지는 이상, 양친에 대해서 친아들과 동일한 효양제사의 의무를 져야 했다.243) 다음절에서 논하듯이, 양자로서의 의무를 다하지 않는 양자는 인연을 끊어야 했다. 판어에 인용된 예例에

---

242) 또한 『청명집(淸明集)』 戶婚門, 권4−13, 爭業 「熊邦兄弟與阿甘互爭財産」(임대희 외, 「『청명집』, 「호혼문」 제4권 역주」, 『中國史研究』33, 2004년12월, pp.269~270)에서는 「熊賑元生三子, 長曰邦, 次曰資, 幼曰賢, 熊資身死, 其妻阿甘已行改家, 惟存室女一人, 戶有田三百五十把, 當元以其価錢不滿三百貫, 從條盡給付女承分, 未及畢姻, 女復身故, 今二兄爭以其子立嗣, 而阿甘又謂內田百把係自置買, 亦欲求分, 立嗣之說, 名雖爲弟, 志在得田, 後來續買, 亦非阿甘可以自隨, 律之以法, 盡合沒官, 縱是立嗣, 不出生前, 亦於絶家財産只應給四分之一, 今官司不欲例行籍沒, 仰除見錢十貫足埋葬女外, 餘田均作三分, 各給其一, 此非法意, 但官司從厚, 聽自據拈」으로서 계절자의 입사를 물리치고, 본래는 전부 몰관할 것을 3인의 이해관계자에게 삼등분하여 분배함으로 몰관을 피하고 있다. 다만, 이 판어 중, 「가령 올바른 사를 세웠어도, 생전에 나오지 않으면, 또한 절가의 재산에 있어서는 다만 사분의 일을 받아야 할 뿐」이라고 하고 있는 점은 의문이라 하지 않을 수 없다. 이 판어의 작자는 范應鈴이라 추정되고(梅原 역, 『청명집(淸明集)』 p.127주(1)), 앞의 실은 令文을 인용한 『청명집(淸明集)』 戶婚門, 권8−33, 女承分 「處分孤遺田産」과 작자를 같이 하고 있는데, 근거로 한 법문도 같은 것일 것이다. 따라서 「사분지일」이라 한 것은 웅자의 친딸을 생존하고 있는 것이라 하여 令文의 ①을 적용하였기 때문이라고 생각된다.
243) 滋賀秀三, 『중국가족법의 원리』, p.311.

다른 사람의 후계자가 되는 것은 그 아들이 된다고 하는 것이다.244)

라고 있듯이, 양자가 되는 것은 명실상부하게 양가의 아들이 되어야 하고 양자가 되고부터는 효양을 다해야 하는 대상은 양친뿐이었던 것이다.

> (황정길黃廷吉의 과부 모毛씨가 남편의 사후 이성異姓양자 황진黃瑧을 입계立繼하였으나 재판의 결과 황정길黃廷吉의 동생 정신廷新의 차남 우룡禹龍을 병립시켰는데) … 정신廷新의 처 서徐씨는 남편이 생전에 황진黃瑧을 원조하고, 가정교사를 붙여 교육하고 있던 것도 잊고, 황정진黃廷珍과 황중거黃重擧 패에게 부추킴을 당해 또다시 소송을 일으켜 그 아들 우룡禹龍을 구슬려서 자신의 집으로 돌아오게 하고, 모毛씨 모자가 내어쫓았다고 무고했다. … 악주鄂州에 통지한다. 이미 처치한 대로 처리해서 황진黃瑧·황우룡黃禹龍 두 사람을 나란히 세운다. … 우룡禹龍은 이미 모毛씨의 양자가 되어 있는데도 불구하고 친어머니 서徐씨의 집에 살고 있다는 것은 도리에 어긋나는 것이다. 곧 황黃씨(모毛씨 ?)의 집에 돌아가 황진黃瑧과 함께 모毛씨에게 시양侍養하도록 명한다.245)

라고 하듯이 양자가 된 이후부터는 반드시 양친養親과 동거해야하고 또,

> 사응師膺은 이씨李氏의 양자가 된 이상, 세영世英을 아버지라 하고 공孔씨를 어머니라 해야 된다. 그런데 당唐씨(이사응李師膺의 친어머니)를 이가李家에 들인 것은, 동시에 두 어머니를 모시는 것이 되고 만다.

---

244) 『후촌집』권193,「饒州宗子若訴立嗣事」(爲人後者, 爲之子也).『청명집(淸明集)』戶婚門, 권7-19, 歸宗「出繼子破一家不可歸宗」은「爲之後者, 爲之子也」,『면재집』권40「李良佐訴李師膺取唐氏歸李家」는「爲之後, 爲之子」라 한다. 이「爲之後, 爲之子」라고 하는 말은『한서』권68, 霍光傳 및『후한서』권57, 謝弼傳에도 인용되고 있는데, 어떠한 禮書를 出典으로 삼고 있는지는 미상이다.

245) 『청명집(淸明集)』戶婚門, 권7-16, 立繼「倉司擬筆」(廷新之妻徐氏不念其夫存之日, 未嘗不扶持黃瑧, 而延師訓誨之, 却聽黃廷珍 黃重擧之徒所啜誘, 謬爲他詞, 脫賺其子禹龍使歸其家, 而誣毛氏母子之趕逐, …… 欲牒鄂州, 具照已行, 並立黃瑧黃禹龍二人, …… 但禹龍已爲毛氏之子, 而乃居徐氏家, 于理未安, 仰目下回黃氏家, 同黃瑧侍養毛氏).

> 당唐씨는 절대 이가李家에 출입해서는 안되고 이사응李師膺은 절대로 두 번
> 다시 당씨唐氏를 맡아 봉양해서는 안된다.246)

라고 하는 판어가 나타내듯이, 가령 친어머니가 과부가 되어 빈곤하다고 하더라도 그를 양가에서 맡아 봉양하는 것은 허락되지 않았다.

양자는 양가의 일원이 되어, 양가측 가족원 모두와 친족관계를 가지게 되기 때문에,

> 유씨劉氏는 우승虞丞의 첩으로, 우승虞丞의 아들을 낳은 적이 있기 때문에, 우계虞繼(우승虞丞의 친아버지 우애虞艾의 사후양자)와는 유복有服관계에 있다.247) 부모가 사랑한 것은 개나 말이라도 사랑한다. 하물며 사람의 경우는 더욱 그러하다. 부모에게 실수가 있더라도 자손은 불평을 해서는 안 된다. 우계虞繼는 양자라는 입장을 깨달아 우애虞艾의 집안을 잘 되게 하고 우애虞艾의 가업이 몰락하지 않도록 하여야 한다. 이전의 원한에 구애되어 유씨劉氏와 싸움을 해서는 안 된다.248)

> (조趙)약숙若肅이 지군知郡의 양자라고 하면 이안인李安人이 그 어머니가 되고, 약조창승若藻昌僧은 그 동생이 되는 것이다. 그런데 약왕숙若王肅은 이안인李安人과 소송을 다투고 있는데, 이것은 죄를 어머니에게 짓는 행동이다. 더우기 (지군知郡의) 유택遺擇을 독점하려고 하고 있지만, 이것은 동생과 우애하지 않는 행동이다. 위로는 이안인李安人이 안심하지 않고, 아래로는 약조창승若藻昌僧이 안심하지 않게 되면, 약숙若肅이 양자라고 하더라도 누구도 인정하

---

246) 『면재집』권40 「李良佐訴李師膺取唐氏歸李家」(師膺旣歸李氏, 則以世英爲父, 以孔氏爲母, 今復取唐氏歸李家, 則是二母也, …… 唐氏決不可往來李家, 李師膺決不可再收養唐氏).

247) 庶母(父의 妾으로 아들을 낳은 자)는 송대에서는 緦麻親(『慶元條法事類』권77, 服制門, 服制, 服制格)이기 때문에, 父의 庶母는 袒免親이라 하는 것이 된다.

248) 『청명집(淸明集)』, 戶婚門, 권8-06, 立繼類 「立昭穆相當人復欲私意遣還」(劉氏乃虞丞之妾, 曾爲虞丞生子, 於虞繼合有服紀, 父母所愛, 犬馬亦然, 而況於人, 父母有過, 子孫安可擬議, 虞繼但當以出繼爲心, 植立虞艾門戶, 使虞艾箕裘不隊, 不可以舊惡爲念, 與劉氏生隙).

지 않는 것이다. 인정으로 말해, 친아들을 사랑하지 않는 사람은 없다. 유택
을 약숙若肅에게 주어서 약조若藻를 무위무관으로 해 버리는 것 같은 일은, 지
군知郡의 혼도 받아들이지 않을 것이다.249)

라고 하듯이, 양부의 서모에게도 효양을 다해야 하고, 양가의 친아
들과도 우애롭게 지내야 했다.250)

2. 친가에 대한 효과

양자가 된 사람은 친가에 있어서의 아들로서의 지위를 법적으로
완전히 잃는다.251) 가산에 대한 지분권도 친부모에 대한 효양제사
의 의무도 잃는 것이 된다.252)

일단 양가의 아들이 되고 양가의 재산을 승계해야 하는 이상 친

---

249) 『후촌집』권192 「饒州宗子若王肅 訴立嗣事」(若王肅 旣欲爲知郡之子, 則李安
人其母也, 若藻昌僧其弟也, 今若肅乃與李安人互相詞訟, 是得罪於母矣, 又欲
自受遺擇, 是不友受其弟矣, 上則李安人不安, 下則若藻昌僧不安, 然則若王肅
雖欲過房, 其誰容之, 人情孰不愛其親生之子, 今以遺澤與若王肅, 而使若藻爲
白丁, 知郡有靈, 豈以爲然). 이 사건은 趙知郡이 생전에 若肅을 양자로 했는
데(「知郡在時, 曾有過房之議」), 그 후 親子 若藻昌僧이 태어나, 지군의 사후,
養母 李安人이 약숙을 遺還한 것이 발단인 것 같다. 일반 민호와 달리, 종실
로서의 奉爵相續이 얽혀있기 때문에, 다툼은 보다 심각한 것이었다고 상상
된다.
250) 이 외 『청명집(淸明集)』 戶婚門, 권7－27, 女承分 「遺囑與親生女」는 「曾千鈞
親生二女, 兆一娘, 兆二娘, 過房曾文明之子秀郎爲子, 垂沒親書遺囑, 標撥稅錢
八百文與二女, ……秀郎……今旣爲千鈞子, 念其女兄, 如念其父可也, 今亦以遺
囑爲僞, 是不特不弟其女兄, 實不孝于其父矣」라고 하고, 양가의 누이에게도
弟로서 공경해야 된다고 하고 있다.
251) 『경원조법사류』권77, 복제문, 복제, 복제격. 복제상은 1등 降復이 되어, 예를
들면 친부모에 대해서는 齊衰不杖期가 된다
252) 仁井田陞, 『支那신분법사』, p.807; 滋賀秀三, 『중국가족법의 원리』, pp.342～
344.

가에 대한 재산권을 완전히 잃는다는 것은,

> 이진경李震卿은 어머니인 예씨와 함께, 3월에 8석 6두종의 전田을 노흥사盧興嗣에게 돈 550관에 팔았다. … 계약체결 때에는 노흥사盧興嗣는 이진경李震卿이 취소하는 것은 아닐까하고 의심해서, 계약서에 "먼저 취소하는 사람은 벌금 100관을 관에 준다"는 문언을 써 두었다. … (그런데 노흥사盧興嗣쪽이 대가代價가 고가인 것을 후회해서, 어떻게든 이것을 해약하려고 소송을 제기) … 최근 검청에 제출한 소송장에는 "이진경李震卿에게는 미성년인 동생이 있기(때문에, 그의 동의가 없는 한 계약은 성립하지 않습니다)"고 있지만, 이진경李震卿의 진술에 의하면 그 동생은 어릴 때 양자로 가서 숙부의 가산을 승계하고 있고 이진경李震卿은 친아버지의 지분을 승계 했기 때문에 양자로 간 동생과는 아무 관계도 없다.[253]

라고 한 판어가 나타내고 있는 대로이다.

> 여자강余自强이 여단례余端禮의 양자가 된 것은 소정 5년 (1232년)의 일로, 현縣과 제형사提刑司에서 제부除附의 수속을 취하고 있다. 그 정도 명백하다면 누구도 모를 사람은 없다. 이택李宅이 자강自强에게서 전지田地를 구입해서 계약서에 관인을 얻은 것은 소정 6년 (1233년) 5월의 일이다. 즉 자강自强의 양자가 된지 1년 후에 친가의 밭을 훔쳐 판 것이 된다. 이택李宅은 명백히 위법이란 것을 알면서 거래한 것이다.
>
> 만약 여자강余自强이 다른 사람이 양자가 되어 있지 않다고 하더라도, 모친을 속여서 매각했기 때문에, 돈은 관에 돌려주고 전지田地는 원래의 소유자에게 돌려주지 않으면 안 된다. 하물며 다른 사람의 양자임에도 불구하고 친가의 토지를 훔쳐 팔았다고 하면 법에 위배되고 도리에 거스르는 것이어서 이것보다 심한 잘못은 없다.[254]

---

253) 『청명집(淸明集)』 戶婚門, 권6-08, 爭田業 「出業後買主以価高而反悔」(李震卿同母倪氏, 三月內以八石六斗種田賣盧興嗣, 斷下價錢五百吳十貫, …… 方其立約之初, 盧興嗣尙疑李震卿有反悔之意, 遂令立文字明言, 先悔者罰錢一百貫入官 ……近方經僉廳入詞論, 震卿有弟, 年未及格, 據震卿供稱, 其弟幼年已過房, 承叔父位下物業, 震卿承父分, 與過房弟初無相關).

254) 『청명집(淸明集)』 戶婚門, 권9-02, 違法交易 「出繼子賣本生位業」(余自强出繼余端禮, 係是紹正五年, 經縣經提刑司除附, 張皇如此, 誰不知之, 李宅買自强前

라고 하듯이 양자가 된 후에 친가의 토지를 매각하면 「훔쳐 파는
것」으로서 취급되었다. 더욱이,

> 천하에는 두 아버지를 모시고, 두 줄기 혈통을 잇는다고 하는 도리는 없
> 다. (친부의) 무육撫育의 은혜는 본래 깊은 것이지만, 계승의 의는 그것보다도
> 중한 것이다. 양자인 사람은 친가와 친족의 일을 돌보아서는 안 된다. (출계
> 出繼한) 원구元龜가 친아버지의 가산을 취득하고자 소송하는 것도 부당하고 제
> 원구齊元龜가 친아버지의 재산을 전부 제공단齊公旦(친가의 친족)의 집에 귀속
> 시키도록 한 것도, 이미 제사법(齊司法친부)의 아들은 아니기 때문에 당연히
> 부당하다. (이러한 것을 허락하면) 계절繼絶이나 검교에 관한 조문은 필요가
> 없어지고 만다. 이것은 법에 저촉될 뿐 아니라 도리에도 어긋나는 것이다. 이
> 러한 사실에서 사람은 부자의 대륜大倫을 무시하게 되는 것이다.[255]

친가의 재산을 스스로 취득할 수 없는 이상, 친가의 친족을 위
해서 도매盜賣한 전지田地의 회복을 청구하는 소송을 제기해 주는 것
도 위법이었다. 친가에 대해 자기의 이익을 꾀하는 것은 물론, 이전
의 친족의 이익을 도모해 주는 것도 행할 수 없었던 것이다.
　양자가 친가와의 관계를 끊은 이상, 친부가 양자의 재산에 대해
서 관여하는 것도 물론 허락되지 않았다.

> 증천균曾千鈞은 친딸인 조일낭兆一娘과 조이낭兆二娘이 있고, 증문명曾文明의
> 아들 수랑秀郞을 양자로 했다. 죽을 때에 이르러 유언을 자필해서 세전 8백문
> 文의 토지를 두 딸에게 나누어 주었다. 이때 천균千鈞의 처 오吳씨와 동생 천

業印契, 乃在紹定六年正月, 則是自强於出繼一年之後盜賣本生家田, 李宅明知
違法而明與交易也, 設使余自强不曾出繼別位, 而瞞昧母親出賣, 猶合錢歸官,
業還主, 而況爲他位之子乃盜賣本生位之業, 違法悖理, 莫此爲甚).

255) 『청명집(淸明集)』 戶婚門, 권9－03, 違法交易 「卑幼爲所生父賣業」(天下豈有二
　　父二本之理也哉, 撫育之恩固深, 而繼承之義尤重, 爲人後者, 不得顧其私親, 設
　　齊元龜訴取其父之業爲不當, 則齊元龜席捲其業以歸齊公旦之家, 亦不必爲齊司
　　法之子, 而繼絶檢校之條皆可廢矣, 此不特於法有礙, 而於理亦有礙, 使人不知
　　有父子之大倫者, 皆自玆始也).

승千乘 그리고 아들 수랑秀郎이 서명하고 현縣의 검인도 받았다. 지금 수랑秀郎의 친아버지 문명文明은 유언도 현인縣印도 위조라고 주장하고 있는데, 이것은 천균千鈞의 가산을 전부 갈취하려고 하는 것에 틀림없다.

… 문명文明은 아들을 천균千鈞의 후사後嗣로 한 이상, 천균千鈞의 가산에 관여해서는 안 된다. 문명文明이 역시 수랑秀郎을 자기 아들로서 천균千鈞의 가산을 전부 받고자 한다면, 천균千鈞을 자기 딸에게 자기 딸로서 가산을 줄 수 없게 되고 말아, 불합리한 것이다.

애초에 부모의 재산은 부모가 지불한 이상 다른 사람의 아들이 된 사람은 여기에 반대할 수 없다. 만약 수랑秀郎이 천균千鈞의 아들이 아니라면 조금의 땅도 얻을 수 없다. 천균千鈞의 아들인 이상 누이도 아버지와 같이 생각하지 않으면 안 된다. 유언을 위조라고 하는 것은 누이에 대한 도리가 아니며, 정말로 아버지에 대해서도 효도하지 않는 행동이다.[256)

다시 말해, 양자는 친아버지를 포함한 친가의 친족일체와 법적으로 전혀 타인이 되었던 것이다.

양천상楊天常은 양제거楊提擧의 막내아들이었지만, 삼촌 통령統領의 양자가 되었기 때문에, 원래 당연히 양제거楊提擧의 가산을 취득할 수는 없다. 지금 친조카인 양사요楊師堯는 "천상天常이 양제거楊提擧의 천삼백석이 생산되는 곡전穀田을 점거하고 있습니다"고 주장하고 있다. … 제거훈무提擧訓武[257)의 아내 하夏씨가 작성한 가산분할 문서에는 "훈무訓武는 생전 천상天常에게서 금은전회 5천여관을 빌렸다. 훈무訓武는 죽을 때에 이 전지田地을 나누어서 빌린 돈을 갚으라고 유언했다"고 했다.

이것은 정말 있었던 일일까, 아니면 이 문서는 위조된 것일까. 이 문서는 가정嘉定16년 (1223년)의 것으로 하夏씨가 죽은 것은 가정嘉定17년(1224)

---

256) 『청명집(淸明集)』 戶婚門, 권7−27, 女受分 「遺囑與親生女」(曾千鈞親生二女, 兆一娘, 兆二娘, 過房曾文明之子秀郎爲子, 垂沒親書遺囑, 摽撥稅錢八百文與二女, 當時千鈞之妻吳氏, 弟千乘, 子秀郎, 並已僉知, 經縣印押, 今秀郎生父文明乃指遺囑爲僞, 縣印爲私, 必欲盡有千鈞遺 産, …… 文明以其子爲千鈞後, 自不當干預其家財産, 況文明尙欲子其子, 乃使千鈞終不得女其女, 于理可乎, 抑不思, 父母産業, 父母支撥, 爲人子者, 孰得而違之, 使秀郎不得爲千鈞子, 尺地寸土, 且不可得, 今旣爲千鈞子, 念其女兄, 如念其父可也, 今亦以遺囑爲僞, 是不特不弟其女兄, 實不孝于其父矣).
257) 인용문에는 提擧라는 말이 들어 있으나 원문에는 없다.

이기 때문에 천상天常이 이 전지田地을 관리하기 시작해서 23년이 된다. 가산
분할문서에 관인을 받은 것은 가희嘉熙 4년 (1240)으로 지금부터 6년전이
다. 하夏씨의 애초의 의사가 어떠한 것이었는지는 지금에야 와서 알 수 없지
만, 문서에는 원고 양사요楊師堯의 아버지 감세監稅가 서명하고 있으므로, 아
버지가 고소하지 않은 것을 아들이 고소할 수는 없다.

　　법에는 「가산분할에서 3년이 경과하고 나서 분할의 불공정을 고소하고 또
는 유언한 후 10년이 경과해서 고소한 경우, 고소를 수리해서는 안된다」고
있다. 양천상楊天常의 전지田地 취득의 옳고 그름은 심리할 수 없다. 오랜 세월
이 경과하였고 그는 오랜 시간에 걸쳐서 전지田地를 관리하고 있기 때문에,
다시 본래대로 돌릴 수 없다. 숙부 천상天常과 조카 사요師堯 각자 현상대로
전지田地를 관리하라.258)

라는 판어는, 출계자出繼子가 친아버지의 토지를 관리하고 있는 것에
대한 옳고 그름은 불명확하지만, 그것이 오랜 시간에 걸쳐있는 것
을 이유로 현상을 추인한 것이다. 출계자出繼子가 친아버지에게 금전
을 대여하고, 그 대가로서 토지를 받는다고 하는 거래가 가능했던
것을 나타내고 있다. 이 토지의 수수授受는 물론 부자간의 계승이
아니라, 순수한 타인간의 토지거래인 것이다.

---

258) 『청명집(淸明集)』戶婚門, 권5-01, 爭業下「姪與出繼叔爭業」(楊天常乃楊提擧
　　之幼子, 出爲伯統領後, 本不當再得提擧下物業, 今其親姪楊師堯等所謂, 天常
　　占提擧位一千三百碩穀田, …… 提擧訓武妻夏氏立爲關約稱, 訓武在日借天常
　　金銀錢會, 五千餘貫, 訓武臨終遺言, 撥此田歸還, 果有是事耶, 抑托爲此辭耶,
　　撥田干約在嘉定十六年, 夏氏之死在嘉定十七年, 天常管業盖二十三年矣, 關約
　　投印在嘉熙四年, 及今六年, 夏氏始謀無所復巧, 只據干照而論, 則詞人師堯之
　　父監稅已曾預押, 父不聲訴, 子可以訴乎, 在法, 分財産滿三年而訴不平, 又遺囑
　　滿十年而訴者, 不得受理, 楊天常得業, 正與未正, 未暇論, 其歷年已深, 管佃已
　　久矣, 委是難以追理, 請天常師堯叔姪, 各照元管). 임대희 외, 「역주 『청명집』
　　「호혼문」 권5」 『중국사연구』34, 2005, pp.339~341 참조.

천통중국에 있어서 양친자 관계가 종료하는 것은 인연을 끊는 것에 의할 뿐으로, 양친자 가운데 한쪽의 사망에 의해서 종료되지는 않았다. 양친의 사망에 의해 양친·양자관계가 종료했다면, 양가의 제사 계속이라는 양자의 목적자체와 모순이 된다. 양자도 죽으면 양가의 종묘에 제사지내지게 되어, 오히려 사망에 의해 양가의 일원으로서의 직위가 확정되었다.259)

이연離緣은 양친으로 보면 친가에 「쫓아보내다」라는 말에서 「유환遣還」, 「유축遣逐」이라 불리어지고 양자로 보면 친부모의 「종宗에 돌아가다」라는 것에서 「귀종歸宗」이라 칭해졌다. 이연은 원칙적으로 양친의 의사만에 의해서 자유로이 행할 수 있는 것으로, 양자가 마음대로 양가를 떠나는 것은 형벌로써 금지되어 있었다.260) 당률 및 송형통의

> 양자가 양부모에게 아들이 없는데 이것을 버리고 가버리면 도형 2년,(양부모가)친아들을 얻고 그리고 친부모에게 아들이 죽었을 때, 친가에 돌아가려고 원하면 동시에 귀종을 허락한다.261)

라고 하는 규정이 있다. 이것에 대한 소의에는

> 수양되었는데 이유 없이 (양부모를)버리고 가버리면 도형 2년. 양부가 친

---

259) 滋賀秀三, 『중국가족법의 원리』, p.355, 「요컨대 의리 관계는 결국 당사자의 사망으로 확정된다」.
260) 仁井田陞, 『支那신분법사』, pp.810~811; 滋賀秀三, 『중국가족법의 원리』, pp.349~350.
261) 『당률소의』권12, 호혼, 養子捨去; 『송형통』권12, 호혼율, 養子〔立嫡〕(諸養子, 所養父母無子而捨去者, 徒二年, 若自生子, 及本生無子, 欲還者, 聽之).

아들을 또한 얻었을 때 그리고 친부모에게 아들이 없게 된 때 친가로 돌아가고자 원하면, 모두 귀종을 허락한다. 친가·양가 동시에 아들이 없을 때에도 그 거취는 양자의 뜻에 맡긴다. 양가가 아들을 얻었을 때와 아들이 없어도 양자를 머물러서 키우고자 원하지 않고 친가에 귀환歸還시키고자 원하면 양부모의 의사에 맡긴다.262)

라고 하는 기술記述을 정리하면, 양친은 달리 아들이 있든 없든 임의로 단의이연單意離緣을 할 수 있었던 것에 비해서, 양자가 단의이연을 할 수 있는 것은 ①양부모가 친아들을 얻었을 때 ②친부모에게 아들이 죽었을 때 ③친가양가 동시에 아들이 없을 때의 세 가지 경우에 한정되었다.263) 이외의 경우의 단의이연은 「버리고 가는 것」으로서 간주되어 형벌이 과해지게 되었다.264) 송대의 사료史料를 보

---

262) 『당률소의』권12, 호혼, 養子捨去; 『송형통』권12, 호혼율, 養子〔立嫡〕(旣蒙收養, 而輒捨去, 徒二年, 若所養父母自生子, 及本生父母無子, 欲還本生者, 並聽, 卽兩家並皆無子, 去住亦任其情, 若養處自生子, 及雖無 子, 不願留養, 欲遣還本生者, 任其所養父母).

263) 仁井田陞는 「양가에 친아들이 생기고, 혹은 양자의 친가에 아들이 없을 경우에도, 양자이연은 인정되었다. 兩家 동시에 아들이 없을 경우에 養家는 양자가 친가로 돌아가도, 돌아가지 않아도 어쩔 수 없었다. 또한, 養家에 아들이 출생한다면, 養家 스스로 그 양자를 친가로 돌아가게 할 수 있었다」(仁井田陞, 『支那신분법사』, p.811)라 하고, 율 및 소의의 「還」의 주어를 양친으로 해석하고 있는데, 그런데 이러한 해석을 조사하면 율도 소의도 옥상옥을 중시한 것 같은 규정을 두고 있는 것이 되어 부자연스럽다. 본고에서는 「양부모에게 아들이 태어나든지 친부모가 따로 아들이 없는 상태가 되었을 때는 양자는 자기의 의사로 이연해서 친가로 돌아갈 수 있었다」(율령연구회편, 『역주 일본율령육당률소의역주편이』, 동경당출판, 1984년9월 〔『당률소의역주』Ⅱ〕, p.224)라고 한 滋賀秀三의, 「환」의 주어를 양자로 해석하는 견해에 따른다.

264) 이 경우에 또한 양친자 관계가 존속되었는지 어떤지는 불명하다. 「불효」내지 「다른 사람의 후계자가 된 자의 책무를 다하지 않다」라는 이유로 의절로서 강제 이연해야 하는 것으로도 생각되지만, 당송대에는 의절에 의한 강제 이연의 법규정은 보이지 않기 때문에(仁井田陞, 『支那신분법사』, p.812), 결국은 양친의 의사에 따랐다고 생각된다.

면, 친부모에게 아들이 죽었을 때는 선택의 여지없이 귀종해야 했
던 것 같다.

　　희영熙寧 2년(1069년) 11월 21일, 「동수기거주직사관同修起居注直史館인
채연경蔡延慶에게, 본종本宗에 돌아갈 것을 허락한다」고 하는 조서가 있었다.
이것은 연경延慶이 「선신증태위先臣贈太尉인 제齊는 나의 백부입니다만, 나의
조부는 제齊에게 아직 계사繼嗣가 없을 때에 저를 제齊에게 출계出繼시켰습니
다. 지금 제齊에게는 광록사승光祿寺丞인 연사延嗣이라는 친아들이 있지만, 저
의 친아버지인 쇠衰에게는 계사繼嗣가 없어져 버렸습니다」고 보고하자, 예관禮
官에게 이 안건을 보내서 심의하게 했다. 예관禮官이 「연경延慶은 본종本宗에
돌아가야 합니다」고 답신한 것에 의한다.265)

라는 『송회요』의 기사는 양가에 친아들이 있고 친가에 아들이 죽었
을 때의 귀종의 경우로, 귀종의 주된 이유는 친가가 무자無子라는
사실이다. 판어判語에는

　　왕성여王聖與는 아들 두 명을 있었다. 장남은 이怡, 차남은 촉蜀이라 했는
데, 불행하게 둘 다 일찍 죽어 버렸다. 그래서 광문廣聞의 아들 혜손惠孫을 이
怡의 후사後嗣로 세우고, 광조廣祚의 아들 형손衡孫을 촉蜀의 후사後嗣로 세웠
다. 우연히 불행하게 왕광문王廣聞의 장남 연도淵道도 죽어버려 혜손惠孫이 친
아버지의 집에 돌아가 왕광문王廣聞의 가산을 계승했기에 왕이王怡의 제사는

---

265) 『송회요』30책, 예36, 상복, 잡복제(熙寧二年十一月二十一日, 詔, 同修起居直史
　　館蔡延慶, 許歸後本宗, 初延慶 言, 先臣贈太尉濟是臣之伯父, 臣祖父以齊未有
　　繼嗣日, 令臣出繼, 今齊有子 延嗣, 爲光祿寺丞, 而臣所生父衰反無繼嗣, 乃下
　　禮官議, 而禮官言, 延慶當 歸後本宗, 故也). 이것에 대해 『송사』권125, 예지28,
　　凶禮4, 服紀, 繼絶에는 「熙寧 2년, 同修起居注直史館蔡延慶父褒, 故太尉齊之
　　弟也, 齊初無子, 子延慶, 後齊有子, 而褒絶, 請復本宗, 禮官以請, 許之」; 『송
　　사』권286, 蔡齊傳에는 「始, 齊無子, 以從子延慶爲後, 既沒, 有遺腹子, 日延嗣」;
　　『송사』권286, 蔡延慶傳에는 「延慶……即爲伯父齊後, 齊晚得子, 乃歸其宗, 籍家
　　所有付之, 無一毫自矛, 萊人義焉」라 한다. 『송회요』의 기사에는 「歸後本宗」
　　이라고 하기 때문에, 연경은 스스로는 귀종하지 않고 그 자손만을 親父 衰
　　(『송사』는 褒라 한다)의 후사로서 귀종시켰다 고도 해석하는데, 여기에서는
　　연경 스스로가 귀종한 것으로 하는 『송사』의 기재에 따른다.

끊어지게 되었다.266)

라고 해서 계절자繼絶子라 하더라도 친가가 무자가 되면 당연히 귀
종해야 함이 언명言明되어 있다 독자가 출계出繼할 수 없는 한 이러
한 태도는 당연한 귀결일 것이다. 그런데 다음의 판어는

하존충何存忠은 자기 아들 강공康功 을 황黃씨의 후사後嗣로 해서, 황黃씨의
가산을 탕진해 버렸다. … 하존충何存忠은 자기 아들을 다른 사람의 양자로
삼은 바, 생각지도 못하게 자신에게 후사後嗣가 없어져 버렸다. 자기아들을
이용해서 황黃씨의 집에 화를 끼친바 생각지도 못하게 그것이 결국 자신에게
화를 행한 것이 되고 말았다.

하존충何存忠이 죽자마자 네 사람이 서로 싸우게 되었다. 황강공黃康功이 출
계出繼의 아들이라 하면서 귀종하려고 했는데 여기에 황걸부黃傑夫가 소송을
일으켜서 반대했다. 강공康功이 귀종할 수 없게 되자 진정부陳靖夫(하존충何存
忠의 처족?)가 자기아들을 세우려고 했지만, 여기에는 하존충何存忠의 일족이
소송을 일으켜서 반대했다. 진정부陳靖夫가 단념하자 하린부何麟夫가 두환斗煥
을 세우려고 했지만 여기에는 이전 출계出繼했던 황강공黃康功이 재등장해서
반대하고 있다.

이 6년간의 소송은 끊어질 틈이 없이 계속되어, 하존충何存忠의 가산의 반
은 그 딸에게 나누어지고, 반은 출계出繼한 아들인 황공黃功에게 전매되어 거
의 없어지게 되었다.

… 하두환何斗煥은 하존충何存忠의 조카로 황강공黃康功은 존충存忠의 서자이
다. 두환斗煥의 입사立嗣는 보우寶祐 3년 (1255년)의 일인데 관사에서 제부除
附의 증명서를 발급한 것은 늦고도 늦은 5년후의 일이다. 이것은 하何씨의 족
의族議가 완전히 일치하지는 않았기 때문이다. 황강공黃康功 은 서자이기 때문
에 숙모의 양자가 되었지만, 친가에 후사後嗣가 없어진 이상 귀종이 허락되지
않는 것은 아니다.

그러나 강공康功이 서자인 까닭에 양자로 간 집의 전산田產을 제대로 보존
하고 친가에 후계자가 없는 것을 우려해서 황黃씨 일족 중에서 현자를 뽑아

---

266)『청명집(淸明集)』戶婚門, 권8-13, 立繼類「父子俱亡立孫爲後」(王聖與有子二
人, 長怡, 次蜀, 皆不幸早世, 於是立廣聞之子惠孫爲怡之後, 立廣祚之子衡孫爲
蜀之後, 適不幸王廣聞之長子淵道俱死, 其惠孫只得歸所生 父家承紹王廣聞之
業, 而王怡之香火絶矣).

양부의 후사後嗣로 한 뒤에 귀종해서 친가의 제사를 모신다고 한다면, 사리에도 맞고 은의恩義 모두 다했다고 하는 것이지만, 그런데 황강공黃康功은 친부와 함께 황黃씨의 가산을 탕진해 버리고, 황黃씨에게는 대가 끊어져 버렸는데 황黃씨를 버리고 하何씨로 돌아가려고 하는 것은, 실은 죽은 아버지를 생각하는 마음이 있기 때문이 아니라, 황가黃家가 파산해 버렸기 때문이다. (귀종을 인정하면) 황黃씨에게 화를 행한 사람에게 하何씨에게도 화를 끼치게 하는 것이 된다. 이것이 황강공黃康功의 귀종을 인정하지 않는 첫번째 이유이다.

강공康功이 숙모의 남편 황현위黃縣尉의 후사後嗣가 된지 27년이 된다. 다른 사람의 후계자가 되는 것은 그 아들이 된다고 하는 것이기 때문에, (강공康功이 현위縣尉의 아들인 한은) 강공康功의 아들은 현위縣尉의 손자이다. 그러나 황黃씨를 버리고 하何씨에게로 돌아가려고 하면서도, 자기아들에게는 황현위黃縣尉의 제사를 모시도록 시키고 있는데, 이것은 손자에게 조부를 승계시켜서 그 한사람의 손에 양가兩家의 가산을 넣게 하려고 하는 것이다. 천하에 부모 없는 나라는 없다. 이것이 두 번째 이유이다.

강공康功의 생모 양양씨楊씨(하존충何存忠의 첩)는 (강공康功이) 아버지의 유아遺兒인 것을 고려해서, 그 딸과 함께 스스로 전지田地를 나누어 그에게 주었는데, 이것은 애초에 강공康功을 위해서 해 주었던 것이다. 그런데 강공康功은 농隴을 얻고 촉蜀을 원해,267) 전부를 자기 것으로 하려고 하고 있음에 틀림없다.

하두환何斗煥이 전지田地의 명도를 청구한 소송을 일으키고, 제형사提刑司가 하존충何存忠에게는 친아들이 있다는 판결을 내린 것에 의해, 다시 귀종하려고 생각해서 어머니를 터무니없는 일로 비방하기에 이르렀다. 모자의 정은 이미 끊어져 버렸던 것이다.

양양씨楊씨는 나이 들어서 과부생활을 하고 있고, 강공康功을 아들로 세우려고는 생각하고 있지만, 강공康功은 절대로 그녀의 뜻에는 따르지 않을 것이기 때문에 양양씨楊씨에게는 의지할 곳이 없어지고 만다. 이것이 세번째 이유이다.

이상 3가지를 종합하면 집안을 파산시키고, 어머니를 비방하고 있는 출계出繼한 서자인 강공康功을 세우는 것보다, 동종同宗의 어린 두환斗煥을 세우는 편이 정말로 더 낫다. … 하두환何斗煥의 소송장에 의하면, 아버지 하존충何存忠의 사후 현존하고 있는 전업田業은 28종이다. 현승縣丞에게 통지해서, 하何

---

267) <역자주> 得隴望蜀 : 서기32년 전후의 후한 광무제와 농서(隴西)지역에 자립하고 있던 외효(隗囂)와 촉(蜀)지역에서 독립왕조를 세우고 있던 공손술(公孫述) 사이의 대립관계의 사정을 알아야 이 내용을 알 수 있다. 자세한 내용은 『후한서』권17, 岑彭전 및 니시지마사다오(西嶋定生), 『중국의 역사―진한사』(최덕경 · 임대희 옮김, 혜안, 2004), pp.430~433 참조.

씨의 가장 하천린何天麟에게 이것을 공정하게 분할시켜, 반을 출계자出繼子 강
공康功에게, 반은 입계자立繼子 두환斗煥에게 주도록 시키게 했다. 이렇게 하면
강공康功이 가산을 탕진하고 전업田業을 보존할 수 없게 되었다고 하더라도
하何씨의 재산의 반은 보전할 수 있다.

　… 황강공黃康功 이 도매盜賣한 전산田産이 14종을 넘는다고 하면, 관사에
서 강제적으로 두환斗煥에게 반환시킨다. 이렇게 하면 강공康功의 이후의 소송
을 방지할 수 있을 것이다.[268]

　친가에 승계자가 없는 상태가 되어 본래는 귀종해야 하는 출계

---

268) 『청명집(淸明集)』 戶婚門, 권7－19, 歸宗「出繼子破一家不償歸宗」(何存忠以子
康功爲黃氏後, 而蕩黃氏之業, …… 何存忠知以子爲人後, 而不 知己之無後也,
知狹其子以禍黃氏之家, 而不知終也適以自禍也, 自歿, 肉未寒, 爭者四起, 黃康
功以出繼之子欲歸宗, 而黃傑夫者訟之, 康功旣不得歸 宗, 陳靖夫狹其以立, 而
何存忠輩訟之, 陳靖夫旣退, 何麟夫等擧斗煥, 而向 也出繼之黃康功復起而爭
之, 六年之中, 訟無虛日, 于是何存忠之家産, 半爲其女所抽撥, 半爲其出繼之子
黃康功所典賣, 而所存無幾矣, …… 盖何斗煥 者, 存忠之族子也, 黃康功者, 存
忠之庶子也, 斗煥之立, 在寶祐三年, 而官司出給除附公據, 乃遲遲在五年之後,
是必何氏族議有所未盡協而然也, 黃康 功以庶子出繼于姑, 本生之家旣無後, 反
而歸宗, 豈曰不可, 然使康功以庶子 出繼之家, 田産無恙, 痛本生之無後, 擇黃
族之賢者爲所繼父之後, 而己歸奉本生之祀, 如是則名正辭順, 恩義兩盡矣, 今
黃康功旣與其所生父蕩黃氏之 業, 黃氏之種不存, 乃爲舍黃而爲何, 彼豈眞有念
父之心哉, 不過以黃家已破, 欲以其禍黃者而禍何矣, 此其不可一也, 康功身爲
姑夫黃縣尉後二十有七年矣, 爲之後者, 爲之子也, 康功之子, 乃縣尉之孫也, 今
欲舍黃而爲何, 乃以其子奉黃縣尉之香火, 是以孫承祖, 彼以一人而包兩家之業,
天下豈有無父母之國哉, 此其不可二也, 康功所生母楊氏, 念其父之遺體, 與其
親女俱私自 摽撥田業以與, 以初意非薄康功也, 康功得隴望蜀, 必欲掩而有之,
因何斗煥 有取田之訟, 憲司有存忠自有子之判, 于是再起歸宗之想, 至于訐母以
曖昧之事, 則是母子之情已暌矣, 楊氏年老孀居, 必欲令立康功爲子, 則康功決
不能承順顔色, 楊氏決無憀賴, 此其不可三也, 疊是三也, 則與其立敗家訐母出
繼庶子之康功, 誠不若立同宗幼稺之斗煥, …… 今據何斗煥狀稱, 父存忠歿後,
見存之業二十八種, 欲帖縣丞, 令何氏家長何天麟等從公分析, 就內以一半與出
繼子康功, 一半與立繼子斗煥, 從使康功破家, 不能保有其業, 何氏猶可以保全
其半, …… 其黃康功盜賣若過十四種之數, 官司合與拗還斗煥, 如此則康功自今
詞訟可息矣). 이 사건은 僉廳의 原擬 이 판어와, 이것을「僉廳所擬, 已盡情理,
照行」으로서 시인하는「斷」의 2판으로 되었다.

자出繼子인 경우, 양자가 양가의 가산을 탕진한 경우, 양자 자신은 귀종하면서 자기 아들을 양가의 후사後嗣가 되도록 도모하는 경우, 생모와의 불화와 친가의 전산田産의 도전매盜典賣 등의 비행을 범하고 있는 것을 이유로 해서 그 귀종을 인정하지 않고 따로 입계立繼를 행하게 했다.

그러나 이와 같은 조치가 예외적인 것은, 본래는 분여될 이유가 없는 친가의 가산의 반을 분쟁예방이라는 관점에서라고는 하지만, 출계자에게 주고 있는 것에서 충분히 살필 수 있는 것이다.269)

양자의 아들은 이미 「양손」이 아니라 「적손」으로서의 지위를 얻는 것은270) 위의 판어에 「강공康功 자신은 숙부 황현위黃縣尉의 후계자가 된지 27년이 되었다. 그 후계자가 되는 것은 그 아들이 된다. 강공康功의 아들은, 곧 현위縣尉의 손자이다」고 되어 있는 것에 의해서도 증명된다. 양자가 이연된 경우 그 아들의 지위는 어떻게 되었을까. 위에 게재한 판어에서는 「지금 황黃을 버리고 하何가 되려고 하는 것」과, 「곧 그 아들로써 황현위黃縣尉의 제사를 모시게 시키려고 원하는」것이 인정되지 않고 있다. 결국 양자가 귀종하면 그 아들도 그와 함께 귀종해야 했던 것 같다. 이 점에 대해서 북송 건중

---

269) 이 외 『송회요』30책, 례36, 상복, 잡복제에는 「(政和)8년 4월23일, 故臨川伯王雱女王氏狀, 伏念, 父被遇神考擢眞法, 從不幸早世未立嗣息, 大觀間, 特詔以族子逮爲孫, 於政和六年, 綠其所生父喜身亡, 詔令逮歸宗照管葬事, 今已終葬, 欲望特令逮仍舊爲先父雱後, 詔從之」라 하고, 친아버지의 장의 때문에 장의의 기간 중에만 귀종한다고 하는 사례도 있었던 것이 보여 지고 있는데, 여기에서 왕희가 無嗣였는지 어떤지 불명이기 때문에, 이 귀종도 어떠한 이유가 있었던 것인지는 해명하기 어렵다.

270) 관행조사에 의한 것에는 있지만, 「有義子無義孫(義子라고 하는 것은 있어도 義孫이라고 하는 것은 없다)」라고 칭하고, 義子一代는 차별대우하더라도, 그 아들 代부터는 완전한 족인으로서 취급한다고 하는 지방도 있다」(滋賀秀三, 『중국가족법의 원리』, p.562)에서, 義子는 아닌 嗣子로서의 양자의 아들이 되면, 당연히 차별하는 것은 있을 수 없었을 것이다.

정국원년(1101년)에는

(건중정국원년) 2월 17일, 승봉랑왕식承奉郎王寔이 『엎드려 보건대, 새로이 반포한 원부칙령元符勅令격식에는 불명확한 것과 편의에 맞지 않는 것이 많이 발견됩니다. 다시 검토할 것을 엎드려 바라옵니다. 특히 다시 심의하여 책정을 청하고 싶은 것으로서, 구법신명형통에는 「동종同宗의 아들로 소목상당昭穆相當인 사람을 양자로 한 경우, 양자가 살아있으면 부모는 그를 친가에 견환遣還할 수 있지만, 양자의 사망 후는 손자를 견축遣逐해서는 안 된다. 법에는 손자의 견축遣逐을 허락한 규정은 없기 때문에, 당연히 견출遣出해서는 안 되는 것이다」고 있습니다만, 원부신명강형통元符申明講刑統에는 「양자에게 견환遣還이 허락되어 있는 이상, 그 손자도 여기에 포괄되어 있다」고 되어 있습니다. 양자와 손자가 모두 생존하고 있고 부모가 견환遣還하려고 할 때, (원부元符의)신명申明에 의하면 아들을 견축遣逐하고 손자를 유양留養하는 것은 법의法意에 매우 어긋나는 것이 됩니다. 제가 조사한 바, 구법신명舊法申明에는 「양자가 양부모의 곁에서 죽은 이상, 양가에서 죽었다고 하는 의義에서 봐서 손자를 견축遣逐해서는 안 된다. 만약 자손 모두 생존해 있다면 양친의 의사에 따라야 한다」고 되어 있어 구법舊法은 양자 사망 후에 한해 말하고 있음에 지나지 않습니다. 손자의 견축遣逐의 도리에 대해서 말하면 원부元符의 박의駁議(박의)는 조금 불명확하다고 생각됩니다』고 상주하였다. 상서성이 형부에 비송批送해서 심의시켜, 이어서 대리사大理寺에 송부한바, 「아들이 있으면 손자가 있다. 아들이 견축遣逐된 이상, 손자를 유양留養하는 도리는 없다. 아들이 사망했다면 손자의 견축遣逐은 인정하기 어렵다. 지금은 구법신명舊法申明에 의해서 통지하고 싶다」고 답신하였다. … 이것에 따랐다.271)

양자가 생전에 이연되면 그 아들도 함께 친가에 귀종하지만 양

---

271) 『송회요』164책, 형법1, 格令2.(二月十七日, 承奉郎王寔狀, 伏見, 親頒元符勅令格式, 其間多有未詳未便者, 伏望, 更加詳究, 特爲陳請再議刪定, 一, 舊法申明刑統, 養同宗子昭穆 相當, 男在日父母曾遣還本生, 男旣死, 毋遣孫出外, 法無許遣孫之文, 自是不合遣出, 元符申明講刑統, 養子尙許遣還, 卽所生孫自可包括, 設如養子生 孫皆在, 若父母欲遣還, 而依申明, 卽遣子留孫, 甚非法意, 寔窃詳舊法申明, 謂養子旣終身於所養父母, 卽於其死義不可遣孫, 若子孫皆在, 自當從所養之命, 是舊法特謂養子旣死, 卽謂遣孫之理, 元符駁議恐或未詳, 都省批送刑部勘當, 尋送大理寺參詳, 有子卽有孫, 其子旣已遣, 卽無留孫之理, 其子若死, 卽難以遣孫, 今欲依舊法申明行下, …… 從之).

자가 양가에서 사망하면 그 아들은 그때 와서 견축遣逐되는 일은 없다는 입법이 행해지고 있다. 이 입법은 구법舊法·신법新法의 양당兩黨의 당쟁의 타협의 산물의 하나로 생각되는데,[272] 전술한 판어의 표현에서 보면 남송에 있어서도 이 법이 원용되고 있었다고 생각해도 무방할 것이다.

그런데, 앞에서 인용한 『당률소의』 권12 호혼 「양자서거」에 의하면, 양부모가 스스로의 의사에 의해 이연을 행하는 경우에는 특별히 이유를 필요로 하지 않았던 것으로 되어 있다. 반면, 남송의 입법은 이것에 일정한 제한을 가하고 있다. 남송 순희淳熙 4년(1168)에는

> 순희淳熙 4년 10월 27일, 호부가 「지촉주知蜀州오확吳擴이 이하와 같이 신명申明했습니다. 이후 동종소목상당同宗昭穆相當의 아들을 양자로 하고, 남편이 죽은 후에는, 그 아내에게 합리적인 이유〔비리非理〕가 없으면 견환遣還을 허락하지 않도록 하고, 만약 양자가 가산을 탕진하고, 시양侍養하지 않는 등 정말로 현저한 잘못〔顯過〕이 있다면 양모에게 관에 고소할 것을 하락하고, 근친존장에 의해 사실이 증명되면 법조대로 견환遣還시키고, 협의한 뒤에 후계자를 세우게 하도록 간청하는 형편입니다」고 보고했다.[273]

라고 하는, 양부의 사후에 있어서는 양모의 「비리非理 견환遣還」을 금하고, 「현저한 잘못」이 관에서 근친존장의 증언에 의해 입증되지 않는 한 견환을 허락하지 않는 것으로 하는 신명申明이 행해졌다. 『청명집(淸明集)』에는 이 신명을 답습했다고 생각되는

---

272) 元符年間(1098-1100)은 新法期이고, 建中靖國元年(1101)은 舊法新法 양당의 융화를 논의하는 建中初政이 행해진 해이다. 그러나 같은 해 말에는 융화정책은 포기되고, 다시 新法黨期로 들어갔다.

273) 『송사』권125, 禮志28, 凶禮4, 服紀, 繼絶(淳熙四年十月二十七日, 戶部言, 知蜀州吳擴申明, 乞自今養同宗昭穆相當子, 夫死之後, 不許其妻非理遣還, 若所養子破蕩家産, 不能侍養, 實有顯過, 卽聽所養母愬官, 近親尊長證驗得實, 依條遣還, 仍公共繼嗣).

양자손을 택해 수양한 조부·부가 사망한 뒤에는, 양조모·모는 합리적인
이유가 없으면 견환遣還해서는 안된다.274)

라고 하는 영문令文이 인용되어 있다. 그밖에,

동종소목상당同宗昭穆相當의 자손을 양자손으로 하면, 양조부모 부모는 합리
적인 이유가 없이 〔비리非理〕 견축遣逐해서는 안된 다. 만약 양자손이 가산을
탕진하고, 시양侍養하지 않는 등 현저한 잘못 〔顯過〕이 있으면 관에 고소해서
증명하고 근친존장에 의해 사실이라 증명되면 견환遣還을 허락한다.275)

라고 하는 것과 같은 『청명집(淸明集)』에 인용된 영문令文은 양조부
모·부모 모두의 합리적인 이유 없이는 양자 견환을 금하고 있다.
이 영문令文에 의하면, 동종소목상당同宗昭穆相當의 양자라면 양부의
생존 중에도 상당히 안정된 지위에 놓여져 있었고, 관에서도 근친
존장이 증언한 「현과顯過」가 증명되지 않는 한 이연되는 일은 없었
다. 그리고 실제 소목상당昭穆相當인 것을 이유로 해서, 양조부 자신
에 의한 이연을 거절한 판어가 존재하고 있다.

(우현승虞縣丞은 죽은 남편 우애虞艾를 위해서 우계虞繼를 명계했는데) …
총첩寵妾의 이간책에 속아서 애증에 너무 쫓아 나중에 다시 후회하기 시작했
다. 그래서 「버린 아이를 수양收養했다」는 것을 구실로 해서 몰래 양자를 견
축遣逐할 계략을 꾸몄다. … 애초에 우계虞繼의 입사立嗣는 우승虞丞의 본심에

---

274) 『청명집(淸明集)』戶婚門, 권8−03, 立繼類「父在立異姓父亡無遺還之條」(諸養
子孫, 而所養祖父父亡, 其祖母母不許非理遺還). 『면재집』권40, 「李良佐訴李師
膺取唐氏歸李家」는 「祖父母所立之子, 苟無顯過, 雖其母, 亦不應遺逐」이라 하
는데, 「祖父母」는 「祖父父」의 잘못일 것이다.
275) 『청명집(淸明集)』戶婚門, 권8−22, 歸宗「出繼子不肯勒令歸宗」(諸養同宗昭穆
相當子孫, 而養祖父母父母不許非理遺還, 若所養子孫破蕩家産, 不能侍養, 及
有顯過, 告官證驗, 審近親尊長證驗得實, 聽遺). 『청명집(淸明集)』戶婚門, 권8
−32, 孤幼「叔父謀呑倂幼姪財産」은 「所養子孫破蕩家産, 不能侍養, 實有顯過,
官司審驗得實, 卽聽遺還」이라 한다.

의한 것이 아니고, 망부 우애虞艾가 얻은 처의 지참재산인 전지田地를 우애虞艾의 사망에 따라 귀속처를 잃어 진좌陳佐(우애虞艾의 처의 동족자)에게 소송을 당해, 매일매일 마음속으로 득실을 고민하여 초운사鑣運使의 판단에 따라 우선 눈앞의 분쟁을 매듭짓게 하려고 할 수 없이 간 것에 지나지 않는다.
  그런데 우계虞繼는 본종本宗의 소목상당昭穆相當의 아들이기 때문에 다행히도 입사立嗣한 뒤로는 우애虞艾의 후사後嗣일 수 있어, 우계虞繼에게 현저한 잘못이 없는 이상 갑자기 이연離緣할 수는 없는 것이다. … 우계虞繼는 먼저 우승虞丞에 의해 입사立嗣되고, 소목昭穆이 일치하고, 현과顯過도 없기 때문에, 견축遣逐할 수 없다. 이전의 관의 제부除附대로 우애虞艾의 제사를 승계시켜라.276)

라는 판어는, 우승虞丞이 죽은 아들[亡男]우애虞艾에게 입사立嗣한 양손 우계虞繼를 견축遣逐하고 총첩寵妾 유劉씨의 의향에 따라 우추虞錐를 입사立嗣하고자 한 사건이다. 관은 우승虞丞이 우계虞繼를 견축하고자 하는 것을 현저한 잘못이 없다고 해서 거절하고 우추虞錐를 입사하는 것도 거절해서, 새로이 후계자를 정하는 것을 전면적으로 부정하고 있다.

  (왕王)문식文植은 아들이 없어, 애초에 형 문추文樞의 차남 백대伯大를 자신의 양자로 했는데, 백대伯大가 죽었기 때문에, 친가의 조카 지학志學의 아들 지도志道를 백대伯大의 후사後嗣로 했다. 혈통을 잇게 하기 위해 일가에서 나와 법에 매우 순종하고 있다.
  문식文植이 지도志道를 입사立嗣한 당시, 문추文樞의 장남 백달伯達이 동생 백겸伯謙를 문식文植의 양자로 삼으려 했는데 뜻을 이룰 수 없었다. 백겸伯謙과 학옹鶴翁의 일이다. … 지도志道가 문식文植의 후사後嗣가 되어 4년이 지났

---

276) 『청명집(淸明集)』 戶婚門, 권8−06, 立繼類 「立昭穆相當人復欲私意遣還」(顧以一寵妾離間之故, 愛憎遽分, 意復中悔, 於是以收養遣棄爲名, 而陰爲遣逐養子之計,…… 原虞繼之立, 特其子虞艾得妻隨嫁之田, 身沒而業無所歸, 卽爲陳所訟, 患得失之心日切于中, 且準譙運使之判, 姑爲此以解目前之紛 紛耳, 然不思, 虞繼係本宗昭穆相當之子, 幸而立之, 可以爲其子後, 虞繼旣 無顯過, 安可切切然以去之, …… 虞繼旣先爲虞丞所立, 昭穆旣順, 且無顯過, 自無遣逐之理, 合照先來經官除附承紹虞艾香火).

지만, 이 4년간, 학옹鶴翁은 문식文植의 가산을 노려, 어떻게 해서든 손을 대
겠다고 생각해, 지도志道에게 뭔가 빈틈이 없을까 하고 매일 그것만을 생각하
고 있었다. 그래서 문식文植이 가벼운 병에 걸린 것을 기회로, 노비 두 사람
을 데리고 스스로 간병했던 것이다. 사람은 나이가 들면 타인이 자기에게 봉
사해 주는 것을 기뻐하지만, 문식文植은 알지 못하는 사이에 이 책략에 속아,
희노애증의 마음이 갑자기 생겨났다. 이렇게 해서 학옹鶴翁의 음모는 달성되
었다. 지도志道는 문식文植의 후계자[嗣子]가 되고, 조모 승중承重에도 복상하
고, 처를 얻어 아들도 얻고 조부와 4년간 동거해서 사이좋게 살고 있었던 것
이다.

　　… 증거서류를 조사해 보면, 문식文植이 지도志道의 결점을 논한 고소장은
전부 학옹鶴翁이 쓴 것이고, 존장의 본심에 의한 것은 아니다. 지도志道를 견
축遣逐해서 학옹鶴翁을 따로 세우는 것은「사嗣를 세우고자 자손을 보낸다」는
법조항에 저촉되는 것은 아니지만, … 지도志道는 이미 증명서를 발급받아 입
사立嗣된 것이고, 오랫동안 사자嗣子였던 사람을 돌연 견축遣逐하면, 학옹鶴翁
은 타인의 밭에 들어가 그 소를 훔치는 것이 되는 까닭에 , 마음에 가책을
느끼지 않을 리가 없다. 문식文植이 지도志道를 고소한 고소장을 보면, 그만큼
지도志道에게 죄가 있었다고 하는 것은 아니다. … 그러나 지도志道만을 사자
嗣子로 해두면, 학옹鶴翁은 오랫동안 문식文植의 가산을 노려 이미 도마위의
고기, 주머니 안의 물건처럼 되어 버리고 있기 때문에 이제와서 소송을 그만
두게 할 수는 없다. 이것은 검청의 양립설에 따라 소송을 끝내게 하는 것이
제일인 것 같다. …학옹鶴翁과 지도志道를 양립해서, 별적이재別籍異財는 허락
하지 않는 것으로 한다. 각자 자기의 분을 지켜, 마땅히 시종 효를 다해야 한
다.277)

---

277)『청명집(淸明集)』戶婚門, 권7－08, 立繼「同宗爭立」(文植無子, 初立其兄文樞
　　次子伯大爲已之子, 伯大亡, 遂命其親房姪志學之子志道爲伯大繼, 以嗣以續,
　　出于一家, 法甚順也, 文植初立志道之時, 文樞之長子伯達者, 欲以其弟伯謙爭
　　立爲文植之子, 而不之遂, 伯謙, 卽鶴翁也, …… 志道爲文植後者四年, 往往此
　　四年間, 鶴翁朵頤文植家業, 求一染指其 間, 所以觀釁俟隙於志道者, 無一日不
　　憧憧往來于懷也, 乘文植小疾, 卽出二 婢以親藥餌, 人之高年, 悅于人之奉己,
　　文植遊其術而不自知, 喜怒愛憎之心遽從而生焉, 于是鶴翁之謀遂也, 志道爲文
　　植嗣, 曾承祖母重服, 又已娶妻生子, 祖孫相依四年, 雍雍無間言也,…… 拖詳案
　　卷, 凡文植見惡于志道之詞, 皆鶴翁縱橫之筆爲之, 非出于尊長之本心也, 逐志
　　道而別立鶴翁, 于立嗣遣子孫條無礙也, …… 志道已經給據立之矣, 久立而遽逐
　　之, 鶴翁蹊人之田而奪其牛, 于心果安乎, 觀文植訴志道之詞, 無以甚加之罪,
　　…… 第獨以志道爲 嗣, 鶴翁垂涎物業之久, 已爲几上肉囊中物矣, 決不能已于

라는 판어는 이미 효양의 흔적이 있고, 특히 죄과도 없는 양손 지
도志道의 견축遣逐은 인정하지 않지만, 이후의 소송의 방지를 위해서
학옹鶴翁을 양자로 「별립別立」하는 것은 용인하고 있다. 이 판어判語,
문식文植이 일단 견축遣逐을 행할 수 있었던 것의 근거로서 「입사견
자손조立嗣遣子孫條」가 예시되어 있는데 구체적으로는 어떠한 내용인
지 확실하지 않다. 그렇다고 하더라고, 판어의 결론에서 보면 이것
도 양조부의 자의적인 견축–비리견환非理遣還을 인정하는 것은 아니
다.

　양부자신이 비리견환을 행할 수 없는 이상, 양부의 사후에 양모
가 비리견환을 행할 수 없었던 것은 전술한 영문令文에 의해서도 확
실해서, 판어도 양모에 의한 비리견환을 거절하고 있다.

　장개부張凱夫가 「사지부택謝知府宅의 전산田產을 침탈당하였습니다」고 고소
해 왔기에 심문하였다. 장개부張凱夫의 어머니 진陳씨에 의하면, 전지田地를
(사지부택謝知府宅에) 매각한 것은 개희開禧 3년 (1207년) 5월의 일이다. 어
머니 진陳씨가 (장개부張凱夫를) 귀종시키고 싶다고 호소한 것은 개희開禧원년
(1205년)의 일이다.
　… 이것은 다시 말해, 우선 양자를 견축遣逐시키고, 나중에 재산을 뺏으려
고 계획한 것이다. 남편이 세운 양자를 아내는 견축遣逐해서는 안 된다. 망부
亡夫가 가진 재산을 과부는 팔아서는 안 된다. 이것은 모두 위법이다. … 우
선 증명서를 발급하고, (사지부택謝知府宅이) 위법으로 전매해서 관리하고 있
는 전산田產을, 장개부張凱夫에게 그 지번地番을 기입한 서류를 제출하게 하고
장개부張凱夫에게 급부해서 관리 수익시켜라.278)

　　詞, 不若僉廳兩立之說, 以止終訟, …… 今兩立鶴翁志道, 不許別籍異財, 各私
　　其私, 當始終乎孝之一字, 可也).
278)　『면재집』권39 「張凱夫訴謝知府宅貪併田產」(張凱夫陳訴, 謝知府宅貪併田產,
　　再行詰問, 據母陳氏, 賣田係開禧三年五月, 母陳氏論歸宗係開禧元年, …… 如
　　是則是先欲遣逐其子, 而後奪其產也, 夫所立之子, 妻不應遣逐, 夫所有之產,
　　寡婦不應出賣, 二者皆是違法, …… 案, 先給據, 將所管違法典賣田產, 監張凱
　　夫具出號段書瑱, 給付張凱夫管業 收花利).

동당董黨은 양부에게서 견축遣逐된지 오래지만 시종 그 하인만을 고소하고 어머니를 원망한 적은 없다. 그 위에 양부를 위해서 승중承重에 복상한 일도 있고, 특별히 불효나 재산을 탕진한 흔적도 없다.

… 조趙씨가, 동당董黨은 부夫가 생전에 수양한 것을 마음에 새겨 다시 홀연히 회개하고, 다시 양자로 하면 아들은 「서리를 밟고 들에 있는」 원망을279) 품을 일도 없고 어머니는 「죽은 남편의 집을 헐고 타인의 아들을 취한다」는 비방을 받을 일도 없어지는 것이다. 현행 조령條令에는 「남편이 죽으면 아내를 따른다」는 규정도 있지만 「남편의 생존시 세운 사자嗣子는 견축할 수 없다」라는 규정도 있다. 조趙씨가 홀연히 회개하지 않고 후일 따로 후계자[嗣子]를 세우거나 하면, 아마도 안온할 수 없을 것이다. 하물며 쌍립雙立의 기용에 이르면, 소송은 끊이지 않고, 망부의 문호를 지킬 수 없을 것이다.280)

강자조姜子朝는 사위임에도 불구하고 멋대로 재산을 가져가서 처가의 제사를 단절시켜 버리려고 하고 있다. 서암보徐巖甫는 다른 사람의 아들이 되었는데도 불구하고 이익을 자기 것으로 하려고 해서 어머니가 소송을 하였다. 이李씨는 다른 사람의 어머니임에도 불구하고 사적인 감정에 쌓여서 사위와 딸만을 생각해, 아들이나 남편의 집은 도외시하고 있다. 이 세 사람은 모두 죄가 없다고 할 수 없다. 우선 검청의 원래 뜻대로 처분하도록 하고 각자에게서 계려장戒厲狀을 요구하라. 그래도 분쟁이 가라앉지 않으면, 곧 강자조姜子朝를 소환해서 모자를 이간한 죄로 처벌하고 서암보徐巖甫를 소환해서 어머니에게 순종하지 않은 죄로 처벌한다. 그래도 역시 분쟁이 그치지 않는 듯하면, 이李씨는 남편의 집을 단절하고자 하는 것이기에, 관부로서도 이것을 용서할 수는 없게 된다.281)

---

279) 주나라 시절에, 죄 없이 계모의 참언에 의해 쫓겨 난 윤백기가 마름과 연꽃을 옷으로 삼고 문배나무의 꽃을 먹고 새벽 서리를 밟아서 자신이 방축된 것을 괴로워하며 거문고를 치며 「이상조」를 만들고 강에 몸을 던져 죽었다는 고사에 바탕 하였다. 『樂府詩集』卷五七, 琴曲歌사-「履霜操」所引『琴操』.

280) 『후촌집』권192 「德興縣董党訴立繼事」(董黨見逐於母雖久, 然自始至終止訟其僕, 未嘗歸怨於其母, 況嘗爲所養父承重, 別無不孝破蕩之迹, …… 趙氏若能念董黨乃夫在日所立, 潘然悔浯, 復 收爲子, 則子無履霜在野之怨, 母無毁室取子之誚矣, 盖見行條令雖有夫亡從 妻之法, 亦有父在日所立不得遣逐之文, 趙氏若不幡然悔浯, 它日續立者, 恐 未得安穩, 豈如及今雙立, 求絶爭訟, 保守門戶乎).

281) 『청명집(淸明集)』人倫門, 권10−03, 母子「互訴立繼家財」(姜子朝爲人之婿, 肆其搬傳, 而欲絶妻家之祀, 徐巖甫爲人之子, 不能公於財利, 而激其母之訟, 李氏爲人之母, 私意橫流, 知有壻不知有子, 知有女而不 知有夫家, 三人者皆不爲無

위의 세 가지 예는 각각 토지土地의 호횡豪橫, 집의 하인, 데릴 사위에 부추겨서, 혹은 그들과 결탁해서 양모가 양자를 견축하고자 했지만, 모두 다 물리쳐지고 있다. 특히 두 번째 예에서는 특별히 불효와 재산 탕진의 흔적이 없는 것이 명언明言되어 불효와 재산탕진이 견환할 수 있는 비리인 것이 강조되어 있다.

양조부모·부모가 비리견환을 금지 당하고 있는 이상 그 동족과 존장이 이것을 행할 수 없는 것은 당연한 일이다.

> 정문보鄭文寶는 친아들이 없기에 원진元振을 양자로 했다. … 지금 정문보鄭文寶가 이미 죽고만 이상, 양모가 합리적 이유 없이 견환遣還하려고 하더라도 불가능하다. 백부라면 더욱 그러하다.282)

> 이사응李師膺은 이세영李世英의 양자가 되어 이미 오랜 세월을 지났는데 예전에 세영世英을 위해 참최斬衰에 복상하고 어머니 공공孔씨를 잘 모셔서 다툼도 없고 동생 사면師勉과 우애 있어 사이가 벌어지는 일도 하지 않았다. 그런데도 이양좌李良佐(세영世英의 동생)는 「이성異姓은 양자로 해서는 안 된다.」고 주장해서 이간하려고 했다. … 지금 양모가 양자로서 수용하고 있는 사람을 양좌良佐는 어째서 견축遣逐하려고 말하는가. 이사응李師膺은 분명 이세영李世英의 아들이고 이양좌李良佐는 절대로 함부로 이의를 제기해서는 안 된다.283)

罪, 姑照僉廳所擬行, 各責戒勵狀, 如更紛紛不已, 徑追姜子朝, 正其離間人母子之罪, 追徐巖甫, 正其不能承順其母之罪, 如是而又不已, 則是李氏有意於絶其夫之家, 在官府亦不得而恕之). 판어의 본문에서는 徐巖甫가 양자인 것은 직접 기술하고 있지는 않지만, 줴서 姜子朝가 초대하고 있는 것, 강자조의 행위가 「처가의 제사를 끊고자 한다」는 것으로 어머니 이씨의 뜻도 「其夫의 가를 끊는다」는 것이라고 단정하고 있는 것 등에서, 서암보는 이씨의 남편이 세운 양자이고, 이씨에게 遣逐을 소송하고 있는 것이라 생각된다.

282) 『청명집(清明集)』 戶婚門, 권8-03, 立繼類 「父在立異姓父亡無遣還之條」(鄭文寶無子, 而養元振以爲子, …… 今文寶既亡, 雖使其母欲以非理遣還, 亦不可得, 況伯叔乎).

283) 『면재집』권40 「李良佐訴李師膺取唐氏歸李家」(李師膺爲李世英之子, 已經歷年深, 亦嘗爲世英持斬衰之復, 善事孔氏, 母子 無間言, 友愛師勉, 兄弟無異意, 李良佐乃輒生異姓不可收養之論, 以離其心, …… 今其母尙能容之, 良佐何人乃欲

위의 판어가 나타내고 있듯이 양부자신이 수양하고 그 사후 양모가 양자로서 받아들인 이상, 이성異姓양자라도 양모의 의사에 반대해서 존장이 견축을 행할 수 없었다. 양조부모·부모의 사후라면 그들이 생전에 견환하지 않았던 양자를 근친존장이 더욱 비리견환할 수 없었던 것이다.

> 양몽룡陽夢龍이 팔이수八二秀의 양자가 된 것은 조부의 뜻에 따른 것이고, 양반린陽攀鱗이 팔오수八五秀의 양자가 된 것은 아버지와 조모의 뜻에 의한 것이다. 둘 다 양자가 되어 오랜 시간이 경과해 있다. 자필의 유언, 관이 발급한 증명서 등, 증거는 명백하고 방장房長에게 심문해도 이의는 없었다. 숙부인 예銳가 갑자기 그들을 견축遣逐해서 그 서자를 세우려고 하고 있지만, 이런 일은 허락되지 않는다. 그는 이 두 조카가 방탕한 생활에 빠져 있다고 말하고 있지만 자제에게 실수는 따라다니기 마련이고 숙부인 사람은 이것을 불쌍히 여겨 잘 타이르고, 그렇지 않으면 가법家法으로써 훈계하면 될 일이지 부형父兄의 치명治命에 반하여 전부 바꾸어 버릴 필요는 없는 것이다.
>
> 이것은 사사로운 감정의 싹이 터 자기 서자만을 생각하고, 형의 아들 같은 건 눈에 들어오지 않게 되어 버렸기 때문임에 틀림없다. … 팔이수八二秀의 가산은 몽룡夢龍에게, 팔오수八五秀의 가산은 반린攀鱗에게 부여해야 마땅하다.284)

라고 하듯이, 직계존속의 유언에 기초해서 명계된 양자의 경우, 숙부가 이를 견축하고 새로이 자신의 후계자로 하는 〔개계改繼〕하는 것과 같은 자의적 행동은 인정되지 않았다. 그리고,

---

遣逐之乎, 李師膺斷然當爲李世英之子, 李良佐斷不可妄興異議).
284) 『청명집(淸明集)』 戶婚門, 권7-05, 立繼「先立已定不當以孼子易之」(陽夢龍繼八二秀, 祖命也, 陽攀鱗繼八五秀, 父之命與祖母之命也, 亦旣歷年多矣, 親書遺囑, 經官給據, 班班可考, 質之房長, 並無異詞, 其叔銳一旦欲 逐之而立其孼子, 何其忍也, 借曰二姪跌蕩, 不無子弟之過, 爲叔父者, 政當 哀矜之, 敎訓之, 否則以家法警戒之可也, 何至盡廢其父兄之治命, 悉爲之紛更邪, 此無他, 私意一萌, 知有庶子, 則不知有兄之子矣, …… 八二秀産業, 合付之夢龍, 八五秀産業, 合付之攀鱗).

　　곽백삼郭百三이 복상기간 중에 아들을 얻은 죄는 물론 용서하기 어렵지만 곽응룡郭應龍은 그의 숙부이기 때문에 그를 잘 타일러야 하는 것이다. … 애초에 응룡應龍의 본심은 사실상 형을 사랑하고 있기 때문이 아니라 형의 가산이 풍족한 것을 보고 그것을 이성양자〔螟蛉〕인 아들에게 돌아가게 하고 싶지 않기 때문에 소송해서(백삼百三을 견축遣逐한 뒤에) 가산을 편취하려고 했던 것이다. 부적당한 때에 아들을 얻었다고 고소한 것은 오히려 괜찮지만 「아버지에게 독을 탔다」고 하는 것은 무슨 말이냐? 이것은 망언임에 틀림없다.285)

라는 판어에서는, 아버지의 독살이라는 무고가 얽혀 있다고는 하지만, 복상 중에 아들을 낳았다고 하는 확실한 불효286)를 범한 양자의 견축도 부정되고 있는 것이다. 그렇다면, 앞서 인용한『송서』권125 예지 28에서 이연의 원인으로서 규정되어 있는 「현저한 잘못」이란, 구체적으로는 어떤 것이었을까. 영문令文에서 「가산을 탕진한 경우」나 「시양侍養하지 않은 경우」을 예시하고 있다. 아래의 판어를 통해 이를 확인해보도록 한다.

　　아버지가 아들을 사랑하지 않아도 아들은 불효해서는 안된다. 황십黃十은 황을黃乙의 아들이 되었기 때문에, 만약 정말로 아버지가 자신의 처와 간통287)했다고 하더라도 황십黃十으로서는 아버지를 위해서 이 오사惡事를 감추어야 하고 그 처를 견축遣逐하는 것으로 족하지, 그 사실을 세간에 퍼트려서는 안 되는 것이다. 일이 확실하지 않다고 하면 더욱 그러하다. 처의 이야

---

285)『청명집(淸明集)』懲惡門, 권13-11, 告訐「叔告其姪服內生子以藥毒」(郭百三服內生子, 其罪固不可逃, 然郭應龍爲叔父, 敎之可也, …… 原應龍 之心, 非果以愛兄之道來也, 不過見其家稍厚, 不甘歸之螟蛉之子, 故從事于告訐, 以行騙脅之計耳, 訟其生子非時, 猶云可也, 謂其毒父以藥, 是何言 歟, …… 其爲妄誕, 不問可知).

286)『당률소의』권12, 호혼, 居父母喪生子,『송형통』권12, 호혼률, 父母在及居喪別籍異財〔居喪生子〕(諸居父母喪生子, 及兄弟別籍異財者, 徒一年).

287) 原文「新台」는『詩經』國風, 邶風의 編名. 衛의 宣公이 자식 伋에게 齊女를 아내로 맞아드리려고 했는데, 그 미모에 현혹되어 자신의 처로서 해버린 것을 비난한 것이다.

기에 부화뇌동해서 근거도 없이 비방하고 고소를 일으킨다는 것은 그 아버지를 어떻게 해서든 이기려고 한 게구천하揭句天下의 대죄를 아버지에게 더한 것288)으로, 천리인륜天理人倫을 다 무시한 것이다.

이러한 풍조를 조장해서는 안 된다. 척장脊杖에다가 얼굴에 자자하고 유배하여도 과중한 형벌은 아니지만, 무지한 사람이 한 것이기에 가볍게 처리해서 장형 100대에 처하여 인주隣州에 편관시키고 해서 본종本宗에 귀종시킨다. 아이阿李(황십黃十의 처)는 시아버지를 업신여긴 것으로 이것도 용서할 수는 없다. 장형 60대에 처한다.289)

석기자石룷子는 하何씨의 남편 석거경石居敬이 생존시에 동족 필선必先의 집에서 양자로 삼은 사람이다. … (석기자石룷子는 보역保役에 충당될 것을 이용해서) … 유흥자금을 만들려고 제멋대로 경우耕牛를 팔고, 멋대로 전지田地를 갈고, 은팔찌나 사라紗羅등의 물건을 도용盜用하고 전객佃客 손손孫등에게서 돈을 빌리거나 했다. 그러나 이것은 아직 심하게 나무라기에는 부족한 것이고 죄라고 해야 할 것은 양조부 석온옥石韞玉과 양부 석거경石居敬이 차례로 죽고 곧, 기자룷子가 1주기도 끝나지 않고 정말은 복상하여야 할 때와 하고 있지 않으면 안될 때에 제멋대로 예의에 어긋나는 행동을 했다고 하는 것이다.

작년 9월에 집을 나간 후 해가 바뀌어도 돌아오지 않고, 양모가 하인 오천일五千一을 보내어 데려오려고 했으나, 모母의 의사도 거역하고 거꾸로 오천일五千一을 구타했다고 했다면 어떻게 양모의 마음을 위로할 수 있을까.

… 5월 14일에는 양가에 와서 양모를 지명해서 매도하고, 그때 칼이나 몽동이를 가지고 있었다고 하면, 기자는 도대체 무엇을 하려고 했던 것일까. 이 일은 진십陳十·적칠육翟七六·주십周十을 소환해서 증언시킨바 전부 명백하고 기자룷子의 족장 석모石某 등의 진술서를 조사해도 명백하다.

… 지금 석기자石룷子가 범한 죄는 정말로 풍교風敎를 파괴시키는 점이 있

---

288) 아버지를 고소하는 것은 그것 자체로 十惡 중에 열거되는 범죄였다.『당률소의』권1, 名例, 十惡;『송형통』권1, 名例律, 十惡「諸告祖父母父母者, 絞」;『당률소의』권23, 鬪訟, 告祖父母父母;『송형통』권23, 鬪訟律, 告祖父母父母〔告嫡繼慈養〕(十惡, ……七日不孝〔謂, 告言詛詈祖父母父母, ….〕).

289)『청명집(淸明集)』人倫門, 권10-34, 亂倫「子妄以姦妻事誣父」(父有不慈, 子不可以不孝, 黃十爲黃乙之子, 縱使果有新台之事, 在黃十亦只當爲父隱惡, 遣逐其妻足矣, 豈可播揚於外, 況事屬曖昧乎, 符同厥妻之言, 興成婦翁之訟, 惟恐不勝其父, 而遂以天下之大惡加之, 天理人倫, 減絶盡矣, 此風其可長乎, 決脊黥配, 要不爲過, 且以愚蠢無知, 從輕杖一百, 編管隣州, 勒歸本宗, 阿李悖慢舅姑, 亦不可恕, 杖六十).

다. 조문대로 처치하고, 석기자石亘子를 파릉현巴陵縣에 호송해서 친부모에게로 견환遣還시키고, 친부모의 수취장을 받아 상신시키고, 태지台旨를 받고싶다.
「서지주徐知州의 판비을 받들어」석기자石亘子가 이처럼 무례하다면 처벌하지 않을 수 없다. 장형 100대에 처하고 귀종시켜라.290)

위의 첫번째 예에서는 아버지가 처를 간통했다는 무고가 귀종의 이유가 되고, 두 번째예에서는 가산 파탄과 양조부·부의 상중에 집을 비우기도 하고 양모를 매도하기도 했다는 불효를 이유로 귀종이 명해졌다.

오석吳錫은 오혁吳革의 계절자繼絶子가 된지 1년도 지나지 않아 전지田地를 전매해서, 어느새 얼마 남지 않았다. 길에서 이것을 사고 싶다는 사람과 만나면 곧 원가격에 팔아버린다. 생각지도 않게 손에 들어온 물건이기 때문에 별로 아깝지도 않은 것이다. 오숙吳肅은 이 기회를 이용해서 며칠만에 계약서 5통을 작성해서 오석吳錫의 집의 토지를 남김없이 가로채 버리고 말았다. 오맹吳盟은 두 사람을 중개하고, 상담에 참여해서 계약서에도 서명하고 있지만 값이 목적이라 제대로 충고할 리 없고 역시 만족하지 못하고 관의 위세를 빌려 소송을 일으켰다.
오석吳錫의 파탕, 오숙吳肅의 음모와 오맹吳盟의 사위강박詐爲强迫, 세 사람의 죄상은 모두 같다. 이 거래는 물론 위법이지만 지금 다시 이 토지를 오석吳錫에게 반환해도 유흥비가 되어버릴뿐 결국 없어져 버리기 때문에 아무 도움도 되지 않는다. … 오맹吳盟과 오숙吳肅은 각각 장형 100대에 처하고, 오숙吳肅은 출정하지 않았기에 세 사람 모두 벌금으로 환산시킨다. … 그리고 오석吳

<hr>

290) 『청명집(淸明集)』 戶婚門, 권8-22, 歸宗「出繼子不肯勒令歸宗」(石亘子係何氏夫石居敬存日, 于本族必先位下命繼爲子, …… 及因此爲遊蕩 之資, 于是担賣耕牛, 私佃田地, 盜用銀釧紗羅等物, 借會孫客等錢, 此猶未 足深責, 所可罪者, 其祖父石韞玉及其父居敬相繼亡歿, 骨猶未寒, 亘子在小祥未除之日, 當居喪讀禮之時, 恣爲非禮之事, 去年九月一出, 改歲不歸, 其母遣僕五千一往取之, 扰拒母命, 反將五千一行打, 何以慰母心乎, ……甚至五月十四日, 登門撓罵其母, 指斥母親, 至于持刀執棒, 亘子欲何爲邪, 喚到陳十蓼七六周十證對, 一一分明, 及審會亘子族長石某等狀, 證據尤白, …… 今來石亘子所犯, 委是有傷風敎, 今照條施行, 欲將石亘子押下巴陵縣, 遣還所生父母, 取管狀申, 奉徐知郡台判, 石亘子無狀如此, 何可不斷, 勘杖一百, 勒令歸宗).

錫을 호송해서291) 이연離緣시킨다.292))

여기에서는 가산을 파탄시킨 것이 견환출외遣還出外의 이유가 되고 있다.

이문자李文玆는 어린 몸으로 양친을 모두 잃었다. … 이세이십삼李細二十三은 그 숙부이지만 정말 유아를 불쌍히 여기는 마음이 없을 뿐 아니라, 재산을 가로채려는 뜻을 가져 자기 아들을 형의 후계자[嗣子]라고 사칭해서 전지田地를 점거하고, 가옥을 부수고 동산動產이나 가축을 전부 자기 것으로 해 버렸다. 때문에, 형과 형수의 관은 매장되지 않은 채 방치되고 고아가 된 조카는 도망쳐서 돌아갈 장소도 없다. 매우 하늘의 도리를 거스르는 행동이다.
만약 그 아들이 정말 형과 형수가 생전에 양자로 했다고 하더라도, "지금 이와 같이 불효불우不孝不友라면 그 잘못은「가산파탄」과「시양侍養을 하지 않은 경우」에 그치지 않는다. 관사로서도 의義에 의해 견축遣逐귀종을 판결하지

---

291)「押吳錫出外」를 梅原는「吳錫을 연행하여 밖으로 내보내다」(梅原 역, 『청명집(淸明集)』, p.126)라 해석하고,「押出縣界라고 한 용례와 같은 뜻인지. 압송하여 현 외로 내보내다」(梅原 역, 『청명집(淸明集)』, p.127주(8))라고 해석하고 있는데, 『면재집』권40,「京宣義訴曾嵩叟取妻歸葬」곳에 인용한 령문에「夫出外三年不歸者, 其妻聽改嫁」라고 하는 것으로부터「出外」는「家의 밖으로 나오다(내보내다)」라고 해석하고, 『송회요』164책, 형법1, 格令2, 建中靖國 元年 2월17일 인용한 舊法申明刑統에는「養同宗昭穆相當, 男在日父母曾遣還本生, 男旣死, 毋遣孫出外」라고 하기 때문에, 養子孫에 대해서는「離緣」이라 이해해야 한다.「押出外」란, 『청명집(淸明集)』戶婚門, 권8－22, 歸宗「出繼子不肯勒令歸宗」의「將石豈子押下巴陵縣, 遣還所生父母, 取管狀申」이나, 같은 책 戶婚門, 권8－32, 孤幼「叔父謀吞倂幼姪財産」의「李少二十一, ……押歸本生父家」와 같은 수속을 극히 간결하게 서술한 것이다.

292) 『청명집(淸明集)』戶婚門, 권4－01, 爭業上「吳盟訴吳錫賣田」(吳錫繼吳革之絶, 未及壹年, 典賣田業, 所存無幾, 道逢其人, 兩手分付, 得之儻來, 殊無難色, 吳肅乘其機會, 未及數日, 連立五契, 幷吞其家, 括囊無 遺, 不自屬饜, 盡而後已, 吳盟遨遊二者之間, 旣與評議, 又同僉押, 志在規 圖, 豈復忠告, 少未滿意, 入狀于官, 以世劫持, 吳錫之破蕩, 吳肅之貪謀, 吳盟之騙脅, 三子之情其罪惟均, 所立交易固非法意, 然復還元主, 不過適以 資其遊飮之費, 終成一空, 又且何益,…… 吳盟吳錫各勘杖壹百, 且以吳肅正 身未曾到官, 並與聽贖, …… 仍狎吳錫出外(임대희 외,「『청명집』,「호혼문」제4권 역주」, 『中國史硏究』33, 2004년12월, pp.269～270)).

않으면 안 된다. 게다가 애초에 본적지의 관청은 제부除附 수속을 취한 증거
가 없는 것을 보고해 오고 있다. 더욱이 관사에서 부자父子의 소송장을 조사
해 보니 (그 주장은) 전혀 일정하지 않다. 게다가 전술한 것과 같이 주부主簿
가 보고한 사실이 있기 때문에, 위로는 관사를 속이고, 아래로는 고아를 학대
해, 그 죄는 피할 수 없다. … 이세이십삼李細二十三은 척장脊杖 15대를 집행
해서 오백리五百里에 편관編管한다. 이소이십일李少二十一(이세이십삼李細二十三의
아들) 은 장형 100대에 처하고, 호송해서 친부의 집에 귀종시키고 또한 형
틀을 씌우고 약탈한 이문자李文孜의 재물증서 등을 반환시킨다."293)

    여기에서는 결연의 성립자체에 의문이 있지만, 가령 성립해 있다
고 하더라도 가산파탄·형제 방축放逐이라는 불우不友와 부모의 상喪
을 매장하지 않았다는 불효不孝등을 이유로 귀종을 행해야 마땅하다
고 하였다. 그리고,

    노공달盧公達은 시랑侍郎의 손자인데, 불행히도 친아들이 없어, 동성인同姓人
노군용盧君用의 아들 응신應申을 양자로 삼았다. 그러나, 그도 불행하게도 불
초不肖하였고 시랑侍郎의 위세를 배경으로 향린鄕隣과 말썽을 일으켜, 양친에
게 등을 돌리고 친부모를 따라 장죄贓罪도죄盜罪를 범하고, 본주本州에 의해
척장脊杖을 집행한 뒤에 무주撫州로 편관編管되었다. 이로 인해서 이미 시랑侍
郎의 후사後嗣로서 제사를 승계시킬 수 없다. 시랑侍郎의 후사後嗣일 수 없는
이상, 이제와서는 노공달盧公達의 아들이라 부를 수도 없다. 아버지가 아들을
얻는 것은 살아서는 자신을 부양시키고, 죽어서는 자신을 장사지내게 하기
위해서이다. 지금 노응신盧應申을 심문한바, 「아버지 노공달盧公達과는 거식居

---

293) 『청명집(淸明集)』戶婚門, 권8-32, 孤幼「叔父謀吞倂幼姪財産」(李文孜蕞爾童
稚, 怙恃俱亡, …… 李細二十三爲其叔父, 非特畧無矜卹之心, 又且肆其吞噬之
志, 以己之子爲兄之子, 據其田業, 毀其室廬, 服食器用之資雞豚拘之畜, 毫髮絲
栗莫不奄而有之, 遂使兄嫂之喪暴露不得葬, 孤遺之姪逃遁而無所歸, 其滅絶天
理亦甚矣, 縱使其子果是兄嫂生前所養, …… 今其不孝不友如此, 其過豈止於破
蕩家産與不侍養而已, 在官司亦當斷之以義遣逐歸宗, 況初來旣無本屬申牒除附
之可憑, 而官司勘驗其父子前後之詞, 反覆不一, 又有如主簿之所申者, 上則罔
冒官司, 下則欺虐孤幼, 其罪已不可逃, …… 李細二十三決脊杖十五, 編管五百
里, 李少二十一勘杖一百, 押歸本生父家, 仍枷項, 監還所奪去李文孜財物契書
等).

食을 따로 하고 있었습니다」고 진술했다. 즉, 살아서는 아버지를 부양하지 않은 것이다. 노공달盧公達의 사후 의자인 진일선陳日宣이 현縣에 제출한 소송장에는 「응신應申은 장례비용을 내지 않았습니다」고 되어 있다. 살아서는 부양하지 않고 죽어서도 장사지내지 않았다고 하는데 부자父子의 도리가 이런 것일까. … 대의에 따라 심판하면 응신應申은 친부 군용君用과 함께 형을 받은 이상 절대로 (시랑侍郎의 후예가 되어) 사인士人의 이름을 더럽혀서는 안된다. 하물며 살아서는 노공달盧公達을 부양하지 않고 죽어서는 노공달盧公達을 장사지내지 않았기 때문에 정말로 양자로 삼을 수는 없다. 응신應申을 강제적으로 원래대로 귀종시켜 군용君用의 아들로 시켜라. 노공달盧公達의 재산목록은 이 자리에서 방장房長 노경유盧景愈등에게 급부하고, 공정하게 본종本宗의 소목상당자昭穆相當者를 뽑아 노공달盧公達의 후사後嗣로 세워라.294)

여기에서는 양부에게의 불시양不侍養과 가명家名을 더럽힌 범죄가 견축의 이유가 되어있다.295) 이것들을 한마디로 표현한다면,

이전 제맹齊孟이 후사後嗣가 없이 죽고 강연江淵이 그 한 아들을 계사繼嗣로 했는데 그 아들은 다른 사람의 후계자가 되는 자의 책임을 다하지 않아서,

---

294) 『청명집(淸明集)』, 戶婚門, 권8-22, 歸宗 「出繼不肯官勒歸宗」(盧公達爲侍郎之孫, 不幸無子, 遂養同姓人盧君用子應申爲子, 又不幸不肯, 狹侍郎之蔭生事鄕鄰, 背所養從所生, 犯臟犯盜, 蒙本州將應申決脊杖編管撫州, 此尙可以繼侍郎之後而奉其香火乎, 旣不可爲侍郎後, 則尙得名爲盧公達之子乎, 父之所以生子者, 爲其生能養己, 死能葬己也, 今問盧應申則稱, 與乃父公達各居異食, 是生不能養之矣, 公達死後, 義子陳日宣經縣投 詞稱, 應申不出錢營葬, 生旣不能養, 死又不肯葬, 父子之道固如是乎, …… 以大義裁之, 則應申旣同所生父君用受刑, 則決不可玷辱衣冠, 況生不養公達, 死不葬公達, 委難爲子, 引勒盧應申仍舊歸宗爲君用子, 公達産簿 當廳給付房長盧景愈等, 從公擇本宗昭穆相當人立爲公達之後).

295) 이 외, 판결에 의해 물리쳐진 것은 있는데, 당사자가 귀종을 청구한 이유라고 한 것으로는 『청명집(淸明集)』戶婚門, 권8-06, 立繼類 「立昭穆相當人復欲私意遣還」(虞艾死, 虞繼已不歸家持喪, 則不孝之罪重)과 같은 不侍養, 『청명집(淸明集)』戶婚門, 권8-19, 立繼類 「後立者不得前立者自置之田」(今契勘阿游再立堯萐遺囑止謂, 慶安病患, 恐將來不能承奉如旦香火, 至嘉定九年三月狀則謂, 慶安顚酒賭博, 不治生業, 嘉定十年七月內狀又謂, 慶安*很不尙, 咆哮尊長, 得非汪如玉嫌其不從雙立之議, 遂施生枝節以羅織之乎)와 같은 병, 가산의 파탕, 養方의 존장과의 불화 등이 있다.

양모 왕王씨가 이연離緣의 소송을 일으키고 있다.296)

라는 판어에서 알 수 있듯이 「다른 사람의 후계자로 책임을 다하는 능력」, 즉 양자로서 의무의 불이행이었다. 양가에서 견축되어 친가에 귀종하면, 양가에 대한 권리의무관계는 전부 소멸하고,297) 친가에 대한 그것이 부활되었다.298) 판어는

혜손惠孫은 친부의 집에 귀종했음에도 불구하고, 여전히 왕이王怡(사후양부)의 가산을 점거하려고 하고 있다. 그 때문에 성목聖沐이 소송을 일으킨 것이다.299)

라고 하듯이, 귀종 후에도 양가의 재산을 계속 점거하려고 한 귀종자를 지탄하고 있다. 다른 한편, 친가에 있어서는,

장광단張光端의 집은 홍백사洪百四의 집과 이웃해 있어, 항상 이것을 뺏으려고 생각하면서도 뜻을 이루지 못하고 있었는데, 홍백사洪百四가 병사하고, 장례비용도 남기지 않은 것을 보자마자, 그 절박한 사태를 이용해서 음모를 실행에 옮겼다. 자신의 이름을 내면 계약서는 홍백사洪百四의 연자緣者가 작성하지 않으면 안되는데, 홍백사洪百四의 아들은 아마도 작성해 주지 않을 것이다. 다른 사람도 이 판매계약서가 홍백사부자洪百四父子의 뜻에 의하지 않은 것임을 알면 대필도 해주지 않을 것이다. (광단光端은 이와같이 생각해서) 스스로 자기아들 장증칠張曾七에게 계약서를 작성시키고, 아들이 계약서를 작성하면 자기이름을 낼 수 없기 때문에, 사위 첨통십을詹通十乙의 이름을 빌려서 계약서의 명의인으로 했다. 심히 교묘한 음모이다. 당시 이미 홍천이洪千二, 홍천오洪千五(홍백사洪百四의 아들)는 도움이 되는 자금이 없어 마음으로부터 아버지의 장례비용을 필요로 하고 있었기 때문에 묵묵히 말을 들을 것이라고 간

---

296) 『청명집(淸明集)』, 戶婚門, 권8－16, 立繼類 「再判」(向者齊孟死而無後, 江淵嘗以一子繼之矣, 不能盡爲人後之責, 治爲其母王氏).

297) 仁井田陞, 『支那신분법사』, p.812.

298) 滋賀秀三, 『중국가족법의 원리』, p.355.

299) 『청명집(淸明集)』, 戶婚門, 권8－13, 立繼類 「父子俱亡立孫爲後」(惠孫雖歸所生父家, 尙欲包占王怡一位絶業, 此聖沐所以有詞).

파하고 있었던 것이다. … 그런데 의외로, 홍백사洪百四의 출계出繼한 아들 주
천이周千二가 귀종해 와서 이 계약에 동의하지 않았다. 장광단張光端은 이미(홍
백사洪百四의 가산을) 자기 것으로 생각하고 있었기에, 황급히 달려와서 주천
이周千二를 때려 쫓았다. 주천이周千二가 물러나고 동의하면 음모는 달성되는
것이다.300)

라는 판어가 나타내고 있듯이 귀종자는 가산의 판매에 동의를 필요
로 하는 공재친共財親으로서의 지위를 회복한 것이다. 귀종자는 또,
가산의 지분에 대해서도 다른 친아들과의 사이에 어떠한 차별도 받
지 않았다. 그러나 귀종이 가산분할 후라면, 「오랜 세월의 부재자가
귀환하고, 또는 승도僧道가 되어 출가한 자가 환속한 경우의 취급에
준해」301) 미분할의 공유재산에 대해서만 재분할이 행해지게 되었
다.302)

---

300) 『청명집(淸明集)』 戶婚門, 권4-29, 爭業上 「乘人之急奪其屋業」(張光瑞屋與洪
百四連至, 平日欲呑併而不可得, 爲見洪百四病且死, 又無以爲身後送終之資,
遂乘其急, 下手圖謀, 若欲自出名, 必須洪百四邊人寫契, 度其子未必肯寫, 外人
知其不出於洪百四父子之情願, 亦必未肯爲代寫, 遂自令其子張曾七寫成見契,
子旣寫契, 難以自出自名, 又借女婿詹通十乙名作契頭, 其謀可謂深且巧矣, 當
時盖已欺見, 洪千二洪千五無能爲役, 又且心欲得 錢殯殮其父, 必是俯首聽從,
…… 却不擬, 洪百四出繼子周千二者歸家不肯, 其張光瑞已視此爲囊中物, 冒急
至將周千二趕打, 周千二旣退聽, 則可以遂其所圖矣(임대희 외, 「『청명집』, 「호
혼문」 제4권 역주」, 『中國史硏究』33, 2004년12월, pp.311~313)).

301) 滋賀秀三, 『중국가족법의 원리』, p.355.

302) 仁井田陞, 『당령습유』, p.245, 「諸應分田宅及財物者, 兄弟均分〔其父祖亡後,
各自異居, 又不同爨, 經三載以上, 逃亡, 經六載以上, 若無父祖舊田宅邸店碾磑
部曲奴婢, 見在可分者, 不得輒更論分〕; 『청명집(淸明集)』 戶婚門, 권5-03, 爭
業下 「僧歸俗承分」(諸僧道犯罪還俗, 而本家已分者, 止據祖父財産衆分見在者
均分); 仁井田陞, 『支那신분법사』, p.447, p.449주(10); 滋賀秀三, 『중국가족법
의 원리』, pp.258~259 주(234).

異姓 養子

제3장

양자가 될 수 있는 사람은 양친과
同宗昭穆相當인 자에 한정되어 있다 이성양자는
3세이하의 버려진 아이의 수양을 제외하고 양친 實親
쌍방으로의 형벌로써 금지되어 있었다
그리고 이러한 양자결연도 昭穆不相當의 경우와
마찬가지로 무효로 하고 호적상의 기재는
개정되는 것이라고 여겨졌다

제3장
이성양자異姓養子

제1절 후계자[嗣子]로서의 이성양자

제2장 제1절에서 논했듯이, 양자가 될 수 있는 사람은 양친과 동종소목상당同宗昭穆相當인 자에 한정되어 있다. 이성異姓인 사람을 양자로 삼는 것에 대해서, 당률 및 송형통에서는

「이성인 남자를 양자로 삼으면 도형 1년에, 양자를 준 사람은 태형 50대에 처한다. 버려진 어린아이로 3세이하이면 이성이라도 수양收養을 허락하고 양가의 성姓을 따르게 한다.」[303]

라는 규정이 나타내고 있듯이, 이성양자는 3세 이하의 버려진 아이의 수양을 제외하고, 양친 실친實親 쌍방으로의 형벌로써 금지되어 있었다. 그리고 이러한 양자결연도 소목불상당昭穆不相當의 경우와 마

---

303) 『당률소의』권12, 호혼, 養子捨去; 『송형통』권12, 호혼률, 養子〔立嫡〕(即養異姓男者, 徒一年, 與者, 笞五十, 其遺棄小兒年三歲以下, 雖異姓, 聽 收養, 即從其姓).

찬가지로 무효로 하고 호적상의 기재는 「개정」되는 것이라고 여겨졌다.304)

이성양자를 금하는 이유는 『당률소의』에서

라 규정하고 있어, 동족이외에서 양자를 얻어서는 안 되는 이유는 「그렇게 하는 것이 금지되어 있기 때문이다」고 하는 것과 같다. 왜, 동족이외의 사람은 양자로 해서는 안 되는 것일까. 그것은 양자의 본래 목적, 즉 제사의 계속과 관계하고 있다. 단적으로 말하면, 동족 이외의 사람은 제사를 집행할 수 없기 때문이다.306) 이것은 『춘추좌씨전春秋左氏傳』의

---

304) 滋賀秀三는 「율은 이성양자에 대해서, 결연를 파기하고 양자를 친가로 되돌아갈 것을 명령하는 규정을 두고 있지 않다. 처벌하는 것만으로 기성사실은 인정한다라고 하는 취지인지 아닌지 잘 이해되지 않는다」(『당률소의역주』Ⅱ, p.225)라고 하고 있는데, 이것에 대해서도 「諸會赦, 應改正徵收, 經責簿帳而不改正徵收者, 各論如本犯律, …… 【注】謂以嫡爲庶, 以庶爲嫡, 違法養子, 【注疏】疏議曰, …… 又準令, 自無子者, 聽養同宗於昭穆合者, 若違令養子, 是名違法」(『당률소의』권4, 名例, 會赦應改正徵收, 『송형통』권4, 名例律, 會赦不首故蔽匿及不改正徵收)라고 하는 규정이 적용되었다고 생각해야 한다. 령의 「同宗」이라고 하는 부분에 반한 「異姓」의 양자가 「위법」이라 평가되지 않을 리가 없고, 더욱이 단순히 령에 규정된 것만의 소목불상당의 결연이 무효가 되는(滋賀秀三, 『중국가족법의 원리』, p.300) 것인데, 율에 금지규정이 두어져 있는 이성양자가 무효가 되지 않는 것은 도저히 생각하기 어렵기 때문이다.
305) 『당률소의』권12, 호혼, 養子捨去(異姓之男, 本非族類, 違法收養, 故徒一年, 違法與者, 得答五十); 『송형통』권12, 호혼률, 養子 〔立嫡〕.
306) 仁井田陞, 『支那신분법사』, p.490; 滋賀秀三, 『중국가족법의 원리』, p25, p.301.

라고 하는 기술記述과 『논어』의

　　친척이 아닌 혼을 제사지내는 것은 이것에 아첨하는 것이 된다.308)

라고 하는 공자孔子의 말 등에 의해 나타나 있다. 남송의 판어判語에 이성불양異姓不養의 전거典據로서 가장 빈번히 인용되고 있는 것이 『춘추』에서 「거인莒人이 증繒을 멸한다」라는 고사이다. 이것에 대해서 『춘추곡양전春秋穀梁傳』은

　　집안의 혈통이 끊기면 망하고, 나라는 혈통이 끊기면 멸망한다. (증繒이) 멸망해 버렸는데도 그것을 깨닫지 못한 것은 세사世嗣를 세울 분별은 있어도 세사世嗣의 혈통에 대한 분별이 없었기 때문이다. 거인莒人이 증繒을 멸망시킨 것은 병력으로 멸한 것은 아니다. 증繒이 이성異姓을 세워서 제사에 임하게 한 것이 멸망케한 길인 것이다.309)

라고 논하고 있다. 판어는 이것에 근거해서,

　　나라가 이성異姓을 세우는 것은 「멸滅」이라 하고, 한 집안이 이성異姓을 세우는 것을 「망亡」이라 한다. 『춘추』가 「거인莒人이 증繒을 멸한다」라고 쓰고 있는 것은 이성異姓을 후사後嗣로 한 것을 말하고 있는 것이다.310)

---

307) 『춘추좌씨전』僖公 10년(神不歆非類, 民不祀非族).
308) 『논어』爲政第二(非其鬼而祭之, 陷也).
309) 『春秋穀梁傳』襄公六年(家有旣亡, 國有旣滅, 滅而不自知, 由別之而不別也, 莒人滅繒, 非滅也, 立異姓以莅祭祀, 滅亡之道也). 또한 같은 「莒人滅鄫」에 대해서 『春秋公羊傳』양공 6년은 「莒称人者, 莒公子鄫外孫, 称人者, 從莒無大夫也, 言滅者, 以異姓爲後, 莒人當坐滅也, 不月者, 取後于莒, 非兵滅」과 『곡량전』과 견해가 대개 같은데, 『춘추좌씨전』애공 6년은 「莒人滅鄫, 鄫恃胳也」로서, 異姓立嗣에 대해서는 전혀 언급되고 있지 않다.
310) 『청명집(淸明集)』戶婚門, 권8－04, 立繼類 「叔敎其嫂不願立嗣意在吞併」(國立異姓曰滅, 家立異姓曰亡, 春秋書莒人滅鄫, 盖謂其以異姓爲後也).

고인古人이 「혼은 비류非類를 받지 않고, 사람은 비족非族을 제사지내지 않는다」고 말했다고 나는 들었다. 때문에 증자繪子가 거공莒公의 아들을 후사後嗣로 취한 것을 『춘추』는 「거인莒人이 증繪을 멸하다」고 쓰고 있는 것이다. 증繪은 거인莒人이 병력에 의해 멸망한 것이 아니고, 다른 혈통의 사람을 후사後嗣로 했기 때문에, 표면상은 혈통이 계속되는 것처럼 보여도 실은 멸망해 버린 것이다.[311]

만약 봉길逢吉이 「거인莒人이 증繪을 멸하다」란 고사에 느끼는 것이 있어, 양자가 자신의 친척이 아닌 것을 미워하고 혼이 그 제사를 받지 않을 것을 걱정하고 있다면 순서를 세워서 동생의 처를 설득해서 본종本宗에서 한사람 소목상당자昭穆相當者를 뽑게 해서 원진元振(이성양자) 과 병립시키면 바람직하다.[312]

등이라 논하고 있다.[313] 이성을 후사後嗣로 하면 부조父祖의 혼이 그 제사를 받지 않고, 따라서 혼은 굶고 집안은 망해 버린다. 그 때문에 이성을 후계자〔嗣子〕로 해서 양자로 맞이하는 것은 금지되지 않으면 안되었던 것이다. 『원씨세범袁氏世範』은 이것에 대해서,

이성의 아들을 양자로 하면, 선조의 신령이 그 제사를 받지 않을 뿐만 아니라, 수세대 후에는 동성同姓과 통혼하는 사람이 틀림없이 나타난다.[314]

후대에 있어서의 동성통혼의 위험을 회피하는 것도 이성 불양의

---

311) 『청명집(淸明集)』戶婚門, 권7−15, 立繼, 「雙立母命之子與同宗之子」(切聞古人曰, 神不歆非類, 民不祀非族, 是以鄶子取莒公子爲後, 春秋書之曰, 莒人滅鄶, 鄶非莒人滅之也, 立他種以爲後, 陽若有繼而陰實滅也).

312) 『청명집(淸明集)』戶婚門, 권8−03, 立繼類「父在立異姓父亡無遣還之條」(使逢吉有感於莒人滅鄶之事, 惡族類之非我, 恐鬼神之不歆, 則但當以理訓諭 弟婦, 俾於本宗擇一昭穆相當者, 與元振並立).

313) 위의 것 외에, 『청명집(淸明集)』戶婚門, 권7−19, 歸宗「出繼子破一家不可歸宗」도「春秋書莒人滅鄶, 傳者曰, 立異姓爲後, 滅亡之道也, 然春秋不罪鄶而罪莒者, 過莒之包藏禍心也」로 해서「莒人滅鄶」에 언급하고 있다.

314) 『원씨세범』권1, 睦親「養異姓子有礙」(養異姓之子, 非惟祖先神靈不歆其祀, 數世之後, 必與同姓通婚姻者).

목적으로 들고 있다. 그런데 율律은 이성이라도 3세 이하의 버려진 아이라면 그 수양收養을 공인하고, 게다가 양가의 성姓을 가지게 하고 있다. 양가의 성을 가지게 한다는 것은 가족의 정규 구성원, 즉 후계자〔嗣子〕로서 수용한 것임에 틀림없다.315) 「소의疏議」는 그 이유를

> 3세 이하의 어린아이가 친부모에게서 버려진 경우, 수양을 허락하지 않으면 그 생명은 곧 끊어져 버릴 것이다. 이에 이성이라도 수양收養을 들어주고 양가의 성姓을 가지게 하는 것이다. 만약 그것이 친부모가 유실한 아이로 후에 친부모가 나타나서 자기 아이라고 주장하면 친가에 돌려주지 않으면 안 된다. 친부모는 양육비를 상환한다.316)

라고 하는 것처럼 버려진 아이의 생명 보호에서 찾고 있다. 그 생명을 확실히 보호하기 위해서는 단순한 수양으로는 불충분하고, 사자로 삼아서, 정규 가족 구성원으로 삼지 않으면 충분하지 않다고 입법자는 생각했을 것이다.317) 이러한 관점에서 재해나 기근, 전란

---

315) 仁井田陞, 『支那신분법사』, pp.790~791; 滋賀秀三, 『중국가족법의 원리』, p.552.
316) 『당률소의』권12, 호혼, 養子捨去(其小兒年三歲以下, 本生父母遺棄, 若不聽收養, 卽性命將絶, 故雖異姓, 仍聽收養, 卽從其姓, 如是父母遺失, 於後來識認, 合還本生, 失兒之家, 量酬 乳哺之直). 『송형통』권12, 호혼률, 養子〔立嫡〕.
317) 葉夢得, 『避暑錄話』권 上의 「余在許昌歲, 適大水災傷, 西京尤甚, 流殍自鄧唐入吾境, 不可勝計, 余盡發常平所儲, 奏乞越常制賑之, 幾十餘万人稍能全活, 惟遺棄小兒無由皆得之, 一日詢左右曰, 人秦無子者, 何不收以自畜乎, 曰, 人固願得之, 但患旣長, 或來歲稔, 父母來識認爾, 余爲閱法, 則凡因災傷遺棄小兒, 父母不復認, 乃知, 爲此法者, 亦仁人也, 夫彼旣棄而不育, 父母之恩則已絶, 若人不收之, 其誰與活乎, 遂作空券數千, 具載本法, 印給內外廂界保伍凡得兒者, 使自言所從來, 明書于券付之, 畧爲籍記, 使以時上其數, 給多者賞, 且分常平餘粟貧者, 量援以爲資事定按籍給券, 凡三千八百人, 皆奪之溝壑, 置之襁褓, 此雖細事不足道, 然每以告臨民者, 恐緩急不知有此法, 或不能出此術也」라고 하는 기사는, 기아의 친부모가 후일 인식하는 것을 싫어해 그것을 수양하지 않는 경향이 있어, 이것을 피하기 위해 기아에 대해서는 인식을 인정하지 않는다라고 하는 입법이 되고, 엽몽득이 이것을 활용한 것을 나타내고 있다. 이것에

에 즈음한 임시적 조치로서 수양기아收養棄兒의 연령상한을 끌어 올려주거나,318) 친부모가 인지해서 데려가는 것을 금지하거나319), 수양자收養者에게 양육비를 지급하는320) 등이 행해지고 있다. 이것과는

의해서도 기아를 정규의 가족구성원으로서 수양되는 것이 기아구제로는 보다 유효하다고 인식되고 있던 것이 증명된다.

318) 唐高宗 咸亨元年(670)에는 15세 이하의 異姓子 수양을 허락하는 조치가 취해지고 있다(『구당서』권5, 高宗本紀下「(咸亨元年)冬十月癸酉, 大雪, 平地三尺餘, 行人凍死者贈帛給棺木, 令雍同華州貧窶之家, 有年十五已下不能存活者, 聽一切任人收養爲男女, 充驅使, 皆不得將爲奴婢」)가, 송대에는 제한연령을 15세로 한 것으로 고종 紹興 4년(1130) 9월 15일의 明堂赦(『송회요』160책, 食貨68下, 恤災「九月十五日明堂赦, 應遭金人及賊寇殺虜, 遺棄下幼小, 但十五歲以下, 聽行收養, 卽從其姓」, 소흥 6년 12월 1일 德音, 소흥 7년 9월 22일 명당사도 이 것과 같다. 또한 『建炎以來繫年要錄』권80, 소흥 4년 9월 庚申(14일)은 이 명당사를 「諸路人戶經金人殘破盜賊燒劫之後, …… 應被虜遺棄小兒十五歲以下, 聽人收養, 卽從其姓」이라 한다, 10세로 한 것으로 孝宗乾道元年(1165) 3월 3일의 勅(『송회요』150책, 식화 59, 恤災上, 같은 책 160책, 식화68下, 휼재「三月三日, 尙書司勳員外郎浙東檢察賑濟唐閱言, 民間頗有遺棄小兒, 足食之家願得收養正緣, 于法, 遺棄小兒止許收養三歲以下, 緣此三歲以上者皆不敢, 乞朝廷指揮, 權于今年, 許令自十歲以下聽人家收養, 將來不許認識, 從之」), 7세로 한 것으로 寧宗 嘉定2년(1209) 7월 乙未(4일)의 詔(『송사』권39, 寧宗紀三「乙未, 詔荒歉州縣, 七歲以下男女, 聽異姓收養, 著爲令」)가 있다.

319) 『續資治通鑑長編』권165, 인종, 경력 8년 11월 乙卯, 皇祐 2년(1050)3월 己酉(22일)의 詔「詔兩浙流民男女不能自存者, 聽人收養, 後不得復取」. 『續資治通鑑長編』권168, 인종, 황우 2년 3월 기유 등. 仁宗 慶曆8년(1048)11월 乙卯(21일)의 詔「詔河北水災, 民流離道路, 男女不能自存者, 聽人收養之, 後毋得復取, 其傭雇者自從私券」.

320) 建道 7년(1171)2월 14일의 冊皇太子赦「災傷州軍切慮或有遺棄小兒, 有人收養者, 官爲置籍抄上, 日給常平來二升」(『송회요』150책, 식화59, 휼재상, 『송회요』160책, 식화 68하, 휼재), 건도 7년 가을「江東西湖南十餘郡飢, 江筠州隆興府爲甚, 人食草實, 流徙淮甸, 詔出內帑收育棄孩」(『송사』권67, 五行志五, 土), 淳熙 2년(1175) 윤9월, 14일의 詔「湖南江西昨緣茶寇蹂踐, …… 遺棄小兒未有人認識, 日給錢米, 若有親屬, 責歸存養, 毋令失所」(『송회요』149책, 식화58, 휼재 하), 순희 2년 윤 9월 17일의 詔에서「詔, 淮南東路間有旱傷, …… 如上戶士大夫家能收養五十口, 具名以聞, 乞行旌賞, 州縣官措置支給錢米, 收養百口至二三百口者, 具名以聞」(『송회요』149책, 식화58, 휼재 하), 慶元元年(1195) 정월 19일의 詔에서「詔, 兩浙·兩淮江東路提擧司行下所部荒歉去處,

별도로, 버려진 아이의 발생과 자식을 죽이는 관습을 미연에 방지
하려는 관점에서321) 이성수양異姓收養의 범위를 기아棄兒뿐 아니라,
기아빈곤상태에 있는 동거시마同居緦麻이상의 친족(의 아들)에까지

逐州逐縣各選委淸彊官一員, 遇有遺棄小兒, 支給常平錢, 措置存養, 內有未能
食者, 雇人乳哺, 其乳母每月量給錢米養瞻, 如願許收養爲子者, 並許爲親子, 條
法施行, 務要實惠, 毋致減裂, 如有違戾, 仰監司覺察按劾以聞」(『송회요』149책,
식화58, 휼재 하, 또한 『송사』권37, 寧宗紀1, 경원원년 정월 乙酉(19일)는 이
詔를 「詔兩浙淮南江東路荒歉諸州, 收養遺棄小兒」라 한다), 동년 6월 7일「權
兩浙運副沈詵言, 窃見兩浙州縣, 亦多飢疫, 自近及遠, 德意不可不均一, 浙西如
湖委常潤, 浙東如慶元紹興, 自今疾疫頗盛, 其他州縣亦多有之, …… 其不育蚕
種麥者, 仍舊艱食, 老弱孤獨殘患流離道路, 皆當矜恤, 乞許令州縣, 別委官踏逐
空閑屋宇寺院收養, 其間遺棄小兒, 募人養之, 官爲記号, 月一呈驗, 以給其費」
(『송회요』149책, 식화58, 휼재 하)등의 외, 연대는 미상이지만 지방관이 독자
적으로 행한 것으로서「初, 常平有慈幼局, 爲貧而棄子者設, 久而名存實亡, 震
謂, 收哺於旣棄之後, 不若先其未棄保全之, 乃損益舊法, 凡當免而貧者, 許里胥
請于官瞻之, 棄者許人收養, 官出粟給所收家, 成活者衆」(『송사』권438, 儒林傳
8, 黃震傳) 등이 있다. 다만, 이들의 양육비의 지급은 嗣子로서의 수양에 한
한 것은 아니고, 養子로서 수양한 경우에도 행해졌다.

321) 이것과 같은 관점으로 남송에서는 자손의 遺棄殺害를 형벌로서 금지하고, 保
甲에 그 고발을 의무 지운 勅「凡諸生子孫而棄之者, 徒二年, 殺者, 徒三年, 收
生人共犯, 雖爲從, 殺者, 與同罪, 棄者, 徒二年半, 並許人告, 若地分及隣保知
而不告者, 徒一年, 棄者, 減一等」(陳傅良『止齊集』권44, 雜著「桂陽軍告諭百姓
榜文」))이나, 이들 禁令의 주지를 州縣에 의무 지우고, 감사가 그 순회점검을
해야 하는 것을 정한 令(「諸生子孫而殺或棄之, 罪賞條約, 州縣鄉村粉壁曉示,
每季擧行, 監司巡歷常占檢」(『慶元條法事類』권7, 職制門四, 監司巡歷, 職制令))
등이 제정되어 있다. 또한, 전통중국에 있어서 유아살해의 풍습에 대해서는
西山榮久, 「支那民間의 Infanticide에 대해서」, 『동아경제연구』13권1호, 1929년
1월; 西山榮久, 「殺兒(Infancide), 특히 溺女의 연구」西山『가족제도』; 曾我部靜
雄, 「西山씨의 『支那民間의 Infancide』를 읽고」, 『동아경제연구』13권2호, 1929
년4월; 曾我部靜雄, 「溺女攷」동북제국대학법문학부편『동북제국대학법문학
부십주년기념사학문논집』, 암파서점, 1935년6월 등을 참조. 또한, 「諸大辟囚,
本宗同居親年拾歲以下, 無家人者, 責付近親收養, 無近親者, 付隣人, 其不願養,
而有餘人欲以爲子孫者, 聽, 異姓者, 皆從其姓」(『경원조법사류』권75, 刑獄門
五, 刑獄雜事, 斷獄令)이라 한다, 사형수의 孤兒의 수양에 관한 령문도, 부랑
아 발생의 예방이라고 하는 관점에서 제정된 것일 것이다.

확대하고, 이것에 관해서는 친부모에 의한 인지를 인정하지 않고, 양가에 부적附籍해서 친아들과 같은 취급을 한다고 하는 입법이 이루어졌다. 엽몽득葉夢得이 이 법에 근거해서 기아수양棄兒收養을 장려한 사적事跡322)을 받아서, 순희淳熙8년(1181년) 11월에는 이 법을 주현州縣에 방시榜示해서 주지시키는 조치가 내려지고 있다.

(순희淳熙 8년) 11월 갑술甲戌(2일) 신료가 말씀 올리기를 "법에는 「기아빈곤에 의해 동거시마同居緦麻 이상인 친척親戚에게 보내지고 혹은 유기遺棄되어 사람에게 수양된 사람은 양가의 성을 따르게 해서 친부모가 인수하는 것은 허락하지 않는다. 양가가 관에 부적附籍을 신청하는 것을 허락하고 친자손으로서 취급한다」고 규정되어 있습니다. 이번 재해는 곳곳으로 확대되고 겨울이 다가와 버려진 아이도 많아질 겁니다. 피해 입은 주현州縣에 위와 같은 법을 게시해서 사람들에게 이것을 주지시키면, 사람들은 친부모에게 아들을 보내야 하는 것은 아닐까하고 염려할 일도 없이 기자棄子를 수양收養 할 수 있을 것입니다. 구황 정책을 성공시키는데 이 방법이 도움이 될 것입니다"고 보고하여서, 조서를 내려서 이것에 따랐다.323)

여기에 인용된 입법—어쩌면 영슈—과 비슷한 것으로 아래의 소흥紹興8년 (1138년)의 신명申明에 인용된 복건로령福建路令이 있다.

---

322) 주(317)참조.

323) 『皇宋中興兩朝聖政』권59, 孝宗皇帝19(十一月甲戌, 臣僚言, 在法, 諸因飢貧以同居緦麻以上親與人, 若遺棄而爲人收養者, 仍從其姓, 各不在取認之限, 聽養子之家申官附籍, 依親子孫法, 今之災荒, 亦非一處, 向去寒冷, 棄子或多, 若令災荒州縣坐上件法鏤板曉諭使人人通知之, 則人無復識認之盧, 而皆獲收養矣, 舉行荒政, 此其一助, 詔從之). 또한 『文獻通考』권11, 戶口考2, 歷代戶口丁中賦役에는 「淳熙八年臣僚言, 飢饉之時, 遺棄小兒爲人收養者, 於法不在取認之限, 聽養子之家申官附籍, 依親子法, 昨葉夢得守穎昌歲大飢, 仍爲空名券, 坐上件法印版付里胥, 凡有收養者給其券, 所全活甚衆, 乞下州縣鏤版諭民通知」라 한다.

소흥 8년 6월 경신庚申(6일) … 칙령소가 "복건로령에는 「복건로福建路의 사람으로 자손을 동거시마이상의 친척親戚에게 보낸 것에 대해, 이성이거나 기아빈곤을 이유로 한 사람이 아니었다 하더라도 모두 수양收養을 허락하고, 양가의 성을 따르게 한다. 친부모가 인수하는 것은 허락하지 않는다」고 규정되어 있습니다. 강절호광江折湖廣의 주현州縣에서 불거자不擧子의 풍속이 있는 곳에서는 제형사提刑司에 조사 보고시킨 뒤에 이러한 입법을 행하게 하고 싶습니다"고 신청하였고 이것에 따랐다.324)

여기서 언급된 복건로령福建路令에서는 동거 혹은 시마緦麻이상의 친척이면 기아빈곤을 이유로 하지 않아도 이성양자가 시인되었던 것으로 되어 있어, 순희淳熙8년의 신료臣僚들의 말에 인용된 영문令文보다도 이성수양의 요건이 완화되어 있다. 이것은 복건로령福建路令이라는 지방적인 법규와325) 전국적으로 적용되는 영令과의 성격적인 차이에서 발생하고 있는 것일 것이다. 더욱이 판어에 인용된 영문令文에는

자손을 타인에게 주고 혹은 유기한 경우, 이성이라도 3세이하로 수양收養되었다면 양가의 성姓을 가지게 하고 양가가 관에 부적附籍을 신청하는 것을 허락하고 친자손과 동일하게 취급한다.326)

---

324) 『建炎以來繫年要錄』권120(紹興八年六月庚申, ……勅令所請, 福建路人戶, 以子孫或同居緦麻以上親與人, 雖異姓, 及不因飢貧, 並聽收養, 卽從其姓, 不在取認之限, 著爲本路令, 其江浙湖廣州縣有不擧子風俗處, 令憲臣體究申明, 依此立法, 從之)라 한다.

325) 송 대의 성문법에는 전국적으로 적용된 律(刑統)·勅·令·格·式·申明 등의 외에, 官司의 一部門 혹은 한 지방만으로 한해서 행해진 一司·一路·一州·一縣勅이 있었다(「宋法制因唐律令格式, 而隨時損益則有編勅, 一司一路一州一縣又別有勅」(『송사』권199, 형법지1)).

326) 『청명집(淸明集)』戶婚門, 권7-16, 立繼 「倉司擬筆」(諸以子孫與人, 若遺棄, 雖異姓, 三歲以下收養, 卽從其姓, 聽收養之家申官附籍, 依親子孫法). 『청명집(淸明集)』戶婚門, 권7-14, 立繼 「立繼有據不爲戶絶」(異姓三歲以下, 並聽收養, 卽從其姓, 聽養子之家申官附籍, 依親子孫法). 『청명집(淸明集)』戶婚門, 권7-12, 立繼 「已有養子不當求立」(諸遺棄子孫, 三歲以下收養, 雖異姓, 亦如

라는 규정이 만들어져 있다. 판어에는 이 입법의 목적을

현재의 법에 「이성異姓 3세 이하를 양자로 하는 것을 허락한다」는 규정이
있는 것은 인정에 타협하여 홀아비·과부에게 생활의 지주를 부여하기 위한
것에 지나지 않고, 원래 사람이 죽어 후사後嗣가 끊어진 후에는 관사官司가 나
서서 이성異姓에게 명계시킨다는 것은 없었던 일이다.327)

라고 하여 「인정에 너무 치우친다」라고 의견도 있다. 그런데,

자손이 없는 경우에는 동종同宗인 사람을 양자손으로 한다는 규정이 있어
서 동종同宗이 아니면 입사立嗣할 수 없다고 되어 있음에도 불구하고, 다른 조
문은 이성異姓이라도 수양收養을 허락하고 친자손과 동일하게 대하도록 규정
하고 있는 것은 무슨 이유일까. 국가는 인간의 도리를 끊는 것을 자진해서
하려고 하지 않는다. 동종同宗의 자손을 양자손으로 하라고 해서 이성異姓을
양자로 하는 것을 절대로 허락하지 않는다면, 동종同宗에 양자손이 될 수 있
는 사람이 전혀 없거나 있다고 하더라도 그 역할을 감당할 수 있는 사람이
아니기 때문에 혹은 그 역할을 감당할 수 있는 사람이라도 양가와 친가의 부
모가 합의하지 않고 한쪽이 수양收養하고 싶다고 원해도 다른 쪽이 싫다고 한
다면, 무리하게 수양시켜도 아무런 은의恩義도 생기지 않기에 이것은 어쩔 수
없는 것이다. 그래서 이성異姓의 입사立嗣도 허락하도록 한 것이다.328)

라고 하여 명백히 제사 승계에 있음을 명언明言하고 있는 것도 있

親子孫法). 또한 『청명집(清明集)』 戸婚門, 권7－15, 立繼 「雙立母命之子與同
宗之子」의 挾註에는「此合緦麻以上親, 異姓者與人養, 三歲以下, 卽從其姓」라
는 문언이 있다.
327) 『청명집(清明集)』 戸婚門, 권8－04, 立繼類 「叔敎其嫂不願立嗣意在呑併」(後世
立法, 雖有許立異姓三歲以下之條, 盖亦曲徇人情, 使鰥夫寡婦有所恃而生耳,
初未嘗令官司, 於其人已死其嗣已絶, 而自爲命繼異姓者).
328) 『청명집(清明集)』 戸婚門, 권7－16, 立繼 「倉司擬筆」(旣曰無子孫者, 養同宗爲
子孫, 是非同宗不當立矣, 而又一條曰, 雖異姓聽收養, 依親子孫法者, 何也, 國
家不重于絶人之義也, 如必曰養同宗而不開立異 姓之門, 則同宗或無子孫少立,
或雖有而不堪承嗣, 或堪承嗣而養子之家與所 生父母不咸, 非彼不願, 則此不
欲, 雖强之, 無恩義, 則爲之奈何, 是以又開此門, 許立異姓耳).

다. 그리고 이러한 경향은 진전량陳傳良이 호남제거상평차염湖南提擧常
平茶鹽·전운판관轉運判官에 임명된 북송 소희紹熙2년(1191년)의 기록에
도 이미 호상湖湘의 풍속329)을 시인한다고 하는 형태로 나타나 있다.

> 다음해(소희紹熙2년), 진부량陳傳良은 호남전운판관湖南轉運判官에 임명되었
> 다. 호상湖湘의 사람은 자손이 없으면 전부 이성異姓을 후계자로 하는데, 이吏
> 는 그 자산을 노려서 호절戶絶이라 해서 그것을 몰관해 버렸다. 그래서 진부
> 량陳傳良은 「사람의 제사를 끊는 것은 선정이 아니다. 버려진 아이를 수양하
> 는 것을 인정하는 법이 있기 때문에 (이성수양異姓收養은 인정되어 마땅하다)」
> 고 하고, 이것에 의해 후사를 세우는 것 [입후立後]를 인정받은 집은 약 2천
> 가家에 이르렀다.330)

이상에서 논해 왔듯이, 남송에서는 이성양자에 대한 제한이 대
폭 완화되어 「기아」라는 제한은 사실상 소멸되고 적어도 동거 혹은
시마이상의 친척 −구체적으로는 처나 모母의 일족− 이면, 친부모
가 명확해도 결연 당시의 나이가 3세 이하이면 −그리고 3세 이상
이라도 기아빈곤이라는 상황에 처하거나 불거자不擧子 풍속이 현저
한 지역이면− 후계자로서의 수양이 공인되도록 되어 있었다. 이
변화는 단순히 판어가 당률의 「3세 이하의 버려진 아이의 규정을
확장 해석」331)한 것뿐 아니라, 국가가 제정한 법에 명확히 규정되

---

329) 이성수양의 성행은 『원씨세범』권1, 睦親「養異姓子有礙」의 「養異姓之子, ……
  律禁甚嚴, 人多冒之, 至啓爭訟, 設或人不之告, 官不之治, 豈可不思理之所在,
  江西養子, 不去其所生之姓, 而以所養之姓冠於其上, 若複姓者, 雖於經律無見,
  亦知惡其無別如此」라고 하는 기사에도 나타나 있다.
330) 陳傳良, 『止齊集』부록「蔡幼學行狀」(明年, 就除轉運判官, 湖湘民無子孫者率
  以異姓爲後, 吏利其貲輒沒入之, 公曰, 使人絶祀, 非政也, 況養遺棄固有法, 存
  其後者幾二千家). 『송사』권434, 유림전 4, 진부량전에는 「光宗立, 稍遷提擧常
  平茶塩轉運判官, 湖湘民無後, 以異姓以嗣者, 官利其貲, 輒沒入之, 傳良曰, 絶
  人嗣, 非政也, 復之幾二千家」라 한다.
331) 滋賀秀三, 『중국가족법의 원리』, p.563.

어 있다. 그리고 현실에는 적당한 동종소목상당자同宗昭穆相當者가 없을 때에는 「무리해서 동성자를 찾는 것보다, 오히려 이성자 특히 여계女系혈족이나 처의 친족에서 후계자를 맞을 것」332) 이 송대에 있어서도 일반적인 현상이어서,

> 3세 수양에 대해 법에 비록 명확한 조문이 있지만 세상사람은 실제로 기아棄兒중에서 수양收養하는 사람은 드물다.333)

라고 하듯이, 이성양자에 있어서는 기아수양보다도 오히려 이러한 양자 쪽이 대부분을 차지하고 있었음에 틀림없다.

이성양자 수양의 요건으로서 문제가 되는 것은 그 수양시에 있어서의 연령이다.334) 법은 원칙으로 3세 이하일 것을 규정하고 있고 판어도 이것을 받아들여,

> 정일지丁一之는 친아들이 없어, 생전에 왕안지王安之의 아들을 양자로 했다. 당시 그 아들은 아직 3세가 되지 않아 바로 규정에 합치하고 있었다. 정일지丁一之의 사후, 동생인 용지用之가 자기아들을 정일지丁一之의 후사後嗣로 하려고 했는데, 정일지丁一之는 생전에 양자를 두었기 때문에 그것은 친아들과 마찬가지이다. 따라서 정일지丁一之는 자기아들을 가지고 있는 이상 용지用之는 참견해서는 안된다.335)

아감阿甘는 현재 접각부接脚夫를 불렀다고는 하지만, 3세이하로 수양한 아

---

332) 滋賀秀三, 『중국가족법의 원리』, p.305.
333) 『청명집(淸明集)』 戶婚門, 권8－06, 立繼類 「立昭穆相當人復欲私意遣還」(三歲 收養, 在法雖有明條, 然世人果能收養於遺棄之中者, 鮮矣).
334) 異姓이라 말하면 즉, 宗을 다르게 한 것이기 때문에, 昭穆의 序가 문제가 되지 않는 것은 말할 것까지도 없다. 다만, 母族이나 妻族에서 수양하는 경우에는 어느 정도 排行이 고려된 것일 것이다.
335) 『청명집(淸明集)』 戶婚門, 권8－02, 立繼類 「生前乞養」(丁一之無子, 生前抱養 王安之子爲後, 年未三歲, 正合條法, 歿後弟用之欲以己子爲一之後, 一之生前 抱養, 與親生同, 而一之旣自有子, 用之不得干預).

들이 있기 때문에 호절戶絶이 아닌 것은 확실하다 … 정창丁昌(아감阿甘의 죽은 남편)은 생전에 3세 이하의 아들을 양자로 삼았으므로 절호絶戶이라 할 수 없다. … 이성異姓 3세 이하를 양자로 하는 것은 법이 확실히 허락하고 있고, 양가의 성姓을 따르게 하게 되어 있다.336)

이성이라도 3세 이하이면 양자로 맞아들이는 것은 완전히 합법적임을 확인하고 있다.337) 그리고 이 법을 엄격히 적용하면 4세 이상인 이성양자는 전부 인정되지 않는 것이 되어, 판어에는

    소송꾼인 장몽고張夢高는 서리胥吏 김미金眉의 아들임에도 불구하고 장성張姓을 사칭하고 있다. … 애초에 무의현武義縣의 서리胥吏 김미金眉의 아들인데 「9살에 장충입우張忠立羽의 양자가 되었습니다」고 사칭하고 있는데, 9살에 양자로 한다는 것, 이것 또한 법에 위반된다. 타인의 성姓을 갖는다고 해서 서리胥吏의 아들인 것을 속일 수 없는 것이다.338)

라고 해서 9세 수양의 주장을 위법이라 해서 거절하기도 하고,

---

336) 『청명집(淸明集)』戶婚門, 권8−20, 戶絶「夫亡而有養子不得謂之戶絶」(阿甘見在雖招到接脚夫, 而有三歲以下收養之子, 非戶絶分明, …… 丁昌在日, 已養得三歲以下之子, 然則丁昌元非絶戶, …… 收養異姓三歲以下, 法明許之, 卽從其姓).

337) 3세 이하의 이성양자 수양의 예로서는 본문 중에 들었던 것 외, 『청명집(淸明集)』戶婚門, 권7-20, 歸宗「斷」(黃康功生髮未燥, 已爲黃氏養子), 『송사』권456, 孝義傳(申積中, 成都人, 襁褓中, 楊繪從其父起求之爲子, 及長, 知非楊氏而絶口不言, 年十九, 登進士第, 事所養父母, 盡孝終身, 有二弟一妹, 爲畢婚娶, 始歸本族, 復爲申氏, 蜀人以純孝歸之), 魏了翁, 『鶴山先生大全文集』권23, 狀箚「申尙書省乞蔭補表姪高斯謀狀」(了翁之祖父娶高氏, 生七子男, 其第六子曰孝璋, 以祖母之兄高黃中無子, 自襁褓間, 取養孝璋爲子, 後來孝璋旣知爲魏氏子, 嘗欲歸宗, 却因以請本州文解, 有名籍在禮部, 恐費申明, 遂遣了翁代歸本姓)등이 있다.

338) 『청명집(淸明集)』懲惡門, 권13−02, 譁徒「撰造公事」(譁徒張夢高, 乃吏人金眉之子, 冒姓張氏, …… 況又係武義縣吏人金眉之子乎, 又妄稱九歲與張忠翊爲子, 九歲抱養, 亦是違法, 而況托假姓, 以避其非吏人之子乎).

오침吳琛에게는 딸이 4명, 아들이 1명 있어, 이것은 가계도에 기재되어 있다. 장녀 이십사낭二十四娘은 석고石高의 처이고, 차녀 이십오낭二十五娘은 호인胡閫의 처이다. 아들인 이십육二十六은, 즉 오유용吳有龍이며 이성양자이다. 삼녀 이십칠낭二十七娘은 허許씨에게 시집갔고, 차녀 이십육낭二十六娘은 미혼이라고 소송문에 되어 있다. … 석고石高와 호인胡閫은 데릴사위이기 때문에 반아들과 같은 사람이어서, 만약 오침吳琛이 그들에게 노후를 맡기고자 생각하고 있었다면 이유없이 생전에 이성양자를 세울 리가 없다.

그런데도 여구閭丘(유룡有龍의 구舊성명)를 양자로 해서 그 혈통을 잇게 하고, 게다가 이李씨를 맞이해 처로 삼은 것은 무언가 이유가 있었던 것이다. 그리고 오랜 세월이 흘러서 손자도 태어나고 일가 중에서 부자장유父子長幼가 각각 자기의 분에 만족해서 수년을 지나, 어떤 이의도 없었는데, 갑자기 소송을 일으킨 것은 무엇이 원인일까.

이것은 「유룡有龍이 부당하게 오침吳琛의 아들이 되었다」고 하는 점은 틀림없지만, 그렇다면 오침吳琛이 죽었을 때에 참최斬衰 복상을 한 것은 그들이었는가, 유룡有龍이었는가 하면, 유룡有龍이었지 않은가. 「유룡有龍은 오이십사낭吳二十四娘등의 형제가 아니다」고 하는 것은 틀림없지만, 오침吳琛이 죽었을 때에 대공大功에 복상한 것은 자매인가? 타인인가? 애초에 유룡有龍은 아버지 오침吳琛을 살아서는 모시고 죽어서는 장사지냈기에, 사람의 아들로서의 책임을 잘 완수했으므로 그를 아들이 아니라고 할 수 없는 것이다. … 소위 현縣이 발급한 (제부除附의) 증명서는 「유아 1세」라 기재하고 있는데, 오림吳琳은 오침의 동족이다. 오유룡을 폐하고 자신의 아들을 입사하려고 하고 있는 것이리라. 오림吳琳이 현에서 발급한 증명서에는 오유룡이 「남자 7살」라 하고 있다. 유룡有龍이 정말로 7살 남자아이였다고 하면 공법公法에 의해 입사立嗣를 인정받지 못하기에, 현縣으로서도 「유아 1세」란 문서를 발급할 이유가 없다. 유룡有龍이 정말로 1살의 유아이기에 법은 입사立嗣를 인정하고 있는 것이다. 오림吳琳이 부당하게 1을 7로, 젖먹이를 남男으로 바꾼 것이 된다. 일의 시비는 여기에 명백하다. … 오유룡吳有龍의 명립命立에 대해서는 현縣에서 발급한 증명서가 있어 증거가 있으므로 유룡有龍에게는 법조대로 가산을 분여하도록 한다.339)

---

339) 『청명집(淸明集)』 戶婚門, 권7－14, 立繼 「立繼有據不爲戶絶」(吳琛有女四人子
一人, 此宗枝之所備載, 長曰二十四娘, 卽石高之室, 次曰二十五娘, 乃胡閫之
妻, 子曰二十六, 乃吳有龍也, 卽今立異姓者, 次曰二十七娘, 據稱已嫁許氏者,
幼曰二十八娘, 卽今陣詞未嫁者, …… 石高胡閫贅壻也, 義猶半子, 倘吳琛以二
壻爲可托, 則生前無由立異姓之男, 阿立閭丘以續其傳, 復娶李氏以爲其室, 盖
有在矣, 綿歷寢久, 孫枝挺然, 一家之中, 父父 子子, 長長幼幼, 各安于數年之

1살이면 「법이 당연히 세우게 한 바」인데, 7살이면 「공법에 의
해 입사를 인정받지 못한바」라고 되어 있다. 그러나 이러한 예는
전례前例는 화도諱徒의 모성을 비난하기 위해, 후례後例는 1세 수양을
입증하기 위해서 행해진 것이어서 이것들에 의해 4세 이상의 수양
이 완전히 부정되고 있었다고 할 수는 없다.340) 현실적으로는 오히
려 4세 이상인 이성양자라도 용인하는 경향이 나타나 있다.341)

> 가문호賈文虎는 면중勉仲의 서자로, 영노寧老의 양자가 되었다. 가성보賈性甫
> 는 면중勉仲의 친동생으로 현위縣尉의 양자가 되었다. 가선賈宣은 유游성의 아
> 들로, 가성보賈性甫가 양자로 했다. … 가賈씨 일족은 가지(방계)는 많으나 잎
> (자식)이 적은 가문으로 이성異姓을 양자로 한 것도 가성보賈性甫는 할 수 없
> 이 한 것이다. … 유헌游憲은 가성보賈性甫의 양자가 되어, 성을 가賈, 이름을
> 선宣이라 바꾸고, 제부除附의 수속을 밟아 증명서를 발급 받았기 때문에 이것
> 은 명백해서 가성보賈性甫와는 부자父子관계이며 가문호賈文虎와는 사촌관계이
> 다.342)

遠, 曾無異辭, 而一旦遽起訟端, 其故何也, 得非以有龍不當爲吳琛之子邪, 則吳
琛之死, 斬衰之制, 二壻行之乎, 有龍行之乎, 得非有龍行之邪, 得非以有龍非吳
二十四娘等兄弟邪, 則有龍之死, 大功之制, 姊妹行之乎, 他人行之乎, 況有龍旣
能生事死葬, 克盡人子之責, 而謂之非子, 則不可也, …… 所謂縣據者, 却是本
縣所給二本, 阿涂之遽, 其載爲一歲乳, 吳琳之遽, 其間改爲男七歲, 若有龍果七
歲男, 公法不當立, 在縣司無由給乳一歲之文, 若有龍果乳一歲, 則法所當立, 在
吳琳却不當以一爲七, 以乳爲男, 是是非非, 于斯可見矣, …… 今吳有龍命立一
節, 却有縣遽可證, 合與照條承分).

340) 『청명집(淸明集)』, 戶婚門, 권8-17, 立繼類 「先立一子俟將來本宗有昭穆相當
　　人雙立」에서는 死後命繼의 사례인데, 「榮孫, 異姓也, 七歲, 且遺囑非眞, 似難
　　爭立」으로서 異姓七歲의 아들의 입사가 물리쳐지고 있다. 그러나 이 후에
　　그보다도 적당한 유아의 이성자의 입사가 인정되고 있기 때문에, 이성이 廢
　　除의 이유가 된 것은 아니고, 만약 유언이 진물이라면 영손의 입사는 인정되
　　고 있었다라고 생각되기 때문에, 칠세라고 하는 연령도 폐제의 주된 원인은
　　아니다.
341) 滋賀秀三, 『중국가족법의 원리』, pp.563~565.
342) 『청명집(淸明集)』 戶婚門, 권5-09, 爭業下 「姪假立叔契昏賴田業」(賈文虎勉仲
　　之庶子, 過房寧老者, 賈性甫勉仲之親弟, 過房與縣尉者, 賈宣游氏之子, 性甫所

라는 판어는 이성을 이유로 해서 견축遭逐을 고소당한 양자에 대해
서, 제부除附를 증거로 해서 그 정당성을 인정하고 있다. 가령 제부
라는 형식이 충족되어 있지 않아도,

> 정문보鄭文寶는 친아들이 없어, 원진元振을 양자로 했다. 이성異姓이라도 3
> 세이하이면, 양가의 성을 가지게 하고 친자손과 동일하게 대할 것을 법령은
> 허락하고 있다. 정문보鄭文寶가 원진元振을 양자로 할 때 제부除附의 수속을 취
> 하지 않았기에 수양했을 때의 연령은 입증할 수 없다. 그러나 정문보鄭文寶의
> 생전에 정봉길鄭逢吉(정문보鄭文寶 형)은 편지 중에서 원진元振을 조카라고 부
> 르고 있기 때문에, 원진元振이 정문보鄭文寶의 양자인 것은 명백한 진실이
> 다.343)

라고 하는 것과 같이 수양시기의 연령을 입증할 수 없어도 관계자
의 편지 문언을 증거로 해서 수양의 사실이 증명되면 인정하였다.
그리고,

> 기종起宗은 주성周成의 친아들은 아니지만, 요컨대 어릴 때부터 안아 키워
> 졌고, 게다가 기종에게는 (2명 이상의) 아들이 있기 때문에 (그 아들은) 주덕
> 周德(주성周成의 친아들)의 계절자繼絶子로 할 수 있다.344)

> 유劉씨는 「남편인 영향지현寧鄕知縣 진소陳邵가 갑인년甲寅年(소희紹熙 5년,
> 1194년)에 담주潭州에서 동관同官이 버려진 아들을 양자로 해서, 지학志學이

抱養者, …… 賈氏之族枝多葉少, 抱養異姓, 性甫豈得已哉, …… 游憲旣爲性甫
所養, 卽從賈姓, 立名賈宣, 除附給據, 件件分曉, 在性甫則爲父子, 在文虎則爲
兄弟). 임대희 외 옮김, 「역주『청명집』「호혼문」권5」, 『중국사연구』34, 2005,
p.360 참조.

343) 『청명집(淸明集)』 戶婚門, 권8-03, 立繼類「父在立異姓父亡無遣還之條」(鄭文
寶無子, 而養元振以爲子, 雖曰異姓, 三歲以下, 卽從其姓, 依親子孫 法, 亦法令
之所許, 文寶之養元振, 不經除附, 當時年歲固不可考, 然當文寶 生前, 鄭逢吉
折簡與之, 已呼之爲姪, 以此勘驗, 昭然不誣).

344) 『청명집(淸明集)』 戶婚門, 권8-10, 立繼類「諸戶絶而立繼者官司不應沒入其
業入學」(起宗雖非周成親生子, 畢竟從小抱養, 況其有子, 可以繼周德之絶).

라 명명했습니다. 그로부터 16년이 지난 지금에 와서 입사立嗣한 것은 아닙니다」고 주장하고 있다. 그러나 진계지현辰溪知縣 진여춘陳如椿은 「지현知縣(진소陳邵)은 외족外族의 사람을 입사立嗣한 적은 없습니다」고 주장하고 있다. 진여춘陳如椿의 고소장에는 「지현知縣은 계축년癸丑年(소희紹熙4년, 1193년)에 이임離任하고, 지학志學은 갑인甲寅년에 태어났기 때문에, (지현知縣이) 담주潭州에 있는 동안에는 이 양자는 아직 태어나지 않았습니다」라고 되어 있지만, 유劉씨가 제출한 사령辭令에는 「진지현陳知縣은 계축년癸丑年 동 11월에 임기 만료」라고 되어 있다.

지현知縣은 이임 후에도 담주潭州에 2개월간 체재하고, 그 사이에 지학志學을 양자로 삼은 것이다. 또 진여춘陳如椿의 고소장에는 「지현知縣에게는 서자 육삼가六三哥가 있을 뿐, 양자는 없었습니다」라고 되어 있지만, 유劉씨에 의하면 「육삼가六三哥도 양자였습니다」라는 것이다.

그래서 진여춘陳如椿에게 진술시킨 바 「그것은 오박사吳博士의 아들을 수양收養한 것입니다」라고 말한다. 이와 같이 그의 주장은 일정하지 않아, 지학志學이 양자가 아니라는 고소도 허망한 것임에 틀림없다. 또 유劉씨가 제출한 지학志學이 어린 시절에 공부한 장면帳面 수십 권은 모두 년월을 넘은 것이다. 사사師事한 사람을 물어 보니, 무주撫州에 있다고 하였다. 거기에는 지금 요饒성의 선생이 있기에 요선생饒先生의 진술을 보내 받은바, 「옛날 진지현陳知縣이 몸소 지학志學을 데려와서 공부시켰다」고 한다. 남편의 사후에 돌연 15~16세의 이성의 아들을 세웠을 리가 없다. 지현知縣은 57세에 죽고, 그 처 유劉씨도 5~60세이다. 오랜 세월 같이 살아왔는데도 불구하고, 남편의 사후에 사용인使用人의 말을 믿어, 15~6세의 전혀 안면도 없는 아들을 입사立嗣했을 리가 없다. 진여춘陳如椿의 허망함은 의심할 것도 없다.345)

---

345) 『면재집』권39, 「陳如椿論房弟婦不應立異姓子爲嗣」(劉氏以爲, 其夫寧鄕知縣陳
邵於甲寅年在潭州抱養同官遺棄之子, 立名志學, 經今十六年, 卽非今方立爲嗣,
辰溪知縣陣敏學及陳如椿却稱, 知縣不曾立外人爲嗣, 今考陳如椿之辭以爲, 知
縣癸丑年離任, 志學甲寅年始生, 則是在潭州時猶未生此收養之子, 鋸劉氏齎出
印紙, 陣知縣乃是癸丑年冬十一月方滿, 亦安知其尙留潭州兩月間收養志學以爲
子乎, 又考陳如椿之辭以爲, 知縣但有庶生子六三哥, 卽無收養之子, 遽劉氏却
稱, 六三哥亦是收養之子, 及再令陳如椿供對, 却是收養吳博士之子, 其言詞又
自反覆, 則其所告志學非收養之子, 亦是虛妄可知, 又遽劉氏齎到自童蒙以來讀
書學字十數卷, 皆積年陳舊文字, 問其所從之師, 則在撫州者, 見有先生姓饒, 及
請到饒先生供對則又稱, 去年陳知縣已送志學相從讀書, 豈得以爲身死之後旋立
十五六歲異姓之子乎, 陳知縣年五十有七而亡, 其妻劉氏亦年五六十歲, 其相處
不爲不久, 何其夫身 死之後, 乃信幹僕之言, 立十五六歲素不相識之子以爲嗣

라는 판어에서도 제부 이외의 증거에 의해 16년간의 양친자 관계의 존재를 입증하는 것으로, 이성양자의 후계자로서의 지위를 확인하고 있다. 그리고,

> 오당吳鐺이 오단吳壇의 양자가 되고 오심吳深이 오단吳壇의 양손이 된 것은, 모두 조부모·부모의 치명治命에 근거하고 있다. 아들에게서 손자에게로 대대 이어받아 전하고 이미 30년이상 경과하고 있기 때문에 돌연 이 관계를 파괴할 수는 없다.
>
> … 오단吳壇과 그 아버지 오원좌吳元佐가 사자嗣子 선정을 상담했을 때에는, 아마 본종本宗에는 양자로 할 사람이 없어, 어쩔 수 없이 처가의 후손을 취했을 것이다. 거기에 처가의 후손이면 구족九族의 일원이고 친친親親으로서 화목하고 서로 의지함으로써 살아가는 것이다.
>
> 이것은 전부 친척의 인연이 없는 사람과는 크게 다르다. 그 위에 사람이 아들이 없어 입계立繼에 이른 것은 그 가산을 보전하고 조종祖宗의 제사가 제대로 치러지도록 원하는 것에 지나지 않는다. … 따라서 오당吳鐺의 입계立繼는 일시적인 필요에서 어쩔 수 없이 이루어진 것이기는 하지만, 부정不正하다고는 말할 수 없는 것이다.346)

라는 판어는, 유언에 기초한 사후입사死後立嗣의 사례이긴 하지만, 처가의 아들을 입사立嗣한 것이 사자死者와 그 부친의 유사遺思에 의한 것이고, 당시 달리 적당한 사람이 없고 더욱이 입사 이후 30여년이 경과한 것을 이유로, 그 이성 입사의 유효성을 확인하고 있다.347)

乎, 則陳如椿之虛妄　無可疑者).

346) 『청명집(清明集)』 戶婚門, 권8－18, 立繼類 「治命不可動搖」(吳鐺之立爲吳坦之子, 吳深之立爲吳坦之孫, 皆出於祖父母父母之治命, 由子　及孫, 弟弟相承, 已見於再世矣, 一旦復使之#杌不安, 可乎,…… 方吳坦與其父吳元佐之議立也, 想其環視本宗無人可立, 不得已取諸其妻家之裔, 亦曰關　於九族之一, 庶幾親親以睦, 而相依以生, 其較諸絶無瓜葛者, 良有間矣, 况人之無子而至於立繼, 不過願其保全家業, 而使祖宗之亨祀不忒焉耳, …… 吳鐺　之繼立也, 雖出於一時之權要, 亦不害其爲正).

347) 이 외 『면재집』권40 「李良佐訴李師膚取唐氏婦李家」에서도 이성양자의 嗣子로서의 지위가 확인되고 있다.

이러한 판례들은 양부자신이 이성양자를 사자로서 선택수양하고, 더욱이 그 양친자 관계가 어느 정도 오랜 기간에 걸쳐 존속되어온 것이 증명되면, 수양시기의 연령 등에 약간의 의문이 있다고 하더라도, 이성양자도 동종同宗양자도, 결국 친아들과 완전히 동일한 법적 지위를 확인 받은 것을 나타내고 있다.

하남부何南夫는 아들이 셋 있었다. 장남은 점点, 차남은 대중大中, 삼남은 열烈이라 했다. 대중大中은 출가한 후 죽고, 그 혈통은 끊어졌다. 점点에게는 덕무德橅라는 아들이 있었는데, 덕무德橅는 7살에 부모를, 12살에 조부를 잃자, 의지할 데 없는 고아가 되어 버렸다. … (덕무德橅는 어쩔 수 없이 출가했다.) … 당시 하열何烈도 친아들이 없었기에 이성자 조희손趙喜孫을 양자로 했는데, 만晩년이 되어 첩과의 사이에 오노烏老라는 아들이 태어났다. … (뒤에 덕무德橅가 성인이 되어 환속하였고 하열何烈에게 가산 분할을 요구해 소송이 제기되었는데, 그 사이에 하열何烈은 사망하였고 첩 무繆씨와의 사이에 소송이 계속되어 결국 덕무德橅의 지분이 인정되었다. 한편 무繆씨는 조희손趙喜孫을 견축遣逐하는 소송도 일으키고 있었던 것 같다) … 그 희손喜孫은 이성자이지만, 하열何烈이 생전에 안아 키웠기 때문에 「처가 있으면 처에게 따른다」고 하는 법에 따라야 한다.348)

라고 하는 판어에서는 이성양자가 생전에 수양되었던 사람이라면 동종양자에 적용되는 「남편이 죽고 처가 살아 있으면 그 처에 따른다. 夫亡妻在者, 從其妻」라는 영문令文이 적용되어 첩, 나아가서는 입사권자 이외로부터의 견축이나 쌍립雙立의 소송은 인정되지 않는 점이 드러나 있는 것이고, 이연離緣에 있어서도 동종양자와 같은 대우가 행해져야 했던 것이다.349) 「정情」으로서는 이성양자를 후계자로 하

---

348) 『청명집(清明集)』 戶婚門, 권5-03, 爭業下 「僧歸俗承分」(何南夫生三男, 長曰点, 次曰大中, 幼曰烈, 大中出家死絶, 点有子, 曰德橅, 七歲而父母亡, 十二歲而祖亡, 藐然孤兒, 茫無依歸, …… 自此何烈亦無親子, 遂抱養異姓子趙憙孫爲男, 晩年妾生一男, 名烏老, …… 所有憙孫, 雖 異姓子, 乃是何烈生前抱養, 自從妻在從妻之條). 임대희 등 옮김, 「역주 『청명집』 「호혼문」 권5」, 『중국사연구』34, 2005, p.345 참조.

기에는 다소의 꺼림이 있다고 하더라도[350], 「법」은 이것과 동종양
자사이에 구별을 두지 않았다.

사후양자의 경우라도,

> 생전에 양자를 택하는 것과 호절戸絶이 되어서 계자繼子를 세우는 것에서는
> 사정도 적용법도 전혀 다르다.[351]

라고 하는 판어의 말은 이성입사異姓立嗣가 인정되지 않는 방침이 있
었던 것 같지만, 현실적으로는 생전양자와 같이 이성입사는 널리
행해지고 있었던 것 같다.

우선 처에 의한 입계立繼의 사례를 보면,

> 황정길黃廷吉은 4형제로 위로는 정진廷珍, 정신廷新이라는 형이 있고, 아래
> 로는 정수廷壽라는 동생이 있었다. 정길廷吉은 모毛씨를 아내로 맞았지만 단평
> 端平원년(1234년) 5월에 정길廷吉은 젊은 나이에 죽고 말았고 자녀도 전혀
> 없었다. 모毛씨는 겨우 23세로 노후를 의지할 아들 하나 없고, 둘 있던 딸도
> 모두 죽어 버렸다. … 애초에 황진黃臻을 후계자로 세운 것에는 정말로 어쩔

---

349) 滋賀秀三는 『청명집(淸明集)』 戸婚門, 권8-06, 立繼類 「立昭穆相當人復欲私
意遣還」에 있어서「虞縣丞이 虞繼를, 遣棄收養의 子인 것의 구실을 만들어
쫓아내고 이렇게 하고 있는 것」(滋賀秀三, 『중국가족법의 원리』, p.565 주
(189))에 기초해서 「동종소목상당의 양자는 두드러지게 행동이 단정치 못한
것이 아닐 뿐, 양부 자신도 이것을 자의로 폐제할 수 없는 것에 대해서 異姓
收養의 子라면, 양부는 이것을 자유로 귀종 시킬 수 있다라고 한다, 차이가
의식되고 있는 듯 생각 된다」(滋賀秀三, 『중국가족법의 원리』, p.565)라고 하
는데, 이 판어는 사자의 아버지의 손으로 이루어진 사후양자의 사례이고, 양
부자신의 손에 의한 생전양자의 사례의 것이기 때문에, 이와 같이 결론 내릴
수 있을지 어떨지는 의문이다.

350) 滋賀秀三, 『중국가족법의 원리』, p.565. 「이성양자는 본래 정당한 승계인은
아니다라고 하는 관념이 없어지지 않은 것은, 이것을 폐제해도 좋다라고 하
는 사건이 많은 것 자체에 의해 알 수 있다」.

351) 『청명집(淸明集)』 戸婚門, 권8-02, 立繼類 「生前乞養」(身在養子, 戸絶立繼,
事體條法, 逈然不同).

수 없는 사정이 있었던 것이다. 당시 정신廷新은 결혼했지만 아들이 없었고, 정수廷壽는 정신병에 걸려서 결혼하지 않았고 정진廷珍에게는 세 아들이 있었지만, 정길廷吉과 연령이 비슷하고 게다가 정길廷吉은 생전 정진廷珍과 사이가 나빠 어떤 교류도 하지 않고 있었다. 정길廷吉이 죽었을 때에도 정진廷珍부자는 방관하고 있을 뿐 누구하나 조문하러 오지 않았다. 게다가 아이들의 소행도 좋지 못했다. 하모何毛는 그해 11월에 아버지의 종자매인 요寥씨의 집을 방문해서 그 차남 법랑法郎을 얻어 황진黃臻이라 이름 붙이고 정길廷吉의 후계자로 세웠다. [이것은 「시마緦麻이상의 친척親戚으로 이성異姓인 사람에게 보내져서 키워지면 3세이하라면 곧 그 성姓에 따른다」는 법문法文에 합치한다]는 것인데, 황진黃臻의 입사立嗣는 공정하게 조사한 바 불명확한 점이 많다.

지금, 아모阿毛는 남편이 생전에 수양했다고 주장하고 있는데, 그것은 이것에 의해 이성수양을 정당화하려고 하는 것에 지나지 않는다. 첫째로는 증거로 해야 할 제부除附의 증명서도 없고, 둘째로는 증인이 될 종족宗族도 없다. … 그러나 「남편이 죽고 아내가 있으면 그 아내에게 따른다」고 하는 법의 명문明文이 있고 황진黃臻은 입사立嗣되고 18년이 지났고 자모子母 서로 편안하고 쭉 사이가 나쁘지도 않고 가산을 관리하고 차역差役을 부담하고 토지를 매입하는 것등은 전혀 아무 잘못도 없었다.

백부인 정신廷新과 정수廷壽도 매년 교사를 불러 교육을 받게 하고, 혼례를 주맹해서 전혀 이의를 주장하지 않았다.

… (제거사提擧使는) 아모阿毛와 진臻을 현縣에 호송하고 황정신黃廷新·정수廷壽의 아들 8명중에서 현정縣庭에서 아모阿毛의 사자嗣子를 선정시키고 그 외 아모阿毛가 현재 가지고 있는 재산은 이등분해서(그 목록에) 관의 도장을 받고, 황진黃臻과 새로 세운 아들에게 각각 주지만 당면當面은 아모阿毛에게 관리시키도록 했다. 그래서 본현縣은 이 통지에 따라서 아모阿毛와 황진黃臻을 떠맡아, 황정수黃廷壽등 2명名의 아들 8인人을 소환해서 현정縣庭에서 아모阿毛에게 황정신黃廷新의 차남 우룡禹龍을 뽑게 해서 병립시키고, 모毛씨에게 (재산목록의) 수취장을 현에 제출하게 했는데, 그 외 … 황黃씨의 족장을 불러 모아, 정길廷吉의 가산을 공정하게 이등분하게 시키도록 하라.352)

---

352) 『청명집(淸明集)』 戶婚門, 권7－15, 立繼 「雙立母命之子與同宗之子」(黃廷吉親
兄弟四人, 上有兩兄, 廷珍, 次廷新, 一弟廷壽, 廷吉娶毛氏, 端平元年五月, 廷
吉短命身死, 兒女咸無, 毛氏之年僅二十有三爾, 且無一子可爲終身之託, 秪有
二女, 又皆不育,…… 原其立黃臻爲後, 誠有非得已者, 是時廷新雖娶尙未有嗣,
廷壽病風喪心未娶, 廷珍雖有三子, 與廷吉年齒相若, 加以廷吉在時, 與廷珍素
來不諧, 兄弟削迹, 不相往來, 廷吉身死之時, 廷珍父 子袖手旁觀, 無一人前來
弔慰, 兼其子之不肖, 故阿毛于當年十一日內, 問其表姑류氏家, 乞次子法郎立

라고 하는 판어에서,

「지금 남편 생전에 수양한 것을 말하고 있지만 이것은 이성의 이름을 덮
  고자 하는 욕망에 지나지 않는다」

라는 문언은 정말로 사후 이성양자는 인정되지 않는다고 말할 것
같지만, 그러나 제부의 수속을 거치지 않고 있음에도 불구하고 또
동종양자의 병립을 행하게 하면서도 18년간의 양모자관계의 존속
과, 「남편이 죽고 처가 살아 있으면 그 처를 따른다. 夫亡妻在者, 從其
妻」라는 입사법立嗣法의 적용에 의해, 처에 의한 이성 입계가 긍정되
고 있다. 더욱이

　　형림邢林과 형남邢枏은 친형제이다. 형림邢林은 아들이 없지만 형남邢枏은
두 아들이 있었음에도 불구하고 임林의 후계자로 세우려고는 하지 않았다. 형
형림邢林이 죽자, 그 어머니 오吳씨와 형수 주周씨의 뜻에 따라 조모 채蔡씨의
조카를 임林의 후계자로 세웠다. 이것이 지금의 형견邢堅이다. 채蔡씨의 아들
을 형邢씨의 양자로 하는 것은 본래 법에 위배되고 있지만, 그러나 당시 이것
은 견堅의 양조모 오吳씨와 양모 주周씨의 뜻에 근거해서, 형남邢枏자신도 이
것을 명했기 때문에, 위법인 입사立嗣라고는 하더라도 견堅에게 책임은 없는
것이다. 만일 형남邢枏의 종족宗族으로 의義를 분별한 사람이, 형남邢枏이 견堅
을 입사立嗣하려고 했을 때에 위법이라고 해서 싸웠다면 문제없지만, 입사立嗣
후 8년이 지나서 이것을 고치려고 하는 것은 허락되지 않는다.

爲廷吉後, 名曰黃瑧　〔此合緦麻以上親異姓者與　人養, 三歲以下, 卽從其姓〕,
但黃瑧之立, 揆之公議, 誠未明白, 今謂其夫生前收養, 不過欲以此盖其異姓之
名耳, 一無除附之遽可憑, 二無宗族之主可證, …… 但夫亡妻在, 從其妻, 法有
明條, 黃瑧已立十有八年, 子母相安, 終始無間, 幹當門戶, 祇奉差役, 增置田額,
並無一毫顯過, 其次伯廷新廷壽連年延師訓迪, 主盟婚對, 初未嘗有異說, ……
押阿毛瑧下縣, 仰於黃廷新廷壽子姪八人, 當廳聽阿毛自行選之, 令外將阿毛見
存產業摽撥作兩分, 經官印押, 付黃瑧及新立之子, 各人收執, 仍聽阿毛掌管, 本
縣除已遵稟, 收管阿毛黃瑧, 喚到黃廷壽兩位子姪八人, 當縣已遽阿毛選立黃廷
新次子禹龍並立爲子, 及責毛氏領將附縣外, …… 呼集黃氏族長, 將黃廷吉分
產, 從公作兩分均分).

오吳씨와 주周씨가 살아있는 동안에 싸웠다면 문제가 없지만, 그들이 모두 죽은 후에 견축遣逐하려고 하는 것은 허락되지 않는다. 하물며 이 8년동안 양 조모·모가 사랑하며 키워 사이도 나쁘지 않고 형남邢柟도 소송을 일으켜 형 견邢堅의 허물을 지적한 적도 없었고, 견堅은 형邢씨의 양자가 되어 8년간에 3번 승중承重에 복상하고 있는 것이다. 그럼에도 불구하고 조모·모가 차례로 죽은 것을 틈타서 형남邢柟은 갑자기 이유도 없이 다시 오덕손吳德孫을 견堅의 동생으로 세우려고 하고 있다.

… 더욱이 형남邢柟은 「견堅은 유약幼弱합니다」고 주장하고 있지만, 그 조모·모가 명립命立한 7살 때에는 유약幼弱하다고는 말하지 않았는데, 지금 14살이 되어 유약幼弱 하다고 말하는 것은 사리에 맞지 않다. … 나이는 아직 어리고, 나쁜 일도 하지 않고 가산을 파탕한 일도 없는데도 불구하고 갑자기 이유도 없이 조모·모가 생전에 입사立嗣해서 8년을 경과한 사람을 견축遣逐하려고 말하는 것은, 이치상으로도 단호히 허락할 수 없다.[353]

라는 판어도, 「채蔡의 아들을 키워서 형邢의 후계자로 하는 것은 본래 법의法意에 어긋난다」라고 말하면서도, 입사시立嗣時 7살이었던 이성양자에게 사자死者의 처와 어머니의 뜻에 근거하여, 8년간 양모자 관계가 존속해온 것을 이유로 해서 그 사자로서의 지위를 확인하고 있다. 이상의 두 예 모두, 그 후에 동종양자의 쌍립을 권장 받는 일은 있다고 하더라도, 또 본래 이것이 합법적인 것이라고는 할 수 없을지라도 결국에는 정당한 입사권자인 아내의 의사에 의해 행해

---

353) 『청명집(淸明集)』 戶婚門, 권7−01, 立繼 「生前抱養外姓歿後難以搖動」(邢林邢柟爲親兄弟, 邢林無子, 邢柟雖有二子, 不願立爲林後, 乃於兄死之日, 卽奉其母吳氏嫂周氏命, 立祖母蔡氏之姪爲林嗣, 今日邢堅是也, 夫養蔡之子爲邢之後, 固非法意, 但當時旣出於堅之祖母吳氏及其母周氏之本心, 邢柟又親命之, 是自違法而立之, 非堅之罪也, 使邢柟宗族有知義者, 以爲非法, 力爭於邢柟方立之時, 則可, 今欲轉移於旣立八年之後, 則不可, 力爭於吳氏周氏未死之時, 則可, 今欲遣逐於吳氏周氏方死之後, 則不可, 況八年之內, 非特其祖母其母鞠之愛之, 並無間言, 邢柟亦未嘗有詞指邢堅之過, 且堅爲邢氏子八年, 三承重服, 一旦因其祖母其母繼亡, 柟乃無故遽欲再立吳德孫爲堅之弟, …… 且柟謂堅幼弱也, 其祖母其母命立於七歲, 而不以爲幼弱, 今十有四矣, 反以爲幼弱, 可乎, …… 年未長, 惡未著, 破家蕩産未有實迹, 遽欲無故遣之, 其祖母其母生前已立八年之嗣, 於理斷斷乎不可).

진 입사면, 현실적으로는 이것을 인정하는 경향을 나타내고 있다. 특히 후례後例에 있어서 이성7세의 입사가 용인되어 있는 것은 주목할만한 가치가 있다.

입사권자가 사자死者의 모母인 명계의 경우에도 이런 경향이 나타나 있다.

> 아진阿陳은 형수이고 장양중張養中은 시숙이다. 형수는 버려진 아이를 양손으로 하려고 하고 시숙은 자기 아들을 형의 후계자로 하려고 하고 있다. … 아진阿陳은 남편 장양직張養直의 사후 30년에 걸쳐서 후가後家를 통해서 친아들 이옹頤翁을 양육해 왔는데 이옹頤翁은 24세로 죽고 말았다. 그래서 이옹頤翁을 위해서 입사立嗣했는데 조모의 뜻에 따라 유손幼孫을 세우는 것은 전혀 지장 없다.
>
> 과부인 형수의 몫이 큰데 어찌 시숙이 따르지 않을 수 있겠는가? 「존장명입命立」의 법에 비추어도 어떤 지장도 없다. … 장이옹張頤翁은 소정紹定3년(1230년)에 죽고 그 어머니 아진阿陳은 그 해에 3세의 버려진 아이를 양손으로 삼아서 동조同祖라 이름 붙였다. 당정當庭에서 조사한 바 지금 꼭 8, 9세여서 주장이 진실한 것은 확실하다. 「포양유기裒揚遺棄」의 규정에 비추어도 정말로 정당하다. … (장양중張養中의 아들 아애亞愛의 입사는 소목불상당昭穆不相當이기에 물리친다) … 아진阿陳에게는 동조同祖를 양손으로 하도록 명한다.354)

이 판어는 사자死者의 모母를 입사권자로 규정하고, 그녀의 기아 수양을 정당하다고 한다. 죽은 사람의 어머니의 동생은 입사권자도 아니고 입사하려고 한 아애亞愛도 소목불상당인 것이 큰 요인이기는

---

354) 『청명집(淸明集)』 戶婚門, 권7-12, 立繼 「已有養子不當求立」(阿陳嫂也, 張養中叔也, 嫂欲立遺棄子爲孫, 叔欲以自己子爲嗣, …… 阿陳自夫張養直身故之後, 已守志三十年, 撫養就生一子頤翁, 年二十四歲而夭, 遂與頤翁立嗣, 以祖母之命, 儘可以立幼孫, 以寡嫂之分, 豈不尊于乃叔, 揆之尊長命立之條, 委無違礙, …… 張頤翁于紹定三年身故, 其母阿陳當年收遺棄三歲小兒爲孫, 名曰同祖, 當廳相驗, 今方八九歲, 可見所陳不虛, 揆以抱養遺棄之條, 委爲允當, …… 今仰阿陳收養同祖爲孫).

하지만, 여기서 기아를 후계자로 하는 것이 인정된 것은 후계자 결
정권자가 그것을 원했기 때문이다. 그리고 이와는 반대로 후계자결
정권자가 이성입사를 원하지 않았다고 했다면,

이학문李學文에게는 소목상당자昭穆相當者가 없을 뿐 아니라 그 모母 아장阿
張도 명계를 원하지 않는다는 고소장을 몇 번이고 제출하고 있기 때문에, 관
사로서도 억지로 이성異姓에서 후계자〔嗣子〕를 구하게 시킬 수 없다. 단 가산
분할을 행하게 시킬 뿐이다. 이李씨 1호의 전지田地를 산정해서 (이등분해서)
1분分을 이유현李惟賢(아장阿張의 망부의 동생)에게 귀속시키고, 1분分을 아장
阿張과 이학예李學禮(학문學文의 동생)의 모자에게 귀속시켜 공동관리 시켜라.
이학예李學禮에게는 장래 두번째 아들이 생기면 그 아들에게 학문學文의 뒤를
잇게 하라. 만약 생기지 않으면 아장阿張의 생각대로 하도록 시켜라.355)

라고 하는 판어가 나타내듯이, 존장들이 이성양자의 입사를 요구해
온다고 하더라도 입사권자의 의사가 우선되어 이성자異姓子의 입사
는 거절되고 경우에 따라서는 어쩔 수 없이 죽은 사람의 제사단절
도 있었던 것이다.
　　그리고 존장의 협의에 의한 명계의 경우에서도,

절가絶家라고는 하더라도 존장이 명계命繼했던 것이기 때문에, 이성으로 3
세 이하가 아니었다고 하는 것은 일단 불문에 붙인다.356)

　라고 해서 4세 이상의 이성자에의 명계를 용인한 판어가 있지만,

---

355) 『청명집(淸明集)』, 戶婚門, 권8－04, 立繼類「叔敎其嫂不願立嗣意在呑倂」(今
　　李學文旣無昭穆相當之子, 而其母阿張又常有不願命繼之詞, 在官司, 豈可强令
　　求之異姓, 但當與之分, 定一戶田業, 一分還李惟賢, 一分還阿張與李學禮母子
　　同共掌管, 候李學禮將來如有兩子, 令將一子以繼學文之後, 如亦無之, 則聽阿
　　張區處).
356) 『청명집(淸明集)』 戶婚門, 권8－33, 女承分「處分孤遺田産」(雖云絶家, 尊長許
　　令命繼, 異姓非三歲以下, 亦姑勿論).

이것도 존장의 협의가 정당한 후계자 선정기관이 되어 있었기 때문
이다.357) 결국 사후양자라도 입사권자가 이성자를 후계자로 선택하
는 한은 생전의 이성자 수양과 어떠한 다른 취급은 행해지지 않았
고 입사권자가 정당하게 이성자를 후계자로 선정한 후에는 생전과
사후에 관계없이 전부 동종 양자와 동일한 법적 지위를 획득했던
것이다.

제2절   의자義子(단순양자)로서의 이성異姓양자

　　의자義子 혹은 「단순양자」358)란 일상생활에 있어서는 양가의 일
원이면서 후계자〔嗣子〕로서의 지위를 가지지 않는 즉 법적·복제상
服制上에 있어서 정규 가족구성원으로서 대우받지 못하는 존재였다.
따라서 가산에 대한 지분도 당연히 가질 수 없는 양자이다.359) 이러
한 양자에 대해서는 이연離緣을 둘러싼 문제도 다르고, 이성불양異姓

---

357) 이 외 『청명집(淸明集)』, 戶婚門, 권8-17, 立繼類 「先立一子俟將來本宗昭穆
　　相當人雙立」에서는 유일의 동종소목상당자 丁億를 死者와의 不知 등에 의
　　해, 칠세의 이성양자 榮孫을 유언이 위조된 것에 의해 물리친 것, 「貴奴之子,
　　雖異姓, 方在襁褓, 而一鶚一夔鄧氏□□皆所願立, 固非所由尊長, 參之人情法
　　意, 亦近之, 然使獨立, 恐不能絶丁億之詞, 莫若照條檢校, 先立貴奴之子, 仍俟
　　丁族子孫之生者, 擇昭穆相當而並立之, 而鄧氏□□不許典賣」로서 乳兒인 異
　　姓子를, 존장의 협의는 경유하지 않은 것의 근친자의 지지가 있다고 하고,
　　장래 소목상당자가 있다면 쌍립하는 것을 조건으로 하면서 입사시키고 있
　　다. 다만, 여기에서 입사가 인정된 귀노의 자는 이성이라고는 말해지고 있다
　　고 하더라도, 실은 사자의 유복자일 가능성이 높다(梅原譯, 『청명집(淸明集)』,
　　p.57주(7))로, 사후이성양자의 사례로서는 부적당할 지도 모른다.
358) 滋賀秀三, 『중국가족법론』, p.100.
359) 仁井田陞, 『支那신분법사』, p.790; 滋賀秀三, 『중국가족법의 원리』, pp.559~
　　561, pp.570~573.

不養의 금지도 해당되지 않는 것이지만, 그것에 대해서 당률은 아무 것도 언급하고 있지 않다.360) 때문에, 당률 및 송형통에 있어서 이 것이 부정되고 있는지, 혹은 묵인되고 있었는지는 불분명하다. 이점 에 대해서 니이다노보루仁井田는 「당률령에서는 이러한 무양撫養의 아들이든 후계자이든 구별하지 않고 일반적으로 양자될 사람은 동 종同宗으로 소목상당昭穆相當인 사람을 결연의 요건으로 했다」361) 고 해서 전적으로 부정적인 견해를 취하고, 시가슈우조滋賀도 「여기서 는 이성의 의자가 되는 사람은 아직 제도적인 승인을 받고 있지 않다. 애초에 당률에는 「양자養子」란 말이 있을 뿐 「후계자〔嗣子〕」, 「의자」등의 용어는 존재하지 않아 두 개의 개념이 아직 분화되어 있지 않았다」362)고 해서 약간 묵인의 가능성을 보이면서도 역시 부 정적인 견해를 취하고 있다. 그러나 국가 정책적인 입장에서 보면 부랑아 ─특히 4세 이상의─ 를 수양하고 게다가 그것에 의해 가족 공동체의 예적禮的질서가 흐트러지지 않는 수양收養형식은 역시 장려 되었으면 되었지 금지되는 것은 아니다. 그렇다고 법문에 규정이 없어 「제도적인 승인」363)은 행해지고 있지 않았다고 하더라도, 조 금은 묵인의 가능은 있었던 것이라고 생각되어진다.

따라서 남송이 되면 법률문 자체가 이러한 양자를 「의자」라 부 르게 되고, 국가법은 그 존재를 명백히 공인하게 되지만, 그 지위가 정규 가족 구성원과 범인凡人 ─전혀 모르는 타인─ 과의 중간적 존 재인 것은

의자손義子孫이 조부모·부모를 때리면 범인凡人에 3등等을 더한다. (동거同

---

360) 『당률소의역주』Ⅱ, p.225.
361) 仁井田陞, 『支那신분법사』, p.790.
362) 滋賀秀三, 『중국가족법의 원리』, p.563.
363) 앞과 같음.

居하는) 존장 및 이거異居하는 기친期親의 존장을 때리면, 범인凡人에 1등等을 더한다.364)

　　의자손이 양가의 (동거하는) 존장 및 이거異居하는 기친期親의 존장을 간통하면 상구가등相毆加等의 법에 따른다. 부녀는 범간凡姦으로써 논한다.365)

등의 칙문에 의해 드러나 있다. 예를 들면 친자손이 그 조부모·부모를 때리면 그것만으로 참수형에 처하지만,366) 의자손의 경우, 가장 가벼운 「수족으로써 사람을 쳤을 때」 범인의 경우 태형40대367)에 처하는 처벌에 3등等을 더해서 장형70대로 처벌하는 것에 지나지 않는다.

　　의자가 발생하는 기연機緣으로서는 기아棄兒와 같은 「친가에서 정상적인 가정생활을 받을 수 없는 불행한 운명에 놓여진 자」368) 가 양가의 은혜로, 혹은 단순한 노동력으로서 인수되는 것과 같은 경우를 우선 생각해 볼 수 있다. 송 대에 있어서는 재해나 전란戰亂, 빈곤 등에 의해 발생한 기아를 수양한 자에게는 양육비를 지급한다고 하는 조치가 취해지고 있었기 때문에369) 이와 같은 의자도 상당수 존재하고 있었다고 생각되어지며, 판어判語에는 다음의 한 예만 보인다.

---

364) 『慶元條法事類』권80, 雜門, 諸色姦犯, 旁照法, 鬪訟勅(諸義子孫毆祖父母父母者, 加凡人參等, 尊長及異居期親尊長, 加凡人壹等).

365) 『慶元條法事類』권80, 雜門, 諸色姦犯(諸義子孫姦所養之家尊長及異居期親尊長, 並依相毆加等法, 婦女, 以凡姦論).

366) 『당률소의』권22, 투송, 毆詈祖父母父母; 『송형통』권22, 투송율, 夫妻妾 相毆並殺〔毆詈內外親屬並殺　毆詈父母祖父母並過失殺, 毆詈舅姑並殺, 殺傷子孫之婦〕(諸詈祖父母父母者, 絞, 毆者, 斬).

367) 『당률소의』권21, 투송, 鬪毆以手足他物傷; 『송형통』권21, 투송율, 鬪毆故毆故殺〔以兵刃斫射人　保辜　同謀共毆　以威力制縛人〕(諸鬪毆人者, 笞四十〔謂以手足擊人者〕).

368) 滋賀秀三, 『중국가족법의 원리』, p.554.

369) 본장 제1절 주(316)참조.

하달夏達은 서명徐明의 친아들이 아니기에 서명徐明은 진인秦人이 월인越人의 비척肥瘠을 보듯이 무관심한 대우를 하고, 하달夏達이 병에 걸리자 그를 다른 사람의 집에 맡겨버렸다. 지금 만약 하달夏達을 서명徐明의 집에 돌려보낸다고 하더라도 그 죽을 때를 앞당길 뿐이다. 당분간 하파何婆의 집에 맡긴 채로 두어 병이 나으면 서명徐明에게 맡기게 하도록 명한다. (현재 서명徐明에게 지급되고 있는 하달夏達의) 매달 양육비는 하何가에 있는 하달夏達에게 지급해서 그 생활비로 하도록 하라.370)

그러나 정규 가족 구성원이 아닌 의자에 대해서도 그 부모인 이상 부양의 의무를 지고 있던371) 것이 이 판어에 확실히 나타나 있다.

판어에 나타나는 전형적인 의자유형으로는 「어머니가 시집가는 데 따라 간 아들〔隨母嫁子〕」로 불리는 것이다. 이것은 수양이 아니고 혼인에 의해 발생하는 것으로, 남편이 먼저 죽은 과부가 다른 집에 개가할 때에 그 아들을 데리고 가는 경우, 그 여성을 아내로서 맞이한 집은 이성자異姓子를 자기 집에 수용하게 된다. 이때 새로운 남편과 의붓자식과의 사이는 의제적擬制的 친자관계가 성립된다.372) 또한 과부가 접각부接脚夫를 맞아서 그 접각부에게 자식이 있는 경우에도 같은 사태가 발생한다.373) 판어는 이런 아들을 「의자」라

---

370) 『청명집(淸明集)』 人倫門, 권10-02, 父子 「父子非親」(夏達非徐明親子, 所以待之如秦人視越人之肥瘠, 於其病也, 只寄之他人之家, 今若强其歸徐明之家, 未必不速其死, 仰且在何婆之家, 候病愈日, 示徐明責領, 所有月糧, 合還夏達在何家, 爲日食之資).

371) 이 의무를 과한 것이 양육비지급의 조건이었던 것이다.

372) 滋賀秀三, 『중국가족법의 원리』, pp.573~574. 또한 隨母嫁子의 사례에는 본문 중에 게재한 것 외, 『청명집(淸明集)』 징악문, 권12-03, 姦穢 「士人因姦致爭旣收坐罪名且萬敎誨之意」(陳憲者, 自稱爲宦家之後, 又隨其母嫁劉推官)가 있다. 또한 같은 책 戶婚門, 권7-31, 義子 「義子包倂親子財物」에는 「再嫁之妻將帶前夫之子, 就育後夫家者多矣」라 하고, 이와 같은 관행이 널리 행해지고 있었던 것이 나타나고 있다.

373) 『청명집(淸明集)』 戶婚門, 권8-39, 義子 「背母無狀」(詳王氏所供, 初事張顯之

고도 부르고 또한 당률은 이 경우의 부父를 「계부」라고 부르고 있
다.374)

　이러한 의자는 의부와 주거를 같이해서 그의 부양을 받고는 있
지만, 원래는 그 집의 혈통을 이어받은 사람은 아니고 생가의 혈통
을 이어야할 사람이기 때문에 성姓은 친부의 성姓을 따라야 하며 의
부의 성을 따르는 것은 「모성冒姓」 －성을 속이다－ 이라고 해서 이
법異法이라는 평가를 받고 있었다.375) 따라서 의부의 후계자로서 대
우받는 일은 있을 수 없고, 가산 분여에도 관여하지 못하였다.376)
판어는

　　爲妻, 顯之旣死, …… 始招許文進爲接脚夫, 許萬三者, 乃許文進之子, 帶至王
　　氏之家者也).
374) 『당률소의』권23, 투송, 毆妻前夫子; 『송형통』권23, 투송율, 毆前夫之子及受業
　　師〔毆繼父, 毆嘗殺傷夫之周親以下〕(毆傷繼父者〔謂曾經同居, 今異者〕, 如
　　緦麻尊同, 同居者, 如一等〔餘條繼父準此〕,【疏】議曰, 繼父者, 謂母後嫁之
　　夫). 또한 禮 및 당률 상의 繼父子 관계에 대해서는 滋賀秀三,『중국가족법의
　　원리』, pp.573~577 참조.
375) 義子 없는 자가 「冒姓」을 행한 사례로서는, 「皇祐四年四月, 廣源州蠻儂智高
　　反, ...初知儻猶州儂全福, 殺其弟知万涯州存祿及其妻之弟知武勒州儂當道, 而
　　倂有其地, 交阯怒, 興兵虜全福及其子智聰以歸, 而其妻阿儂, 遂嫁商人而生智
　　高, 智高生十三年, 殺其父商人曰, 天下豈有二父耶, 因冒儂姓, 與其母奔雷火洞,
　　久之, 復出據儻猶州, 建國曰大歷國, 阿儂僞称皇太后」(李攸『宋朝事實』권16,
　　兵刑「平廣南蠻賊儂智高」)가 있다. 또한, 범죄를 범한 서리가 다시 벼슬길에
　　오르기 위해 「開易姓名」하고 있던 것을 나타낸 것으로서, 「(宣和 6년 2월)三
　　十日詔, 諸路州縣公人犯臟私罪, 依格雖會恩, 永不收叙, 皆有期限, 若有所規避,
　　改易姓名應召募, 官司明有法禁, 訪聞州縣近來多以不應叙, 或合叙而歲月未滿,
　　或曾斷罪, 而改易姓名之人, 輒敢違法收補, 庇姦猾, 肆爲欺擾, 可申明條約行下,
　　仍令逐路監司常切覺察」(『송회요』165책, 刑法二上, 刑法禁約二), 「諸州縣公吏,
　　曾因犯罪勒停〔謂於法不該收叙, 及未該收叙者〕, 放罷編記, 再行投募充役者,
　　許人告, 若不該收叙而隱落過犯或改易姓名, 別行投募者, 徒二年, 卽州縣收叙
　　公吏, 於令格有違者, 准此」(『경원조법사류』권13, 職制門1勒, 叙復, 職制勅)등
　　이 있다.
376) 仁井田陞,『支那신분법사』, p.808; 滋賀秀三,『중국가족법의 원리』, pp.576~
　　578.

공정하게 본종本宗의 소목상당자昭穆相當者를 뽑아 공달公達의 사자嗣子로 세
워라. … 진일선陳日宣은 외성外姓의 사람으로, 어머니가 개가했을 때 데려온
의붓자식이기 때문에, 공달公達의 가산에 대해서 일선日宣은 참견해서 소송을
일으키거나 해서는 안된다.377)

라고 해서, 의자에게 의부義父의 가산에 관여하는 것을 금하고 후계
자에는 본종소목상당자本宗昭穆相當者를 따로 뽑게 하도록 하는 한편,

서이徐二는 처음 아채阿蔡를 취해서 아내로 삼고, 딸 오육낭五六娘을 얻었다.
그후 아풍阿馮을 아내로 맞았지만 아들을 낳지 못했다. 아풍阿馮은 전 남편 진
십삼陳十三의 아들 진백사陳百四를 데려와 있었다. 서이徐二가 입사立嗣해야 마
땅한데 하지 않은 것은 아마도 아풍阿馮모자가 가사를 전담하고 입사立嗣에
동의하지 않았기 때문일 것이다. 서이徐二는 자신의 사후 가산이 이성異姓에
뺏겨버릴 것을 깊게 염려해서 순우淳祐 2년(1242년)에 자필의 유언을 작성
하여 토지가옥을 누이동생과 딸에게 급부하고 장래 아풍阿馮을 돌보고 장례도
치르도록 명해두었다.378)

라고 하는 판어에서는, 서이徐二는 의자 진백사陳百四를 후계자로 할
것은 생각지도 않고 거꾸로 가산을 「이성異姓이 훔치게 될」것을 염
려해서 이것을 여동생과 딸에게 분여한다는 요지의 유언을 남기고
있다. 더욱이, 친아들이 있는데도 의부의 가산을 독점하려고 한 의
자에 대해서는

---

377) 『청명집(清明集)』, 戶婚門, 권8−22, 歸宗「出繼不肯官勒歸宗」(從公擇本宗昭
穆相當人, 立爲公達之後, …… 陳日宣自係外姓人, 遂母嫁于公達, 所有公達戶
下物業, 日宣不得干預惹詞).

378) 『청명집(清明集)』戶婚門, 권9−09, 違法交易「鼓誘寡婦盜賣夫家業」(徐二初娶
阿蔡爲妻, 親生一女五六娘, 再娶阿馮, 無子, 阿馮有帶來前夫陳十三之子, 名陳
百四, 徐二宜立嗣而不立嗣者, 盖阿馮母子專其家, 不容立也, 徐二盧之熟矣, 恐
身死之後, 家業爲異姓所攘, 乃於淳祐二年手寫遺囑, 將屋宇園池給付親妹與女,
且約將來供應阿馮及了辦後事).

요악姚岳은 만년에 아정阿鄭을 아내로 맞았다. 아정阿鄭은 전남편 소蕭씨의 아들 소진손蕭眞孫을 데려와서, 요姚의 집에서 그를 양육했다. 소진손蕭眞孫은 막 5살이었다. 요악姚岳은 그를 양육하고, 성인이 되고 나서는 아내를 맞아 주었다. … 아내를 맞아 준 후에는 그를 별거시켰다. … 이것은 요악姚岳에게 서자 우좌虞佐가 있어 요악姚岳이 그를 진손眞孫에게서 지켜주려고 했기 때문이다. 실은 진손眞孫이 훗날 우좌虞佐에게 있어 걱정거리가 될 것을 염려했기 때문이다. 그런데 아정阿鄭과 요악姚岳이 잇달아 죽자, 소진손蕭眞孫은 악사惡事를 실행에 옮겨 유약幼弱한 우좌虞佐를 학대하고 부당하게도 요숭姚崇이라 이름지어 요악姚岳의 노비와 재물을 전부 빼앗아 버렸다. … 그러나 성명은 바꿀 수 있어도 법률은 바꿀 수 없는 것이다. 만약 소진손蕭眞孫이 요악姚岳의 가산을 욕심내어 요악姚岳의 아들이 될 수 있다면, 세상의 의붓자식은 전부 친아버지를 버리고 타인他人의 아들이 되어버릴 것이다. … 재물은 요姚씨의 재물이고, 노비는 요姚씨의 노비이다. 소진손蕭眞孫은 이것을 점거할 수 없다. 그리고 소진손蕭眞孫이 요숭姚崇이라 이름지은 것은 자백으로 확실하다. 멋대로 친부에게 등을 돌리는 언동을 하고 멋대로 성명姓名을 바꾸어 친부의 혈통을 끊고자 하고 의부義父에게 죄를 지어 그 재물을 약탈하여, 사자死者와 생사生死에게 해를 입힌 것은 전부 중벌에 처해야 하지만 소인小人이 욕심에 사로잡혀 법을 범한 것이기에 심하게 나무랄 정도의 일도 아니다. 형을 가볍게 하여 감장勘杖 100대에 처한다. 그가 요악姚岳의 집에서 가져간 은·회자會子·상농箱籠 등의 동산은 전부 요우좌姚虞佐에게 반환시키고 우좌虞佐에게서 수취장을 받고 상신上申하라. 그리고 이후 부당하게 성명을 속여 요姚의 집안에 와서 소란을 일으키지 않는다는 약정서를 받으라. 아정阿鄭의 지참재산에 대해서는 우좌虞佐에게 그 반을 주도록 하라.379)

---

379) 『청명집(淸明集)』 戶婚門, 권7-31, 義子 「義子包倂親子財物」(姚岳晚娶阿鄭, 阿鄭携前夫蕭氏子, 曰蕭眞孫者, 就育于姚之家, 眞孫且五歲矣, 姚岳拊育之, 以至于長成, 而爲之婚娶, …… 自其旣娶, 使之別居, …… 盖姚岳庶生親子, 曰虞佐, 姚岳深爲眞孫之防, 正懼其他日自爲虞佐之擾耳, 夫何阿鄭死, 姚岳相繼而死, 眞孫之姦貪遂行, 欺凌虞佐之幼弱, 詭冒姚崇之姓名, 占誘姚岳之婢僕, 豪奪姚岳之財物, …… 不知, 姓名可改, 而條法不可移, 使蕭眞孫而可以貪姚岳之財, 冒姚岳之子, 則凡天下隨母改適者, 皆將舍其父而爲他人子, …… 財物, 姚氏之財物也, 婢僕, 姚氏之婢僕也, 蕭眞孫豈得而遽有之, 今遽眞孫作姚崇名供招分明, 以言其妄背親父, 輒改其姓名, 以絶滅其嗣續, 辜負義父而奪穰其財物, 擾害其沒存, 皆當重實于罰, 以其小人因貪犯法, 不足深責, 從輕勘杖一百, 監還搬運姚岳家銀會箱籠, 但干物件, 取姚虞佐領足將申, 仍責將自後不得詭冒姓名, 登門搔擾, 所有阿鄭奩篋衣物, 示虞佐以其半分給之).

라고 해서 가산을 전부 친아들에게 반환하게 하고, 의부義父의 이름을 사용한 것을 포함해서, 그를 위법행동으로서 감장勘杖 100대에 양형量刑한다는 판결이 내려져 있다.

이와는 반대로, 의자 자신이 친가에서 가져 왔거나 혹은 이것을 운영하여 불린 재산에 대해서는 의부의 친아들의 간섭을 허락하지 않는다.

> 구여丘如는 아황阿黃의 전남편의 아들로, 구윤丘閏의 의붓자식이 되었다. 아황阿黃은 구윤丘閏과 생활을 같이해서 구인丘寅과 구영丘寧을 얻었다. 구윤丘閏은 처의 전남편의 아들을 자기 아들로 하는 것을 승낙하지 않았음에 틀림없기 때문에 자기가 구입한 토지라면 구윤丘閏의 명의로 했을 것이다. 그런데 제출된 구여호丘如戶의 계약서는 전부 구여丘如의 명의로 되어 있어, 구여丘如가 죽은 친부의 재산을 운영運營해서 구입한 것임은 틀림없다. … 구인丘寅 등은 구윤丘閏이 구입한 토지에 대해서만 그 몫을 가질 수 있고, 의형의 재산을 분할할 수는 없다. 「부모가 생존해 있으면 별적이재別籍異財해서는 안된다」는 주장에 대해서는 구여丘如가 원래 이李가의 아들이기 때문에 이 법문에 위배되지 않는다. 그러나 구여丘如는 자기의 재산을 가지고 있는 이상, 구윤丘閏의 토지에 대한 몫을 가질 수 없다. 이와 같이 하면 구인丘寅과 구영丘寧도 불평할 수 없을 것이다. 계부의 부양과 모친의 장례비용에 대해서는 구여丘如도 다른 아들의 몫의 하나를 부담해야만 한다.380)

여기에 나타나 있듯이, 의부의 친아들과 의자와는 애초에 별적이재別籍異財의 상태에 있었던 것이다. 단지 위의 두 번째 예가 나타내고 있듯이, 모친의 지참재산에의 지분과 그 장례비용의 부담에

---

380) 『청명집(淸明集)』 人倫門, 권10-19, 兄弟「與義兄爭業」(丘如乃阿黃前夫之男, 帶來嫁與丘閏, 阿黃與丘閏共爭, 再生丘寅丘寧, 丘閏必不肯私其妻前夫之子, 若有置到田業, 合作丘閏名字, 索到丘如戶下契書, 並作丘如名字交關, 此是丘如將故父財物營運置到無疑, …… 丘寅等只合分丘閏置到之業, 却無緣分析義兄財産, 若謂父母在不得別籍異財, 然丘如本是李家之子, 不礙上條, 但丘如旣已有財産, 却不得再分丘閏田業, 則丘寅丘寧亦自無說, 所有供瞻繼父葬送母親, 丘如合當諸子分之一).

대해서는, 친아들도 의자도 동일한 비율을 가지고 있었다. 그러나 현실에는 의자에 대한 재산분여도 행해지고 있던 것을 나타내는 판어도 남아 있다.

이자흠李子欽은 몇 살 되지 않아 어머니가 개가할 때 담념화譚念華에게 데려간 아들이 되어, 30년 동안 친부자와 같이 장육長育의 은혜를 입어 왔다. 그러나 이자흠李子欽은 덕德을 배반하고 의義를 잊고, 그 어머니와 음모를 꾸며서 담념화譚念華와 그 친아들 사이를 이간해서 담념화譚念華의 가산을 독점하려고 했다. 담념화譚念華는 어리석게도 이 계획을 눈치채지 못하고 후처에 대한 사랑에 빠져서 이자흠李子欽의 간계에 넘어가 전처의 아들을 쫓아내고, 억지로 계약서를 작성시켜서 토지를 전부 이자흠李子欽에게 주어 버렸다.

… 이자흠李子欽은 무진년戊辰年(가정嘉定원년 1208년)에 어머니 담념화譚念華에게 데려간 자식이 되었는데 지참한 동산動産도 없고 친부에게도 토지는 없었다. 이자흠李子欽은 성인이 되어서도 취직하지 않고, 담념화譚念華에게 부양되고 아내도 얻었다. 그 어머니 아위阿魏는 담우길譚友吉의 형제(전처의 아들)를 증오하고, 담념화譚念華에게 간악하게 말해서 내어쫓게 하고, 이자흠李子欽만을 곁에 두게 했다. 담념화譚念華의 동산動産은 이자흠李子欽에게 옮겨지고, 토지는 이자흠李子欽에게 매매를 가장해서 주어지고 가옥의 종류도 전부 이자흠李子欽의 수중에 돌아가 담우길譚友吉의 형제는 손도 댈 수 없게 되었다.

… 관사官司가 만약 공정하게 판결하지 않고, 이자흠李子欽의 나쁜 계획에 현혹되어 담념화譚念華의 개인의 뜻을 이루게 해 버리면 담우길譚友吉의 형제는 굶어 죽고 譚씨의 혼은 굶어버릴 것이 틀림없다.

… 이자흠李子欽이 제출한 10통의 계약서는 전부 이 자리에서 파기하라. 현縣에서 본보本保에 통지시켜서, 담譚씨의 족장을 소환하고, 담념화譚念華 소관의 토지 및 이자흠李子欽의 명의로 구입한 토지를 전부 법률대로 여러 아들에게 균분均分시켜라. 이자흠李子欽은 이러한 죄상이 있는 이상, 본래 균분자 중에는 포함될 수 없지만, 일단 오래 동거하고 담념화譚念華에게 매우 사랑〔鍾愛〕을 받고 있었기 때문에, 특별히 일정한 몫을 준다.381)

---

381) 『청명집(淸明集)』 戶婚門, 권4−23, 爭業上「隨母嫁之子圖謀親子之業」(李子欽 甫數歲, 卽隨其母嫁于譚念華之家, 受其長育之恩凡三十年矣, 其與的 親父子何義, 而李子欽背德忘義, 與其母造計設謀, 以離間譚念華之親子, 圖占譚念華之家業, 譚念華愚蠢無知, 昵於後妻之愛, 隨於李子欽之姦, 遂屛逐其前妻所生之子, 勒令虛寫契字, 盡以田産歸之于李子欽, …… 李子欽係戊 辰年隨母嫁譚念華, 隨身並無財本, 前父亦無田業, 李子欽長成之後, 亦不曾 作是何生事, 並係

라고 하는 판어에서는 의부가 가산을 주기 위해 매매의 형식을 가
장하지 않으면 안 되는 점에서부터도 의자가 본래 「여러 아들의 몫
分」에 포함되는 아들이 아니었던 것이 확인된다. 그러나 결국, 의부
로부터 매우 사랑받고 〔鍾愛〕, 오랜 세월에 걸쳐서 동거했다는 이
유로 가산이 부여되었다.

　　옛날 범중엄范仲淹은 어머니가 주가朱家에 데려간 아들이 되어 주성朱姓을
따랐다. 성인이 되어 자기의 가家를 알자 울며 주朱가를 떠났으나 죽을 때까
지 주朱가의 은혜를 잊지 않았다.382) 전현前賢의 행위는 확실히 본보기
〔法〕으로 해야 마땅하다. 서상舒常은 그 후처 부傅씨가 데려온 아들을 수용
해서 서舒성을 따르게 했다. 이것은 법에 저촉되지만 20년 가까이 형제에게
싸움이 없었다는 것은 예전 사람들의 후덕한 풍습과 같아 최근에는 드문 일
이다. 그러나 설룡손薛龍孫 등은 의부義父 서상舒常의 사후에는 당연히 친가로
돌아가야 하고 부傅씨도 의義에 따라 견환遣還해야 했음에도 불구하고, 아직
늑장을 부리며 가지 않고 있다는 것은 서舒씨의 가족이 불평을 호소하는 것
도 당연하다. 부인이 어디서 알았는지 의붓자식이 성명을 바꾸어 오랜 세월
을 지낸 것만으로 서舒씨의 가산을 나누어 가질 수 있다고 생각하고 있는 것
이다. 게다가 설룡손薛龍孫은 성인이 된 후에도 가사를 꾸려가고, 서舒씨의 친
아들은 거꾸로 팔짱을 끼고, 그 명령을 듣고 있으니, 천하에 이런 도리가 있
을까. … 설룡손薛龍孫, 용제龍弟는 각자 귀종해서 설薛씨의 제사를 모셔라. 이
제 와서 서舒성을 따르고, 서舒씨의 가사에 간섭해서는 안된다. 부傅씨도 공정

譚念華與之衣食, 與之嫁娶, 其母阿魏憎惡譚友吉兄弟, 讒 於譚念華而逐之, 止
存李子欽在旁, 凡譚念華之財物則搬傳與李子欽, 田業 則假賣與李子欽, 至於屋
宇之類皆一倂爲李子欽所有, 而譚友吉兄弟並不染指 焉, …… 官司若不與之從
公定奪, 惑於李子欽之姦謀, 以成譚念華之私志, 則譚友吉之兄弟必將飢餓而死,
譚氏之鬼不其餒而, …… 所合將李子欽齎到契書十道並當廳毀抹, 送縣行下本
保, 喚集譚氏族長, 將譚念華所管田業及將李子欽姓名買置者, 並照條作諸子均
分, 李子欽罪將如此, 本不預均分之數, 且以同居日久, 又譚念華之所鍾愛, 特給
一分(임대희 외, 「『청명집』, 「호혼문」제4권 역주」, 『中國史研究』33, 2004년12
월, pp.295～299)).
382) 『송사』권314, 范仲淹傳(仲淹二歲而孤, 母更適長山朱氏, 從其姓, 名說, 少有志
操, 知其世家, 洒感명泣辭母, 去之應天府, 依戚同文學, ……擧進士第, 爲廣德軍
司理參軍, 迎其母歸養, 改集慶軍節度推官, 始還姓, 更其名).

한 마음으로 세 아들의 양육에 유념하고, 이 이상 설룡손薛龍孫 등을 귀종시
키는 것을 말려서는 안된다.
　… 첨청의 3등분하라는 판결안은 법이 무엇인지를 모르는 것이다. 따로
판결원안을 상정上로하라. … [검청관이 판결원안을 상정해 왔기에, 대판臺判
을 받든다] 단 표발標撥의 법에 따른다.383)

라는 판어도, 의자에게 생가로의 귀종을 명하는 한편, 「표발법標撥法」
에 의한 재산분여를 판시判示하고 있다. 「표발標撥」 혹은 「표발標撥」
이란 「재산이 승계되는 계열 이외 사람에게 나누어지는」384)것으로,
여기서는 「친아들과 균분均分한다는 사고방식은 아니고, … 승계자
인 친아들보다 소액의 적당한 재산분여」385)가 행해졌는데 이것도
오랜 세월에 걸친 의부義父와의 동거라는 사정이 크게 고려된 결과
이다.

　의자외에 친아들이 존재하는 경우에는 의자에게 가산은 분여되
지 않지만, 혹은 분여되었다고 하더라도 그것은 당연한 권리로서의
지분 -「여러 아들의 몫分」은 아니었다. 한집에 의자밖에 없는 경우
에는 일정한 조건을 갖춘 의자에 대해서 호절戶絶가산이 급여된다는
입법이 북송기에 행해지고 있다.

---

383) 『청명집(淸明集)』 戶婚門, 권8－21, 歸宗 「子隨母嫁而歸宗」(昔范文正公隨母嫁
　　朱家, 冒姓朱氏, 旣長, 知其家世, 泣而去之, 終身不忘朱家之恩, 前賢所爲, 昭
　　昭可法, 舒常容其後妻傳氏帶來之子, 冒姓舒氏, 雖是礙法, 然近二十年長幼無
　　間言, 似有古人忠厚之風, 但薛龍孫等於其義父舒常身死之後, 却宜自歸本宗,
　　而爲傳氏者亦宜以義遺之, 今乃盤旋不去, 宜乎, 舒氏之族人不能平也, 婦人何
　　所知識, 但見其帶來之子冒姓名命已歷年久, 將謂可分舒氏之業, 而薛龍孫年長
　　主張家事, 舒氏親子反拱手聽命, 天下安有是理哉, …… 仰薛龍孫龍弟各自歸奉
　　薛氏之祀, 不得更冒姓舒氏, 及干預舒氏 家事, 傳氏亦宜以至公爲心, 留意俯育
　　三子, 不得更引惹薛龍孫等, …… 僉廳所擬分爲三分之說, 不知法意如何, 別呈,
　　…… 續僉廳官擬再呈, 奉台判, 只依標撥法).
384) 滋賀秀三, 『중국가족법의 원리』, p.122 주(283).
385) 滋賀秀三, 『중국가족법의 원리』, p.582.

(천성天聖원년 (1023) 8월 12일, 비서승秘書丞·지개봉부사록참군사知開封府司錄參軍事 장존張存의 천성天聖원년 7월의 칙서에는 「호절戶絶된 장전莊田은 지가를 조사하고 현재의 전호佃戶에 통지해서 가격대로 돈을 납입하면 해당 전산田産은 전부 영업永業으로서 매입시킨다. 현재 전호에 그만한 재력이 없으면, 이웃의 사람에게 매입하게 한다. 옆집이 필요 없다고 할 때에는 중등中等 이하의 호戶에서 전산田産을 가지지 않은 자에게 해당 전산田産을 전부 매입하게 한다」고 있습니다만, 금년 봄 이후의 동명현東名縣(경기로京畿路개봉부開封府)등의 호절戶絶에 관한 보고장에 의하면 이 칙서에 따르고 있는 것도 있지만, 그 중에는 오랜 세월에 걸쳐 경작해 왔기 때문에 그대로 소유자로 고쳐져야 할 자와 사자死者의 생전부터 동거하고 있어 호절戶絶후에도 빠지지 않고 계속 납세하고 있는 자와 개간을 해서 경지를 확대한 자, 장원莊園을 완성시킨 자 등으로 무뢰無賴한 무리에게 고소 당해 오랫동안 경작하고 있던 토지로부터 갑자기 쫓겨나고만 전호佃戶가 있습니다. 관사는 소송이 점점 빈번해지는 것을 방지할 수 없었을 뿐 아니라, 대단한 가치도 없는 고빈孤貧토지를 둘러싼 다툼 등으로 인해 납세의 장려에 악영향이 나타나게 될 것 같습니다. 그래서 의남義男·접각부接脚夫·입사서入舍婿 및 절가絶家의 친족으로 경덕원년 (1004년) 이전부터 죽은 사람과 동거경작하고, 호절戶絶 이후 오늘까지 빠짐없이 납세해 온 자에게는 관사에 사실 조사를 청구하는 것을 허락하고, 미혼인 딸과 출가한 딸이 있는 경우에는 딸에게 주는 법조문에 따르지만, 그 외는 현재의 개인個人에게 급여하고 호명戶名을 바꾸어 주호主戶로 한다. 이미 가격을 납입한 자는 칙서에 따라 처분하도록 원하는 형편입니다」라고 보고하니, 조칙으로써 이에 따르라 하였다.386)

여기에서는 경덕京德원년부터 천성天聖원년까지의 20년간에 걸쳐

---

386) 『송회요』151책, 식화61상, 民産雜錄(八年十二日, 秘書丞知開封府司錄參軍事 張存言, 伏睹, 元年七月勅, 戶絶莊田檢覆估價, 曉示見佃戶, 依價納錢, 竭産買充水業, 或見佃戶無力, 卽問地隣, 地隣不要, 方許無産業中等已下戶, 全戶收買, 勘會今年春季後來遽東明諸縣申戶絶將, 雖已依勅, 內有相承佃時年深, 理合釐革者, 並是亡人在日已是同居, 戶絶後來供輸不闕, 或耕墾增益, 或邱園已成, 無賴之徒因爲告訴, 久居之業頓至流離, 官司止遏莫能獄訟滋彰逾甚, 況孤貧之産所直無多, 勸課之方其傷或大, 欲乞應義男接夫入舍婿幷戶絶親屬等, 自京德元年已前曾與他人同居佃田, 後來戶絶, 至今供輸不闕者, 許於官司陳首勘會指實, 除見女出嫁依元條外, 餘並給與見佃인, 改立戶名爲主, 其已經檢估者, 並依元勅施行, 從之).

사자死者와 동거경작하고, 호절戶絶후에도 조세를 계속 납입한 의남義男〔의붓아들〕에게 호절 재산을 주는 것으로 하고 있다. 그 3년 후에는 더욱 나가서,

  (천성天聖) 4년 (1026년) 7월 심형원이 「호절의 조관條貫을 상정합니다. 금후 호절戶絶의 집에 미혼인 딸이 없고 출가한 딸이 있으면 그 동산·부동산은 장례비용을 공제한 뒤에 3분의 1을 줍니다. 출가한 딸이 없으면, 출가한 친고親枯·자姊·매妹·조카에게 3분의 1을 줍니다. 남은 3분의 2는 사자死者의 생전부터 사자死者의 사망 때까지 3년 이상 동거 경작하고 있던 친족 및 입사서入舍婿·의남義男(의붓아들)·수모남隨母男 등에게 줍니다. 점택店宅 재물 장전莊田에 대해서는 주호主戶로서 준다. 만약 출가한 고姑·자姊·매妹·조카가 없으면 전부 동거한 사람에게 준다. 만약 동거한 지 3년이 되지 않았거나, 혹은 죽은 사람에게 전혀 동거인이 없었을 경우는 몰관沒官하고, 장전莊田에 대해서는 영문令文에 의해 근친에게 균분합니다. 근친이 없으면 종래 경작하고 있던 사람에게 균분하고, 납세하게 해서 주호主戶로 합니다. 사자死者가 유언한 분명한 증거가 있으면 유언에 따라 처분합니다」고 상언上言하여 여기에 따랐다.387)

라는 칙문이 나와져서, 절호絶戶된 가에 출가한 딸·고姑·자姊·매妹·조카가 있는 경우에는 호절 재산의 3분의 2를, 없을 경우에는 전액이 사자死者가 죽을 때까지 3년 이상 동거하고 있던 의남義男·수모남隨母男에게 주어진다는 조치가 취해져 있다. 또 원풍元豐 6년(1083년)에는

---

387) 『송회요』151책, 식화61상, 民產雜錄(四年七月, 審刑院言, 詳定戶絶條貫, 今後戶絶之家, 如無在室女有出嫁女者, 將資財將宅物色, 除殯葬營齊外, 三分與一分, 如無出嫁女, 卽給與出嫁 親姑姊妹姪一分, 餘二分, 若亡人在日親屬及入舍婿義男隨母男等, 自來同居營業佃蒔, 至戶絶人身亡, 及三年已上者二分, 店宅財物莊田給爲主, 如無出嫁姑姊妹姪, 並全與同居之人, 若同居未及三年, 及戶絶之人子然無同居者, 並納官, 莊田依今文均女近親, 如無近親, 卽均與從來佃蒔或分種之人承稅爲主, 若亡人遺囑證驗分明, 依遺囑施行, 從之).

원풍 6년, 제거하북보갑사提擧河北保甲司가 「의자손義子孫·데릴사위·수모隨母자손·접각부接脚夫 등으로 현재 보갑保甲의 소임에 있는 자에게는 별거할 때에 분배의 몫이 있는 친족의 반을 주도록 하고 싶습니다」라고 상언上言하자, 조서로써 영令으로 삼으라고 하였다.

현행 영문令文에 의하면 외성外姓인 사람으로 본가에 오래 동거한 자에게는 재산을 분여 하게 되어 있어, 이 입법도 여기에 근거한 것이라고 생각되지만, 그러나 이 법은 단지 외성인外姓人을 우대하는 입법을 행하여 외성인外姓人을 타성他姓인 보갑保甲의 소임을 맡게 하려고 한 것에 지나지 않는다.388)

보갑保甲의 소임을 맡은 의자손義子孫이나 수모隨母자손에게는 분배의 몫이 있는 친족 –「양가의 친아들 혹은 사자」389) – 의 반을 줄 것이 정해져 있다. 더욱이 원우元祐 7년 (1092년)에는

(원우元祐) 7년 3월 21일의 조서에는 의양자손義養子孫이 양가에서 나와야 할 때, 친부모의 성姓이 분명하지 않으면 양가의 성姓을 따르는 것을 허락한다. 양친養親과 10년 이상 동거하고 있는 경우에는 주현州縣장관長官의 재량에 따라 양가의 재산을 분여하게 한다. 친부모의 성姓이 분명해도 돌아갈 집이 존재하지 않으면 여기에 준한다.390)

친가가 불분명하거나 소멸해 버린 의자손이 10년 이상 동거한 후에 양가에서 나올 경우에는 지방 장관의 재량에 따라 이들에게 얼마간의 재산분여를 하게 한 조서가 공표 되어 있다.391) 그러나 이

---

388) 程大昌, 『演繁露續集』권1, 制度 「外人得分同居物産」(元豊六年, 提擧河北保甲司言, 乞義子孫舍居壻遂母子孫接脚夫等爲保甲者, 候分居日, 此有分親屬給半, 詔著爲令, 按今令文, 外人曾與本家同居久者, 許給分數, 恐立法因此, 然深詳此法, 是特欲優立科條, 使外人肯以它姓代充保甲焉耳).

389) 滋賀秀三, 『중국가족법의 원리』, p.566.

390) 『송회요』151책, 식화61상, 민산잡록(七年三月二十一日, 詔, 義養子孫合出離所養之家, 而無姓可歸者, 聽從所養 之姓, 若共居滿十年, 仍令州縣長官量給財産, 雖有姓而無家可歸者, 準此).

391) 이 외 建中靖國 元年(1101)에는 『송회요』151책, 식화61상, 민산잡록 「徽宗建中靖國元年三月二十七日, 三省言, 看詳元符令, 戶絶之家內外親同居, 計年不

것은 모두 의자임에 의해 당연히 가산이 분여된다고 하는 것이 아니라 호절戶絶 혹은 보갑保甲의 소임에 있는 것을 전제로 혹은 장기 동거를 전제로 해서 가산이 급여되는 것에 지나지 않았다. 따라서 의자는 어디까지나 사자와 같은 지위로는 논해져 있지 않은 것이다. 그런데 판어에는,

> 왕王씨의 진술에 의하면, (왕王씨는) 처음 장현지張顯之의 처가 되었는데, 장현지張顯之가 죽자 아들 장대겸張大謙밖에 의지할 데가 없어 왕王씨는 남편이 죽고 아들도 어리기 때문에 접각부接脚夫 허문진許文進을 맞이했다. 허만삼許萬三은 허문진許文進의 아들로 허문진이 왕씨의 집에 올 때 데려온 아들이었다. 허문진許文進은 왕王씨의 전남편의 재산을 운영해서 부를 이루었는데, 허만삼許萬三이 성인이 되자 왕王씨는 그에게 아내를 얻어주고 가계를 전부 그에게 맡겨 버려서 전남편의 친아들이 죽은 후도 그 아들을 위해서 입계立繼를 행하지 않았다. (왕王씨의) 허만삼許萬三을 사랑하는 은혜는 이만큼 두터웠다.
>
> 금년 4월에 허문진許文進이 중병에 걸려, 허만삼許萬三에게 유언을 구술 필기시켜서 가사를 맡긴 것은 허만삼許萬三에게 어머니를 배신하지 않도록 하기 위해서였다. 그러나 허만삼許萬三은 그후 자기 멋대로 가사를 집행했다. 그 아내 아재阿載가 어머니를 모욕하는 것을 허락하고 가재家財 일체를 가져가 (별거해) 버리고 말았다. … 주州에 통지해서 사람을 파견해 허만삼許萬三부부와 재산을 구속호송하고, 왕王씨와 동거해서 모시도록 하라. 만약 또 부화불효不和不孝가 있어 왕王씨를 불안에 빠뜨리거나 하면 반드시 두 사람 모두 불효한 죄로써 처벌할 것이다.392)

應得財産, 如因籍其營運措置及一倍者, 方許奏裁, 仮如有人万貫家産, 雖增及八九千貫文, 猶不該奏, 比之三二百貫財産增及一倍者, 事體不均, 兼昨來元祐勅文, 但增置及一千貫者奏裁之法, 今參酌重修, 雖不及一倍而及千貫者, 並奏裁之, 詔, 依仍先次施行」이라고 하는 입법이 이루어지고, 이것에 의하면, 동거 년수가 삼년에 차지 않는 의자라도, 양가의 재산을 운영해 일정액 이상을 증가시키고 있다면 이것을 급여하고 있었던 것이 된다.

392) 『청명집(清明集)』 戶婚門, 권8−39, 義子 「背母無狀」(詳王氏所供, 初事張顯之爲妻, 顯之旣死, 只有男張大謙, 王氏以夫亡子幼, 始初許文進爲接脚夫, 許萬三者乃許文進之子, 帶至王氏之家者也, 許文進用 王氏前夫之財營運致富, 其許萬三長成, 王氏又爲娶婦, 悉以家計附之, 雖前夫親生之子已死, 不復爲之立繼, 所以撫育許萬三之恩可謂厚矣, 今年四月, 許文進病重, 口令許萬三寫下遺囑, 分

접각부가 데려온 자식이라는 특수한 의자이기는 하지만, 그 접각부를 맞이한 과부가 망부亡夫와의 사이에 낳은 친아들이 죽었는데도 입사立嗣를 하지 않고 이 의자를 사실상 후계자로 해버려, 관사로서도 의자에게 의모義母와의 동거 시양侍養을 명하는 등 그를 후계자화 하는 것을 용인하고 있는 사례도 존재하고 있다. 이러한 사례가 드문 일이었는지 어떤지는 확실하지 않지만,393) 결국 입사권자가 후계자로서 선택한 이상은 원래가 의자라도 이를 용인해야 했을 것이다.

의자는 의자인 한, 어느 정도의 연령에 달하면 당연히 양가로부터 떠나가야 할 사람이었지만, 송대의 입법에는 일정한 조건아래 그를 견축遣逐하는 소송을 수리하지 않고, 양가에 머물게 한 사례가 있다. 경우景祐 3년(1036년)에는,

  (경우景祐) 3년 7월 7일, 회남전운淮南轉運 부사副使 오존로吳尊路가 「어떤 백성이 아버지가 죽은 후 아버지가 이성異姓의 양남養男이라고 친족에 의해 고소 당해 토지를 뺏겨버린 자가 있습니다. 그런데 이것은 수양收養으로부터 오랜 시간이 경과해 사실이 불명확하게 되어버린 것을 좋은 기회로 삼아, 어린 고아를 속여 재산을 가로채려고 하는 것입니다. 이후는 백부·숙부이상의 존친들이 양남養男이 (양가에 남아 있는 것이) 위법이라고 고소해 와도, 양남養男 본인도 양조부養祖父·부父 모두 죽었으면 관사는 고소를 수리受理해서는 안된다고 생각하옵니다」라고 상주하여 황제의 허가를 받았다.394)

  付家事, 正欲杜許萬三背母之心, 許萬三從而窃之, 固已無狀, 且縱其妻阿戴悖慢其姑, 又將塩篋席捲而去, …… 牒州差人管押許萬三夫妻及財本, 餘王氏同居侍奉, 與再咆哮不孝, 致王氏不安跡, 定將子婦一例正其不孝之罪[嗣子].
393) 『청명집(淸明集)』戶婚門, 권7-09, 立繼「爭立者不可立」에는 「張達善隨所生母嫁鄭医, 抱養於彼家, 遂爲鄭氏之子, 有縣案可証」이라, 隨母子가 嗣子가 되고, 이것을 縣에 신고한 예가 발견된다.
394) 『송회요』167책, 형법3, 訴訟(三年七月七日, 淮南轉運副使吳遵路言, 民被骨肉指論, 本父亡沒, 元是異姓 養男, 奪却田業, 年歲旣遠, 事理不明, 欺罔幼孤, 規圖賄財, 乞自今論伯叔以上遵親, 是違律養男, 其被養本身所養父祖, 並已亡歿, 官司不在受理之 限, 秦可).

라고 해서, 양자본인과 양조부養祖父·부父 쌍방의 사망 후에는 이성
양자라 해서 이연을 요구하는 고소를 수리할 수 없는 요지의 입법
이 행하여졌다. 더욱이 소성紹聖원년 (1094년)에 장상영張商英이 고한

    철종哲宗 소성紹聖 원년 8월 26일 좌정언左正言 장상영張商英이 「허주양적현
許州陽翟縣의 호민개점豪民蓋漸은 많은 집안 재산이 있고 3명의 자매가 있습니
다. 조사朝士로 염치를 모르는 자가 그 재산을 목표로 차자次姊를 아내로 삼
고, 점漸이 개蓋씨의 아들이 아닌 것을 이유로 해서 주현州縣과 결탁해서 소송
을 일으켜서 점漸을 견축遣逐하고, 가재家財를 삼분三分해서 이것을 자기 것으
로 했습니다. 개점蓋漸은 친부모도 양부모도 죽었기에 법에 의해 개蓋씨의 분
分을 이어받아야 함으로 조정에 호소하려고 왔습니다. 그런데 유력자에 의해
묵살되어 버리고 말았습니다. 이 건을 이해 관계가 없는 관사에 보내어, 사실
을 규명해서 오명을 벗게 해주고 싶습니다」고 상언上言하자 호부에서 낭관郎
官을 파견해서 공정하게 조사해서 일건一件 서류를 상신上申하라는 조서가 내
려졌다.395)

    (동년同年)11월 16일, 좌사左司 간상영諫商英이 「영창부潁昌府의 백성 개점蓋
漸이 집정執政의 수행을 가로막고 「시어사侍御史 내지소來之邵가 나의 집 제사
를 단절하고, 조부의 재산을 뺏으려고 합니다」고 호소했습니다. 나는 지소之
邵가 감찰의 소임이 있음에도 불구하고 소민小民에게 모욕당한 것에 대해서
스스로 변명의 진상秦上을 하지 않았기에, 전갈하는 사람을 보내어 이 사건을
상주한 바, 이 사건은 호부에 보내져 낭관郎官이 파견되어지고 답신이 보내졌
다.
    법에는 「의자손義子孫은 본인이 생존해 있어도 친조부모·부모와 양조부
모·부모가 전부 죽었으면 견축遣逐을 고소당하거나 혹은 스스로 귀종을 원해
도 수리해서는 안된다」고 있습니다. 내가 들은 바로는 개점蓋漸은 고姑의 증
언에 의하면 서생의 친조카로, 개가한 어머니 아장阿張의 증언에 의하면 의남
義男이라고 하지만 법적으로는 어느 쪽도 증거로 하기에 부족합니다. 그는 양
조부모가 어머니가 개가한 후에 양손으로 했기 때문에 이는 마땅히 법이 말

---

395) 『송회요』167책, 형법3, 田訟(哲宗紹聖元年八月二十六日, 左正言張商英言, 許
    州陽翟縣毫民盖漸, 家貲累巨萬計, 女兄弟三人, 有朝士之無恥者, 利其財, 納其
    仲爲子婦, 以漸非盖氏子, 關通州縣, 訟而逐之, 三分其財而有之, 盖漸無所生養
    父母, 法合承分, 詣朝#理訴, 終爲勢力者所扼, 欲乞送不干礙官司, 推究情弊,
    以伸沉冤, 詔, 令戶部選差郎官, 依公根勘, 具案以聞).

하는 의손義孫입니다. 친부모가 생존하지 않는다면 견축遺逐의 고소를 관사는
수리해서는 안되고, 한마디 말로 결말이 나는 것입니다. 영창부潁昌府에 문의
한바, 공문서 가운데 지소之邵의「개蓋씨의 주택을 환금換金하고 싶다」라는 자
필 문서가 있다는 것입니다. 정말로 이러한 문서가 있다면, 벌써 사실은 명백
합니다. 상서의 관官이 이러한 행동을 한다는 것은, 정말로 통탄할 일입니다.
빨리 처분을 하도록 원하는 형편입니다」고 상언上言했다.396)

396)『송회요』167책, 형법3, 田訟(十一月十六日, 左司諫商英言, 潁昌府百姓盖漸, 遮
執政馬首聲冤稱, 侍御史 來之邵滅絶本家祭祠, 規奪父祖財産, 臣以之邵在風憲
之任, 爲小民毁辱, 不自秦辨, 迻具劄子論秦, 蒙迻戶部選郎官, 看詳, 按法, 諸
義子孫身雖存, 而所養所生父母祖父母俱亡, 被人及自有所論訴, 各不得受理,
遽臣所聞, 盖漸曾有姑證是庶生親姪男, 又有改嫁母阿張證是義男, 於法皆不可
用, 乃是所養祖父母於其母嫁之後養以爲孫, 于條正是義孫, 若無所生父母, 卽
官司不當受 理此訟, 止是片言可決, 訪聞潁昌府, 公按內自有之邵手書, 欲將盖
氏住宅兌 換房錢, 審若有之, 知情明甚, 文昌從官擧動如此, 深可嗟駭, 望早賜
施行). 또한 이 사건에 대해서『송사』권351, 張商英傳은「哲宗親政, 召爲右正
言左司諫, …… (章)惇(安)燾交惡, 商英欲助惇, 求所以傾燾者, 陽翟民盖氏養子
漸, 先爲祖母所逐, 以家資屬其女, 經元豊訴理不得直, 商英論其冤, 導漸使遮執
政, 及詣御史府許燾姻家與盖女爲道也, 哲宗不直商英, 徙左司員外郞, 旣與漸
交關事皆露, 責監江寧酒」,『송회요』99책, 職官67, 黜降官四는「(紹聖2년(1095))
8월16일, 張商英罷左司郞中添差監商州酒稅務, 先是, …… 潁昌府民盖漸訟侍
御史來之邵令子娶盖氏規奪祖業, 誣漸非盖氏子, 下有司根治, 商英時爲右司諫,
數論其事, 其後坐令僧奉召及開封府皂侯璋與漸計會情弊, 故有是命, …… (同
年十月)二十五日, 知開封府王震落龍圖閣直學士降授朝散郞, 知岳州司錄參軍陳
厚降爲通直郞監浙州茶塩酒稅, 時大理卿路昌衡左正言孫諤言, 震爲知, 章惇主
張盖漸家財, 震與惇不相得, 令厚節外勘出許與良借等錢數事進呈, 欲証惇庇盖
漸事, 皆挾情上批, 王震等陰謀附會, 賊害忠良, 欺罔朝廷, 侮玩獄事, 宜加深責,
以誡中外, 故也」라고 하고 있기 때문에, 개점의 주장은 허위인 듯 한 것도 있
지만,『송사』권355, 來之邵傳은「紹聖初, …… 擢爲侍御史, …… 進刑部侍郞,
陽翟民盖漸以訟至有司, 之邵二子皆娶盖氏, 誣漸非盖氏子, 以規其貲, 諫官張
商英論之, 以直龍圖閣出知蔡州」라고 하고 있기 때문에, 개점의 주장은 반드
시 허위인 것은 아닐지도 모르며, 어느 쪽이 맞는 것인가 아직 자세하게 알
지 못한다. 또한『송회요』167책, 형법 3, 감옥에는「(元豊4년(1081))六月四日,
詔, 開封府治盖漸之獄, 禁繫已久, 詳其所治, 在民間至爲小事, 本府所以如此淹
延者, 以御史所言致爲意外, 推求盛暑之際, 追逮不已, 冀附致近臣之罪, 以奉言
者之口, 宜限五日結絶, 無得枝蔓」라고 하는 기사가 있고, 이 사건은 적어도
14년간에 걸쳐 다툼이 계속되고 있었던 것이 된다.

라고 하는 한 사건에 인용된 영문슈文에 의하면 의자본인이 생존해 있어도 친조부모·부모 및 양조부모·부모가 전부 죽었으면, 이제 와서 견축 귀종의 소송은 수리될 수 없게 된다. 남송령南宋令에 이르면

의자손義子孫과 양조부모·부모가 모두 사망하고, 혹은 본인이 생존해 있더라도 생전에 수양한 양조부모·부모가 사망했으면, 견축遣逐을 소송당하고 귀종을 청원 당해도 관사官司는 수리해서는 안된다.397)

친조부모·부모의 생사에 관계없이 수양을 행한 양조부모·부모가 죽었다면, 의자의 양가에 있어서의 지위는 사실상 확고하여지게 되었다. 이들 입법은 이성양자가 의자로서 수양되었는지 혹은 후계자로서 수양되었는지가 불명확하고, 이 입증이 불가능하기에 그에 대한 견축의 고소를 수리하지 않고 결과로서 의자를 후계자화 하는 것을 용인한 것으로, 시간과 함께 그 조건이 완화되어 온 것이다. 이것에 의해서도, 남송에 이르면 이성 후계자가 상당 정도 용인되어온 것을 살필 수 있다.

---

397) 『청명집(淸明集)』 戶婚門, 권7-14, 立繼 「立繼有據不爲戶絶」(諸義子孫所養祖父母父母俱亡, 或本身雖存而生前所養祖父母父母俱亡, 被論訴及自陳者, 官司不得受理).

양녀

여자는 남편의 집을 스스로의 宗으로 하는 것으로

부모의 집은 단순한 통과지점에 지나지 않는다

즉 양녀는 여자가 결혼 때까지 부양되어지는

장소의 변경을 의미할 뿐으로

宗의 질서에 관계를 가지지 않는다 때문에 이성이나

昭穆不相當의 여자를 수양해도 제사의

혼란이 생기지 않는다

제4장
양 녀

여자에 대한 양자 결연에 관해서는, 당률 및 송형통의 소의^{疏議}에

> 이성의 남자는 본래 같은 일족이 아닌데, 법을 어기고 수양했으므로 도형 1년에 처하는 것이다. 법을 어기고 양자를 준 자는 태형 50대에 처한다. 여자를 수양한 경우에는 처벌하지 않는다.[398]

하고 있듯이 이성양녀의 수양에 대한 금지는 존재하지 않았고, 따라서 소목상당자^{昭穆相當者}라는 요건도 존재하지 않았다.[399] 이것은

> 여자는 태어나서 자기의 집이 있기를 원하지만, 이것은 남편의 집을 자기의 집이라 하는 것이다. 부인은 「가嫁」를 「귀歸」라 말하는 데 이것은 시집을 가면 돌아갈 곳을 얻기 때문이다.[400]

---

398) 『당률소의』권12, 호혼, 養子捨去 ; 『송형통』권12, 호혼률, 養子〔立嫡〕(異姓之男, 本非族類, 違法收養, 故徒一年, 違法與者, 得苔五十, 養女者不坐).
399) 滋賀秀三, 『중국가족법의 원리』, p.444.
400) 『면재집』권40 「徐家論陳家取去媳婦及田産」(女子生而願爲之有家, 是以夫之家

라고 하듯이 여자는 남편의 집을 스스로의 종宗이라 하는 것으로 부모의 집은 단순한 통과지점에 지나지 않는다. 즉 「양녀는 여자가 결혼 때까지 부양되어지는 장소의 변경을 의미할 뿐으로, 종宗의 질서에 관계를 가지지 않는다.」401) 그렇기 때문에 이성이나 소목불상당昭穆不相當의 여자를 수양해도 제사의 혼란이 생기지 않는다.

따라서 애초에 양녀의 목적은 제사승계가 아니기 때문에 사후양녀도 존재하지 않는다. 양녀를 들이는 목적은, 우선 첫째로 아들의 아내로서 어린 여자를 수양하는 즉, 후세에 「동양식童養媳」402)라 불리는 것이다. 남송의 판어判語에도 그 예는 나타나 있다.

수낭秀娘은 이전 포로가 되어 사지死地에 버려졌는데, 양양襄陽의 장관 왕장王璋이 주어와서 자기 아이와 같이 양육해 왔다. … 수낭秀娘은 왕씨王氏의 집에서 생활하고 있었는데, 그것은 차남의 아내로 삼기 위해서였다.403)

오중오吳重五는 집이 가난하고 아내의 사망 시時에 마침 집에 없었기에, 동성인同姓人 오천을吳千乙 형제가 장례를 치르고 그 어린 딸을 데려갔다. 오중오吳重五는 집에 돌아온 후에도 그 딸을 돌봐준 사람이 있는 것을 다행으로 여겨 내버려 두었다. 곧 오천을吳千乙과 오천이吳千二는 아오阿吳(오중오吳重五의 딸)를 옹칠칠翁七七에게 며느리로서 팔았는데 오중오吳重五도 이 일에 관여

爲其家也, 婦人謂嫁曰歸, 是以得嫁爲得所 歸也).
401) 滋賀秀三, 『중국가족법의 원리』, p.444.
402) 童養媳에 관한 專論으로서는, 田井輝雄, 「媳婦仔雜考」·連溫卿, 「媳婦及養女의 관습에 대해서」·黃啓瑞, 「台灣에 있어서 養女媳婦仔制度雜考」·池田敏雄, 「台北市艋舺에 있어서 媳婦仔·養女制度」·黃連發, 「養女와 媳婦仔」·張建彬, 「養媳의 관습에 대해서」(이상, 『民俗台灣』3권 11호, 1943년 11월). 堀毅, 「동아시아에 있어서 법과 관습(Ⅲ)―童養媳」에 대해서(上)」(『중앙학원대학총합과학연구소기요』4권 2호, 1987년 3월). 堀毅, 「동아시아에 있어서 법과 관습(Ⅳ)―童養媳」에 대해서(中)―」(『중앙학원대학총합과학연구소기요』5권 1호, 1987년10월) 등이 있다.
403) 『청명집(淸明集)』 戶婚門, 권8-33, 女承分 「處分孤遺田産」(秀娘往年被擄遺棄九場, 襄陽將官王璋收拾歸家, 撫養如己子, …… 秀娘元 在王氏之家, 係存留爲次子婦).

하고 있었다.404)

　　이개옹李介翁은 죽을 때 아들이 없고 노비인 정삼낭鄭三娘이 낳은 딸 양자良子를 남겼다. 관사에서 이전에 그를 위해 입사立嗣를 행하고 더욱이 검교檢校를 행해, 양자良子에게 응분의 재산을 지정하고, 아정阿鄭에게 그녀의 결혼 때까지 양육시키도록 했다. … 그런데 아정阿鄭은 언니 딸이 고아인 것을 잊고 거꾸로 양자良子의 결혼 자금인 토지를 자기의 결혼자금으로 해서 주인 이개옹李介翁의 장례도 기다리지 않고 조희가趙希珂에게 시집가 버렸다. 양자良子는 의지할 곳이 없어져 방장房長 이의달李義達이 맡았지만, 곧 유혼幼婚의 의議에 따라 여일영余日榮의 아들 진자震子의 지참금을 받고, 반년 후에 양자良子를 여余가에 맡겼다. 이의달李義達이 혼의婚議를 주관하고 한봉韓鳳이 중매를 맡았다.405)

　　수양의 형식이 기아棄兒수양・매매・혼취婚娶(장가들임)로 각각 달리하고 있지만, 어느 것이나 그 목적하는 바는 아들에게 아내를 맞게 한다는 것에 공통점이 있다.406) 그러나 양녀의 전부가 동양식(민며느리)이었던 것은 아니었다.

　　(추鄒)응상應祥은 이전 응용應龍의 아들을 양자로 했는데 불행히도 단명해서

---

404) 『청명집(淸明集)』 戶婚門, 권9－48, 婚嫁「定奪爭婚」(吳重吳家貧, 妻死之時偶不在家, 同姓人吳千乙兄弟與之折合, 倂계其幼女以 往, 吳重五歸來, 亦幸其女之有所歸, 置而不問, 未幾, 吳千乙吳千二將阿吳 賣與翁七七爲媳婦, 吳重五亦自知之).
405) 『청명집(淸明集)』 戶婚門, 권7－23, 孤幼「官爲區處」(李介翁死而無子, 僅女一女, 曰良子, 乃其婢鄭三娘之所生也, 官司昨與之立嗣, 又與之檢校, 指撥良子應分之物産, 令阿鄭撫養之以待其嫁, …… 夫何阿鄭以婢子之性, 忘幼女之孤, 反分取良子之嫁資田業而自爲嫁資, 不待其主之葬, 以身出嫁宗子希珂, 良子無依, 遂歸房長李義達撫養, 旣而從幼婚之議, 納余日榮男震子之聘, 更以良子就養于余, 且半年矣, 有李義達以主其議, 有韓鳳以爲之媒). 또한 嫁入當時, 李良子는 10세이다.
406) 이 외 『청명집(淸明集)』 징악문, 권12－04, 姦穢「貢士姦汚」에도 「(王)桂之鄰墻有何十四者, 納彭氏之女, 爲存養婦, 年二十有三矣, 猶未成畢, 父母之過也」라고 하는 동양식의 예가 나타나있다.

죽어버렸다. 그래서 그 딸을 양녀로 삼고 성인이 되자 시집보내었다.407)

라고 하는 판어가 나타내는 대로, 이러한 양녀는 오로지 양부모의 즐거움을 위한 것이었다고 말할 수 있을 것이다.408) 그리고 동양식 童養媳적인 것이 아니라면 양녀는 친딸과 동등한 법적 지위를 획득 하였고409) 호절戶絶에 따라 여자에게 가산분여가 행해질 때에는

> 해여림解汝霖에게는 친아들이 남아있지 않기 때문에 호절戶絶로써 처리해야 한다. … 해여림解汝霖에게는 어린 딸과 손녀가 있을 뿐이지만, 둘다 미혼이기에 「호절법戶絶法」에 의해 균분시키면, 둘다 3천관貫을 넘기지 않는다. 반가伴哥는 계절자繼絶子이기에 4분의 1을 준다. 남은 4분의 3은 두 미혼인 딸에게 균분한다. 칠고七姑는 본성은 정鄭이지만 여림汝霖이 생전에 수양했기 때문에 친딸과 마찬가지이다.410)

라고 하듯이, 양녀는 친딸과 동일한 지분을 가지는 것이다.

그러나, 의붓자식인 「양녀」의 경우에는

> 살펴 보건대, 유유광劉有光이 의녀義女 위영저魏榮姐를 시집보내는 것에 동의하지 않는다고 진감陳鑑이 고소한 일건一件 … 유유광劉有光의 처 조趙씨가

---

407) 『청명집(淸明集)』 人倫門, 권10−14, 兄弟 「兄弟之訟」((鄒)祥嘗養應龍之子爲子, 已不幸短命而死, 則又養其女以爲女矣, 及笄而嫁之).

408) 이 외 『송회요』166책, 刑法二下, 刑法禁約3 「(紹興三十一年)八月十八日, 知臨安府趙子瀟言, 近來品官之家典雇女使, 免立定年限將來父母取認, 多是文約內妄作媚婆或養娘房下養女, 其實爲主家作奴婢役使, 終身爲妾永無出期, 情實可憫, 望有司立法, 戶部看詳, 欲將品官之家典雇女使妄作養女立契, 如有違犯, 其雇主幷引領牙保人, 並依律不應爲, 從杖八十科罪, 錢不追, 人還主, 仍許被雇之家陳首, 從之」는 女使로서 典雇해주면서 양녀로서 계약서를 작성하고, 종신 이것을 役使해버리고, 사기적인 「고용양녀」의 존재를 보이고 있다.

409) 仁井田陞, 『支那신분법사』, p.807.

410) 『청명집(淸明集)』 戶婚門, 권8−33, 女承分 「處分孤遺田産」(解汝霖旣無親子, 合作戶絶施行, …… 今解汝霖只有幼女孫女, 並係在汝霖 生前自行收養, 與親女同).

소정紹定 3년(1230년) 3월에 조권현趙權縣에 제출한 증거서류에 의하면, 일
찍이 왕포王褒를 중매인으로 해서 혼담을 한 것은, 새남편後夫 유공원劉貢元(유
광有光)과의 사이에서 얻은 딸 유일저劉一姐이다. 그러나 진감陳鑑은 소송을 일
으켜서 「혼담의 상대는 (조趙씨가) 먼저 위경선魏景宣에게 시집가서 얻은 딸
위영저魏榮姐입니다」고 주장했다.411)

라고 하는 판어가 나타내듯이, 개성改姓은 행해지지 않기 때문에,412)
가산에 대한 지분도 가질 수 없었다고 생각된다. 결국, 의붓자식은
남녀의 차별 없이 정규 가족 구성원은 되기 어려웠던 것이다.413)

---

411) 『청명집(淸明集)』 戶婚門, 권9－49, 婚嫁 「諸定婚無故三年不成婚者聽離」(照
　　得, 陳鑑訴劉有光不肯將義女魏榮姐還親事, …… 及觀劉有光之妻趙氏紹 定三
　　年三月內經趙權縣判執照將云, 昨使王褒爲媒議娶, 其後夫劉貢元所生女 　劉一
　　姐, 陳鑑却生詞論賴輒妄稱, 議娶女兒, 先嫁魏景宣所生女魏榮姐).
412) 다만, 『청명집(淸明集)』 징악문, 권13－31, 誣賴 「王方再經提刑司釘錮押下縣」
　　에 「方收在獄, 屢有百姓江五六論王用之與阿江, 將義女八姐强占求食」라 나타
　　난 江五六의 義女 八姐가 改姓하고 있었는지 아닌지는 불명이다.
413) 滋賀秀三, 『중국가족법의 원리』, p.444. 「의붓자식이 된 여자의 장래 결혼에
　　대해서는 그 친어머니가 주혼이 되어야 하는 것으로 되어 있었다」는 것도
　　그 증거의 하나이다.

　제사의 승계를 주된 목적으로 했던 전통 중국의 양자와 불가결의 요건으로 하고있던 「동종소목상당同宗昭穆相當」이라는 원칙은 완전히 준수되고 있던 것은 아니었다. 특히 송대에 있어서는 「동종同宗」 곧 「이성불양異姓不養」에 대한 관사官司의 태도는 꽤 이완되어 있었다. 당률이 3세 이하의 기아棄兒 이외의 이성異姓수양을 형벌로써 금지하고 있던414) 것에 비해서, 남송에서는 국가법 자체가 「유기遺棄」라는 제한을 버리고 3세 이하이면 후계자로서의 이성양자를 공인415) 하였으며, 의자義子의 경우에도 양친이 사망하면 사실상 후계자 대우를 하는 입법이 행해졌다.416) 더욱이 원대에 들어가면 「이성불양」의 원칙자체가 등한시되기에 이르렀다.417) 이러한 경향은 명률明律에 이르러 크게 후퇴하고, 후계자로서의 이성양자는 다시 3

---

414) 『당률소의』권12, 호혼, 養子捨去; 『송형통』권12, 호혼률, 養子〔立嫡〕(卽養異姓男者, 徒一年, 與者, 笞五十, 其遺棄小兒年三歲以下, 雖異姓, 聽收養, 卽從其姓).

415) 『청명집(淸明集)』戶婚門, 권7－16, 立繼「倉司擬筆」(諸以子孫與人, 若遺棄, 雖異姓, 三歲以下收養, 卽從其姓, 聽收養之家申官附籍, 依親子孫法).

416) 『청명집(淸明集)』戶婚門, 권7－14, 立繼「立繼有據不爲戶絶」(諸義子孫所養祖父母父母俱亡, 或本身雖存而生前所養祖父母父母俱亡, 被論訴及自陳者, 官司不得受理).

417) 滋賀秀三, 『중국가족법의 원리』, p.567. 「元代에 있어서는 삼세 이하 등의 요건을 문제로 하는 것은 없고, 일반적으로 이성양자에 의해 계승을 인정하고, 동족의 이성을 인정하지 않는 것이, 판례를 통해 확립된 법으로 되어 있다」.

세 이하의 기아에게 한정되게 되지만,418) 「소목상당昭穆相當」이라고
하는 또 하나의 원칙이 국가법상에는 당에서 명明에 이르기까지 일
관해서 굳게 지켜지고 있던 것419)에 비하면, 왜 「이성불양」이라는
원칙이 이 정도까지 동요를 가져오지 않으면 안되었는지, 의문을
가지지 않을 수 없다.

이것은 물론, 현실적으로는 이성양자가 빈번하게 행해지고, 특별
히 강남지방에서는 이 경향이 강했던420) 것에서 강남에 의한 남송
정권이 이것을 국가법에 반영하고, 더욱이 중국적인 종宗의 이념에
무관심한 원元정권이 이것을 극점까지 밀고 나갔다 라고 하는 점도
생각할 수 있지만, 동시에 잊어서는 안 되는 것은 송대에 특징적인
사회 정책인 구휼救恤정책421)의 영향이다. 애초에 당률이 3세 이하

---

418) 『大明會典』권163, 刑部5, 律例4, 戶律 1, 戶役, 立嫡子違法 (○其乞養異姓義子,
以亂宗族者, 杖六十, 若以子與異姓人爲嗣者, 罪同, 其子歸宗, ○其遺棄小兒年
三歲以下, 雖異姓, 仍聽收養, 卽從其姓).

419) 당령의 「諸無子者, 聽養同宗於昭穆相當者」(仁井田陞, 『당령습유』, p.233)라고
하는 규정이, 북송 天聖令에서는 「無子者, 聽養同宗之子昭穆合者」(『續資治通
鑑長編』권303, 神宗元豊3년3월 乙丑, 『송회요』30책, 예36, 상복, 잡복제, 원풍
삼년삼월이일), 남송령에서는 「諸無子孫, 聽養同宗昭穆相當者爲子孫」(『청명
집(淸明集)』戶婚門, 권8-05, 立繼類 「已立昭穆相當人而同宗妄訴」), 金泰和
令에서는 「諸人無子, 聽養同宗昭穆相當者爲子」(仁井田陞, 『支那신분법사』,
p.785)로 대개 그대로 답습되고, 금태화령의 규정은 원대에도 참조, 사용되었
다(仁井田陞, 『支那신분법사』, pp.798~799 주(6)). 明令은 「凡無子者, 許令同
宗昭穆相當之姪承繼, 先儘同父周親, 次及大功小功緦麻, 如俱無, 方許擇立
遠房, 及同姓爲嗣, 若立嗣之後却生親子, 其家産與原立均分, 並不許乞養異姓
爲嗣, 以亂宗族, 立同姓者, 亦不得尊卑失序, 以亂昭穆」(『皇明制書』권1, 大明
令, 戶令)과, 嗣子선택의 順立을 달거나, 동성이종양자를 공인하는 등의 변화
는 있지만, 「소목상당」을 엄수하고 있는 점에서는 당령과 어디 바뀐 것은 없
다.

420) 陳傅良, 『止齊集』부록(蔡幼學行狀湖湘民無子孫者, 率以異姓爲後).

421) 송대의 구휼정책에 대해서는 董煟, 『救荒活民書』; 鄧雲特, 『中國救荒史』, 상
무인서관, 1937년11월; 王德毅, 『宋代災荒的救濟政策』, 중국학술저작장조위
원회, 1970년5월; 星斌夫, 『중국의 사회복지의 역사』, 山川출판사, 1988년7월;

의 기아에 한해서 이성양자를 인정하고 있던 것은 기아의 생명보호
를 위해서였지만422) 이 입법은 당령唐令의

> 홀아비·과부·고아·가난한 자·노약자로 자활自活할 수 없는 자는 근친
> 에게 수양하게 한다. 근친이 없으면 향리鄕里에 맡겨 돌보게 한다.423)

라고 하는 규정과 일체를 이루고 있다고 생각된다. 기아도 원칙적
으로 하면 근친향리가 수양해야 하지만, 생사를 다투는 유아에 대
해서는 도리어 관계가 없는 이성의 가족이 수양하도록 함으로써 생
명을 확보할 필요가 있었기 때문에, 양자법이라는 본래는 가족과
종족내부만에 관한 법 영역에 사회 정책적인 특례가 설정된 것이
다. 그러나 송대가 되면 당령唐令이 예정하고 있던 것과 같은 근친
부락의 공동체는 특히 도시에 있어서 붕괴되고, 양제원養濟院·안제
방安濟坊·누택원漏澤園 등의 여러가지 구휼시설이 필요하게 되어 동

曾我部靜雄, 「송대의 三倉 및 그 외」, 『동아경제연구』13권4호, 1970년5월;
『宋代政經史의 연구』, 吉川弘文館, 1974년3월; 今堀誠二, 「송대 상평창연구」,
『사학잡지』56편 10-1호, 1946년10-1월; 今堀誠二, 「송대에 있어서 嬰兒보
호사업에 대해서」, 『廣島大學文學部紀要』8호, 1955년10월; 今堀誠二, 「송대의
동계실업자구호정책에 대해서」, 『동양학보』39권 3호, 1956년11월; 福澤與九
郎, 「송대에 있어서 救療사업에 대해서」, 『福岡學藝大學紀要』3호 제1부 문과
계통, 1954년3월; 福澤與九郎, 「송대에 있어서 窮民收養事業의 素描」, 『복강
학예대학기요』6호 제2부 사회계통, 1956년12월; 福澤與九郎, 「宋代助葬事業
小見」, 『福岡學藝大學紀要』7호 제2부 사회계통, 1957년12월; 金中樞, 「宋代幾
種社會福利制度－居養院·安濟坊·漏澤園－」, 『新亞書院學術年刊』10기, 1968
년 9월; 吉田寅, 「『救荒活民書』와 宋代의 救荒政策」, 靑山博士古稀紀念宋代
史論叢刊行會編, 『靑山博士 古稀紀念宋代史論叢』, 성심서방, 1974년9월; 梅
原, 「救濟制度」등을 참조.
422) 『당률소의』권12, 호혼, 양자사거; 『송형통』권12, 호혼율, 양자 〔입적〕(其小兒
年三歲以下, 本生父母遺棄, 若不聽收養, 卽性命將絶, 故雖異姓, 仍聽收養, 卽
從其姓).
423) 仁井田陞, 『당령습유』, p.256. 「諸鰥寡孤獨貧窮老疾, 不能自存者, 令近親收養,
若無近親, 付鄕里安恤」.

시에 그것만으로는 극히 불충분하기 때문에, 이성양자의 확대를 통한 유아의 구제제도가 행해지지 않으면 안되었던 것이다.

이성양자의 확대에는 이외에도 당말오대唐末五代에 무인계급사이에서 성행했던 가부자적假父子的 결합424)의 영향 등, 여러 가지 요인을 생각할 수 있다. 이 문제에 대한 해답을 구하기 위해서는 보다 한층 더 깊이 있는 연구 고찰을 할 필요가 있고, 여기서의 의문은 의문으로서 남겨둘 수밖에 없다. 이 문제와 본고本稿에 있어서 해명할 수 없었던 여러 가지 문제를 포함해서 가족법 전체와 그 배경을 어떻게 그려나갈지가 이제부터의 과제이다.

《早稻田法學》64-1/64-2. (1988/1989) 揭載

---

424) 仮父子的 결합에 대해서는 『新五代史』권36, 義兒傳; 仁井田陞, 『당송법률문서의 연구』, pp.518~519; 矢野主稅, 「당대에 있어서 仮子制에 대해서」, 廣島文理科大學史學科敎室編 『사학연구기념논총』, 柳原書店, 1950년10월; 시야주세, 「당대에 있어서 가자제의 발전에 대해서」, 『西日本史學』6호, 1951년3월; 堀敏一, 「唐末諸叛亂의 성격－중국에 있어서 귀족정치의 몰락에 대해서－」, 『동양문화』7호, 1951년11월; 栗原益男, 「唐五代의 가부자적 결합의 성격－주로 藩帥的 지배 권력과의 관계에 있어서－」, 『사학잡지』62편,6호, 1953년6월; 栗原益男, 「당말오대의 가부자적 결합에 있어서 성명과 연령」, 『동양학보』38권 4호, 1956년3월; 栗原益男, 「당말오대의 변혁－그 소급적 고찰을 포함해서」, 『역사교육』12권 5호, 1964년5월; 礪波護, 「당말오대의 변혁과 관료제」, 『역사교육』12권 5호, 1964년5월; 林瑞翰, 「五代豪侈・暴虐・義養之風氣－五代政治・社會・經濟・文化硏究之三－」, 『대륙잡지』30권3-4기, 1965년2월) 등을 참조. <옮긴이주> 구리하라마스오, 「안사의 난과 번진체제의 전개」(정병준 옮김), 『세미나 수당오대사』(서경, 2005) 및 김정희, 「당말오대가부자 결합에 대한 고찰」, 『남사 정재각 박사 고희기념 동양사 논총』(1984)를 참조.

부록

1 宋代 데릴사위(贅壻) 小考

2 淸明集 戶婚門의 연구

宋代 데릴사위(贅婿) 小考

머리말

　전통 중국의 데릴사위에 관해서는, 이미 진한秦漢이전과 원대元代 · 청말淸末 이후에 대해서 단편적으로 연구가 행해지고 있다.1) 송대에 대해서는 전문적 논문은 발표되어 있지 않다고 하지만, 송대 상속법 연구 등이나2) 혹은 가족법 전체에 관한 통사적通史的 연구3)의

---

1) 진한이전의 데릴사위에 대해서는, 渡部武, 「秦漢時代の謫戍と謫民について」, 『東洋史研究』36－4, 1978년; 堀敏一, 「漢代の七科謫とその起源」, 『駿台史學』57, 1982년; 堀敏一, 「漢代の七科謫身分とその起源－商人身分その他－」, 『中國古代の身分制－良と賤』, 汲古書院, 1987年刊 所收; 越智重明, 「七科謫をめぐつて」, 『九州大學東洋史論集』11, 1983년; 越智重明, 「贅婿」, 『久留米大學比較文化研究所紀要』9, 1991년 등이 있고, 주로 七科謫 가운데의 贅婿를 둘러싸고 논의가 전개되고 있다. 元代에 대해서는 有高巖, 「元代の婚姻に關する法律の研究」, 『東洋文理科大學文科紀要』10, 1936년; 大島立子, 「元朝の "女壻"について」, 『史論』43, 1990년 등. 청말 이래에 대해서는 戴炎輝, 「招婿婚に就て」, 『台法月報』32－3・4・5・6, 1938년; 越智, 「贅婿」등이 있다.

2) 莫家齊, 「從『名公書判淸明集』看宋朝的繼承制度」 『法學雜誌』, 1984－6; 郭東旭, 「宋代財産繼承法初探」, 『河北大學學報』哲學社會科學版, 1986－3; 魏天安, 「宋代《戶絶條貫》考」, 『中國經濟史研究』, 1988－3; 袁俐, 「宋代女性財産權述論」, 『宋史研究輯刊』第2輯, 杭州大學歷史系宋史研究室, 1988年刊 所收; 孔慶明, 「南宋的書判與民法」, 『法律史研究』; 編委會編, 『中國法律史國際學術討論會論文集』, 陝西人民出版社, 1990年刊 所收 등.

일환으로서 논해져 오고 있다. 본고本稿는 이들 연구의 성과를 근거로 하면서, 처가妻家 재산에 대한 관계를 중심으로 해서 송대의 데릴사위에 관한 개관을 시도해보는 것이다.

1. 데릴사위와 접각부接脚夫

데릴사위란 처의 집으로 들어간 남편을 말한다.4) 전남편의 집에 장가가는 새남편을 송대에서는 접각부接脚夫라 칭했다.5)

송대에 있어서의 데릴사위의 성행은 『송회요집고宋會要輯稿』(165책, 형법 2, 형법금약1.) 순화원淳化元(990)년 9월 21일6)의

숭의부사崇儀副使 곽재郭載가 말하기를, 전에 검남劍南에 사신으로 갔을 때, "부인가富人家에 췌서贅婿를 많이 들여서 낳은 자식이 나이가 들어 부인富人이 죽으면 그 재산을 나누고, 빈민이 그 부모를 버리고 데릴사위로 나가는 경우가 많아, 심히 풍속에 해를 입히고, 또한 쟁송이 더욱 많아지는 것을 보고 그 것을 금지하기를 바라옵니다"라고 상주하였다. 황제가 조서를 내려 그 청을 따르라고 지시하였다.7)

---

3) 본고에서는 우선 仁井田陞, 『支那身分法史』, 東方文化學院, 1942年刊 및 滋賀秀三, 『中國家族法の原理』, 創文社, 1967年刊을 참조한다.

4) 원대의 『吏學指南』 親姻, 贅壻는 「贅壻〔猶人身體之有肬贅也, …今有四等焉, 一曰養老, 謂終於妻家聚活者, 二曰年限, 謂約以年限, 與婦歸宗者, 三曰出舍, 謂與妻家析居者, 四曰歸宗, 謂年限已滿, 或妻亡, 並離異歸宗者〕」로서, 贅壻에는 養老·年限·出舍·歸宗의 4종이 있는 것으로 하고 있는데, 송대에는 이와 같은 명확한 구별은 보이지 않는다.

5) 『吏學指南』 親姻, 接角夫에는 「接脚夫〔謂以異姓繼寡婦者〕」라고 하고, 원대에도 같은 호칭이 사용되고 있었다.

6) 『宋史』 卷5, 太宗紀2, 淳化 元年九月辛巳(九日)에도 기사가 있다.

7) 崇儀副使郭載言, 前使劍南日, 見富人家多召贅婿, 與所生子齒, 富人死, 卽 分其財, 貧民多捨其父母出贅, 甚傷風化, 而益爭訟, 望禁之, 詔, 從其請.

라는 사천四川남부의 관행으로서 이거나, 『송사宋史』권 437, 유림전儒林傳 7, 유청지전劉淸之傳의

라는 기사처럼 대개 효종조孝宗朝의 형호북로荊湖北路 악주鄂州의 관행으로서, 데릴사위를 지적하고 있는 기사 등에서 살필 수 있다. 이들 기사는 데릴사위가 되는 남자의 집이 빈곤한 것을 언급하고, 지참금(장가들 돈)의 지불능력 부족이 데릴사위 발생의 주요 요인이 되었음을 추측하게 한다.9) 그리고 남자가 이러한 모양으로 생가를 떠나 부모에 대한 효양과 선조의 제사를 포기하는 것과 같은 것은 위정자의 입자에서도 바람직한 일이 아니었기 때문에, 전자에서는 조서로서, 후자에서는 통판通判의 권유로서 금령이 공표 되었던 것이다.

　물론, 이러한 금령은 현실적으로는 거의 의미를 가지지 않고, 데릴사위는 처가의 사실상의 일원이 되어 있었다. 그렇지만, 『경원조법사류慶元條法事類』권77, 복제문服制門, 복제服制의 경원복제격慶元服制格은, 시마참월緦麻參月의 성인成人 의복(의복義服)으로서

위서爲婿　〔위여지부謂女之夫〕

를 예로 드는 것에 그친다. 여기서 말하는 「사위」는 딸의 남편 일

---

8) 丁內艱, 服除, 通判鄂州,……鄂俗, …… 家貧子壯, 則出贅, 習爲當然, …… 清之
　皆諭止之.
9) 仁井田陞, 『支那身分法史』, p.733.

반이고, 데릴사위에 관한 특별 규정은 아니다. 다시 말해 복제상으로 처가에 있어서 데릴사위는 출가한 딸의 남편과 같고 정규 구성원은 아니었던 것이었다.[10]

데릴사위를 맞이하면서 처가에 요구되는 조건은 그다지 없었던 것 같지만, 전남편이 죽은 후, 새남편을 접각부로서 맞이하는데 있어서는 엄격한 요건을 필요로 하고 있었다. 과부의 재혼은 원칙적으로 개가改嫁이며, 전남편의 집을 나왔기 때문에 그 가산에 관한 관리권을 잃게 되는 것이었다.[11] 다시 말해 새남편으로 봐서는 『명공서판청명집名公書判淸明集』 징악문懲惡門, 12－42, 파특把特, 징교송懲敎訟에

> 진념삼陳念三은 새남편이다. 전남편의 물업物業에 간여하는 것은 법으로 부당하다.[12]

라고 논해져 있듯이, 전남편의 가산에는 일체 관여할 수 없었다. 그런데 과부가 접각부를 맞아서 전남편의 집에 머무르면, 그것은 개가가 되지 않으므로, 그대로 전남편의 가산에 대한 관리권을 여전히 가질 수 있었다. 접각부에게 있어서는 그 아내와 공동으로 전남편의 가산을 관리하는 것이 된다. 다시 말해 접각부를 맞는다는 것

---

10) 『慶元條法事類』卷75, 刑獄門五, 侍丁의 慶元名例勅, 「諸緣坐應編管, 而年陸拾以上, 拾伍以下, 及婦人於本條應編管, 而夫之祖父母父母或祖父母父母〔謂未嫁者, 卽離已嫁而召贅壻者, 同〕老疾應侍, 家無期親成丁者, 並免, 若已編管而應免者, 亦放」은 연좌에 의해 편관으로 되어야 할 때, 자기의 조부모·부모를 모시기 위해, 편관을 면제받는 여성으로서 미혼자와 데릴사위를 불러들인 자를 동등하게 취급하고 있는데, 이 규정의 주안점은 여성이 자기의 조부모·부모와 동거하는 데 있고, 데릴사위를 처가의 정규 구성원으로 위치지운 것은 아니다.
11) 滋賀秀三, 『중국가족법의 원리』, pp.405～406.
12) 陳念三, 後夫也, 法不當干預前夫物業.

은, 한정적이기는 하지만 이성異姓의 남자가 가산에 관여하는 것을 의미한다. 그러므로 이와 같은 현상의 발생은 될 수 있는 대로 최소한의 범위에 한정시킬 필요가 있었던 것이다. 그 요건이란, 『명공서판청명집名公書判淸明集』에

　　서씨는 진사언陳師言의 계처繼妻인데, 원래 한 아들을 걸양乞養하여 소조紹祖라 하고, 또 친히 두 아들을 낳아 소고紹高·소선紹先이라 했으며, 딸은 진낭眞娘이라 했다. 사언이 죽자, 서씨는 스스로 부업夫業을 5등분하여 걸양한 아들에게 1분을 줄뿐이고, 친히 낳은 세 자식에게는 4분을 점유하게 했는데, 법조문으로 보아도 옳은 조치는 아니었다. …그러나 오히려 맡길 만한 자였다. 서씨는 여전히 수지守志할 수 있으나 지금은 이미 능히 수지守志할 수 없고, 자진하여 진가모陳嘉謀에게 개가했다. 따라서 진사언의 처가 될 수 없는 것이다. 진사언의 처가 아닌 이상, 소조 형제의 모친은 아니다. 그 사람의 처도 아니고 또한 모친도 아니면서 멋대로 그 집의 부동산을 팔고서, 그 자식의 불효를 책하는 것이 허용되겠는가. 법에 접각부의 제도가 있는 것은 무릇 남편이 사망하고 자식은 어려 가사를 담당할 사람이 없는 경우를 위해 마련한 것이다. 지금 진씨의 세 아들은 30세 전후가 되어 있고, 각각 가사를 처리할 수 있다. 진가모가 무슨 소용 있으랴. 서씨는 자식이 장년壯年이 되자 진가모를 섬겼는데, 이것은 그에게 개가한 것이지 접각은 아니다. 어찌하여 남의 가옥을 점거하고 남의 토지를 파는 일이 허용되랴. 그러한 도리가 어디에 있으랴. 그러므로 서씨가 자기 몫이라 칭하면서 1分의 토지를 판 것은 분명히 위법이다.[13]

---

13) 『청명집』「호혼문」, 09—01, 위법교역, 이미 다른 곳에 시집간 어머니가 그 아들의 부동산을 판다[已出嫁母賣其子物業]. 徐氏乃陳師言之繼妻, 元乞養一子, 曰紹祖, 又親生二子, 曰紹高·紹先, 及女, 曰眞娘, 師言死, 徐氏自將夫業分作五分, 乞養之子一分, 而已與親 生三子(三, 明本作二) 自占四分, 於條亦未爲是, …… 然猶有可諉者, 徐 氏猶能守志也, 今旣不能守志, 而自出嫁與陳嘉謀, 則是不爲陳師言之妻矣, 不爲陳師言之妻, 則是不爲紹祖兄弟之母矣, 旣非其人之妻, 又非其人之母, 而輒欲賣其家之業, …… 可呼, 在法有接脚夫, 盖爲夫亡子幼, 無人主家設 也, 今陳氏三子, 年幾三十, 各能主家, 亦何用陳嘉謀爲哉, 徐氏於子壯年事陳嘉謀, 是嫁之也, 非接脚也, 安得據人之屋, 賣人之業, 豈有是理哉, 其徐氏自賣 所分一分之業, 委是違法.

「법에서 접각부가 있는 것은 필경 전남편이 죽고 자식이 어리기 때문에 집을 관할할 만한 사람이 없기 때문에 만들어진 것」이라고 하듯이, 전남편의 아이가 미성년이고, 또한 가산을 관리할 분배의 몫이 있는 친족(유분친有分親)이 없는 것이었다. 이 사례에서는 과부가 새남편과 재혼했을 때 아들이 성년이었으므로, 접각부를 맞이했다고 인정하지 않고 개가로 간주하여, 전남편의 가산 매각을 위법이라고 하고 있다. 다시 말해 접각부의 존재 이유는 전남편의 자손 양육과 그 가산의 보전에 있었기 때문에, 그것을 일탈하는 경우에는 새남편을 접각부로서 전남편의 집에 맞이하는 일은 허락되지 않았다. 『명공서판청명집名公書判淸明集』에서는

조씨는 먼저 위경선魏景宣에게 출가했다. 경선이 이미 죽었으니, 조씨가 박주공강柏舟共姜의 뜻〔수절〕을 지킨다면, 언제까지나 위씨의 가옥을 자기 것으로 하고 있는 것이 당연하다. 지금 이미 유유광劉有光에게 개가改嫁하면서, 그대로 접각이라는 명분으로 멋진 까치 둥지에 비둘기가 산다〔鵲巢鳩居〕는 말처럼 접각부를 불러들여 계속 살고 있으면 어찌 위경모魏景謨 등의 소송을 피 할 수 있겠는가. 유유광이 제출한 양규의 서간에 의하면, 먼저 후부後夫(접각부)을 불러 가家에 들이는 약속이 적혀있다. 그리고, 위경모가 제출한 유예의 서간에는 본가의 권위를 핑계삼아 혼례를 올렸다고 되어있다. 주장이 서로 다르나 조리에 맞게 판단하건대, 조씨의 전남편前夫에게는 아들인 위여즙魏汝楫이 있고 손자까지 태어났다. 또한 그 가옥에는 동거하는 위경모·위경렬魏景烈에게 각각 재산의 몫을 갖고 있고 분할서支書 가운데에 아직 나누지 않았다고 명언되어 있다. 유유광은 가족도 아니면서 가옥을 점거하려 하는 것은 정말로 옳지 못하다. 하물며 이미 서로 어긋남이 생기고 있는데, 계속 그 집에 출입하며, 거기서 먹고 마시며 남녀간의 일을 하는 것은 실로 낯두꺼운 일일 뿐 아니라, 방관하는 자로서도 부끄러운 일이다. 조금이라도 기절氣節 있는 자라면 부끄럽고 민망이 여겨 떠나가야 한다. 조씨는 그 집에 시집간 후에 자기가 마련한 돈으로 집을 지었고 하였으나, 위경모의 공술을 조사를 상세히 조사해 보니 경원4년(1198), 형제 3명이 함께 건축했고, 조씨는 경원6년(1200)에 이르러서야 처음으로 시집을 왔다고 하니, 위씨를 위해 시집가기 이전에 집을 지었을 까닭이 없다. …조씨는 이전에 이미 그 가

정에 얌전히 있지 않았다는 것이고, 위씨가 그녀의 개가를 허락할 수밖에 없었던 것 같다. 위경선은 자손이 없는 것도 아니고, 더욱이 그의 가옥은 동거 친족의 공동재산이어서, 법률상 접각부를 불러들일 수 없다. …조씨는 개가하였으므로 의義로는 이미 인연이 끊겼고, 그러므로 전남편의 가옥 재산을 점거할 수 없고, 당연히 유공사 집에 가서 시어머니와 새남편을 섬기면 그것으로 인정人情과 법의法意에 합당하다.14)

전남편의 아들에게 손자가 있고, 더욱이 전남편의 형제와 같은 가옥에 거주하고 있는 상태에서의 재혼은 접각부를 맞이한다고 인정되지 않고 개가로 간주되어, 과부는 전남편의 집에 같이 살 수 없도록 규정되고 있다. 전남편과의 사이에서 낳은 자식의 연령은 확실하지 않지만, 이미 손자를 얻었기 때문에 성년에 이르렀다고 해석해도 틀리지 않을 것이다. 또 만약 미성년이라고 해도, 전남편의 형제로서 분배의 몫이 있는 친족이 동거함으로써 가산의 관리자가 존재하고 있기 때문에, 역시 접각부를 맞는 것은 인정되지 않았던 것이다. 단지, 전남편에게 자손이 없는 경우에는 본래대로라면 접각부를 맞는 것은 인정되지 않는 것이 마땅하지만, 『명공서판청명집名公書判淸明集』에는

아감阿甘은 비록 현재 접각부接脚夫를 끌어들이고 있기는 하지만, 3세가 되기 전에 양자로 거두어들인 아이가 있기 때문에 호절戶絶이 아닌 것은 분명하

---

14) 『청명집』「호혼문」, 09—52, 접각부, 이미 시집간 처가 전 남편의 가옥과 토지를 점거하려고 하다[已嫁妻欲擇前夫屋業]. 趙氏先嫁魏景宣, 景宣旣沒, 趙氏能守柏舟共姜之志, 則長有魏氏之屋, 宜也, 今已改嫁劉有光, 遂以接脚爲名, 鵲巢鳩居, 豈能免魏景謨等之詞乎, …… 揆之理法, 趙氏前夫有子魏汝楫, 且生孫矣, 其屋同居魏景謨·魏景烈 各有分, 支書內明言未分, 劉有光非其族類, 乃欲據其屋, 誠所未安, …… 趙氏以其屋爲嫁後自得錢添造, 詳魏景謨詞, 則慶元四(一一九八)年兄弟三人 同起造, 趙氏於慶元六(1200)年方嫁歸, 無緣爲魏氏造屋於未嫁歸之前, …… 趙氏先已不能安其室, 魏氏能勿許其改適乎, 魏景宣非無子孫, 且其屋 係同居親共分, 法不應召接脚夫, …… 趙氏改嫁, 於義已絶, 不能更占前夫屋業, 合歸劉貢士家, 事姑與夫, 乃合情法.

다. …정창丁昌은 살아 있을 때에 이미 3세가 되기 이전의 아이를 양육하고 있었다. 그렇다면 정창은 본래 절호絶戶는 아니고,…앞에서 언급한 아감은 이미 접각부를 끌어들였기 때문에, 지금에 와서 다시 전남편을 위해 아이를 양육해서는 안 된다고 생각하고, 안이하게 재산을 몰수하고자 했던 것이라면 더욱 옳지 못하다. 부인이 몸을 의지할 곳이 없게 되어, 양자를 취하여 전남편의 대를 잇고, 스스로의 몸을 새남편에게 의탁한다고 하는 것은 이 또한 당연히 생각할 수 있는 범위의 행동이고, 법률상 애초에 금지의 명문은 확실히 없다. 설령 그 자식을 양자로 해서는 안 되는 경우라고 하더라도, 아감은 접각부를 끌어들이고 있는 것이기 때문에, '권급權給'이라고 하는 조문도 있고, 합쳐서 몰수해서는 안 되는 것이다. 호령에 따르면, 「과부에게 자식이나 손자가 없고, 또한 동거인 가운데에 분재分財의 권리를 가지는 친족이 없어, 접각부를 끌어들인 경우는 전남편의 전지田地나 가옥은 관청의 적장籍帳에 등록을 마침으로써 임시로 급부한다. 그 평가액은 5천 관을 넘어서는 안 된다. 그 부인이 새남편의 가에 시집가는 것을 원하거나, 또는 본인이 사망한 경우에는 비로소 호절戶絶의 법에 의거한다」라고 한다. 정창의 재산의 평가액은 2백여 관에15) 지나지 않기 때문에, 아감에게 급부되어야 하는 것은 매우 명백하다.16)

「과부가 자손이 없고 같이 동거하는 분배의 몫이 있는 친족도 없는 경우, 접각부를 맞으면 전남편의 전택田宅은 관의 적장籍帳에 기재가 끝나면 임시로 급여한다」라고 하는 호령戶令이 인용되어 있다. 이것에 의하면 자손도 없고, 또한 동거하는 유분친有分親도 없어 접각부를 맞이한 과부에게는 5천관貫을 상한으로 해서 전남편의 가

---

15) 明版에는 三百餘貫으로 되어있다.
16) 『청명집』「호혼문」, 08−20, 호절(戶絶), 부망이유양자부득위지호절(夫亡而有養子不得謂之戶絶). 阿甘見在雖招到接脚夫, 而有三歲以下收養之子, 非戶絶分明, …… 丁昌在 日已養得三歲以下之子, 然則丁昌元非絶戶, …… 前謂阿甘已召接脚夫, 不應復爲前夫抱子, 便欲籍沒其業, 則尤未安, 婦人無所依倚, 養子以續前夫之 嗣, 而以身托於後夫, 此亦在可念之域, 在法初無禁絶之明文, 縱使此子不當養, 阿甘係召接脚夫, 亦有權給之條, 未當拘沒也, 按戶令, 寡婦無子孫幷同 居無有分親, 召接脚夫者, 前夫田宅經官籍記訖, 權給, 計直不得過五千貫, 其婦人願歸後夫家及身死者, 方依戶絶法, 據丁昌之業, 所直不過二(明版에는 '三'으로 되어있다)百餘貫, 其合給阿甘明甚.

산이 일시적으로 급여되도록 되어 있다. 이와 같은 경우에도 접각부를 맞는 것이 인정되어 있던 것이 된다. 다만, 수절한 과부는 전남편의 가산 전체의 관리권을 가졌기 때문에,[17] 접각부를 맞이한 과부의 경우에는 불이익을 받게 되었던 셈이다. 게다가 과부가 사망하지 않았더라도 새남편의 집에 돌아가기를 원하면, 전남편의 가산은 호절戶絶로서 원칙적으로 몰관沒官되게 되어 있다. 따라서 이것은 자식이 없어서 개가하려고 하는 과부에게 제한적으로 전남편의 가산에 대한 관리권을 인정하면서, 한편 간접적으로 전남편를 위한 입계立繼를 장려하기 위한 은혜적인 조치였다고 생각된다.[18] 접각부를 맞는 것에 대해서, 국가는 어디까지나 소극적이었던 것이다.

데릴사위가 처와의 사이에 얻은 자식은 당연히 처가의 후계자가 될 수 있었는가, 그렇지 않으면 이성수양異姓收養이라는 수속을 필요로 했는가를 판단할 수 있는 사료史料를 발견할 수 없었다.[19] 그러나 접각부가 처와의 사이에 얻은 자식은 『명공서판청명집名公書判淸明集』 호혼문戶婚門, 06 - 10, 쟁전업爭田業, 쟁전업爭田業[20]에

---

17) 仁井田陞, 『支那身分法史』, p.662; 滋賀秀三, 『중국가족법의 원리』, pp.405~
   407.
18) <옮긴이주>; 육정임, 「송대 호절재산법 연구」, 『송요금원사연구』5, 2001년 참
   조. 육정임은 과부가 재혼을 했더라도 接脚夫를 들이는 결혼인 경우는 과부의
   사망시까지 호절법 시행을 유보하여 가정의 재산을 처분하는 것을 연기해 준
   것으로 역시 은혜적인 조치로 보고 있다. 그리고 조금 다른 각도에서 우성숙,
   「명공서판청명집을 통해 본 송대 여성의 再婚과 財産」, 『법사학연구』31(2005)
   가 있으므로 참조바람.
19) 『청명집(淸明集)』 人倫門, 권10-25, 夫婦, 緣妬起爭에서는 贅壻와 처의 불화
   의 원인이 贅壻가 자식을 둔 첩을 편애하고 있는 것에 있다고 하여, 첩을 개
   가시키고 있는데, 그 자식은 유모를 불러 처가에서 양육하게 하는 것으로 하
   고 있다. 이 자식이 당연히 처가의 嗣子가 될 수 있었다 라고는 생각되지 않
   지만, 異姓收養이라고 하는 수속을 거쳐 嗣子로 삼았을 가능성은 있다.
20) 『청명집(淸明集)』 戶婚門에는 「爭田業」라는 제목의 判語가 2개 수록되어 있
   다. 본고에서는 편의상 原書에서의 揭載順에 따라 권6-09와 권6-10으로 구
   별한다.

여구보閭丘輔의 증조의 이름은 소紹이고, 아장阿張을 취하여 처로 삼았다. 소가 살아 있을 때 두 딸을 낳았는데, 이름이 사이낭四二娘・사사낭四四娘이고, 유복자인 한 아들을 낳았는데, 이름이 계조繼祖였다. 당시에 아장은 고모 아엽阿葉의 명을 받들어, 호철胡喆을 불러들여 접각부로 삼고, 어린아이들을 무양撫養했는데, 4년이 되지 않아, 호철이 또한 죽었다. 호철은 두 딸을 낳았는데, 이름이 호사십낭・오십낭인데, 또한 일찍 죽었으며, 그 후에 여사이낭은 채일蔡佾을 데릴사위로 삼고, 여사사낭은 조숙훈曹叔訓을 데릴사위로 삼으니, 모두 아엽의 명이다. 계조가 성장하자, 아조阿曹에게 장가들어 제구십第九十이라는 한 아들을 낳았는데, 이름이 선璿인데, 어렸을 때 계조 또한 죽어서, 아장은 선을 다시 처음과 같이 무양撫養했다.[21]

접각부와 처와의 사이에 태어난 딸의 성姓이 모두 접각부의 성이 되어있는 점에서 추측해보면 접각부의 성을 따라야 하고, 따라서 전남편의 집의 정규 구성원, 즉 후계자는 될 수 없었다고 생각되어진다.[22] 역시 이 사례에서는 접각부를 맞는 목적이 전남편의 자식의 양육에 있는 것이 확실하게 되어있음을 부언해 둔다.

2. 가산家産의 관리와 부여

송대, 데릴사위나 접각부가 장가갈 때에 성을 바꾼 예는 보이지

---

21) 『청명집』「호혼문」, 6－10, 쟁전업, 쟁전업 閭丘輔之曾祖名紹, 聚阿張爲妻, 紹存日生二女, 名四二娘・四四娘, 遺腹生一男, 名繼祖, 是時阿張奉姑阿葉命, 納胡喆爲接脚夫, 撫養孤幼, 不四年, 胡喆又死, 胡喆生二女, 名胡四十娘・五十娘, 亦早死, 自後閭四二娘招蔡佾 爲贅, 閭四四娘招曹叔訓爲贅, 皆阿葉命也, 繼祖長成, 娶阿曹, 生一男, 弟九十, 名璿, 尙幼而繼祖又死, 阿張撫養璿復如初.

22) 접각부의 의붓자식은 처가에서 수양되었다고 해도 그 정규의 구성원은 되지 않고, 義子로서 취급되었다. 또한, 『청명집(淸明集)』戶婚門, 권8－38, 義子「背母無狀」에는 전남편의 아들이 죽은 후, 入繼를 행하지 않고, 접각부의 의붓자식에게 家産의 관리를 일임하여 버리고, 사실상 이것을 전남편의 家의 후계자로 다룬 사례가 있는데, 일반적인 현상이라고는 말하기 어렵다.

않으며, 따라서 처가나 전남편의 집에 있어서 제 몫을 가지는 친척이 되는 적도 없었으며, 후계자가 되는 경우도 있을 수 없었다. 그것은 또 동성불혼同姓不婚과 이성불양異姓不養이라는 구舊 중국가족법의 2대 원칙이 가져온 당연한 논리적 귀결이었다.23)

그런데 오오시마리쯔꼬(大島立子)는 "송대에 있어서도 이성양자, 특히 처의 조카, 혹은 딸의 사위에게 승계시킨 예는 나타난다. … 이성양자, 즉 「여서女壻」에 의한 승계가 늘어난 것은, 호절이라 간주되면 재산은 관에 몰수되기 때문에, 이것을 방지하기 위해서라도 어쨌든 승계자를 세우고자 한 것이다. 호절 = 몰관의 일이 증가함으로써, 국가에의 반감이 발생하는 것을 방지하기 위해 오히려 국가가 「여서」나 처의 조카를 통해서 이성양자를 장려했다고 한다. …… 동종同宗에 정통 양자후보가 있던 경우라도 이성양자·「여서」에 의한 승계가 있었던 것에 주목하고 싶다"24)라고 해서, 데릴사위가 동종자同宗者를 제쳐놓고 처가의 승계자 즉 후계자가 된 경우까지 있다고 하였다. 더욱이 데릴사위로서 입사立嗣하는 것을 국가가 장려했다고까지 논하고 있다. 지금부터 오오시마(大島)씨의 이 주장이 정당한 것인지 어떤지 검토해 보고 싶다.

확실히 데릴사위는 처가에 따로 남자가 없는 경우에는, 『명공서판청명집名公書判淸明集』 호혼문戶婚門, 06-09, 쟁전업爭田業, 쟁전업爭田業에

---

23) 仁井田陞, 『支那身分法史』, pp.47~750; 滋賀秀三, 『중국가족법의 원리』, pp.586~588.

24) 大島, 「女壻」, p.84. 또한, 大島는 그 근거로서 川村康, 「宋代における養子法－判語を主たる史料として－(下)」, 『早稻田法學』64－11(1989년)을 들고 있는 듯한데, (同 p.90 주(21)) 川村康는 송대에 있어서의 이성양자의 嗣子化의 확대를 지적하고 있는 만큼, 데릴사위가 처가의 승계자가 될 수 있다 라고는 술하고 있지 않기 때문에, 同氏의 주장의 근거로 삼는 데에는 부적당할 것이다.

> 홍관생洪觀生이 자식이 없어, 가산을 딸과 사위에게 주고, (홍관생의 데릴
> 사위인) 오응吳膺과 이행李行간의 거래에 관련하여 (홍관생의 친딸인) 홍칠낭洪
> 七娘은 예지預知하지 못하는 것은 있을 수 없다.[25]

라고 하듯이 처가의 가산관리를 일임 받아 현실적으로 그 주도권을
차지하는 경우도 있었다. 그렇지만 그것도 여기에서처럼 「가산을
딸과 사위에게 준다」라고 적혀 있듯이 어디까지나 처와의 공동관리
를 명분으로 한 것이었다. 『명공서판청명집名公書判淸明集』에는

> 유전경劉傳卿은 1남1녀가 있었는데, 딸은 계오季五라 하고, 아들은 계육(季
> 六)이라 했다. 계육은 아조阿曹를 취하여 아내로 삼고, 계오낭은 양만삼梁萬三
> 을 데릴사위로 불러들여 사위로 삼았다. 전경이 죽고, 계육이 죽고, 계오낭
> 또한 죽자, 그 가家의 산업은 모두 아조가 주관할 것을 허락하여야 마땅하나,
> 지금 아조가 호주戶主가 될 수 없어서, 양만삼이란 자가 이에 은근히 그것을
> 가지고자 하니, 천하에 어찌 이러한 도리가 있겠는가? 설사 계오낭이 살아
> 있더라도, 양만삼은 데릴사위로 들어와 있는 주제에 유씨의 재산을 저당 잡
> 히거나 팔거나 그것을 차지하는 것이 여전히 부당하거늘 계오낭이 이미 죽
> 고, 양만삼은 밖에 나가 살고 있는지가 오래되었는데 어찌 그 재산을 팔거나
> 점거할 수 있겠는가?[26]

처가에 데릴사위와 과부가 남겨진 경우에, 그 가산을 관리해야
할 사람은 데릴사위가 아니라 과부라는 사실이다. 뿐만 아니라 더
욱이 데릴사위는 처가 살아있을 동안에도 처가의 가산을 점거하거

---

25) 『명공서판청명집名公書判淸明集』「호혼문」, 06-09, 쟁전업(爭田業), 쟁전업
(爭田業), "洪觀生無子, 其家一 付之女與婿, 無緣吳膺與李行可交關, 洪七娘有不
預知者."
26) 『청명집』「호혼문」, 07-26, 고과(孤寡), 종족기고점산(宗族欺孤占産). 劉傳卿有
一男一女, 女曰季五, 男曰季六, 季六娶阿曹爲婦, 季五娘贅梁萬三 爲壻, 傳卿死,
季六死, 季五娘又死, 其家産業合聽阿曹主管, 今阿曹不得爲 主, 而梁萬三者乃
欲奄而有之, 天下豈有此理哉, 使季五娘尙存, 梁萬三贅 居, 猶不當典賣據有劉
氏産業, 季五娘已死, 梁萬三久已出外居止, 豈可賣占 據其産業乎.

나 전매해서는 안 된다는 사실 등과 같이 그 재산권은 처와의 공동
관리의 범위를 벗어나지 않았던 것이 판어判語에 지적되어 있다. 역
시, 『명공서판청명집名公書判淸明集』은

> 유량俞梁은 토지 9무 3보가 있는데, 개희開禧 2년(1206)에 대사임戴士壬에
> 게 저당 잡혀서, 전전錢 87관貫으로 계산했다. 유량이 소정紹定 2년(1238)에
> 죽었는데, 또한 자손이 없고, 겨우 딸 유백육낭俞百六娘이 있어 진응룡陳應龍을
> 데릴사위로 불러들여 남편으로 삼았는데, 당시에 아유 부부는 또한 이 토지
> 에 대해서 저당 잡혔는지, 팔렸는지 알지 못하고 있다가 가희嘉熙 2년(1238)
> 2월에 이르러 비로소 갚겠다고 현에 소송을 내었다.…… 살펴보건대, 무릇
> 부인은 지참재산을 따르거나, 호절 재산을 이어받고, 아울러 남편과 함께 호
> 주가 된다는 영令에 준하여, 호절戶絕 재산은 모두 재실제녀在室諸女에게 주고,
> 귀종녀는 반을 감하니, 지금 유량의 슬하에 따로 아들·딸이 없고, 겨우 유백
> 육낭 1인만이 집에 있을 뿐이고, 응룡을 불러들여 남편으로 삼아서, 이외에
> 또한 따로 재산이 없으니, 이 토지는 모두 유백육낭 부부가 저당 계약서에
> 따라서 취속取贖하도록 허락한다.27)

처가가 호절이 되어 가산을 호절산戶絕産으로 처가 취득한 경우,
그 호절산은 남편과 공동관리할 것을 규정한 영令을28) 인용함과 동
시에, 처의 부친이 저당 잡혀 판 토지를 다시 사들이는 주체는 그
처부부妻夫婦라고 하고 있다. 이러한 경우에 있어서, 데릴사위의 재
산권은 처와의 공동관리가 전제되어 있었던 것이다.

---

27) 『청명집』「호혼문」, 09−19, 취속(取贖), 고녀속부전(孤女贖父田). 俞梁有田九畝
　　三步, 開禧二年典與戴士壬, 計錢八十七貫, 俞梁死于紹定二年 幷無子孫, 僅有
　　女俞百六娘, 贅陳應龍爲夫, 當是之時, 阿俞夫婦亦未知此田 爲或典或賣, 至嘉
　　熙二年二月, 始經縣陳訴取贖, …… 照得, 諸婦人隨嫁資及 承戶絕財産, 並同夫
　　爲主, 准令, 戶絕財産, 盡給在室諸女, 而歸宗女減半, 今俞梁身後旣別無男女, 僅
　　有俞百六娘一人在家, 坐當招應龍爲夫, 此外又別 無財産, 此田合聽俞百六娘夫
　　婦照典契取贖.
28) 『청명집(淸明集)』戶婚門, 권5−04, 爭業下, 妻財産業不係分의「又法, 婦人財
　　産, 並同夫爲主」는 이 令文의 取意文일 것이다.

확실히 처가의 재산분배에 있어서 데릴사위가 얼마간의 재산을 부여받은 사례도 있다.『송회요집고宋會要輯稿』151책, 식화食貨 61上에는

> 지부주知涪州인 조불의趙不倚가 말하기를, 계감契勘 인호人戶가 진소陳訴함에, 호절戶絶 · 계양繼養 · 유촉遺囑으로 얻은 바의 재산은 비록 각각 정제定制가 있다고 하더라도, 도처에서 이단理斷함에, 간혹 일단一端에 편중되니, 이것은 사송詞訟에 있어 번잡하다. 또한 가령 갑의 처는 하나가 딸이 있고, 따로 아들이 없었는데, 갑의 처가 죽고, 갑이 후처에게 다시 장가들어, 갑의 딸을 무양하여, 장성하니 데릴사위를 맞아 집으로 불러들였는데, 후에 갑은 아들이 없음을 근심하여, 마침내 장차 재산을 데릴사위에게 주겠다고 유언을 하였다. 갑이 죽자, 갑의 처는 갑의 질侄을 양자로 삼았는데, 갑의 데릴사위가 갑의 유언을 집행할 것을 요구하게 되자, 갑의 양자와 더불어 갑의 재산을 두고 쟁론하게 되었다. 판결하는 관사 가운데 혹자는 양자가 전 재산을 계승하라고 판결하는 자도 있고, 혹자는 데릴사위가 유언에 의거하여 재산을 관리하라는 경우도 있었는데, 급사중인 황조순黃祖舜등이 보건대, 유사에게 내려 신명申明을 심정審訂하고 행하行下하여, 여러 주현에 이와 비슷한 송사가 있을 것이니, 하나로 귀속시키도록 판결하니, 역시 사송詞訟을 줄이는 일단一端이다. 조서를 내려 지시하건대, 조순이 살펴본 바대로, 법에 기재된 바가 없으니 모두 균등하게 나누어 주도록 시행하라.29)

처가에 데릴사위와 입계자立繼子가 있을 때에 사자死者가 데릴사위에게 전 재산을 부여하는 요지의 유서를 남긴 경우, 해당 재산은 데릴사위와 입계자에게 고루 나눠주도록 결정한 점이 정해져있다.

---

29)『송회요집고』151책, 시과. 61상, 민산잡록(民産雜錄), 소흥(紹興)31(1161)년 4월 19일의 기청(起請). 知涪州趙不倚言, 契勘人戶陳訴, 戶絶繼養遺囑所得財産, 雖各有定制, 而所 在理斷, 間或偏於一端, 是致詞訟繁劇, 且如甲之妻有所出一女, 別無兒男, 甲妻旣亡, 甲再娶後妻, 撫養甲之女, 長成招進舍贅婿, 後來甲患危爲無子, 遂將應有財産遺囑與贅婿, 甲旣亡, 甲妻却取甲之的侄爲養子, 致甲之贅婿執 甲遺囑與手疏, 與所養子爭論甲之財産, 其理斷官司, 或有斷令所養子承全財産者, 或有斷令贅婿依遺囑管係財産者, 給事中黃祖舜等看祥, 欲下有司審訂 申明行下, 庶幾州縣有似此公事, 理斷歸一, 亦少息詞訟之一端也, 詔, 祖舜 看祥, 法所不載, 均今給(當作令均給) 施行.

그리고 이것은 『송회요집고宋會要輯稿』의 기청에서

　　권지원주權知沅州인 이발李發이 말하기를, 근강近降의 지휘指揮에 따르면 재산을 양자와 데릴사위에게 균급均給하라고 유언하면 바로 명백하게 균급하라고 하였는데, 균급하지 않으면 잘못입니다. 만약 재산이 1천5백 관이 되지 않으면, 유언을 얻은 사람은 현행의 성문법에 의거하여, 3분의 1을 주는 것에 그치고, 양자와 더불어 균급하는 것은 어렵고, 만약 양자・데릴사위에게 각각 7백5십 관을 주면, 유촉재산조법遺囑財產條法에 저촉되므로, 유사에게 내려, 더욱 참정參訂을 내리게 됩니다. 호부(호부戶部)에서 살펴보니, 제諸 노路・주州・현縣에서 만약 이와 비슷하게 진소陳訴하는 사람이 있어, 마땅히 유언한 토지 재산이 법에 정한 수를 넘으면, 조에 의거하여 유언을 받은 사람에게 급부하는 외에 그 나머지 수목數目은 모두 양자에게 줍니다. 만약 재산수목財產數目이 유촉조법遺囑條法에서 규정한 액수에 차지 않으면, 모두 근강近降의 지시(지휘指揮)에 따라서 균급均給하여야 합니다. 그대로 시행하라. 말하기를, 만약 유촉 재산이 1천관이 되지 않고, 후에 양자를 가지면, 모두 균급하라. 만약 1천관 이상이면 5백관을 주고, 1천5백관 이상이면, 3분의 1을 주는데, 3천관을 상한으로 한다. 나머지 수는 모두 양자에게 주도록 하라.30)

　　재산의 총액의 1천관 미만은 균급均給한다. 1천관을 넘는 경우에는 데릴사위에게 5백관을 주고, 1천 5백관을 넘는 경우에는 3천관을 상한으로 한다. 3분의 1을 준다고 정해졌는데, 그런데 여기서 주목하지 않으면 안 되는 것은, 데릴사위에게로의 재산부여가 사자死者의 유언을 전제로 하고 있는 것이다. 유언에 의한 재산부여는 원칙적으로 분배의 몫이 있는 친족(유분친) 이외의 사람에 대한 경우

---

30) 『송회요집고』151책, 시과. 61상, 소흥(紹興) 32(1162)년 11월24일. 權知沅州李發言, 近降指揮, 遺囑財產養子與贅婿均給, 卽顯均給, 不行 誤, 若財產滿一千五百貫, 其得遺囑之人, 依見行成法, 止合三分給一, 難 與養子均給, 若養子贅婿各給七百五十貫, 卽有礙遺囑財產條法, 乞下有 司, 更賜參訂, 戶部看祥, 諸路州縣, 如有似此陳訴之人, 若當來遺囑田 産, 過於成法之數, 除依條給付得遺囑人外, 其餘數目, 盡給養子, 如財產 數目不滿遺囑條法法之數, 合依近降指揮, 均給, 從之, 謂, 如遺囑財產不 滿一千貫, 若後來有養子, 合行均給, 若一千貫以上, 給五百貫, 一千五百貫以上, 給三分之一, 至三千貫止, 餘數盡給養子.

에 한정되어 있다.[31] 이들 기청은 그 유언을 받은 것을 조건으로
해서 데릴사위에게 재산을 한정적으로 부여할 것을 정한 것이어서
데릴사위가 분배의 몫이 있는 친족으로서 당연히 가산을 승계한 것
을 의미하는 것은 아니고, 더구나 데릴사위가 처가의 후계자가 된
것을 의미하는 것도 아니다.

또, 『명공서판청명집名公書判淸明集』 호혼문戶婚門, 07-04에는

채蔡씨 일족에게는 4개의 방房이 있고, 그 제3번째 방房인 노원輅院에게는
두 아들이 있었다. 장남은 여가汝加라 하고, 재자梓를 낳았다. 차남은 여려汝勵라
하고, 기杞를 낳았다. 재자梓와 기杞는 모두 죽고, 각각 데릴사위는 있었지만 친
자식은 없어 명계命繼도 행해지지 않았다. 양몽등楊夢登과 이필승李必勝은 재자梓
의 사위이고, 조필예趙必㣼는 기杞의 사위이다. 최근 몽등夢登이 장인의 생모인
범씨范氏의 명을 받아 본위本位(자기 집안)의 산에서 땔나무를 베러 갔다. 제
위諸位(다른 집안)는 본래 서로 간섭할 수 없음에도 불구하고 제위諸位(다른
집안)의 자제들이 무리를 지어 몽등夢登 등을 때리려 하였다. 그 이유는 대체
로 채씨蔡氏의 나무를 양씨楊氏가 벌목하는 것을 용납할 수 없었다는 것이었
다.…
　지금 범范씨(재자梓의 생모) 는 「두 사람의 손주사위에게 노후를 맡기고 싶
고, 기杞와 재자梓에게는 후계자를 세울 생각은 없습니다」라고 하고 있지만, 부
인이나 여자는 법의 이치를 알 리가 없다. …
　명계命繼의 한 사건은 노원輅院의 혈통을 존속시키고 채蔡씨 사이에서 으르
릉거리는 다툼을 없애도록 처리하지 않으면 안 된다. 존장尊長인 채역蔡域 등
은 모두 일치해서 제1위位인 해楷의 아들 엽燁을 기杞의 후계자로 하도록 주
장하고 있는데, 이것이 극히 타당하다.
　제第4방房인 병棟이 자신의 아들 소炤를 세우려고 다투고 있지만, 여기에는
전혀 도리가 없는 것은 이미 왕주부王主簿의 판결원안이 확인하고 있다. 그러
나 이 판결원안의 처치로서는 아직 불충분하다. 기杞를 위해서 후계자를 세우
려고 한 이상에는, 재자梓에게도 후계자 없이 둘 수는 없다. 재자梓에게는 사위가
두 사람 있기 때문에 지분持分이 적어지고, 기杞에게는 사위가 한 사람이기

---

31) 『청명집(淸明集)』 戶婚門, 권5-05, 爭業下 「繼母將養老田遺囑與親生女」; 『청명
　　집(淸明集)』 戶婚門, 권9-09, 違法交易 「鼓誘寡婦盜賣夫家業」(諸財産無承分人,
　　願遺囑與內外緦麻以上親者, 聽自陳, 官給公憑(官給公憑, 卷五無).

때문에 지분持分이 많아진다. 그 때문에 모두 기杞의 후계자가 되기를 원하고, 재梓의 후계자는 되려고 하지 않는 것이다.

채蔡씨가 그려온 가계도에 의하면, 네 방房 가운데, 해楷에게는 남자가 3인人, 병楝에게도 남자가 3인人 있어, 출계出繼할 수 있다. 현縣에 통지해서 해楷의 아들 엽燁과 병楝의 아들 소昭에게 현정縣庭에서 제비를 뽑게 해, 한 사람을 재梓의 아들, 다른 한 사람을 기杞의 아들로 명입命立 시키기로 했다. 양자를 세운 후, 재梓와 기杞의 가산 전지산림田地山林은, 본현本縣에 관官에게 맡겨서 (양자兩者를 섞은 후) 공정하게 배분시키도록 요구했다. 그렇게 하면 하늘에 의하여 판가름된 것이기에, 불공평이라는 불평등도 없어질 것이다. (균등하게 분배되었기에 재산의) 반을 세워진 양자에게, 반을 데릴사위에게 주도록 한다. 여자는 친딸이고, 사위도 오랜 세월 데릴사위로서 생활해 왔기 때문에, 법령을 적용해서 균등히 분배해야 마땅하다.[32]

명계자命繼子와 데릴사위가 가산을 균분하는 것이 「이것을 조령條令에 헤아려서」 결정되고 있는데, 그 이유로는 처가 친딸이어야 하며, 데릴사위가 처가에 장기간 동거하고 있던 점이 거론되고 있었다. 따라서 이러한 가산분배가 당연한 것이라고는 생각되고 있지 않았던 점이 엿보인다.

더욱이 이로써 한 사람의 후계자로 계속 맥을 잇기 위해서 명계命繼를 행할 것을 명하고 있기 때문에 데릴사위를 후계자의 자격 조건을 갖춘 자로서 취급하고 있지 않는 것은 명백하다. 따라서 데릴사위에게 부여되었다고 여겨지는 처가의 가산의 2분의 1은 직접 데

---

32) 『청명집』 「호혼문」, 7-04, 입계(立繼), 탐구입사(探闒立嗣). 蔡氏有四大位, 第三輅院位二子, 長曰汝加, 生梓, 幼曰汝勵, 生杞, 梓·杞俱亡, 各有女贅婿而無子, 不曾命繼, 楊夢登·李必勝, 梓之婿也, 趙必恌, 杞之婿也, 近因夢登奉其妻父生母范氏之命, 就本位山內斫伐柴木, 於諸位本不相干, 而諸位子弟群然將夢登等行打, 其意盖謂, 蔡氏之木, 不應楊氏伐之, …… 今范氏乃曰, 只欲依二孫婿以養老身, 不願爲杞·梓立後, …… 但命繼一事, 所合區處, 以綿一位嗣續之脈, …… 今欲帖縣, 將楷之子燁·楝之子昭當官拈闒, 以一爲梓之子, 以一爲杞之子, 命立旣立, 所有兩分家業田地山林, 仍請本縣委官從公均分, …… 合以一半與所立之子, 以一半與所贅之婿, 女乃其所親出, 婿又贅居年深, 稽之條令, 皆合均分.

릴사위에게 주어진 것이 아니고 실은 딸에게 주어져, 결과적으로
공동 관리자로서의 데릴사위에게 주어졌다고 이해해야 한다. 덧붙
여 말하자면, 데릴사위가 처가의 산에서 땔나무를 벌채하려고 할
때 처가의 자제에게 폭행 당했다고 하는 사실은 데릴사위가 처가의
가족으로부터 「타처자他處者」로 인식되고 있던 것을 보여주고 있다.
『명공서판청명집名公書判淸明集』 戶婚門, 08-24, 분석分析, 여서불응중분
처가재산女婿不應中分妻家財産 및 유극장(劉克莊)의 『후촌선생대전집』권
193, 서판書判, 파양현동위검교주병가재산사鄱陽縣東尉檢校周丙家財産事에
서는

법에 따르면, 부모가 이미 사망하고, 아들과 딸이 재산을 나눌 때, 딸은 아
들의 반을 취득해야 한다. 유복자遺腹子아들도 또한 아들이다. 주병周丙 사망
후, 재산을 3분하여, 유복자가 2몫을 취득하고, 세을랑細乙娘(주병의 딸)이 한
몫을 취득해야 하며, 이와 같이 분할하는 것이야말로 입법의 취지와 합치된
다. 이응룡李應龍은 남의 자서子婿가 되어 처가에 실은 고아 〔孤子〕가 있는데,
조금도 법의 규정을 돌아보지 않고 어린 고아를 가련히 여기지도 않고, 멋대
로 장인의 비옥한 토지를 자기 친족(이李족의 사람들)과 결탁하여 처의 부모
가 표발(標撥; 승계인 이외인 사람에의 분여)한 것이라고 거짓으로 꾸며 말했
다. 천하 어디에 사위가 처가 재산의 반을 나눠 받는 도리가 있으랴. 현위縣
尉가 인용한 바, 장괴애張乖崖이 3몫을 사위에게 준 고사는,33) 현행법에 딸은
아들의 반을 취득해야 한다고 정한 것과 같은 견해이다. 첩帖하여 동위東尉에
맡겨, 주병周丙 명의의 모든 전원의 지권과 동산의 목록을 관의 손으로 정리

---

33) 張乖崖 즉, 張詠의 고사에 대하여, 『송사』권293, 張詠傳에는 「(咸平)2(999)年, …
   是夏, 以工部侍郎出知杭州, …有民家子與姊婿訟家財, 婿言妻父臨終, 此子裁三
   歲, 故見命掌貲産, 具有遺書, 令異日以十之三與子, 餘七與婿, 詠覽之, 索酒酹地
   曰, 汝妻父, 智人也, 以子幼故託汝, 苟以七與子, 則子死汝手矣, 亟命以七給其
   子, 餘三給婿, 人皆服其明斷」, 『청명집(淸明集)』 戶婚門, 권8-36, 遺囑 「諸姪論
   索遺囑錢」에는 「昔人有子幼而婿莊, 臨終之日, 屬其家業, 婿居其子之二, 旣而渝
   盟, 有詞到官, 先正乖崖以其善保身後之子, 而遂識乃翁之智, 從而反之, 九原之
   志, 卒獲以伸」이라고 한다. 『송사』와 『名公書判淸明集』에는 유촉에 기록된 남
   자와 婿의 配分比에 3:7과 1:2의 차이가 있는데, 어느 쪽이 옳은 것인가는 판
   연하지 않다.

하여 기름진 토지와 척박한 토지, 좋은 물건과 나쁜 물건, 모두 섞어 3분하고, 분재의 당사자를 불러모아 관의 면전에서 제비를 뽑게 하라.[34]

처가의 가산을 유복자遺腹子와 데릴사위 사이에서 2대 1의 비율로 분할하고 있는데 실은 이것도 남녀간의 가산분할 문제라고 이해해야 하는 것이다. 또 이 사례에서는 데릴사위가 처가로부터 재산을 부여받은 것을 위장할 때에, 「표발標撥」[35]이라는 명목을 사용하고 있어 이것만으로도 데릴사위가 처가에서 분배의 몫이 있는 친족(유분친)이 아니었던 것을 알 수 있는 것이다.[36] 즉, 『명공서판청명집名公書判淸明集』에

오침吳琛은 딸 4명과 아들 한 명이 있는데, 이 종파와 지파(종지宗枝)가 비재備載된 바, 장녀는 이십사낭二十四娘이라 하는데, 석고石高의 아내이다. 차녀는 이십오랑이라 하는데, 호인胡闉의 처이다. 아들을 이십육이라 하는데, 바로 오유룡吳有龍이다. 지금 이성을 세운 것이다. 셋째 딸을 이십칠낭이라 하고, 칭하는 바에 의하면 이미 허씨에게 시집갔으며, 막내는 이십팔낭이라 하고, 지금 아직 시집을 안 갔다고 한다. …석고·호인은 데릴사위이고 의리로 봐

---

34) 『청명집』「호혼문」, 8-24, 분석, 「女婿不應中分妻家財産」, 在法, 父母已亡, 兒女分産, 女合得男之半, 遺腹之男, 亦男也, 周丙身後財産合作三分, 遺腹子得二分, 細乙娘得一分, 如此分析, 方合法意, 李應龍爲人子婿, 妻家見有孤子, 更不顧條法, 不恤幼孤, 輒將妻父膏腴田産, 與其族人妄作妻父·妻母標撥, 天下豈有女婿中分妻家財産之理哉, 縣尉所引張乖崖三分與婿故事, 卽見行條令女得男之半之意也, 帖委東尉, 索上周丙戶下一宗田園干照幷浮財帳目, 將磽腴好惡匹配作三分, 喚上合分人, 當廳拈鬮.
35) 滋賀秀三, 『중국가족법의 원리』, p.123 주(283). 「標撥」의 「撥」은 「재산이 승계계열 밖으로 分出된다」는 것을 의미한다.
36) 『송사』권299, 郎簡傳에는 「知寶州, 縣吏死, 子幼, 贅婿僞爲券冒有其貲, 及子長, 屢訴不得直, 乃訟于朝, 下簡劾治, 簡示以旧牘曰, 此爾翁書耶, 曰, 然, 又取僞券示之, 弗類也, 始伏罪」라고 하고, 데릴사위가 처가로부터 재산을 부여받은 것을 위장하기 위해 권을 위조한 것이 나타나 있다. 재산의 부여의 증거로서 계약서를 위조하여, 아마도 매매를 가장하지 않으면 안 되었던 것은 바로 데릴사위가 유분친이 아니었던 것을 분명하게 하고 있는 것이다.

서는 여전히 반은 아들이다. 만약 오침이 두 사위에게 의탁하기로 했다면 생
전에 이성의 남자를 입사할 까닭이 없는데 이전에 여구閭丘(오유룡을 가르킴)
를 들여 핏줄을 잇게 하고 다시 이씨에게 장가들여 그 아내로 삼게 한 것은
틀림없는 사실이다. ……어느날 아침 갑자기 송단訟端을 일으키니, 그 이유가
무엇인가? 유룡을 부당하게 오침의 아들로 삼은 것이 정당치 못하다고 할 수
있지 않겠는가. 오침이 죽었을 때에, 참최斬衰의 상복을 입은 것은 두 사위인가?
(바로)유룡이지 않은가! 유룡이 잘못을 행하는 것이 아니로다. ……호인이 또
한 『오씨의 재산은 두 사위가 처가재물로써 운영하여 증식한 것입니다』라고
하며, 네 딸에게 나누어 귀속시키고자 하나, 법은 그렇지 않다. 법에 무릇 데
릴사위는 처가 재물로써 운영 증식한 재산은 호절絶戶 되었을 때 이르러, 데
릴사위에게 3분하여 주고 라고 되어 있다. 지금 오침에게는 이미 자기 몸소
세워놓은 자손이 있으니 호절로 간주할 수 없는데, 어찌 성급하게 절호絶戶이
라하여 (가산을)분할할 수 있겠는가?37)

데릴사위가 처가에 존재하는데도 이성양자가 들어와 있는 것 그
리고 처가의 아버지의 참최斬衰의 상喪에 이성양자는 후계자로서 상
복을 입을 수 있지만, 데릴사위는 상복을 입을 수 없는 것이 논해
져 있듯이 데릴사위는 처가의 후계자가 될 수 없었던 것이다.

---

37) 『청명집』「호혼문」, 07-14, 입계(立繼), 「입계유거불위호절(立繼有據不爲戶絶)」.
吳琛有女四四人・子一人, 此宗枝之所備載, 長曰二十四娘, 卽石高之室, 次曰二
十五娘, 乃胡闓之妻, 子曰二十六, 乃吳有龍也, 卽今立異姓者, 次曰二十七娘, 據
稱已嫁許氏者, 幼曰二十八娘, 卽今陳詞未嫁者, ……石高・胡闓, 贅婿也, 義猶
半子, 倘吳琛以二壻爲可托, 則生前無由立異姓之男, 向立閭丘, 以續其傳, 復娶
李氏, 以爲其室, 盖有在矣, …… 一旦遽起訟端, 其故何也, 得非以有龍不當爲吳
琛之子邪, 則吳琛之死, 斬衰之制, 二壻行之乎, 有龍行之乎, 得非有龍行之邪,
…… 胡闓又稱, 吳氏之産, 乃二壻以妻家財物營運增置, 欲析歸四女, 法則不然,
在法, 諸贅壻以妻家財物營運增置, 財産, 至戶絶日, 給贅壻三分, 今吳琛旣有植
下子孫, 却非絶之比, 豈可遽稱作絶戶分邪.

3. 호절산戶絶産의 급여

데릴사위가 처가의 후계자가 될 수 없었으므로, 처가에 처와 데
릴사위만이 남겨져 있을 때에는 처가는 호절로 되어, 그 가산은 호
절산으로서 딸에게 급여되든지 혹은 국가에 귀속해야 하는 것이었
다. 그러나 송대에는 호절산을 일정한 조건 아래 데릴사위나 접각
부에게 급여하는 일이 행해지고 있었다. 『송회요집고宋會要輯稿』151
책, 식화食貨 61上, 민산잡록民産雜錄, 천성원天聖元(1023)년 8월 12일에
는

비서승秘書丞・지개봉부사록참군사知開封府司錄參軍事인 장존張存이 말하기를,
…… 의남義男・접부接夫・입사서入舍婿 그리고 호절된 친속 등을 걸양하고자
하면, 경덕景德 원년 이전부터 일찍이 타인과 더불어 동거하여 소작하고, 후
에 호절이 되어, 지금 궐闕에 바치지 않는 경우는 관사가 진수陳首함을 허락
하고, 감회지실勘會指實하여 지금의 딸(見女)이 출가함에 해당하는 원조元條에
의거하여 지급하는 외에는, 그 나머지를 모두 현재의 소작인(見佃人)에게 주
어서, 호명戶名을 주호主戶로 바꿔야합니다, …… 그대로 시행하라.38)

데릴사위・접각부 등이 경덕景德원元(1004)년 이전부터, 즉 19년
이상 사자死者와 동거해서 그 토지를 경작하고, 그 후 사자死者가 호
절이 되어도 조세를 체납하지 않고 납입한 경우에는 출가한 딸에게
급여하는 몫을 제외하고 사자死者의 토지를 주기로 하는 기청이 있
다. 그렇지만 그 호명戶名은 데릴사위・접각부의 이름으로 바꾸어지
고 있으므로, 이것을 처가와 전남편의 집의 승계자로 인정한 것은

---

38) 『송회요집고』151책, 식화61상 민산잡록, 秘書丞・知開封府司錄參軍事張存言,
…… 欲乞應義男・接夫・入舍婿, 幷戶絶親屬等, 自景德元年已前, 曾與他人同
居佃田, 後來戶絶, 至今供輸不闕者, 許於官司陳首, 勘會指實, 除見女出嫁依元
條外, 餘幷給與見佃人, 改立戶名爲主, …… 從之.

아니다. 『송회요집고宋會要輯稿』, 천성天聖원년 8월 28일의 기청은

회남로淮南路 제점형옥提点刑獄 송가관宋可觀이 말하기를 엎드려 편칙編勅을
보건대, 부인은 남편이 살아 있을 때, 형제·백숙과 분거하고, 각각 호적에
넣은 후, 남편이 죽어, 새남편에게 친 자손이나 분배의 몫이 있는 골육이 없
고, 단지 처만 있을 경우, 새남편을 불러 전남편의 장전莊田을 공수供輸하고,
또한 본처에게 맡겨 주인이 되게 하고, 새남편의 호명戶名을 바꾸어서는 안
되며, 처가 죽을 때를 기다려 그 장전은 호절이 되어 시행施行하고 있습니다.
단지 새남편의 계책에 따라서 거짓으로 처자 명의로 계약서를 작성하여 팔아
치우고, 돈을 숨겨 자기에게 넣거나, 전산田産으로 바꾸어 두거나, 따로 새남
편을 세워 호로 삼아 버리니, 처가 죽은 후, 다시 호절로 시행할 수는 없습니
다. 신이 바라건대, 지금부터는 이와 비슷하게 새남편을 불러들이면, 향현鄕縣
에 맡겨 살피고, 전남편의 장전莊田이 있는 것을 알고, 사사로이 팔아 치우거
나, 돈을 숨겨 자기에게 넣거나 따로 전산을 사서, 새남편의 명의로 옮겨서는
안되도록, 일을 법사法司에 내리시도록 바라옵니다. 그대로 시행하라.39)

전남편의 자손도 없으며, 분배의 몫이 있는 친족도 없는 과부가
접각부를 맞이한 경우, 전남편의 토지 명의인은 접각부가 아니라
과부가 되며, 그 과부가 죽으면 호절로서 취급한다고 정한 편칙 즉
대중상부大中祥符9(1016)년의 『대중상부편칙大中祥符編勅』을 인용하고 있
다.

이 접각부가 천성天聖원년 8월 12일 기청이 정한 요건을 충족하
고 있으면 호절산의 급여가 행해졌지만, 그렇지 않으면 전남편의
토지는 일단 국가에 귀속하게 되어 있었다. 접각부에게로의 전남편

---

39) 『송회요집고』151책, 식화61상 민산잡록, 淮南路提点刑獄宋可觀言, 伏覩編勅,
婦人夫在日, 已與兄弟伯叔分居, 各入戶籍之後, 夫亡, 本夫無親的子孫及有分骨
肉, 只有妻在者, 召到後夫同共供輸,其前夫將田, 且任本妻爲主, 卽不得改立後夫
戶名, 候妻亡, 其莊田作戶絶施行, 只緣多被後夫計, 倖假以妻子爲名, 立繼破賣,
隱錢入己, 或變置田産, 別立後夫爲戶, 妻歿之後, 無由更作得戶絶施行, 臣欲乞,
自今後或有似此召到後夫, 委鄕縣覺察, 前夫莊田知在, 不得衷私破賣, 隱錢入己,
別買田産, 轉立後夫姓名, 事下法寺, 請如所秦, 從之.

의 가산급여는 이와 같이 한정적인 것이었다. 회남淮南에는 전남편의 가산이 호절되어 몰관되는 것을 피하기 위해 그것을 처로 하여금 매각하도록 하여 그 대금을 자기 것으로 하기도 하고, 다른 토지를 구입해서 자기 명의로 소유하는 것과 같은 행동을 한 접각부가 있었던 것이다. 이러한 탈법행위 자체에 접각부가 전남편 집의 승계자일 수 없었던 것이 나타나 있다.『송회요집고宋會要輯稿』, 천성天聖 4(1026)년 7월에는

> 심형원審刑院이 말하기를, 호절조관戶絶條貫을 상정祥定하여, 앞으로 호절된 가에 만약 재실녀가 없이, 출가녀가 있는 경우, 장차 자재資財·장택莊宅·물색物色은 빈장영제殯葬營齊하는 몫을 제하고는, 3분하여 1몫을 주고, 만약 출가녀가 없으면, 즉 출가친出嫁親인 고자매질姑姊妹姪에게 1몫을 주고, 나머지 2몫은 만약 망인이 살아 있을 때, 친속 및 입사서入舍婿·의남義男·수모남隨母男 등이 동거하여 전시佃蒔를 영업營業하면서부터 호절이 되어 인신人身이 죽은지 3년 이상이 될 때까지, 점택店宅·재물財物·장전莊田을 2분하여 주어 주인으로 삼고, 만약 출가한 고자매질姑姊妹姪가 없을 경우 전부 동거인에게 주고, 만약 동거한지 3년이 되지 않았거나, 호절인이 애처롭게도 동거자가 없을 경우 모두 관에 몰수한다. 장전은 영문令文에 의거하여 근친에게 균급하고, 만약 근친이 없으면, 즉 종래 전시佃蒔하였거나 분종分種하였던 사람에게 균급하며, 승세承稅를 위주로 하고, 만약 망인의 유언이 있으면 증험證驗을 분명히 하여, 유언에 의거하여 시행해야 합니다. 그대로 시행하라.40)

「호절조관戶絶條貫」이 제정되었는데, 여기서도 데릴사위 등에게 가산이 분여되는 것은 사자死者의 집이 호절이 되고 역시 그 위에

---

40)『송회요집고』151책, 식화61상 민산잡록, 審刑院言, 祥定戶絶條貫, 今後戶絶之家, 如無在室女, 有出嫁女者, 將資財莊宅物色, 除殯葬營齊外, 三分與一分, 如無出嫁女, 卽給與出嫁親姑姊妹姪一分, 餘二分, 若亡人在日, 親屬及入舍婿·義男·隨母男等自來同居營業佃蒔, 至戶絶人身亡及三年已上者, 二分店宅財物莊田幷給爲主, 如無出嫁姑姊妹姪, 幷全與同居之人, 若同居未及三年, 及戶絶之人子然無同居者, 幷納官, 莊田依今文均與近親, 如無近親, 卽均與從來佃蒔或分種之人, 承稅爲主, 若亡人遺囑, 證驗分明, 依遺囑施行, 從之.

데릴사위 본인이 사자死者와 3년 이상에 걸쳐 동거하면서 그 토지를 경작해 온 경우로 한정되어 있었다. 더욱이 사자死者에게 출가한 딸 또는 고모姑·누나姉·여동생妹·조카姪가 있는 경우에는 호절산의 3분의 2가 주어지는 것으로 그쳤던 것이다.41) 역시, 『속자치통감장편續自治通鑑長編』권332, 신종神宗 원풍元豊 6년(1083) 정월 을사乙巳(29일) 및 정대창程大昌 『연번로속집演繁露續集』권1, 제도制度, 외인득분동거물산外人得分同居物産에는

> 제거하북보갑사提擧河北保甲司가 말하기를, 걸양자손乞養子孫·사거서舍居婿·수모자손隨母子孫·접각부接脚夫 등을 보갑保甲하는 사람으로 삼아, 분거分居 하는 날을 기다려, 분배의 몫이 있는 친족에 비해서 반을 주어야 한다. 조서를 내려 지시하기를 이를 회부하여 령으로 삼도록 하라.42)

보갑保甲의 소임에 있는 데릴사위·접각부 등에게 처가 등으로부터 떨어져 나올 때에 분배의 몫이 있는 친족에 비해서 반을 급여해야 한다는 요지의 기청이 있는데, 이것도 보갑保甲의 소임에 있어야 하며 처가로부터의 분거分居를 조건으로 하고 있어 당연히 지분을 인정했던 것은 아니다. 정대창程大昌은 『연번로演繁露』에서 이 기청을

> 이 법을 자세히 보니, 이것은 이러한 특별히 과조科條를 만들어 놓음으로써 외인으로 하여금 그 성姓으로써 대신하여 보갑에 충당하게 하고자 하는 것이다.43)

---

41) 『續資治通鑑長編』권383, 哲宗 元祐元(1086)年 7월 정축(22일)에는 左司諫王嚴叟가 호절산의 급여에 「不滿三百貫文, 始容全給, 不滿一千貫, 及三百貫, 一千貫以上, 及三分之一而已」라고 하는 제한을 두고 있는 것은 부적당하다고 하여 「嘉祐遺囑法」으로 돌아갈 것을 상언, 재가를 받은 기사가 있다.

42) 程大昌, 『연번로 속집』권1, 制度, 外人得分同居物産, 提擧河北保甲司言, 乞義子孫·入舍婿·隨母子孫·接脚夫等, 見爲保甲者, 候分居日, 比有分親屬給半, 詔, 著爲令.

43) 深詳此法, 是特欲優立科條, 使外人肯以它姓代充保甲焉耳.

외성인外姓人에게 타성他姓의 보갑保甲을 맡기기 위한 우대책이라
고 평가하고 있어, 뛰어난 정책적인 조치였던 것이다.44) 『송회요집
고宋會要輯稿』151책, 식화食貨 61상上, 민산잡록民産雜錄, 건중정국建中靖國
원元(1101)년 3월 27일에는

삼성三省이 말하기를, 원부元符 호령戶令를 자세히 보니, 호절戶絶된 집은 내
외친이 동거하여, 햇수를 계산하여 재산을 얻을 수 없으니, 가령 그 운영한
바의 조치에 따라서 1배가 늘었으면, 바로 주재奏裁할 수 있도록 허락하고,
가령 어떤 사람이 1만萬 관의 가산을 가지고, 비록 8·9천 관문貫文을 증식
한다고 하더라도, 여전히 해주該奏해서는 안된다고 한다면 3·2백관의 재산
을 증식하여 1배로 늘린 것이 비추어 본다면, 사체事體가 균등하지 못하다.
예전의 원우元祐 칙문勅文을 아울러 본다면, 다만 증식하여 1천관에 이른 경
우, 주재奏裁하는 법法은 지금 참작參酌하여 중수重修해야 한다. 비록 1배에 미
치지 않더라도 1천관에 이른 경우, 모두 그것을 주재奏裁해야 합니다. 조서를
내려 지시하기를, 먼저 번의 사례에 따라 시행하라고 하였다.45)

---

44) 『宋會要輯稿』172책, 兵二, 鄕兵, 義男保甲, 元豊六年正月 29일에도 기사가 있
다. 또한 同書 p.128, 食貨14, 免役錢下; 同書 p.157, 食貨65, 免役二; 同書
p.158, 食貨66, 免役, 乾道三(1167)년12월13일에는 「提擧浙西常平茶塩公事劉敏
士言, 欲將寡婦召到接脚夫, 或以老戶本身無丁, 將女招到贅壻(壻, 128책 作婿),
如物力高彊(彊, 158책 作彊), 卽許比附寡婦有男爲僧道成丁, 選募充役, 其召到
接脚夫·贅壻(壻, 128책 作壻), 若本身自有田産物力, 亦許別項開具(具, 158책
作其), 權行倂討, 選差充役, 若接脚夫·贅壻(壻, 128책 作婿)本身有官蔭, 合爲官
戶之人, 卽照應限田格法, 豁除本身合得頃數, 令(令, 158책 作今)與妻家物力倂
計, 選差募人充, 從之」라고 하여 데릴사위·접각부가 부유할 때는 妻家·前夫
의 家의 차역을 과부의 남자가 승도가 되었을 경우에 比附하여 代役으로부터
부담하게 하는 것 등을 정한 起請이 있다. 얼핏 데릴사위·접각부를 妻家·前
夫의 家의 정규의 구성원으로 취급하여 역을 부담하게 하는 것처럼 생각할
수 있는데, 이것도 승도에 比附한 代役을 규정하고 있는 점으로부터 보아, 차
역 부담자의 확보를 목적으로 한 정책적 조치에 지나지 않는다.
45) 『송회요집고』151책, 식화61상 민산잡록, 三省言, 看詳元符戶令, 戶絶之家, 內
外親同居, 計年不應得財産, 如因藉其 營運措置, 及一倍者, 方許奏裁, 假如有人
萬貫家産, 雖增及八九千貫文, 猶不該秦, 比之三二百貫財産, 增及一倍者, 事體
不均, 兼昨來元祐勅文, 但增置及一千貫者奏裁之法, 今參酌重修, 雖不及一倍,
而及千貫者, 并奏裁之, 詔, 依仍先次施行.

천성天聖4년의 호절조관戶絶條貫이 호절산의 급여를 인정하지 않았던 3년 미만의 동거자에 대해서 사자死者의 가산을 배로 증가시킨 경우에는 그 급여에 관해서 주재奏裁하라고 규정한 원부元符2(1099)년의 원부元符 호령戶令과, 1천관까지 증가시킨 경우에는 주재奏裁하라고 정한 원우元祐2년(1087)의 원우칙元祐勅을 통합해서 배로 증가시키지 않아도 1천관까지 증가시킨 경우에는 주재奏裁하라고 한 기청이 있다. 이 기청은 3년 이상의 동거라고 하는 요건을 사실상 폐하고 데릴사위에게 호절산 급여의 범위를 확대한 것 같이 보이는데, 동거 3년 미만의 경우에는 가산의 배증培增 또는 1천관 이상으로의 증가라고 하는 조건을 붙여 역시 그 위에 그 급여에 대해서 주재를 거치지 않으면 안 된다고 하고 있다. 『명공서판청명집名公書判淸明集』 호혼문戶婚門, 07 – 14, 입계立繼에 인용된

> 무릇 데릴사위는 처가의 재산을 운영하여 증식하였다면, 재산이 호절되는 날에 이르러, 데릴사위에게 3분을 준다.[46]

라고 하는 영문令文은, 데릴사위가 처가의 가산을 운용해서 증가시킨 경우 증가분의 3분의 1을 호절戶絶했을 때에 급여하도록 정하고 있다. 이것은 건중정국建中靖國원년의 기청을 발전시켜서 사자死者와의 동거연한年限 및 가산을 증가시킨 액수라는 두 가지의 요건을 철폐하고 있어, 호절산을 급여받은 데릴사위의 범위는 상당히 확대되었다. 그렇지만 그 급여액은 증가분의 3분의 1로 축소되어, 급여되는 재산이 호절산이라고 하는 점은 그대로 유지되고 있었던 것이다.

여기까지 봐왔듯이, 데릴사위 및 접각부에게 처가·전남편 집의

---

46) 『청명집』「호혼문」, 7 – 14, 입계, 입계유거불위호절(立繼有據不爲戶絶). 諸贅壻以妻家財物營運增置, 財産, 至戶絶日, 給贅壻三分.

가산과 호절산을 급여하는 데에는 어디까지나 일정한 조건이 붙어 있어, 절대로 후계자로서나 분배의 몫이 있는 친족의 자격으로 당연히 가산을 승계 하는 일은 없었다. 그리고 데릴사위를 처가의 양자로서 수양하거나 입사한 사례는 끝내 보이지 않고, 국가가 데릴사위를 이성양자로 하는 것을 장려한 기사도 발견할 수 없었다. 따라서, 오오시마(大島)씨의 주장은 성립될 여지가 없는 것이라고 생각하지 않을 수 없는 것이다.

맺음말

이상 송대에 있어서 데릴사위 및 접각부는 처가·전남편의 집의 후계자나 분배의 몫이 있는 친족이 되는 일은 없고 그 가산관리는 처와 공동으로 하는 것이었으며, 그것이 부여되거나 호절산으로서 급여되었다고 하더라도 조건이 붙어 있는 것이어서, 당연히 가산을 승계할 일은 없었다는 점을 분명히 해 왔다. 그러나 가족법의 다른 분야와 마찬가지로, 데릴사위에 대해서도 명확하게 되어있지 않은 문제는 여전히 많다. 지면의 제한도 있으므로 언급할 수 없었던 문제도 포함해서 원고를 바꾸어서 다시 논하지 않으면 안 되지만, 후일의 과제로 하지 않을 수 없다.[47)]

『柳田節子先生古稀記念: 中國の傳統社會と家族』1993 (汲古書院) 揭載

---

47) <옮긴이주>; 송대 데릴사위에 관해서는 육정임의 글이 있으므로, 꼭 참조하기 바란다. (육정임, 「송대 데릴사위[贅壻] 연구」, 『송요금원사연구』4, 2000년).

『청명집(淸明集)』 戶婚門의 연구

니이다 노보루(仁井田陞) 지음

제1절 서 설 : 법률사료로 본 『청명집淸明集』

전통 중국의 데릴사위에 『명공서판청명집』은 송대의 법률경제사료중에서도 법률사료로서 상당히 중요할 뿐만 아니라, 천하의 하나뿐인 구하기 어려운 책이다. 나는 현재, 정가당문고에서 소장하고 있는 송판본 이외에는 전해지는 것이 있다고 들은 적이 없다. 이 책은 육존재陸存齋의 벽송루본佰宋樓本 가운데서 가장 진귀하다고 할 수 있는 것의 하나이다.[1] 애석하게도 단지 석류析類와 호혼문戶婚門만 전해지고 있다. 호혼문戶婚門이 전해지는 것은 재산법사와 신분법사의 연구에 있어서 천만다행이라 하겠다. 최근 상해의 중화 학예사에서 본서를 영인影印할 계획이 있다고 들었는데, 매우 반가운 일이다. 그 후, 『속고일총서續古逸叢書』안에 수록되어 출판되었다.

『청명집淸明集』을 적어놓은 서목 또는 그 책에 대해 기술한 것도, 그다지 많지 않다. 지금 내가 아는 한도 내에서 이것을 들어보면,

---

1) 정가당 문고 略史「宋刊楊信齋條定本」,「續儀禮經傳通解殘本」,「北宋참說文解字」,「宋開禧刊石林奏議」,「宋刊歐公本末」,「宋刊名公書判淸明集殘本」등은 전해지는 부분이 매우 적어 天壤에 2권도 없다고 일컬어진다. 세상에서 陸書가 불리기를, 실제로 그 秘笈名籍累累로서 堆를 일컫는 부분이기도 하다."

우선 『죽정竹汀선생일기초(鈔)』권卷1에,

송각 『명공서판청명집(淸明集)』을 읽다. 단지 호혼문戶婚門만이다.2)

이라 되어있고, 일존서목佚存書目 정가당문고본靜嘉堂文庫本 『청명집淸明集』의 해제解題에는,

만정모幔亭某가 인용했고, 경정景定 신유일辛酉日 장지長至라고 써 있다. 지금 호혼문戶婚門만 남아있다. 죽정일기에 그 이름만 볼 수 있을 뿐, 다른 곳에 전해지는 것은 들어본 적이 없다. 내용은 용근봉수판龍筋鳳髓判과 비슷하며, 송대의 판어를 모아 놓았다. 당시의 법제풍습 등을 보는데 귀중한 사료이다.

라고 되어 있다. 또 『사고전서四庫全書 총목제요總目提要』에

『명공서판청명집(淸明集)』 17권 영락대전본, 편찬한 사람의 이름은 적혀져 있지 않다. 송원사람들의 안독판어를 모아 놓았다. 분류한 편차는 모두 편차를 서명하였다. 대체로 문선에서 글자를 칭한 예를 사용하고 있다. 그러나 이름이 그다지 유명하지 않은 것은 그 사람을 끝내 알 수 없기 때문이다. 그 문장은 문체가 수려하고 잘 다듬어져 있다.3)

이라 되어있어, 『영락대전』본에 17권이 있었다고 볼 수도 있지만, 청조 초기(순치 - 강희)의 요제긍姚際恆이 편찬한 「호고당서목好古堂書目 사부史部 법령法令」에는 "송 명공서판청명집(淸明集) 14권 4本"이라 되어 있고, 또 『보료금원예문지補遼金元藝文志』 정형류政刑類에도

---

2) 『죽정선생일기초』校經山房叢書本에 의한다. 본문의 검출에 대해서는 長澤規矩也의 교시를 받았다(讀宋刻名公書判淸明集, 止戶婚一門).

3) 『四庫全書總目提要』권101, 子部 法家類 存目(名公書判淸明集十七卷 永樂大典本 不著撰人名氏, 輯宋元人案牘判語, 分類編次, 皆署其人之別號, 蓋用文選稱字之例, 然名不甚顯者, 其人遂不可知矣, 其詞率以文采儷偶爲工, 蓋當時之體如是云).

"청명집(淸明集)14권 失名"이라 되어 있다. 이와 같이 『사고존목四庫存目』에서만 17권으로 되어있는데, 4를 7로 잘못 적은 것이 아닐까 생각이 되지만 확실하지는 않다. 또 황은동黃恩彤이 편찬한 『대청률예안어서大淸律例按語序』에

> 청조에 왕명덕이 편찬한 『독률패휴讀律佩觽』에는 현행 율례를 다루고 있다. 분류하고 편집한 것이 각기 잔석의 형태를 취하고 있지만, 비교적 관람하는 데 편하다. 단지 그 설은 교변하는 것을 좋아했기 때문에 천착하는 것을 면하기 어렵다. 그밖에 가령 『절옥구감折獄龜鑑』이나 『명공서판청명집』등의 책은 경우에 따라서는 오로지 재판하는 것에만 중점을 두고 율문에는 응급하지 않았기 때문에 지나치게 아름다운 말로만 흘러 버렸고 죄의 사정에 대해서 무관하였다. 대체로 법가의 지류이나 율학의 파라고는 할 수 없다. ……도광 년간 정미해 1월 일양생일一陽生日 동노 황은동 서.4)

이라 되어있다. 여기서 "명공서판"을 든 것은 주목할 만하다. 그러나 명공서판에 대한 비평이 반드시 적절하다고는 할 수 없다.

그런데 『사고제요四庫提要』에 의한 것인데, 『청명집(淸明集)』은 송원사람의 안독판어案牘判語를 모은 것으로 되어있다. 그런데 현존하는 『청명집淸明集』은 앞에서 언급한 것처럼 송본宋本이라 일컬어진다. 그러나 그 일부에 새로 첨가한 부분이 있는데, 제70쪽에 "여기서부터 제98쪽까지 모두 새로 첨가한 것이다(自此至第九十八竝係新添)"라 되어있다. 호고당서목에도 또 "송宋 명공서판名公書判"이라 되어있다. 나는 지금 서지학書誌學의 문제에 파고 들어갈 생각은 없지만, 연구의 제1단계로서 현존하는 『청명집淸明集』의 내용의 연대를 논정해 두겠다.

---

4) 『大淸律例按語序』(國朝王明德譔讀律佩觽, 取現行律例, 分類編輯, 各爲箋釋, 頗便觀覽, 但其說好爲駁辨, 而未免穿鑿, 此外如折獄龜鑑名公書判等書, 或專主聽斷, 而不及律文, 或徒尙詞華, 而無關情罪, 皆法家之支流, 非律學之的派也, …… 道光丁未仲冬一陽生日, 東魯黃恩彤序).

『청명집淸明集』에는 목록에 이어 『청명집淸明集』 명씨名氏가 보인다. ( )안의 문자는 원래는 비어 있었는데, 의미가 통하도록 새로 보충한 것이다.

> 晦菴先生朱氏－字仲晦新安人, 西山先生(眞)氏－德秀字希元建安人, 履齋先生吳氏－潛字毅夫宣城人, 抑齋先生陳氏－韡字子華三山人, 意一先生徐氏－淸叟字直翁建安人, 留咻先生王氏－伯大字幼學三山人, (久)軒先生蔡氏－抗字仲節建安人, (庸)齋先生趙氏－汝騰字茂貫三山人, 昌谷先生曹氏－彦約字簡夫南康人, 滄洲先生史氏－彌堅字固叔四明人, 西堂先生范氏－應鈴字旅叟南昌人, 苕溪先生章氏－良肱字翼之雷川人,　裕齋先生馬氏－光祖字華父婺女人－鋏菴先生方氏－大琮字德潤莆陽人, 後村先生劉氏－克莊字潛夫莆陽人, 自牧先生宋氏－慈字惠父建安人, 雨巖先生吳氏－勢卿字安道建安人, 丹山先生翁氏－合字與可建安人, 秋崖先生方氏－岳字巨山三衢, 寬齋先生王氏－遂字非鎭江人, 石壁先生胡氏－穎字叔獻潭州人, 文溪先生李氏－昂英字俊明番禺人, 浩堂先生翁氏－甫字景山建安人, 廬山先生陳氏－塤字和仲南康人, 桃巷先生劉氏－希仁字居厚莆陽人, 立齋先生姚氏－?字貫叔延平人, 息菴先生葉氏－武子字誠之邵武人－朧軒先生王氏－邁字貫之莆陽人

와 같이 위의 28명의 이름이 그것이다. 내 견문이 적은 탓에 아직 듣지 못한 이름이 4~5명이 되지만5), 이를 제외하면 모두 남송 소흥 년간부터 순우 년간 사이의 인물들이다. 또 판어 안에는 연호가 여기저기에 보이는데 그것을 들어보면, 소흥紹興·건도乾道·순희淳熙·소희紹熙·경원慶元·가태嘉泰·개희開禧·가정嘉定·보경寶慶·소정紹定·단평端平·가희嘉熙 및 순우淳祐이다. 『청명집淸明集』 호혼문戶婚門에는 필자의 이름이 적히지 않은 판어가 있고, 그것은 특히 새로 첨가된 부분에 많이 보인다. 그러나 그것도 내용에 따라 볼 때 남송 사건이라 보아도 별 지장이 없고, 거기에 나타난 연호도 소흥·건도·순희·소희·경원·개희·가정·보경 및 소정으로 모두 남송의

---

5) 『사고제요』에도 「名不甚顯者, 其人遂不可知矣」라 되어있다.

연호이고, 원나라의 연호는 하나도 발견되지 않는다. 뿐만 아니라, 『청명집淸明集』 서序의 마지막에,

景定歲酉日長至慢享會孫引

이라 된 것과 위의 여러 연호와 대조하면, 『청명집淸明集』은 남송 소흥 년간부터 순우 년간(경정 년간 이전)에 이르는－약 100년 동안－송대 사람들의 판어를 모은 것임을 알 수 있다. 법전의 연대를 가지고 말해보면, 당시는 소흥·건도·순희·경원 및 순우칙령격식이 사용된 연대였다. 그렇다면 『사고제요』에 송원宋元 사람들의 안독판어를 모은 것이라 되어 있는 것은, '송인운운'이라 해야 할 것을 이렇게 말하는 것인지, 아니면 원나라 사람의 안독판어를 덧보탠 『청명집淸明集』이 존재하는지, 오늘날 남아 있는 자료의 범위 안에서는 아직 확실하게 알 수 없다.

『청명집淸明集』호혼문戶婚門은 목록에 따라

立繼(18조), 戶絶(1조), 歸宗(3조), 分析(1조), 檢校(3조), 孤幼(4조), 女承分(1조), 遺囑(3조), 別宅子(1조), 義子(1조), 取贖(8조), 爭業(25조), 違法交易(9조), 僞冒交易(9조), 墳墓(9조), 屋宇(1조), 庫本(2조), 爭財(2조), 婚嫁(11조), 離(1조), 接脚夫(1조)6), 雇妾(3조)

의 소분류로 나뉘어져, 총 판어는 117조로 되어있다. 목록은 내용과 다소 차이가 있기는 하지만, 재산법사 및 신분법사 연구에 풍부한 자료라는 점은 이것으로도 알 수 있을 것이다. 『사고』의 분류에서 같은 자부子部의 법가法家에 넣어야 할 것 중에는, 우선 행정적 사건을 다룬 당나라 장작張鷟이 편찬한 『용근봉수판龍筋鳳髓判』이다. 또 오

---

6) 원래는 '接'자가 빠져 있는데 의미에 따라서 보충하였다(○接, 原闕, 今以意補).

대五代의 화응和凝 및 그 아들 화옹이 저술한 『의옥집疑獄集』4권, 이것을 증보한 송나라 정극鄭克이 편찬한 『절옥구감折獄龜鑑』8권 및 『의옥집』과 『절옥구감』을 안배한 송나라 계만영桂萬榮이 편찬한 『당음비사棠陰比事』1권 등이 있다. 그러나 이것들은 『한서』 이하의 정사, 『통전』등의 정서, 『몽계필담』등의 수필과 같은 구문舊文에서, 평반원람平反冤濫 · 결적간특抉摘姦慝 등에 관한 기사를 발췌한 것이다. 비록 시대는 남송에 한해 있지만, 근본자료라 할 수 있는 당시의 판어를 모은 『청명집淸明集』 십여권과 위의 책들은 단순히 분량뿐만 아니라, 법률사료로서의 가치에 현격한 차이가 있다. 더구나 『청명집淸明集』 호혼문戶婚門에서는 재산법사나 신분법사와 밀접한 관계가 있는 자료가, 『용근봉수판』 · 『당음비사』등에 비해 훨씬 많다.7) 『청명집淸明集』과 함께 후촌선생 대전문집은 원래 면재勉齋선생 『황문숙공문집黃文肅公文集』8)도 사료로서 이용할만하다. 니이다노보루(仁井田陞) 『지나신분법사』안에서는 세 가지를 모두 활용했다. 게다가 현재 전해지는 『경원조법사류』는 남송 법률사료의 연총淵叢이라 할 수 있지만9), 호혼 부분이 빠져있다. 나는 본서를 가지고 어느 정도 그 빠진

---

7) 後村선생 대전집(4부총간)192권 및 193권에 보이는 ① 建昌縣 劉氏訴立嗣事, ②鄱陽縣 東尉檢校周丙家財産事 및 ③饒州州院申潘彝招桂節夫周氏阿劉訴占彦事는 『淸明集』 戶婚門, 권8－08, 立繼類 「繼絶子孫止得財産四分之一」, 分析類의 「女壻不應中分妻家財産」 및 爭業類의 「干照不明合行拘毀」에 각각 상당한다. 원래 양자 사이에는 다소 문자의 차이가 보인다. 또 (1) 『청명집(淸明集)』 戶婚門에 보이고 후촌집에는 없고, 반대로 (2) 후촌집에는 보이고 『청명집(淸明集)』 戶婚門에는 없는 판어가 있다. 아마도 (2) 중의 어떤 것은 비록 戶婚門에 없더라도 『청명집(淸明集)』의 다른 부분에는 있을 것이다. 서판의 연구에는 『청명집(淸明集)』 외에 후촌대전집과 같은 문집을 함께 봐야 할 것이다.
8) 勉齋선생, 『황문숙공문집』에 대해서는 仁井田陞, 『지나신분법사』(소흥17년 1월), p.116, p.129, p.200, p.502, p.664 및 p.811 등도 참조하기 바란다.
9) 『경원조법사류』에 대해서는 仁井田陞, 「당송시대에서의 채권의 담보」, 『사학잡지』42편 10호, p.35; 仁井田陞, 『당령습유』, p.90; 仁井田陞, 牧野巽 「故唐律

부분을 보충할 수 있다고 생각한다. 『청명집淸明集』이 귀중한 것은 그것이 단순히 송본宋本이라던가, 또는 희귀본이기 때문만은 아니다.

우선, 판어에 의해 법률사건이 어떻게 다루어졌는지를 연구하는 것도 의미가 있는 일이지만 나는 지금 이것에 주안을 두지 않고, 또 『청명집淸明集』 호혼문을 통해 알 수 있는 여러 문제들 중에서도 이하의 항목에 대해 남송의 법률을 연구하는데 그치겠다. 원래부터 남송의 법률자료인 『송회요』, 『경원조법사류』 및 『원씨세범』등도 함께 자주 참고로 했다.10) 이 논문은 그 후 내 연구에 하나의 큰 기초가 되고 있어, 『청명집淸明集』을 자주 자료로 삼았다.11)

제2절　질고質庫·해고解庫와 동산질動産質 및 이자

질고質庫라는 명칭은 『문원영화文苑英華』(회창5년 사문赦文), 『오등회원五燈會元』·『동경몽화록東京夢華錄』·『능개재만록能改齋漫錄』에 보이고12), 또 『인화록因話錄』, 『경원조법사류』 및 『원씨세범』에도 보이는

疏議製作年代考」, 『동방학보』동경 제2책, p.73 이하 참조(보: 본서의 법과 관습 제8장 참조).

10) 『청명집(淸明集)』을 자료로 한 논문에는, 仁井田陞, 『당령습유』 및 仁井田陞 「당송시대의 가족공동재산과 유언법」, 『市村박사 고희기념 동양사논총』이 있다. 따라서 여기에서 이미 논한 부분은, 본문에서는 가능한 생략하고, 다른 부분에 詳述에 힘을 기울였다. 또 仁井田陞 前揭 889쪽 의 주에서 「청명집(淸明集)은, －書目으로는－好古堂書目에 抄本」라 되어있는 것은 잘못되었다. 여기에서 「초본」을 「一本」으로 고쳐둔다.

11) 仁井田陞, 『당송법률문서의 연구』, 1937년3월; 仁井田陞, 『지나신분법사』(前揭); 仁井田陞, 「중국의 농촌가족」, 1952년8월; 仁井田陞, 「토지법 거래법」, 『중국법제사 연구』, 1960년3월; 仁井田陞, 「가족촌락법」, 『중국법제사 연구』, 1962년3월.

12) 『宮崎선생 법제사 논집』, 「질옥에 관한 이야기」, p.14 이하; 加藤繁, 「唐宋櫃坊考」, 『동양학보』12－4, p.459); 宮崎, 『지나경제사고증』상권, 1952년3월, 이하

데[13]), 이것은 원래, 채권의 담보로 맡겨지는 재물을 보관하는 창고이며, 나아가 질고를 가지며 질을 업으로 삼는 것을 말하는 것이다. 승사僧寺에서의 질고는 장생고長生庫(『노학암필기老學庵筆記』 및 『대주금석록臺州金石錄』 등에 보인다[14]), 무진장無盡藏(『석씨요람釋氏要覽』 및 『양경신기兩京新記』 등에 보인다[15])이라고도 불렸다. 질고는 또 해고解庫(『위정구요爲政九要』[16] 및 『원전장元典章』[17] 등에도 보인다), 해전고解典庫(靈巖寺－大元國師法旨－碑[18] 및 『원전장元典章』[19]에 보인다). 또는 전고典庫(『원전장』에 보인다[20])라고도 불렸다. 『능개재만록能改齋漫錄』권2에는

> 강북 사람들은 재물을 저당 잡히고 돈을 빌리는 것을 '해고解庫'라하고 강
> 남 사람들은 '질고質庫'라 한다 (江北人以物質錢爲解庫, 江南人謂質庫).

라 되어있어[21], 송나라에서는 강북인은 '해고', 강남인은 '질고'라

동일; 道端良秀,「지나불교사원의 금융사업」,『大谷학보』14권 1호, p.107).
13) 『인화록』권4,「天遊過盧山, 主僧不納, 日正是質庫中典牛也」;『경원조법사류』
    권80, 잡문「雇倩乙開張質庫」;『袁氏世範』하권,「質庫月息, 自二分至四分」.
14) 『宮崎선생 법제사 논집』전게, 道端 前揭.
15) 『宮崎선생 법제사 논집』전게, 道端 前揭.
16) 加藤繁, 전게.
17) 『원전장』권33, 禮部6 釋道「사사로이 집을 세우고 해고를 열고 음주를 하고
    호화로운 음식을 먹으면 처와 첩을 여럿 두는 것은 운운(私立宅開張解庫, 飮
    酒茄?, 畜養妻妾云云)」.
18) 常盤大定, 關野貞,『지나불교사적』제1집 및 이 책의 評解 권1, 산동영암사 대
    원국사法旨비. 道端良秀,「지나불교사원의 금융사업」,『大谷학보』14권 1호,
    p.118).
19) 『원전장』권33 예부 6 도교, 宮觀不得安下條「田地水土莊佃竹葦園林 磨船隻解
    典庫浴塘店舍, 云云」, 백련교「園林 磨店舍鋪蓆解典庫浴堂船隻, 云云」, 解典의
    예는 각주(18) 참조.
20) 『원전장』권27 戶部13 解典에「解典諸物, 望圖利息, 因爲定例, 不一以致爭訟繁
    多, 照得, 卽日在京典庫有每兩二分者, 五十箇月, 方 本息相對」.
21) 加藤繁 전게 p.461 주 참조.

했다고 한다. 그런데 질고·해고라는 명칭은, 모두 남송 판어인 『청
명집淸明集』에서 발견할 수 있다. 질고라고 한 예는 "지금 사람이 의
물을 가지고 질고에 가서 저당잡히고[解] 110전을 빌렸다(今人持衣
物, 就質庫, 解22)百十錢)"23) "질고의 이식과 사채는 같지 않다, ……
황공재가 처음에 백전은 이사이에게 주어 저당 잡히고 빌렸다(質庫
利息與私債不同, ……黃公才, 初以百千, 與李四二作解……)", "질고
를 열었다(開張質庫)", "바로 질고의 이윤이다(正係質庫利息)"24)이고,
해고라 되어있는 예는 "해고에서 물을 수집했다(解庫蒐集物)"25)이
다. 즉 지역적으로는 강남이었던 남송에서는 질고, 해고라는 명칭을
모두 사용한 것이 확실하다. 이 질고·해고는 동산을 질質로 해서
금전을 대부했다.

　　동산질계약의 실질적 성립요건은 질입주[財主·物主]가 채권 담
보로 제공된 재물의 점유를 　질취주質取主[錢主·典主]에게 인도하는
것이다. 또 질 계약의 당사자는 질 계약증서를 작성교부했다. 질입
주에게 교부된 증서를 『청명집淸明集』에는 '첩자帖子'라 되어있다. 첩
자는 이미 육조기의 문헌에 나온다.26) 그리고 그 증서는 질물회속質
物回贖시에 질취주에게 보여줘야 했으므로, 증서를 분실하면 질입주
는 질물 회속권을 잃게 된다. 즉 『청명집淸明集』에

　　　지금 누구든지 옷과 물건을 가지고 전당포[質庫]에 가서 10전이든, 100
　　전이든 전당 잡히면 그때는 오직 첩자(帖子)에 근거하여 되돌려 받는다. 설령
　　만약 잃어버리면 옷은 다시 되돌려 받을 수 없는 게 이치인데, 어찌 토지와
　　가옥을 거래함에 있어 증거도 없이 돌려 받을 수 있겠는가?27)

---

22) 解도 質과 같은 뜻이다. 淮南子修務 「以身解於陽肝之河」참조.
23) 『청명집(淸明集)』 戶婚門, 권5－10, 爭業下 「典賣園屋卽無契據難以取贖」.
24) 庫本錢類, 質庫利息與私債不同.
25) 取贖類, 典買田業合照當來交易或見錢或錢會中半取贖.
26) 仁井田陞, 『중국법제사연구』전게, p.486, 577, 790 이하 참조.

이라 되어있다. 질물質物을 인도받은 질취주는 회속기가 올 때까지 질물質物을 점유하고, 회속기가 돌아와도 질입주가 회속하지 않을 때는 질물을 채무의 변제를 대신해 취득하거나, 혹은 질물의 매가를 가지고 변제로 충당할 수 있었다. 즉 동산질은 점유질이자 귀속질[流質] 혹은 매각질이었다.[28]

『청명집清明集』에 의하면, 남송에서는 타인으로 하여금 다시 타인을 고천雇倩해서 질고를 열었던 것 같다.

나우성羅友誠은 몇번에 걸쳐 주자준周子遵의 돈 270관을 수취하고, 전당포(質屋)[29]을 개업했다. 거기에는 증거가 되는 약정서도 있고 현재로서는 이미 8년이 지났다. 빌려준 사람(주자준)이 채무의 불이행을 고소함으로서, 나우성은 "수취한 돈은 처음부터 액수에 차지 않았고, 전당포를 연 것은 궤방櫃坊[30]이다"라고 말하고 있다. 약정서에 쓰여 있는 것을 크게 잘못된 것을 구실을 대서 집어삼키려 한다는 것은 말하지 않아도 알 수 있다.[31]

황공재黃公才는 처음 100관문을 이사이李四二에게 주고, 전당업典當業을 하게 했는데,[32] 그 아들 이오삼李五三과 이오칠李五七은, 공술에서 50관뿐이었다고 주장했다. 현 지사는 그것을 그대로 믿어버리고 말았다. 요컨데 그 때 정말로 50관이었을까. 무엇을 증거로 해서 어느 쪽의 주장이[33] 옳은지를 증

---

27) 『청명집(清明集)』戶婚門, 권5－10, 爭業類 「典賣園屋卽無契據難以取贖」(今人持衣物, 就質庫解百十錢, 猶憑帖子收贖, 設若去失, 衣物尙無可贖之理, 豈有田宅交易, 而可以無據收贖也哉).
28) 仁井田陞, 「당송시대에서의 채권의 담보」, 『사학잡지』42편 10호, p.85 이하; 仁井田陞, 「거래법」, 『중국법제사 연구』, 1960년3월 제5장 참조.
29) 吳曾, 『能改齊漫錄』권2.
30) 加藤繁, 「당송궤방고」, 『지나경제사고증』상권; 曾我部靜雄, 「송대의 質屋」, 『송대 정경사 연구』등을 참조.
31) 『청명집(清明集)』戶婚門, 권9－36, 庫本錢類, 「領庫本錢人卽貧尠酌監還」(羅友誠, 節次領周子遵亐錢二百七十貫, 開張質庫, 且有文約可憑, 今已越八年矣, 因主家訴其缺負, 乃稱所領之錢, 元不及數, 所謂開庫係是櫃坊 與文約所書, 大相矛盾).
32) 원문 「作解」. 解는 解庫일 것이다.
33) 원문 「單詞」. 한쪽의 주장. 『蘇軾奏議』권15, 代滕甫弁謗乞郡書.

명할지 모르겠다. 이것은 문서를 보지 않고서 진실을 고찰한 것이다. 이사이
李四二가 돈을 받았을 당초에는, 매년 이자를 2할씩 납부한다는 원칙이었으므
로 14년만에 비로소 280관이 된다. 황공재의 공술에 의하면, 27관을 지불
한 적이 있고, 원금, 이자를 합치면 353관이 남은 셈이 된다고 한다. 이것은
결국 오랫동안 이자를 질고質庫에 넣어 두고 조금도 밖으로 끄집어 내지 않았
다는 것이지, 결코 재물을 대부34)해서 이자를 받아먹지 않았다고 한다. 현지
사는 "대차 기한이 아무리 길어도 이자는 1배를 넘어서는 안된다35)"라는 조
문으로 판결을 내렸다. 도대체 순희14년(1187)의 신명칙申明勅을 보지 않은
것일까. 거기에는 "만일 갑가甲家가 100관문의 돈을 내서 을가乙家를 고용하
고, 질고質庫를 개업하게 한 경우, 자금을 운용해서 거둬들인 이자가 원금을
초과하더라도—그 고용인은, 원금을 가지고 운용했으므로 손에 넣은 이자는
외부의 여러 사람이 의류, 금백金帛 등을 저당한 것에서 나왔고, 그 원금은
그대로 남아있다—, 이것을 대차36)로 이자를 받더라도 원금을 초과한 것과
비교하면, 사정은 같지 않다. 따라서 사채와 똑같이 판결해서는 안 된다"라고
한다. 지금 이사이가 아직 덜 지불한 황공재의 돈은, 실제로 질고質庫의 이자
인데도, 지현이 사채라고 판단을 내린 것은, 이 또한 법조에 의거하지 않고
잘못 판단한 것이다. 이렇다면 어찌 소송을 종식시킬 수 있을까.37)

---

34) 出擧는 싸게 매입하고 비싸게 판다는 것. 『경원조법사류』80, 出擧債負 「諸以
財物出擧, 而回利爲本者, 杖陸十, 以威勢, 毆縛取索, 加故殺罪參等」.

35) 『경원조법사류』같은 부분의 關市令

36) 송대의 속어로 대차와 함께 사용되었다. 『東京夢華錄』권4와 『作邑自箴』권1 등
을 참조. 宮崎市定, 「借借의 解」, 『아시아사 연구』4; 朱瑞熙, 「송대적 借借」,
『중국사 연구』, 1983년 4기.

37) 『청명집(淸明集)』戶婚門, 권9-37, 庫本錢類 「質庫利息與私債不同」(黃公才, 初
以百千, 與李四二作解, 而其子李五三李五七, 止供認五十千, 知縣遂以爲信, 謂
是當時果只五十千, 不知以何爲照, 而可證單詞先非妄, 是不憑文書, 以考察虛實
矣, 李四二, 領錢之初, 約每歲納息二分, 以十四年計之, 該息二百八十貫, 據黃公
才供曾支去二十七貫, 通本息合存三百五十三貫, 此乃是積年留下息錢在庫, 不曾
支撥, 初非以財物出擧, 而回利爲本者, 知縣, 乃引用積日雖多, 不過得一倍之法,
以斷之, 豈猶未見淳熙十四年申明之, 勅乎, 其說曰, 若甲家出錢一百貫, 雇倩乙
家開張質庫, 營運所收息錢, 雖過於本, 其雇倩人, 係因本營運, 所得利殖, 即係外
來諸色人, 將衣物金帛抵當之類, 其本尚在, 比之借借取利過本者, 事體不同, 即
不當與私債一例定斷, 今李四二所缺黃公才之錢, 正係質庫利息, 知縣乃以私債定
奪, 是又不依條法, 以剖判曲直矣, 然則何以息訟哉).

이라는 판어가 그 예증이다. 그리고 이 경우에, 그 이자가 원금의 1
배 이상 달하는 경우가 있어도 이자법에 저촉되지 않는다는 것이
두 번째 판어의 취지이다.

『청명집淸明集』에 보이는 이자법은 당대 및 북송의 법과 종류가
같아 복리이자[利上利]를 취하는 것을 금하고[重利의 禁], 또 이자는
원금의 1배를 넘을 수 없다는 것이다(앞에서 제시한 두 번째 판어
참조). 『경원조법사류』에서도

諸以財物出擧者, 每月取利, 不得過肆釐, 積日雖多, 不得過壹倍, 即元借米穀
者, 止還本色, 每歲取利, 不得過伍分, (謂每斗不得過伍升類), 仍不得准折價錢

이라 되어있어38), 이 규정은 『청명집淸明集』에 수록되어 있는 내용과
일치된다. 또 이율은 『경원조법사류』에서는 월리月利4리, 연리 4분8
리(오늘날 일본의 용어로는 월리4분, 연리 4할8분)를 넘을 수 없고,
곡식을 빌린 경우에는 곡식으로 반환해야 하고, 연리5분(오늘날 일
본의 용어로는 연리5할)을 최고한도로 했다.39) 그런데 이율의 「분」
에는 두 가지 의미가 있으므로, 사례에 따라 판단할 필요가 있다.
당대 및 송초의 잡령, 또는 『당육전』에 보이는 '분'은 1/100 즉 오늘
날 일반적으로 사용되는 '분'과 같은 의미이지만, 『경원조법사류』
및 앞에서 제시한 『청명집淸明集』에 보이는 '분'은 1/10이어서 오늘
날의 '할'에 상당한다. 그리고 이 '분'에 대해 1/100을 나타내는 것
이 『경원조법사류』에 보이는 '리'이다.40) 그러나 남송에서도 '분'을

---

38) 『경원조법사류』 권80, 잡문출거채부; 仁井田陞, 『당령습유』, p.854; 仁井田陞, 「당
　　송시대에서의 채권의 담보」, 『사학잡지』42편 10호, p.26 및 p.34 주(5); 仁井田
　　陞, 「거래법」, 『중국법제사 연구』, 1960년3월, 제5장 참조.
39) 仁井田陞, 「당송시대에서의 채권의 담보」, 『사학잡지』42편 10호, p.34 주(2),
　　(3), (4), (5) 참조. 또 p.84 참조.
40) 仁井田陞, 「당송시대에서의 채권의 담보」, 『사학잡지』42편 10호, p.34 주(2), (3),

1/100을 사용한 예가 없었던 것은 아니다. 그것은 다음에 드는 『원씨세범袁氏世範』의 종류가 그것이다.

전錢과 곡식을 빌려주고 이자를 돌려 받는 것은 가난한 자와 부자가 서로 도움이 되는 것으로 나쁘지 않은 일이다. 한대漢代에는 전錢 1000관이 있는 자를 천호후[千戶侯]에 비했으니, (그 1000관에 대해) 1년에 200천을 받을 수 있었으니 지금과 비교해 보면 2分에도 미치지 못한다. 지금 만약에 중제中制로 그것을 말한다면 질고質庫의 한달 이자가 2분에서 4분까지 이다. 전錢을 빌려주는데 한달 이자는 3분에서 5분이며, 곡식을 빌려 한번 익는 것으로 말한다면 3분에서 5분이다. 이자를 받는 사람도 나쁘지 않고 (이자를) 갚는 사람도 별 말이 없다. 전질典質을 하는 집[전당포]에서는 월이자의 10분의 1을 취하는 경우가 있다. 강서지역에서는 전錢을 1년간 쓰고 되갚을 때에 이자를 합하여 갚기로 약정한 자가 있었다. 즉 1관문을 빌려 쓰고 2관을 갚기로 약정한 것이다. 구주의 개화현에는 곡식 100근을 빌려주고 200근을 받는다. 강서의 상호上戶에서는 쌀 2석石을 빌려주고 1섬(石)8되(斗)를 받으니, 모두 다 아주 어질지 못하다. 따라서 부조父祖가 다른 사람에게서 취한 것을 자손이 역시 다시 다른 사람에게 보상하니 천도가 순환하는 이치를 여기에서 볼 수 있다.41)

또 앞에서 제시한 『경원조법사류』 및 『원씨세범』등에 의해, 남송에 월리 · 연리의 양법兩法이 있었다는 사실을 알 수 있다. 『원씨세범』은 당시에 온당穩當하다고 생각되는 이율을 채택했는데, 그것에 의하면 질고의 월리는 2분 혹은 4분(연2할4분 혹은 4할8분)이고, 이것은 다른 경우보다 어느 정도 저율이다. 빌린 돈의 월리는 3분

---

(4), (5), 참조. 또 p.84 참조.

41) 『袁氏世範』卷下, 假貸取息貴待中「假貸錢穀, 責令還息, 正是貧富相資, 不可闕者, 漢時有錢一千貫者, 比千戶侯, 謂其一歲可得息錢二百千, 比之今時, 未及二分, 今若以中制論之, 質庫月息, 自二分至四分, 貸錢月息, 自三分至五分, 貸穀以一熟論, 自三分至五分, 取之亦不爲虐, 還者亦可無詞, 而典質之家, 至有月息什而取一者, 江西有借錢約一年償還, 而作合子立約者, 謂借一貫文, 約還兩貫文, 衢之開化, 借一秤禾, 而取兩秤, 浙江上戶, 借一石米, 而收一石八斗, 皆不仁之甚, 然父祖以是而取於人, 子孫亦復以是而償於人, 所謂天道好還, 於此可見」.

혹은 5분(연3할6분 혹은 6할), 곡식을 빌린 경우는 추수를 1기로 해서 연3할 혹은 5할(이 경우에는 『원씨세범』에서는 '분'이라 하였다)이다. 그러나 당시 실제 받는 이자는 법정이율을 훨씬 초과해 연 8할에서 10할까지, 더 많은 경우에는 12할(월1할)에 이르는 경우가 있었다. 『원씨세범』이 너그럽지 못한 것이 심하였다.

『청명집淸明集』에는 "질고를 열고 받은 이자를 다시 굴린다. (開張質庫, 營運所收息錢)"라고 되어있는데, 이와 같이 질고 이자를 징수하는 것과 질고가 대금貸金의 담보로 하는 재산이 동산이라는 점은 서로 관련이 있다. 대체로 노예와 같은 경우는 별도로 하더라도, 동산은 부동산과 달리 일반적으로 수익물체가 아니었으므로 동산을 가지고 담보로 한 경우에는 담보물에서 생기는 이익이 없고, 수익을 가지고 이자를 충당할 수는 없었다. 즉 이 경우 동산질은 수익질[利質]이 되지 못했다. 따라서 동산을 가지고 담보된 질고의 채권에 이자를 붙이는 것은 일상적인 일이었다.[42]

제3절 부동산질

당송시대에는 담보의 목적물인 부동산의 점유를 채권자에게 인도해서, 그 사용수익을 위임한 점유질(수익질) 즉 소위 '전질典質', '전매典賣' 외에, 부동산의 점유는 인도하지 않고 담보로 제공하는 무점유질, 즉 『송형통』에서 말하는 '지당指當', '지명질거指名質擧'도 이뤄졌는데,[43] 『청명집淸明集』에 보이는 것은 거의 점유질(수익질)이

---

42) 仁井田陞, 「당송시대에서의 채권의 담보」, 『사학잡지』42편 10호, p.34 주(2), (3), (4), (5), p.84 참조.
43) 『송형통』 권13, 권26. 仁井田陞, 「당송시대에서의 채권의 담보」, 『사학잡지』42

다. 예를 들면

　　아용阿龍으로하여금, 재판사무 개시일을 기다려, 조단趙端에게 전여典與한
전지를 회속回贖하도록 한다. 조단趙端은 당연히 현 관청의 방침을 준수해서,
그 때가 되면 회속回贖에 응하라. 그런데 현재 회속을 할 때가 되자, 경작 파
종을 이유로 회속을 거절하고 있다. …조단趙端은 가을 수확을 끝낸 후에, 토
지의 회속回贖에 응하려고 하고 있다.[44]

은, 담보부동산은 질취주가 점유용익한 사실이 명료하게 나타나 있
고,

　　법에[45] 의하면, "응당히 토지와 가옥을 거래하면 또한 반드시 그 토지와
가옥을 인도해야 하는데, 비록 일부를 분할하여 저당을 잡더라도, 역시 함부
로 소작하거나 임차할 수는 없다"라고 되어 있다.[46]

라는 법문에서는 담보부동산은 질입주가 점유용익할 수 없음을 규
정하고 있다.

　　부동산질 계약의 실질적 성립요건은 부동산의 점유를 질취주에
게 이전하는 것이고, 또 계약에 있어 당사자는 계약증서를 작성하
여 서로 주고받았다. 『청명집清明集』에는 보면,

편 10호, p.78 이하. 仁井田陞, 『중국법제사 연구<거래법>』, 1960년3월, 제5장
　　참조.

44) 『청명집(淸明集)』戶婚門, 권9-20, 取贖類「典主遷延入務」(阿龍, 候務開日, 收
　　贖所典與趙端之田, 其趙端, 自合遵照縣司所行, 及時退贖, 今乃以施工耕種爲辭,
　　…趙端乃欲候秋成, 而後退業).

45) 『송회요』식화69-68. 개희 원년 6월25일「凡典賣田宅, 聽從條離業, 不許就租
　　以充客戶, 雖非就租, 亦無得以業人充役使」.

46) 『청명집(淸明集)』戶婚門, 권4-06, 爭業上「游成訟游洪父抵當田産」(准法, 應交
　　易田宅, 竝要離業, 雖割零典買, 亦不得自佃賃(임대희 외, 「『청명집』, 「호혼문」
　　제4권 역주」, 『中國史研究』33, 2004년12월, pp.257~258)).

법에 "토지와 가옥을 전(典)하는 경우에는 모두 계약서[合同契]를 작성하고
사는 사람[錢主]과 파는 사람[業主]이 각각 한 통씩 가진다"라고 되어있다.
이것은 세상에 통용되는 바이고, 보통사람이라면 누구나 알고 있는 것이
다.47)

이라 되어있어, 계약증서(合同契)는 2통 작성되어 질취주(전주) 및
질입주(업주)가 각각 1통씩 소지하도록 되어 있었고, 이것을 잃어버
리면 돌려달라고 요청하기가 어려웠다.48)

송대에서는, 토지·가옥, 그 외의 배舟·차車·노새騾·말馬·소牛
畜 등과 같은 주된 동산을 전매했을 때에는 일정기간 내에 관(官)에
계세契稅를 납부해야 했다.49) 계세의 액수는, 『청명집淸明集』에 실려
있는 소흥11년 정월 칙에서는 전매가격의 1/10 50), 『경원조법사류』에
실려 있는 소흥12년 12월 칙에서도 그 비율은 같았다.51)

전매의 기간에 대해서 『청명집淸明集』에서는,

---

47) 『청명집(淸明集)』戶婚門, 권5−10 爭業下「典賣園屋卽無契據難以取贖」(在法, 典
田宅者, 皆爲合同契, 錢業主各取其一, 此天下所通行, 常人所共曉).
48) 『청명집(淸明集)』戶婚門, 권9−22, 取贖類「妄贖同姓亡歿田業」(今卽無合同典
契, 不候官司豫奪, ……欲取贖江通寶之田, 必當有合同典契, 今卽無合同之契,
本司難以憑據還贖). 『청명집(淸明集)』에 '합동계'라 되어있는 다른 예이다.
49) 『문헌통고』권19 征權考「宋太祖開寶二年, 始收民印契錢, 令民典賣田宅, 輸錢
印契, 稅契限兩月」, 「高宗建炎元年赦, 應今日以前典賣田宅馬牛之類, 違限印契,
合納倍稅者, 限百日, 許自陳蠲免」. 『문헌통고』권14 정각고「徽宗大觀元年, 凡
典買牛畜舟車之類, 未印契者, 更期以百日, 免倍稅, 建中靖國初, 有此令, 至是蠲
之」. 『송회요』식화, 據東洋文庫藏抄本「乾道…七年二月一日詔, 人戶典賣田宅,
合納牙契稅錢, 雖有立定所收, 則例昨降指揮, 通限一百二十日, 投納契稅. 可依
紹興十年六月二十七日指揮, 限一百八十日, 其人戶典賣舟船驢馬, 合納牙契稅
錢, 各有立定所收錢數, 立契竝限三十日,…」등 참조. 여기에 관한 자료는 매우
많지만, 지금 그 중 몇 가지 예를 드는데 그치겠다.
50) 『청명집(淸明集)』戶婚門, 권04−21 爭業類, 「漕司送下互爭田産」(準紹興十一年
正月勅, 人戶典賣田宅, 每百收勘合錢十文, 如願以金銀絹帛準折者, 聽從便).
51 『경원조법사류』권30 財用門「紹興十二年十二月七日勅節文, 人戶典賣田宅交易, 如係足
錢, 每貫狀(○狀, 疑當作收) 一百文足, (除三十五文, 充經制錢, 餘一半州用, 一半作總制
錢), 及人戶自首典賣田宅, 違限投納牙契倍稅錢, 三分州用, 七分總制錢」.

오숙吳肅이 갖고 있는 가정12년(1219)의 한 장의 계약서에는, 오용吳鎔의 "제帝"의 자호의 밭 6무 2각, "관"의 자호 밭 2무30보를 저당잡았는데, 9년의 기한[典限]으로 이미 압인도 받았다.[52]

으로, 9년이라고 정해놓은 예가 있고, 또 다음에 드는 『청명집淸明集』에서는 전매지를 8년으로 회속하려 한 예증을 볼 수 있다. 원래, 부동산 질입주는 채무를 변제해서 그 담보부동산을 회속할 권리를 가지고, 질취주는 회속에 응해야할 의무를 지녔다. 여기에 관해『청명집淸明集』에는 다음과 같은 판어가 보인다.

조사해 보니, 손孫 지현知縣은, 작년 12월에 다음과 같이 판결 내렸다. "아용阿龍으로하여금, 재판사무 개시일을 기다려, 조단趙端에게 전여典與한 전지를 회속回贖하도록 한다. 조단趙端은 당연히 현 관청의 방침을 준수해서, 그 때가 되면 회속回贖에 응하라." 그런데 현재 회속을 할 때가 되자, 경작 파종을 이유로 회속을 거절하고 있다. 본관이 본 바로는, 어떤 세력가(豪民)든지 소민小民의 토지를 자기의 것으로 하려고 마음을 먹으면 모두 이런 방법을 취한다. 재판사무가 개시될 때가 되면, 날짜를 지연시키고, 이런 저런 핑계를 댄다. 혹은 "계약서를 찾고 있는 중이지만, 아직 찾지 못했다"라고 하거나, 혹은 "가장家長이 현縣 밖에 나가 있어서, 돌아오지 않았다"라고 한다. 소민小民이 고소해 오면, 담당 서리에게 부탁해, 서류(文引)의 처리를 지연시키고, 기한마다 구실을 대서, 관청에 출두하지 않고, 수 개월 동안 기일을 지연하는 사이, 이미 사무처리 기간은 경과해 버린다. 이렇게 해서 전지를 전여典與해 준 집으로부터, 회속回贖할 시기를 놓치게 만드는 것이다.

원래 가난한 소민小民들로서는, 손바닥만한 토지라도 모두가 피땀으로 이루어진 것인데, 일단 타인에게 전여典與하게 되면, 그 집의 늙은이나 젊은이나 그것을 마음속의 무거운 짐으로 느끼게 되는 것은 말하지 않아도 알 수 있는 것이다. 밤·낮으로 남자는 경작하고 여자는 누에를 치고, 한 톨의 곡식도 자신의 입에 넣으려 하지 않고, 한 가닥의 실도 옷을 지어 입지 않으려

---

52) 『청명집(淸明集)』戶婚門, 권4−16 爭業上「吳肅吳鎔吳檜互爭田産」(吳肅嘉定十二年, 一典契到吳鎔帝字號田六畝二角, 官字號田二畝三十步, 約限九年, 亦已投印(임대희 外, 「『청명집』「호혼문」제4권 역주」, 『中國史研究』33, 2004년12월, pp.274〜278)).

한다. 굶주린 배와 추위를 견뎌내며, 조금씩 조금씩 모아서, 원래의 토지를 되찾을 돈을 마련하려 하는데, 그 마음은 상당히 가련하다고 할 수 있다. 그런데 부유하며 마음이 고약한 사람은 그들을 가련하게 생각하기는커녕, 나쁜 계략을 세워 가만히 앉아서도 그들을 괴롭힌다. 그들이 전지를 되찾기 위해 가져온 돈을 재판분쟁에서 모두 써 버리면, 비록 승소하더라도 토지를 되찾을 돈은 없어져 버린다. 이렇게 해서 부자는 소송에서 이기면 당연한 것이지만, 설령 소송에서 지더라도 결국 이기는 것이 되며,. 가난한 자는 소송에서 지면 지는 것이고, 이겨도 역시 소송에서 진 것과 같은 정황이 되는 것이다. 이러한 정황이 부유한 자는 토지를 더욱더 넓히도록 하며, 가난한 자는 아주 적은 토지도 가질 수 없는 결과53)로 만드는 것이다.

지금 조단이 아용阿龍을 괴롭히고 있는 방법은 실로 이와 같은 것이다. 아용阿龍의 전지田地는 조단趙端의 집에 전여典與한 것으로, 4경頃 모두 동전 98관에 해당하는데, 8년이 지난 후에야 토지를 회속回贖할 대금을 마련할 수 있는 것으로 보아, 회속하기 어려운 실정을 알 수 있는 것이다. 아용阿龍은 모은 돈을 마련했음에도 불구하고, 자신의 전지田地를 회속하는 기일이 지연되는 것을 걱정하고 있다. 조단趙端은 가을 수확을 끝낸 후에, 토지의 회속回贖에 응하려고 하고 있다. 조단趙端의 본심은 "아용阿龍은 돈을 모으기는 힘들지만, 돈을 사용하기는 쉽다. 현재, 수확기까지 아직 반년이나 남아 있다. 요행히 반년동안 그 돈이 다른 곳에 사용해 버리면, 재판사무 개시일에 그녀를 불러 회속回贖에 응하더라도, 이미 기일이 지났으므로 전주田主(阿龍)는 아무런 방법이 없을 것이다"라고 하는 점을 알고 있을 것이다.

조단의 성품이 곱지 않다는 것은, 본관의 눈으로 봐도 그 마음속까지 보이는 것 같다. 하물며 아용阿龍은 작년 봄 손손 지현知縣의 문서를 받아, 올해 정월 다시 현으로 와서 소송을 제기하려 하지만, 모두 농사가 시작되기 전이다. 법률 조문에서는 "무릇 전지를 전매典賣하고, 기한이 다 되었다면 업주業主는 기한 내에 회속回贖해야 하며, 전주典主가 고의로 기한을 연장해서, 그 토지를 점거하면, 장형 100대에 처한다"라고 되어있다. 조단趙端은 원래 조문에 따라, 형벌을 내려야 하지만……54)

---

53) 錐卓 혹은 卓錐之地라는 말은 송대부터 자주 사용된다. 『傳燈錄』, 「去年貧無卓錐之地, 今年貧到錐也無」.

54) 『청명집(淸明集)』 戶婚門, 권9－20 取贖 「典主遷廷入務」(照得, 孫知縣, 於去年十二月間判, 令阿龍, 候務開日, 收贖所典與趙端之田, 其趙端, 自合遵照縣司所行, 及時退贖, 今乃以施工耕種爲辭, 當職觀所在豪民, 圖謀小民田業, 設心措慮, 皆是如此, 當務開之時, 則遷延月日, 百端推托, 或謂尋擇契書未得, 或謂家長出外父婦, 及至民戶有詞, 則又計囑案司申展文引逐限推托, 更不出官, 展轉數月, 已

그러나 이와 같은 권리의무는 전매 기간 안에서는 존재하지 않았다. 그런데 질취주質取主 측에서 전매기간 만료 후에도 회속에 응하지 않는 경우가 있었다. 그런 경우 1년안에 정해진 소송수리기간 내에 소송을 제기해야 했다. 그 기간을 당령에서는 원칙적으로 10월 1일부터 다음해 3월 30일까지, 남송의 소흥령 등에서는 10월 1일에 재판사무를 개시(務開)하고, 다음해 2월1일부터는 재판사무기한(務限)에서 벗어나 있다.55) 즉 앞에서 언급한 『청명집淸明集』에서 말하는 '무개일務開日'에서 '미입무지선未入務之先', '무한전務限前'에 소송을 제기해야 하고, 그 기간이 지나 이미 재판사무기한(務限)에 들어간 경우에는 "이미 사무처리 기간은 경과해 버린다. 이렇게 해서 전지를 전여典與해 준 집으로부터, 회속回贖할 시기를 놓치게 만드는 것이다56)"이라 되어있으므로, 소송은 수리되지 못하고, 따라서 그

入務限矣, 遂使典田之家, 終無贖回之日, 且貧民下戶尺地寸土, 皆是汗血之所致, 一旦典賣與人, 其一家長幼, 痛心疾首, 不言可知, 日夜夫耕婦蠶, 一勺之粟, 不敢以自飽, 一縷之絲, 不敢以爲衣, 忍餓受寒銖積寸累, 以爲取贖故業之計, 其情亦甚可憐矣, 而爲當不仁者, 乃畧無矜卹之心, 設爲姦計, 以坐困之, 使彼贖田之錢, 耕費於興訟之際, 縱是得理, 而亦無錢可以交業矣, 是以當者勝亦勝, 負亦勝, 而貧者負亦負, 勝亦負, 此當者所以田連阡陌, 而貧者所以無卓錐之地也, 今趙端之困阿龍, 其術正出於此, 阿龍此田, 出典於趙端之家, 四頃共當錢九十八貫, 凡歷八年, 而後能辦收贖之資, 則其艱難之狀, 可以想見, 阿龍積得此錢在手, 惟恐得田之不早, 而趙端乃欲候秋成, 而後退業, 此其意, 蓋知阿龍之錢, 難聚而易散, 此去秋成尙有半載之遙, 半載之間, 幸而其錢復轉, 而爲他用, 則雖務開之日, 呼之來贖, 彼亦無所措手矣, 趙端之操心不善, 當職視之, 已如見其肺肝, 況阿龍, 係是去春得孫知縣判憑, 今春正月, 又在縣陳狀, 皆在未入務之先, 在法, 諸典賣田産, 年限已滿, 業主於務限前收贖, 而典主故作遷延占據者, 杖一百, 趙端本合照條勘斷, ……).

55) 仁井田陞, 『중국법제사』, 岩波全書, 1952년6월 초판, 1963년 9월 增訂, p.111. 이 점은 『송형통』과 『송회요』에 의한 것이다. 이 제도는 『福惠전집』에서 말하는 「農忙止訟」과 같은 이유에 의한 것이다. 元代法에 대해서는 『通制條格』 권4.

56) 已入務限矣, 遂使典田之家, 終無贖回之日

기간 안에서는 이미 회속의 기회를 잃어버리게 된다.[57] 나는 이미 당송시대에는 회속권이 영속되는 부동산질, 즉 영구질이 있었다고 논한 적이 있다.[58] 원래 부동산질에도 귀속질歸屬質형태의 것은 이미 북송시대에도 실시되었다.[59] 그러나 『청명집淸明集』에 나타난 위와 같은 경우가 영구질의 경우였더라도, 토호들은 구실을 붙여 농민이 전질한 토지를 계속 점유했고, 농민의 회속요구에는 쉽게 응하지 않으며 소송기간을 어물쩍 경과하게 해 회속을 불가능하게 만들었다. 또 비록 농민이 토호를 관에 고소해서 소송에 이겼더라도, 이긴 경우에는 이전에 속전하려고 힘들게 모았던 돈도 이미 경비로 써버린 상태가 되어 회속할 수 없게 되는 경우가 적지 않았다. "부자는 이겨도 이기고 져도 이기지만, 가난한 사람은 져도 지고 이겨도 진다[60]"라며 호석벽胡石壁이 논한 바가 있다. 그런데 질입할 때 수취한 것과 동일한 화폐로 속贖을 행해야 했다. 이른바 "현금으로 전典한 것은, 현금으로 다시 돌려받아야 된다(見錢典, 見錢贖)"라 하였는데, 이에 관한 판어는 다음과 같다.

지폐는 주현州縣에 부세를 납부하거나, 상인들간의 거래에서 오랫동안 현금과 똑같이 유통 사용되어 왔다. 그러나 일반인이 전토저택을 전매典買하고, 전당포(解庫)에서 물건을 수납할 때는, 각각의 지방 관사는, 인정을 참작해서, 처음 거래가 현금으로 이뤄졌을 때는 현금으로 회속하고, 관회官會로 이뤄졌을 때는, 관회로 회속하고, 현금과 회자가 절반씩 거래되었을 때에는 절반으

---

57) 부동산질 회속 기간의 문제는 中田의 교시를 받았다.

58) 仁井田陞, 「당송시대에서의 채권의 담보」, 『사학잡지』42편 10호, p.69 이하. 仁井田陞, 「거래법」, 『중국법제사 연구』, 1960년3월, 제5장 참조.

59) 仁井田陞, 『당송법률문서의 연구』, 1937년3월, p.340 이하. 여기에는 張方平의 『樂全集』(四庫全集珍本初集)권40 工部尙書蔡公墓誌銘 「番部饑, 質田漢戶過期不償, 輒被沒, 公貸官錢贖還, 歲取什一之息., 償足而止」를 인용해, 부동산질의 경우에도 귀속질 형태의 것이 이미 북송시대에도 실시되었던 것을 설명했다.

60) 富者勝亦承, 負亦勝, 而貧者負亦負, 勝亦負

로 회속한다. 경기京畿에서 원격지遠隔地에 이르기까지, 어디에도 그것이 준수되어, 통상적인 규칙으로 되어져 왔다. 최근 제거사提擧司가 판단을 내린, 안시승顔時昇이 이승李昇의 전지田地를 회속한 예가 바로 그것이다.

지금 이변李邊은 현금 50관, 관회 65관을 가지고, 당중조唐仲照에게 현금 120관으로 전여典與한 토지를 회속하려고 하고 있는데, 이는 인정에 상당히 어긋나는 것이 아닌가. 강요해도 따르지 않으므로, 그대로 회자 가격을 싸게 했다고 고소해 왔다. 현과 전운사(臺)의 관청에 호소하여도 자신의 목적을 달성할 수 없게 되자, 그만둘 줄 모르고, 다시 州의 관청에 소송하였다. 미천한 백성의 신분으로, 지현知縣이 자신의 고집을 굽히라고 해도 이에 따르지 않고, 감사監司또한 자신의 고집을 굽히라고 해도 따르지 않는 것을 보면, 그 교활함을 충분히 알 수 있을 것이다.

게다가, 당중조唐仲照가 토지를 내놓지 않으려는 이유를 잘 들어보니, 현금으로 전典한 것은, 현금으로 다시 돌려받아야 된다고 하면서, 시가時價대로 관회로 환산해서 돌려받으려고 하지는 않고 있다. 어찌 함부로 가격을 싸게 했다는 죄로 무고誣告할 수 있겠는가. 만일 그때 정말로 현금과 회자로 반반씩 거래했다면, 당시의 회자會子(舊 會子)는 (1관에) 770문으로 통행通行되고 있었다. 현재는 200문 정도 내렸다고 한다면, 이변李邊은 역시 1/5를 변상해야 한다. 50관의 현금 외에, 구舊 회자會子 450관 정도를 반환해야 한다. 예를 들어, 환속해야 하는 시점에는, 조정에서 발행한 새로운 회자會子가 발행되기 전前으로, 구舊 회자의 가격이 하락하지 않았다 하더라도, 역시 65관의 관회官會로써 70관의 현금과 동일하게 계산해서는 안된다. 이것은 삼척동자라도 결코 해서는 안 된다고 알고 있는 것이다.

이변은 자신이 생각해도 부끄럽고, 별다른 트집을 잡을 수 없었기 때문에, (계약서대로)회속한 후……61)

---

61) 『청명집(淸明集)』戶婚門, 권9－16 取贖 「典買田業合照當來交易或見錢或錢會中半收贖」(州縣之賦租, 商賈之貿易, 已卽竝同見錢流轉行使, 獨有民戶典買田宅解庫收執物色, 所在官司則與之參酌, 人情使其初交易, 元是見錢者, 以見錢贖, 元是官會者, 以官會贖, 元是錢會中半者, 以中半贖, 自畿甸以至於遠方, 莫不守之, 以爲成說, 如近日提擧司所判, 顔時昇贖李昇田之類是也, 今李邊, 乃欲以見錢五十貫, 官會六十五貫, 而贖唐仲照見錢一百二十貫典到之業, 何不近人情之甚邪, 强之不從, 而遂訟以減落會價, 經縣經臺, 咸不得逞, 復不知止, 又來經州, 蕘尒編氓, 縣令折之旣不從, 監司折之又不狀, 則其狡獪亦可知矣, 且觀唐仲照不肯退業之因, 只是持見錢典見錢贖之說, 初未嘗欲以時價折估官會, 安得橫以減落百陌之罪誣之, 向使當來果是錢會中半, 其時舊會係作七百七十行使, 今旣減作二百文省, 則李邊亦當以五償一, 除五十貫錢之外, 尚合還舊會四百五十餘貫, 縱曰取贖

또 질계약증서를 갖고 있지 않으면 회속권도 가지지 못했다. 거기에 대해 『청명집淸明集』에 "어찌 토지와 가옥을 거래함에 있어 증거도 없이 돌려받을 수 있겠는가(豈有田宅交易, 而可以無據收贖也哉"[62]이라 되어있다.[63] 질계약 증서가 진짜인지 가짜인지 불명확한 경우에 관은 질지質地회속의 소송을 수리할 수 없었다(여기에 대해서는 다음 절, 出訴기간 참조)

질취주는 담보부동산을 가지고, 제3자에게 다시 질입할 수 있었다. 재 질입은 '전전轉典'이라 하고, 『원씨세범袁氏世範』에는 '전전매轉典賣' 권하卷下, 전산의조인계할산田産宜早印契割産이라고도 되어있다. 『청명집淸明集』에 보이는 '전전轉典'에 관한 자료로는,

범부(范鄜)의 부친은 처음 갓난 아기때의 이름(乳名)인 범신(范侁)이라는 명의로 호적에 올렸다. ……범신(范侁)은 건도乾道 3년(1167)부터 순희(淳熙) 4년(1177)까지, 소곽판小郭坂의 원옥園屋을, 3회에 걸쳐 합계 전錢192여관(貫)의 가격으로 정일(丁逸)에게 典하였다. 정일(丁逸)의 가인(家人) 정숙현(丁叔顯) 등은 가태(嘉泰) 말년(1201)과 개희(開禧) 초년(1205) 2회에 걸쳐 합계 전錢 182 여관(貫)으로 구계약서(上手契)를 모두 모아 정백위(丁伯威)에게 재차 전典(轉典)하고, 그에게 경작하게 하였다. 20년간 별탈없이 지난 지금, 쌓인 이익은 결코 적은 것이 아니다. 그것이 어찌 범부 부친의 재산이라는 것을 모를 리가 있을까. …… 하물며 재차 전典(轉典)한 가격과 원래 전典한 가격과는 이미 10관貫의 차이가 있다. 다만 이 10관貫 외에는 그다지 큰 문제도 없으므로……만일 정원진이 매입(斷骨)을 원하지 않는다면, 즉시 범부는 전典할 때 처음 받은 금액을 준비해서, 정백위에 돌려주고 회속回贖하기 바란다.[64]

之時, 在朝廷新會未出之前, 舊會未減之日, 則亦不應以六十五貫官會, 而準七十貫錢, 此雖三尺童子, 亦知其必不可行矣, 李邊自反愧, 無以藉口, 乃以贖,……).

62) 『청명집』, 호혼문, 05-10, 爭業類 「典賣園屋旣無契據難以取贖」, 莆陽□□豈有田宅交易, 而可以無據收贖也哉"

63) 『청명집(淸明集)』戶婚門, 권5－10, 爭業下 「典賣園屋旣無契據難以取贖」, 『청명집(淸明集)』「호혼문」, 권09－22 取贖類, 「妄贖同姓亡歿田業」, 僉廳 참조.

64) 『청명집(淸明集)』戶婚門, 권9－23 取贖 「典主如不願斷骨合還業主收贖」(范鄜之

과 같은 종류인데, 전전은 당대에도 이뤄졌다. 위징魏徵의 자손이 그 고택을 전질한 것을 질권자가 또 전전해서, 결국 여러 사람으로 바뀌었다고 전해진다.65)

중첩전매 즉, 전매의 대상인 부동산을 일단 갑에게 전매했음에도 불구하고 동일부동산을 다시 을에게 전매하는 것은 법률에서는 금하는 부분이었다. 이러한 금령은 오대의 자료에서도 보이고,66) 송대 건륭년간의 기청起請에도,

> 一應有將物業, 重疊倚當者, 本主牙人鄰人, 竝契上署名人, 各計所欺入己錢數, 竝准盜論, 不分受錢者減三等, 仍徵錢, 還被欺之人, 如業主, 塡納罄盡, 不足者, 勒同署契牙保鄰人等, 同共陪塡, 其物業歸初倚當主

라 되어있다. 즉, 본주本主·아인牙人·린인鄰人과 계약서상의 서명인署名人은 모두 절도에 준해서 처벌받고 전매부동산은 첫 번째 전주에게 돌아가고, 두 번째 전주에게는 대상을 반환하게 했다. 중첩전매가 남송에서 종종 문제가 되었던 사실은, 『송회요』에도 나타나고 있는데,67) 『청명집淸明集』에도 아래와 같은 법문 및 사건이 기재되어

父, 初以乳名佹立戶, ……范佹, 於乾道三年至淳熙四年, 以小郭坂園屋三次計價錢一百九十二貫足, 出典與丁逸, 丁逸家人丁叔顯等, 於嘉泰末開禧初年, 兩次計錢一百八十二貫足, 繳上手轉典與丁伯威, 管業整整二十年, 積收課利, 不爲不厚, 豈不知其爲范鄰父之業, ……況轉典價與元典價, 已有十千之損, 只以此十千之外, 所增能幾何, ……如丁元珍不與斷骨, 卽合聽范鄰備元典錢, 就丁伯威取贖, ……).

65) 『당회요』권45 前代功臣 「元和四年三月, 上覽貞觀故事, 嘉魏徵諫諍匪躬, 詔令京兆尹, 訪其子孫及故居, 則質賣數姓, 析分九家, 上愍之, 出內庫錢二百萬緡贖之, 以賜其孫善馮等, 禁其質賣」. 加藤繁, 「당대에서의 부동산질」, 『동양학보』 12권 1호, p.84. 加藤繁, 『지나경제사논증』상권, 1952년3월 수록. 仁井田陞 전게논문 p.62 이하.

66) 仁井田陞 전게 p.74 이하. 중첩전매의 자료는 『원씨세범』卷下에도 보인다. 즉 「人戶交易, …就問見個人, 有無界至交加典賣重疊」.

67) 仁井田陞 전게, p.74 이하. 중첩전매의 자료는 『원씨세범』卷下에도 보인다. 즉

있다.

　　법령에 "무릇 훔친 것을 거래하고 또 이중으로 거래하는 류[68]는, 사는 사람[錢主]이 사정을 알고 있는 경우라면 그 대금은 관이 몰수하고, 자수하거나 사정을 몰랐을 경우에는 청산해서 판 사람이 환원한다[理還]. 범인이 변상하고도 (돈이) 부족할 경우에는, 사정을 아는 중개인[牙保]과, 보증인이 균등히 배상한다"라고 되어있다.[69]

왕익지의 집안의 원택園宅·지기地基는 이미 전매되어 서극검徐克儉의 것이 되었을 뿐만 아니라 서원수徐元琇에게도 전매典賣되었다. 그 도장(印)을 찍었던 년월을 조사해보면 어느 것이나, 순우 원년(1241년) 8~9월의 사이에 한한다. 그것이 이중교역이라는 것은 명백하다. ……법에 "자기의 토지와 가옥(田宅)을 이중으로 전매하였다면, 장형 1백대에 처하고, 중개인·보증인이 그 정황을 알고 계약에 참여하였다면, 같은 죄를 준다[與同罪]"라고 되어 있다. 왕익지는 이중거래를 하고, 진사총은 정황을 알고 계약에 참여하였기 때문에 모두 조문에 따라 감장(勘杖) 100대에 처한다. 서극검이 제출한 증거문서[干照: 여기서는 계약문서]는 돌려 주고, 서원수舒元琇가 제출한 증거문서는 소멸시켜 한 건의 서류에 첨부한다.[70]

「人戶交易, …就問見佃人, 有無界至交加典賣重疊」.

68) 重?典賣에 대해서는 仁井田陞, 「戶婚門의 연구」, p.384에 본 조를 포함한 법문이 열거되어 있다.

69) 『청명집(淸明集)』戶婚門, 권5－08　爭業下 「從兄盜賣已死弟田業」(在法, 交易諸盜及重疊之類, 錢主知情者, 錢沒官, 自首及不知情者理還, 犯人償不足, 知情牙保均備). 임대희 외, 「역주 『청명집』 「호혼문」권5」, 『중국사연구』34, 2005, p.357 참조.

70) 『청명집(淸明集)』戶婚門, 권9－07, 違法交易 「重疊」(王益之家園屋地墓, 旣典賣與徐克儉, 又典賣與徐元琇, 攷其投兒(○兒, 當作印) 年月, 皆不出乎淳祐元年八九月之間, 其謂之重疊明矣,……法, 諸以已田宅, 重疊典賣者杖一百, 牙保知情與同罪, 王益之重疊, 陳恩聰知情, 竝合照條勘杖一百, 徐克儉干照給還, 舒元琇干照毀抹附案).

이것에 의하면, 남송의 법률이 중첩전매의 책임에 대해 규정한 부분을 살펴보면, ① 중첩전매자는 장형100대에 처벌받고 두 번째 전주에게 전매가를 반환해야 하고, ② 보증인[牙保]에게 악의가 있었을 때는 역시 장형100로 처벌하고 전매자가 충분히 보상받지 못하면 그 부족분을 채워줘야 할 책임을 지게 되었고, ③ 두 번째 전주가 악의가 있었을 때는 전가典價를 몰수하고, 자수하거나 혹은 선의善意에서 이뤄졌을 때는 전가를 반환받아야 했다.

제4절 친족이나 이웃땅을 가진 사람(隣地者)의 선매권先買權

여러 민족의 옛 법에서 부동산 매매에 관한 내용 중에 친족 또는 촌락민의 동의권, 혹은 선매권이 확인된다. 법제사가들은 이것이 공동재산제에서 유래한다고 해석한다.71) 중국의 당대 및 오대의 자료에서도 방친72) 및 인지자의 부동산 선매권의 존재를 나타내는 문헌이 여기저기에 보인다.73) 『송형통』 권13에 수록된 송 건륭建隆 년간의 기청起請에는

> 一應典賣倚當物業, 先問房親, 房親不要, 次問四鄰(○鄰, 法制局本作隣, 以下同之), 四鄰不要, 他人竝得交易, 房親着(○着, 法制局本作著), 價不盡, 亦任就

---

71 Gidrke, *Das deutsche Genossenschaftrecht* Bd. 1. S. 615. Mayne, On Hindu Law and Usage 9th edition. p.318.f.

72) 방친은 한국에서 ○○공파 즉, 종파의 개념인데, 여기서는 10촌 정도내의 친족이라고 보면 될 것이다(역자주).

73) 仁井田陞, 「당송시대에서의 채권의 담보」 『사학잡지』42편 10호, p.72. 仁井田陞, 『중국법제사 연구』 「거래법」, 1960년3월, 제5장 참조.

得高處交易, 如業主牙人等, 欺罔鄰親, 契帖内, 虛擡價錢, 及鄰親, 妄有遮?희者,
竝據所欺錢數, 與情狀輕重, 酌中科斷(據嘉業堂本)

이라 되어있어, 제1차적으로는 방친, 제2차적으로는 사린四隣이 다른
사람보다 우선하여 부동산을 전매할 권리를 가지고 있었다.74) 따라
서 이 우선권자에게 우선 전매를 신청하지 않고, 제3자에게 전매했
을 때에는 우선권자는 제3자로부터 그 부동산을 회수할 수 있었다.
또 거주지와 전매지는 항상 같은 지역이라고는 할 수 없으므로, 여
기에서 말하는 이웃[隣]이 거주지의 이웃[隣]인지 아니면 전매지의
이웃[隣]인지가 문제가 된다. 그러나 뒤의 자료에서는 전매지의 이
웃[隣]이라는 의미로 해석될 수 있다. 그런데 위와 같은 우선권은
경제적 이익과 모순되는 것이었으므로, 송대에서는 그 제한을 입법
立法하기에 이른다. 『문헌통고』권5 전부고田賦考에

紹聖元年臣僚言, 元祐勅, 典賣田宅, 徧問四鄰, 乃於貧而急售者有害, 乞用熙
寧元豊法, 不問鄰以便之, 應問鄰, 止問本宗有服親, 及墓田相去百戶(〇戶, 疑當
作步)内, 與所斷田宅接者, 仍限日, 以節其遲, 宋初亦有問親鄰之法

이라 되어있다. 희녕・원풍 년간의 입법은 선매권에 제한을 가하고
원우 년간 그 제한을 철폐했으나, 소성 년간에 희녕・원풍 년간의
옛 법으로 되돌아간다. 즉 선매권을 가질 수 있는 자는 본종유복친,
사린四隣 내에 있는 자, 또는 전매지가 자기의 묘전墓田에서 백호百戶
(戶는 步일지도 모르겠다) 이내에 있는 자로 제한되었다.75) 남송에
서도 대체로 이 제한을 답습하고 있는데, 또 다른 종류의 제한을

---

74) 中田薰, 「당송시대의 가족공산제」 『국가학회잡지』40권 8호, p.35 주(8).　中田
　　薰, 『법제사 논집』 제3권, p.1295 이하. 仁井田陞, 「당송시대에서의 채권의 담
　　보」 『사학잡지』42편 10호, p.73.
75) 仁井田陞, 「당송시대에서의 채권의 담보」 『사학잡지』42편 10호, p.73.

가한 입법도 발견할 수 있다. 지금 『청명집(淸明集)』에서 선매권과 관계가 있는 판어를 초록하면 다음과 같다.

> 조사해보니, 어느 곳의 백성도 대체로 "친족인접의 법"을 잘 알지 못하여, 자주 친족親族은 친족, 인접隣接은 인접인으로 생각하고 있다. 친족의 입장에서 말하면, 원래 양도서(關書)를 함께하여 전매한 토지는 인접관계의 유무를 막론하고, 매번 환수하려고 하고, 인접관계의 입장에서 보면, 원래 동서남북의 인접인은 친족관계의 유무를 막론하고, 이것 역시 환수하려고 희망한다. 이는 법의 조문에서 "친린親隣하는 곳에 물어야 할 것"이라고 하는 것은 본종本宗의 상복喪服관계가 있는 친족으로, 또 인접관계에 있는 자에 한하는 것이라는 것을 전혀 모르고 하는 것이다. 친족이더라도, 인접인이 아닌 경우와 인접하더라도 친족이 아닌 경우는 모두 문의의 범위밖에 있는 것은 "경원慶元년간에 중수重修된 전령田令"과 가정13년(1220년)의 형부刑部로부터 반포된 조례책을 보면 명백히 알 수 있다.
> 한편 담형譚亨이 원하고 있는 부친의 종제從弟가 전매한 전지의 환수는 친족관계는 있더라도 인접관계가 없는 이상, 법률적으로 장애가 있다. 첨서판관簽書判官廳의 원안原案(草案)에 따라 시행해야 할 것이다.[76]

경두硬頭의 전지는 왕자통王子通이 전典한 토지이기 때문에, 그의 환수를 인정하는데 이는 원래부터 합법적이다. 남목산南木山의 육지陸地는 왕재고가 재산 분할 받은 토지이다. 령令에 따르면 "모든 전택을 전매할 경우, 사린四隣의 경계에 본족의 시마緦麻이상의 친족이 있으면, 문서로 확인한다. 다른 집의 전지에 간격이 있으면, 그 간격에 옛부터의 도랑이나 하천 및 여러 사람이 왕래하는 도로와 같

---

76) 『청명집(淸明集)』戶婚門, 권9-13, 取贖「親鄰之法」(照得, 所在百姓, 多不曉親鄰之法, 往往以爲, 親自親, 鄰自鄰, 執親之說者, 則凡是同關典賣之業, 不問有鄰, 皆欲收贖, 執鄰之說者, 則是南北東西之鄰, 不問有親無親, 亦欲取贖, 殊不知在法所謂應問所親鄰者, 止是問本宗有服紀親之有鄰至者, 如有親而無鄰, 與有鄰而無親, 皆不在問限, 見於慶元重修田令, 與嘉定十三年刑部頒降條冊, 照然可考也, 今譚亨所欲執贖堂弟出典之田, 旣是有親無鄰, 則是於法有礙, 合照簽廳所擬行).

은 것이 있다면, 인접의 범주에 넣지 않는다"라고 되어있다. 또 슈에는 "모든 전택을 전매하고, 3년이 지나서, 이웃사람(隣人)에 물어야 하는데 묻지 않고, 소송한 경우에는 접수하지 않는다" 는 기록이 있다. 왕재고가 분할 받은 육지陸地가 진실로 왕자통과 양도서(關書)를 같이한다고 하더라도, 또한 반드시 인접관계가 있어야 하고, 별도로 간격이 없어야 하며, 또 (계약한 지) 3년 이내이어야만, 비로소 인접의 법이 적용된다. 만약 친족이지만 인접하지 않거나, 또 친족 인접관계이더라도 3년 이상이 경과 하였다면, 모두 환수할 수 없다. 지금 양도서(關書)를 같이 한다는 이유만으로, 간단히 환수를 인정받으려 하지만, 법령에서는 오히려 그러한 내용은 없다. 증거문서(干照)를 찾아 내어 아울러 조사해서 처리해야 한다.77)

한 건 서류를 자세히 펼쳐 읽으니, 지현知縣의 판단判斷, 추관推官의 판단은, 법 의도로는 옳은 것으로 보이지만 사실은 그렇지 않다. 추관推官이 인용한 법률조문에는 「무릇 전토, 가옥을 전매할 때, 사린四隣·사지四至에 동종同宗의 시마緦麻이상의 친족이 있거나, 또 묘전墓田이 100보 이내에 있는 것은 문서로 양해를 구한다」라고 되어있다. 이세오李細五가 여우녕黎友寧으로부터 구입한 이이고李二姑의 육지陸地는, 묘지 옆에 있기 때문에, 이세오가 회속回贖해야 한다는 주장은 실로 올바르다. 그러나 법령에서는 「전토·가옥을 전매典賣하고만 3년이 지나서, 인접인(隣人)에게 문의해야 하는데도 묻지 않은 경우에는 (이 소송을) 수리受理할 수 없다」라 되어있다. 여우녕이 산 것은 가희嘉熙 2년(1238) 봄의 일이고, 이세오가 소송을 제기한 것은 순우淳祐 2년(1242) 가을의 일이므로 약 5년의 간격이 있다. 비록 인접인(鄰人)의 권리가 있다고 하

---

77) 『청명집(淸明集)』戶婚門, 권9－15 取贖 「有親有鄰在三年內者方可執贖」(埂頭之田, 旣是王子通典業, 聽其收贖, 固合法也, 至若南木山陸地, 却是三才庫受分之業, 准令, 諸典賣田宅, 四鄰所至, 有本宗緦麻以上親者, 以帳取問, 有別戶田隔間者非, 其間隔古來溝河, 及衆戶往來道路之類者, 不爲鄰, 又令, 諸典賣田宅, 滿三年, 而訴以應問鄰, 而不問者, 不得受理, 王才庫所受分陸地, 使其果與王子通同關, 亦必須與之有鄰, 而無其他間隔, 及在三年之內, 始可引用親鄰之法, 如是, 有親而無鄰, 及有親有鄰, 而在三年之外, 皆不可以執贖, 今但以同關, 便欲聽其執贖, 在法却無此說, 合索干照, 參對施行).

지만, 소송을 수리해야 할 기한이 지났다.[78]

즉 남송의 법률에서, 첫 번째 선매권을 가진 자는 본종유복친이면서 이웃에 사는 사람이었다. 그런데 비록 친린親隣이라 할지라도 반드시 항상 선매권을 가지는 것은 아니었다. 여기에서 말하는 이웃[隣]이라는 것은 전매지의 이웃[隣]이다. 전매지와 자기의 토지가 타인의 토지에 의해 단절되는 경우는 물론 강이나 도랑 및 사람들이 다니는 도로가 그 사이에 가로 놓여 있는 경우도 이웃[隣]이 아니었다. 두 번째 선매권이 있는 자는 전매지와 자기의 묘전墓田이 100보步 내에 있는 자이다. 선매권자가 전매지 회수를 제기하려면, 전매 후 3년 이내여야 되고 기간 만료 후에는 관에서 소송을 수리하지 않았다.

이 선매권[79]은 우선적 효력을 가진 자로서[80], 위의 『청명집(淸明集)』은 그 점을 확실히 밝히고 있다. 즉 선매권을 가진 자는 자기에게 우선 전매를 신청하지 않고 제3자에게 전매된 부동산을, 대가를 지불하고 제3자로부터 회수할 수 있었던 것이다.

당송 특히 송대 자료에 자주 보이는 친족 및 인지자隣地者의 선매권은 당송보다 훨씬 고대부터 있었을 것이라고 생각한다. 또 후세까지 오랫동안 존속되었다.[81] 그러나 후세 중국의 토지법에서는

---

78) 『청명집(淸明集)』戶婚門, 권9-24, 墳墓 「禁步內如非己業只不得再安墳墓起造墾種聽從其便」(詳閱案卷, 知縣所斷, 推官所斷, 於法意皆似是, 而非推官所引之法曰, 諸典賣田宅, 四隣所至, 有本宗緦麻以上親, 墓田相去百步內者, 以帳取問, 李四五, 於黎友寧所買李二姑陸地, 係是墓隣, 合聽李細五執贖, 其說固是矣, 然在法, 典賣田宅, 滿三年, 而訴以應問隣, 而不問者, 不得受理, 黎友寧買, 係在嘉熙二年之春, 李細五入詞, 係在淳祐二年之秋, 相去几隔五年, 雖曰有隣, 已在受理之限).

79) 「先賣權」이라 되어 있는데 「先買權」의 오자일 것이다.

80) 仁井田陞, 「당송시대에서의 채권의 담보」 『사학잡지』42편 10호, p.73.

81) 『원전장』 권19 호부5, 典賣田宅須問親鄰條에는, 선매권에 대해 다음과 같은

토지의 융통성을 해하는 것이라 해서 부정시되는 경향이 있었다. 그것은 대리원의 판결을 통해 그 일단을 알 수 있다.[82]

또 이상의 선매권이 허락된 이유로, 『청명집(淸明集)』에

법에 따라 규율해 보면, "만일 토지와 가옥을 전매할 때 서류를 갖추고 사방(四至)을 자세히 기입하고(開析), 본종本宗의 시마緦麻이상의 친족 및 묘전(墓田)의 거리가 100보 이내에 있는 자가 있으면, 장부에 따라서 물어본다"라고 되어있다. 입법했을 당초에는 대개 뜻이 있을 것인데, 부친와 조부의 재산을 자손이 분할하면 어떤 사람은 그 하나를 받아도 온전하게 보전하지 못한다. 만약 전매해서 다른 집안이 취득하거나 혹은 수리水利가 상관있거나 혹은 사방경계가 서로 분명하지 않게 되어서 충돌이 없을 수 없다.

친족이라 하고 이웃 호戶라 하는 그 하나에 해당하더라도 모두 인도하는(批退) 범위에 들어갈 수 없다. 묘전(墓田)이 있는 곳은 무릇 없애거나 파헤치려 하면 반드시 범죄가 일어난다. 토지를 얻은 사람이 만일 같은 종宗〔出自〕이 아니라면 도움받을 일이 없다. 따라서 동종同宗의 친족이 있으면 역시

상세한 규정을 나타내고 있다. 즉 「至元六年七月, 中書戶部, 承奉中書省剳, 付備太原路申, … 官司無定例, 不能決斷, 乞明降事省府, 照得, 田例, 諸典賣田宅, 及已典就賣, 先須立限, 取問有服房親, (先親後疎), 次及鄰人, (親徒等及諸隣處分典賣者聽), 次見典主, 若不原者, 限三日批退, 日者限五日批價, 若酬價不平, 竝違限者, 任便交易, 限滿不批, 故有遮占者, 仍不得典賣, 其業主, 亦不得虛擡高價, 及不相本問, 而輒交明違而成交者, 聽親隣見典主, 百日內依原價收贖, 限外不得爭告, 欺昧親隣典主, 故不交業者, 雖過百日, 亦聽依價收贖, 若親隣見典主, 在他所者, 令以次人請問, (謂親隣典主, 以次之人), 若無人竝除程百日者, 不在爭告之限, 若遇飢饉災患, 喪凶爭鬪之事, 須典賣子, 經所屬陳告, 給據交易, 仰依舊例, 行下各路, 照會施行」. 여기에 의하면 지금의 전주에게도 선매권이 있었다. 여기에 보이는 「田例」(『원전장』校補는 舊例로 되어있다), 「舊例」는 金令일 것이다. 원전장 및 通制條格에 수록된 구례가 金律 또는 금령이라는 것에 대해서는, 安部健夫, 「원사형법지와 원률과의 관계에 대해」『동방학보』교토 제2책, p.273 및 仁井田陞·牧野, 「고당률소의제작연대고」『동방학보』도쿄 제2책, p.85 참조.

82) 대리원 판결 국민6년 上字 제886호 「地鄰先買權之習慣, 不能認爲有法之效力, 固爲本院判例明認, 惟不動産抵當權人, 對於其抵當物, 如於習慣, 認其有先買權者, 則因別種理由, 尙不在應行拒斥之列」. 대리원 판결 국민6년 上字 제1014호 「親房攔産之慣習, 旣經現行律, 明示禁止, 且僅足長親房把持揹勒之風, 於社會經濟, 殊無實益, 自難認其有法之效力」등 참조.

마땅히 먼저 물어야 한다.[83]

이라 되어있다. 즉 전매지의 인지자와 새로운 전매자 사이의 이해
관계를 고려할 필요가 있었던 것이다.[84]

제5절 출소出訴기간

『청명집(淸明集)』에는 부동산 취득원인이 되는 권원權原의 존부存
否 및 효력, 또는 질지회속에 관한 소송이 자주 보이는데, 재판은
일정한 증거에 근거해야 했다. 그 증거 중 하나는, 매계買契나 전계
典契와 같은 서증書證인데, 매매 혹은 전질계약 당사자의 쌍방, 혹은
한쪽이 이미 사망해서 계契의 진위를 증명할 수 없게 되었을 때 관
은 매계契地 혹은 질지質地의 소송을 수리하지 않았다.

　　양쪽의 계약서를 펼쳐 조사해 보면, 필적이 같지 않고, 사방경계도 같지
않다. 또 여러 사람의 압자押字도 같지 않다. 실로 형대刑臺가 의심하는 바가
있는 것이고, 계약이 분명하지 않다고 말할 수 있다. 법문에 "계요契要가 분
명하지 않은 경우에, 20년이 지났거나, 전주錢主 혹은 업주業主가 사망한 경
우는 수리하지 않는다"고 한다. 이것은 대개 두 개의 조항이다. "만약 20년
이 지나면 수리할 수 없다"[85]라는 것은 그것이 오랫동안 소송이 없었다고

---

83) 『청명집(淸明集)』戶婚門, 권4-21, 爭業上「漕司送下互爭田産」(然律之以法, 諸
　　典賣田宅, 具帳開析四鄰所至, 有本宗緦麻以上親, 及墓田相去百步內者, 以帳取
　　問, 立法之初, 蓋自有意, 父祖田業, 子孫分析, 人受其一, 勢不能全, 若有典賣他
　　姓得之, 或水利之相關, 或界至之互見, 不無扞格, 曰親曰鄰, 止有其一者, 俱不在
　　批退之數, 此蓋可見墓田所在, 凡有鋤鑿, 必至興犯, 得産之人, 儻非其所自出, 無
　　顧藉, 故有同宗亦當先問(임대희 외,「『청명집』「호혼문」제4권 역주」,『中國史
　　研究』33, 2004년12월, pp.288~293)).
84) "선매권"과 관련해서는 이종찬,「『명공서판청명집』을 통해 본 송대 부동산 거
　　래와 親隣法」,『법사학연구』31(2005)가 있으므로 참고하기 바람.

말할 수 있다. 이것이 한 조항이다. 그러나, 세인들이 법을 인용할 때 2가지가 하나가 되는 것은 법의를 잃어버린 것이다. 지금 이 소송은 비록 20년에 미치지 않았으나, 이맹전李孟傳이라는 자는 오래전에 죽었으므로 계약서의 진위는 누가 증명할 수 있겠는가. 그래서 이것은 수리할 수 없다.86)

또 위의 소송에는 출소기간이 법으로 정해져 있으며87), 기간만료 후에도 또 위와 마찬가지였다. 그밖에,

　왕구王九의 소송장에 "왕사王四가 멋대로 저희 집안의 토지를 팔고, 비유卑幼를 속이고 있다"고 논하였다. 지금 유단이 원래 매입한 계약서를 찾아오게 하니 여기에는 왕구의 아버지 왕흔의 화압이 있고, 개희원년(1205)의 거래이고 그 다음해에 관인을 받은 것이 분명하다. 법에 따르면 "무릇 토지와 가옥을 소송하는데 계약서가 확실하지 않고, 20년이 지났거나, 전주錢主 혹은 업주業主가 죽은 경우는 수리할 수 없다"고 한다. 지금 업주는 이미 사망했고, 계약에 관인을 받은[印契] 지도 이미 15년이 지났으니, 설령 거래가 분명하지 않다고 하더라도 수리할 수 없는 경우이다. 토지는 원래 계약에 비춰 (유

---

85) 『宋刑統』권13, 「宋建隆起請 (前略) 請准唐長慶 2年8月15 日勅, 經二十年以上不論, 卽不在論理之限」. 王炎, 『双溪類稿』권21 「上孫漕」(官司理斷爭田之訟, 先憑干照, 旣有干照, 須問管業, 則條令自有明文, 如契要不明, 限以二十年, 是也).

86) 『청명집(淸明集)』戶婚門, 권4-28, 爭業上 「契約不明錢主或業主亡者不應受理」(披閱兩契, 則字跡不同, 四至不同, 諸人押字又不同, 眞有如刑臺之所疑者, 謂之契約不明可也, 在法, 契要不明, 年二十過, 錢主或業主亡者, 不得受理, 此蓋兩條也, 謂如過二十年不得受理, 以其久而無詞也, 此一條也, 而世人引法, 倂二者以爲一, 失法意矣, 今此之訟, 雖未及二十年, 而李孟傳者, 久已死, 則契之眞僞誰實證之, 是不應受理也, ……(임대희 외, 「『청명집』「호혼문」제4권 역주」『中國史硏究』33, 2004년12월, pp.309~310)).

87) 『청명집(淸明集)』「호혼문」, 권4-14(爭業類, 「章明與袁安互訴田産」)에 또한 「准使州行下經量田産明示約束, 各以見佃爲主, 不得以遠年干照, 輒因經量, 妄行爭占, 王文去年買入袁安戶田, 雖是見行投印, 而袁安上手爲業已久, 近因經量, 章明, 乃齎出乾道八年契書, 欲行占護, 且契後卽無印, 梢莫知投印是何年月, 契要不明, 已更五十年以上, 何可照, 使州行下付見佃爲主, 如再有詞, 從杖八十科斷」이라 되어있는 것을 참조(임대희 외, 「역주 『청명집』「호혼문」제4권」, 『중국사연구』33, 2004, p.271). 仁井田陞, 『중국법제사 연구』「토지법」, 1960년3월, 제1장.

단의) 재산으로 하게 하고 나머지 사람들은 모두 돌려 보내라.[88]

또 법에 이르기를, "무릇 토지와 가옥에 대해 소송할 때는 계약서가 명확하지 않거나 20년이 지났거나 전주錢主(質取主)와 업주業主(質入主)가 죽은 경우는 관사가 수리할 수 없다."라고 되어있다. 오회가 제출한 증거문서는 이미 50년이 지난 것이고 그 안이 파손되어 더럽혀져서 이미 상당히 명확하지 않는데 어찌 수리할 수 있겠는가.[89]

> 왕시랑의 판결을 받들어, 무릇 전택을 전매하고 20년이 경과되어 전매가 불명확하다고 낸 소송은 수리하지 않는다. 증지부가 범원지의 무덤을 산 것은 30년이 되었고, 만약 이것이 범승의 재산이라면, 어찌 증택이 팔았을 때 진소하지 않았는가. 하물며 전주와 업주가 모두 사망했기 때문에 또한 소송으로 처리할 수 있는 범위에 속하는 것은 아니다.[90]

라고 하듯이, 그 출소기간은 20년이었다. 그 기간의 기산일起算日에 관해서,

---

88) 『청명집(淸明集)』戶婚門, 권4-09 爭業上「王九訴伯王四占去田産」(王九狀論, 王四擅賣本戶田産, 欺謾卑幼, 今索到游旦元買契, 係是王九父王昕着押, 開禧元年交易, 次年投印分明, 准法, 諸理訴田宅, 而契要不明, 過二十年, 錢主或業主死者, 不得受理, 今業主已亡, 而印契亦經十五年, 縱曰交易不明, 亦不在受理之數, 田照元契爲業, 餘人竝放(임대희 외, 「『청명집』「호혼문」제4권 역주」『中國史研究』33, 2004년12월, pp.262~263)).

89) 『청명집(淸明集)』戶婚門, 권4-15, 爭業上「吳肅吳鎔吳檜互爭田産」(又准法, 諸理訴田宅, 而契要不明, 過二十年, 錢主或業主死者, 官司不得受理, 吳檜所齎干照, 已經五十餘年, 其間破碎漫滅, 不明已甚, 夫豈在受理之數, ……(임대희 외, 「『청명집』「호혼문」제4권 역주」『中國史研究』33, 2004년12월, pp.272~274)).

90) 『청명집(淸明集)』戶婚門, 권5-17, 爭業下「經二十年而訴典買不平不得受理」(奉王侍郎臺判, 諸典買田宅, 經二十年, 而訴典買不明者, 不得受理, 會知府所買范元之墳山三十年, 若是范僧分業, 何不於會宅所買之時陳訴, 況錢業主俱亡, 亦不在論理之限, ……). 임대희 외, 「역주『청명집』「호혼문」제5권」, 『중국사연구』34, 2000, p.388 참조.

　　법에 이르기를 "만일 토지와 가옥을 전매할 때는 이미 계약했으나 면적이 같지 않다고 소송하면 계약서 내에서 지정한 사지(四至)를 범위로 한다. 그 계약기한에 대해 헤아릴 때는, 계약서에 압인한 날을 시작으로 한다. 혹은 토지 인도가 계약서에 압인한 날 후에 있다면 토지를 인도한 날을 시작으로 한다."라고 되어있다.91)

라 되어있다.　앞에서 제시한, 왕구가 왕사를 상대로 소송을 낸 사건에 대한 판어에 나오는 "지금 토지 주인은 이미 죽었고 도장을 찍은 계약서도 15년이 넘었다(今業主已亡, 而印契亦經十五年)"이라는 부분을 참고로 하면, 인계의 날이지만, 부동산의 인도가 인계한 시점보다 늦을 경우에는 부동산을 인도한 날이 기산일起算日로 규정되었다고 해석할 수 있다.

　　출소기간에 관한 법률은, 당 및 북송시대에도 있었다. 『송형통』 권13에 수록된 송 건륭 년간의 기청起請에

　　一應土屋舍, 有連接交加者, 當時不會論理伺候, 家長及見證亡歿, 子孫幼弱之際, 便將難明契書, 擾亂別顯, 空煩刑獄, 證驗終難者, 請准唐長慶二年八月十五日勅, 經二十年以上不論, 卽不在論理之限, 有故留滯在外者, 卽與出除在外之年, 違者竝請以不應得爲從重科罪.

라 되어있다. 당대 및 송 초기에는, 경계를 가지고 다투는 경우 출소기간은 20년이었다. 그러나 이유가 있어 외부에 체류했을 때는 그 기간을 20년 안에 넣지 않았다. 또 『송형통』 권13에 실린 송 건륭 3년 12월 5일 칙절문勅節文에는

---

91) 『청명집(淸明集)』戶婚門, 권4−15, 爭業下「吳肅吳鎔吳檜互爭田産」(准法, 諸典賣田宅, 已印契, 而訴畝步不同者, 止以(○以下, 一字不明) 內四至爲定, 其理年限者, 以印契之日爲始, 或交業在印契日後, 以交業日爲始 (임대희 외, 「『청명집』「호혼문」제4권 역주」『中國史硏究』33, 2004년12월, pp.272~274)).

今後(○後, 法制局本作從, 誤), 今據嘉業堂本 應典及倚當莊宅物業與人, 限外
雖經年深, 元契見在, 契頭雖亡沒, 其有親的子孫, 及有分骨肉, 證顯然者, 不限
年歲, 竝許收贖, 如是曲(○曲, 當作典)當, 限外經三十年後, 竝無文契及雖執文
契, 難辨眞虛者, 不在論理收贖之限, 見佃主一任典賣

라 되어있어, 부동산질의 경우에는 아무리 세월이 지났다하더라도,
혹은 질입주가 사망했다 할지라도 그 자손형제가 살아있고, 게다가
권원權原을 충분히 증명할 수 있는 증서가 있으면 회속이 허락되었
다. 회속기한 후, 30년이 경과하고 게다가 증서가 없고 또 있어도
권원을 증명하기에 모자란 경우에는 회속할 수 없고, 소송을 제기
해도 관은 수리하지 않았다.92) 당대에는 또 채무이행청구에 관한
소송의 기간을 채무이행기일 후 30년으로 규정한 입법예가 있다.
『송형통』 권26에,

唐長慶四年三月三日制節文, 契不分明爭端斯起, 況年歲寢遠, 案驗無由, 莫能
辯明, 祇取煩弊, 百姓所經臺府州縣論理遠年債負事, 在三十年以前, 而立保經逃
亡, 無證據, 空有契書者, 一切不須爲理.

라 되어있는 것이 그것이다. 이와 같이 출소기간이 규정된 것은, 당
장경4년의 제절문 또는 송 건륭년간의 기청에서 볼 수 있듯이, 권
리관계는 증거에 의해 확정될 필요가 있었지만, 장기간이 되어버리
면 그 증거도 불명확해지기 쉬웠고 불명확한 증거를 가지고 확정하
려 하면, 소송은 쉽게 해결되지 않을 뿐만 아니라 종종 위험을 동
반하기 때문이다.93)

---

92) 『송회요』(동양문고가 소장하고 있는 초본에 근거했다) 「식화」 〈농전〉, 대중상
　　부7년 6월 조에, 「諸州典買與人, 而戶絶沒官者, 竝納官檢估詣實, 明立簿籍, 虛
　　典限外半年, 以本錢收贖, 如經三十年, 無文契, 及雖有文契, 難辨眞僞者, 不在收
　　贖之限, 初三司, 以舊無條制, 請頒定式狀, 下法寺, 故命條約焉」.
93) 점유보호의 문제와의 관계에 대해서는 仁井田陞, 『중국법제사 연구』 「토지법」,

　그런데 출소기간의 만료와 실체법상의 권리의 득실은 직접적으로는 관계가 없다. 또 중국전통법에서는 언뜻 보면 시효법으로 보이는 것이 있긴 하지만, 대부분은 출소기간에 관한 법률이거나, 또는 점유라는 사실을 기초로 해서 점유자를 보호하려고 규정한 것이어서 모두 시효법과는 다른 법률형식이다.[94)]

　『청명집(淸明集)』에는 위의 것 외에, 여러 종류의 출소기간에 관한 규정이 보인다.

　　법에는 "재산을 나눈지 만 3년이 지나도 불만을 고소하지 않거나 유언이 있은지 만 10년이 지나서 고소한 경우에는 수리(처리)하지 않는다"고 되어 있다.[95)]

이라 되어있듯이, 가산분할에 관한 소송의 기간은 3년, 유언에 대해서는 10년, 또

　　슈에는 "모든 전택을 전매하고, 3년이 지나서, 이웃사람(隣人)에 물어야 하는데 묻지 않고, 소송한 경우에는 접수하지 않는다"라는 기록이 있다.[96)]

이라 되어있듯이, 부동산의 선매권에 대해서는 3년이었다. 이 기간을 법으로 정하는 것은 권리관계에 다툼이 있으면, 가능한 빨리 이것을 처리하고, 나아가 권리관계의 불안정을 가급적 빨리 제거하려

　1960년3월 제1장.

94) 본문에서는 仁井田陞, 「당송시대에서의 채권의 담보」 『사학잡지』42편 10호, p.30, p.71, p.77 주(27)의 舊說을 고치겠다. 仁井田陞, 『중국법제사 연구』「거래법」, 1960년3월 제5장.

95) 『청명집(淸明集)』戶婚門, 권5 – 01, 爭業下 「姪與出繼叔爭業」(在法, 分財産, 滿三年而訴不平, 又遺囑滿十年, 而訴者不得受理). 임대희 외, 「역주 『청명집』「호혼문」제5권」, 『중국사연구』34, 2004, p.304 참조.

96) 『청명집(淸明集)』戶婚門, 권9 – 14, 取贖類 「有親有鄰在三年內者方可執贖」(令, 諸典賣田宅, 滿三年, 而訴以應問鄰, 而不問者, 不得受理).

한 점에도 중점을 두었던 것 같다.

제6절   토지대장

　명·청시대에는 어린책魚鱗冊, 또는 어린도책魚鱗圖冊이라 불리는
관부官簿가 있었는데, 그것은 징세의 기초를 이루는 토지대장이다.
청나라 대만에서 실시된 어린책에 대해서는 대만사법에 보이는
데97), 청나라의 어린책의 원본도 오늘날 잔존하고 있다. 소주 원화
현 어린책의 종류가 그것이다.98)99) 지금 이것에 따르면 대장기재의
최소단위는, 토지구획인 도都·도圖를 구분한 우圩100)이고, 다시 우를

---

97) 대만사법 제1편 제1장 제4절 제5예는 淵鑑類函에서 明洪武 년간의 어린도책
　　작성의 기사를 인용해서, 어린도책이 제일 처음 작성된 것은 명나라라고 기
　　록하고 있다. 또 이 책은 대만의 어린도책에 대해 다음과 같이 기록한다. "어
　　린책의 편성방법은 각 주현청을 나누고, 堡里街庄社의 구역에 따라, 다시 이
　　것을 便宜 지역으로 나누고 각 지역마다 이 대장을 만들어, 坐落(위치), 地目,
　　지적, 等則, 형상, 四址 및 권리자의 성명 등을 기록하고, 또 지구마다 반드시
　　그 도면을 싣는다. 이 그림은 흡사 魚鱗을 그린 것과 비슷하다. 그래서 이름
　　이 그러하다. 권리가 得喪移轉할 때마다, 충분히 설명할 수 있고 過割의 制에
　　의해, 당사자로 하여금 契字를 제출하게 해, 일일이 이것을 등록하도록 법으
　　로 정한다. 그렇지만 실제에 있어서는 이 방법은 결코 정착되지 못했다". 또
　　청나라 어린책에 대해서는 청국 행정법 제4편 제2장 제2절 제1항 제2 토지의
　　丈量 및 어린책 참조. 仁井田陞, 『중국법제사 연구』「토지법」제9장.
98) 동방문화학원 동경연구소장(현재 동경대학 동양문화연구소장). 이 어린책에
　　「東至吳淞江」, 「南至吳淞江」이라는 부분으로부터 그 소주 근처의 것이라고
　　추정되는데, 그 대부분 모두는 원화현(元邑)의 것이라고 논증한 사람은 加藤
　　繁이다. 金州 관내의 어린책(檔冊)에 대해서는 杉本吉五郎 『관동주 토지제
　　도론』, p.13 참조.
99) 나의 후일의 어린도책에 대한 연구는 『청명집(淸明集)』을 출발점으로 한 것
　　이다. 仁井田陞, 『중국법제사 연구』「토지법」, 1960년3월, 제9장 참조.
100) 어린책에는 「上念五都十圖鼓筵設席圩, 下廿一都八圖階圩墨圩」등이라 되어있
　　다.

세분한 것이 구坵이다. 용지의 반쪽에 1구(즉 한쪽에 2구)의 좌락, 지목, 지적, 등칙, 형상, 사지, 평미平米, 금업호今業戶(또는 原業戶라고도 한다), 동구업호同坵業戶 및 전호佃戶의 이름 등을 기록하고(業主가 없으면 무주無主라고 기록한다), 철을 해서 장부로 만들었다. 또 여기에는 매우每圩1우를 구로 세분한 우의 전도를 실었는데, 그 1우를 1어魚에 비유하면, 1구는 아마도 1린鱗과 유사하다. 이것이 어린책이라는 이름의 유래이다. 거슬러 올라가, 명나라에서도, 『소대전칙昭代典則』권 10, 정묘丁卯(홍무20년) 2월 무자戊子의 조(『명태조실록』 참조)에,

戊子, 浙江布政使司, 直隷蘇州等府縣, 進魚鱗圖册, 先是, 上命戶部, 覈實天下土田, 而兩浙富民, 畏避徭役, 往往以田産, 詭託親隣田僕, 謂之鐵脚詭寄, 久之相習成風, 鄕里欺州縣, 州縣欺府, 奸弊百出, 謂之通天詭寄, 於是, 富者愈富, 而貧者愈貧, 上聞之, 遣國子生武淳等, 往各處, 隨其税糧多寡, 定爲幾區, 每區設糧長四人, 使集里甲耆民, 躬履田畝, 以量度之, 圖其田之方圓, 次其字號, 悉書主名, 及田之丈尺四至, 編類爲册, 其法甚備, 以圖所繪狀若魚鱗然, 故號魚鱗圖册

이라 되어있어[101], 홍무 년간에 이미 직예·소주 등의 부현에서 어린도책이 만들어졌다. 청나라 어린도책의 형식은 명나라의 그것을 답습한 것임을 『소대전칙』의 기사를 통해 알 수 있다. 즉 명나라 어린도책의 주체도 세분화된 지구를 단위로 해서, 그 형상(方圓), 자호, 주명(소유자의 이름), 밭의 장척丈尺 및 사지四至[102] 등을 기재한 것이었다. 또 청나라 어린도책에 보이는 것과 같은 우구圩坵의 전도

---

101) 伊藤東涯의 『名物六帖』에서는 이 『소대전칙』을 인용해 어린도책을 설명하고 있다. 이점에 대해서는 中田薫가 가르쳐 주었다. 이 어린도책은 王圻 『續문헌통고』권3에는 어린책이라 하고 있다. 仁井田陞, 『중국법제사 연구』 「토지법」, 1960년3월, 제9장, p.295에는 『명태조실록』을 인용.
102) 「四至」는 해당 토지에 있는 토지 소유자나 지형물을 기록한 것을 말한다 (역자주).

에 상당하는 그림도 여기에 틀림없이 있었을 것이다. 가또우시게시
(加藤繁)씨와 아오야마사다오(靑山定男)씨의 주장에 의하면, 이미 북
송시대에 어린부魚鱗簿가 만들어 졌다.(『지재止齋문집』 권21 권52에
보갑법保甲法과 관련지어 나타내고 있다). 남송시대 자료에서도

> 嘉定八年, ……知婺州趙愚夫, 行經界於其州, 整有倫緒, 而愚夫報罷, 士民相
> 率請于朝, 乃命趙師喦繼之, 後二年, 魏豹文, 代師喦爲守, 行之益力, 於是, 向之
> 上戶析爲貧下之戶, 實田隱爲逃絶之田者, 燦然可考, 凡結甲冊, 戶産簿, 丁口簿,
> 魚鱗圖, 類姓簿, 二十三萬九千有奇創庫貯藏之, 歷三年而後上其事于朝(『宋史』
> 卷百七十三食貨志)

와 같이 어린도라는 명칭을 볼 수 있다. 대체로 송대에서는 이진년
李陳年 및 주자朱子와 같이, 토지경계를 바로잡거나, 또는 바로잡는
것을 급무急務로 삼은 것이 있었고 경계문제에 대한 자료는 적지만
『경계첩법經界捷法』의 저자인 남송시대 원채袁采의 『원씨세범』에도

> 전田・원園・산山・지地가 있는 사람은 그 경계를 분명히 하여야 한다. 분
> 가해서 재산을 나눌 애당초에, 그리고 재산을 전매典賣할 때에는 더욱더 상세
> 히 (그 경계를)해야 한다. 사람들이 다투고 소송을 하는 연유는 대부분 여기
> 에서 비롯된다. 지세가 평평하지 못한 연유로 하나의 언덕[丘]을 나누어 둘로
> 한다. 그런데 편리함을 따라 두 개의 언덕[丘]을 하나의 언덕[丘]로 만들고
> 집터나 원지園地로써 전田을 만들거나 또 전田을 가지고 집터나 원지園地를 만
> 드는 사람이 있다. 가로수, 길, 도랑을 고쳐 옮기는 사람도 있다. 관에 비록
> 경계도적經界圖籍이 있으나 훼손되어 존재하지 않는 것이 많다. 하물며 또한
> 경계를 고치면서 관사나 이웃의 보증을 거치지 않았으니 어찌 소송의 단서를
> 말할 수 있겠는가? 만약에 사람들의 토지 중에 상구上丘에 있는 것이 항상
> 밭두렁을 수리하여 무너지지 않게 한다면, 또 만약에 사람들이 집터나 원구
> 를 담장을 쌓아 훼손되면 즉시 수리한다면, 만약에 사람들이 산림에 도랑을
> 파서 경계를 분명히 하고 수시로 수리한다면 한다면, 어찌 소송이 일어나겠
> 는가!103)

---

103) 『袁氏世範』卷下, 田産界至宜分明「人有田園山地, 界至不可不分明, 異居分析

라 되어있다. 아마도 이 문장 안의 "경계도적"도, 어린책과 같은 종류의 토지대장일 것이다. 또『청명집(淸明集)』에,

> 조사해서 알아보니, 공부龔敷와 유백희游伯熙는 서로 제48도都 제1보保, 승자承字 287호, 288호, 289호, 모두 3필지의 토지를 두고 다투는데, 두 사람 모두 각각 자신이 옳다고 주장하고 있다. 관사도 처음에는 역시 누가 옳고 누가 그른지 알 수가 없었다. 본 청이 낸 산도부山圖簿와 두 집안이 갖고 있던 증거문서를 참고해 대조해 보니, 287호와 288호의 토지는 현재 공부가 관리 경작하고 있고, 289호의 토지는 현재 유백희가 관리 경작하고 있음을 알았다. 그런데 287호의 토지는 총계 5무45보이고, 288호의 토지는 총계 4무1각32보인데, 이것을 관부와 대조해 보면, 모두 조금의 차이도 없다. 289호의 토지는 유백희의 증거문서[干照]에 의하면 총계 10무55보라고 기재되어 있는데, 이것을 관부에 대조해 보면, 놀랍게도 오히려 총계 5무15보밖에 되지 않는다. 따라서 계약서를 철저하게 대조 검토해 보니, 이에 증거문서[干照] 내에 덧붙여 적어 필지[畝] 수를 늘리고, 글자를 고친 것이다. 묵의 묽고 진함이나, (글자의) 성기고 빽빽함을 확실히 알 수 있다. 하물며 이에 각자 토지를 관리 경작한 지 오래되었고, 지금까지는 소송분쟁이 없었는데, 이것은 결국 유백희가 (계략을 꾸며) 공부의 토지를 불법으로 빼앗으려 한 것이 명백하다.[104]

之初, 置産典買之際, 尤不可不仔細, 人之爭訟, 多由此始, 且如田畝, 有因地勢不平, 分一丘爲兩丘者, 有欲便順, 倂兩丘爲一丘者, 有以屋基園地爲田, 又有以田爲屋基園地者, 有改移街路水圳者, 官中雖有經界圖籍, 壞爛不存者多矣, 況又從而改易, 不經官司隣保驗證, 豈不大啓爭端, 人之田畝, 有在上丘者, 若常修田畔, 莫令傾倒, 人之屋基園地, 若及時築疊垣牆, 纔損卽修, 人之山林, 若分明挑掘溝塹, 纔損卽修, 有何爭訟」.

104) 『청명집(淸明集)』戶婚門, 권5-12, 爭業下「揩改文字」(照得, 龔敷與游伯熙, 互爭第四十八都第一保承字二百八十七二百八十八號二百八十九共三號地, 兩下各持其說, 官司初亦未知其誰是誰非, 及將本廳出山圖簿, 與兩家所執干照參對, 得見二百八十七號, 及二百八十八號地, 見係龔敷管佃, 二百八十九號地, 見係游伯熙管佃, 其二百八十七號地, 計五畝四十五步, 其二百八十八號地, 計四畝一角三十二步, 參之官簿, 竝無毫髮差舛, 其二百八十九號地, 據游伯熙干照內具載, 計一十畝五十五步, 參之官簿, 却只計五畝一十五步, 及與之硏窮契勘, 乃是續於干照內, 增益畝數, 更改字畫, 濃淡疏密, 班班可考, 況各人管業年深, 前此卽無詞訴, 是則游伯熙, 用意包占龔敷地段分明). 임대희 외,「역주『청명집』「호혼문」제5권」,『중국사연구』34, 2005, p.372~373 참조.

라 되어있다. 이 판어 안의 "본청출산도부本廳出山圖簿" 혹은 "관부官
簿"도, 어린책과 같은 종류의 토지대장이라 여겨진다. 그렇다면, 송
대의 토지대장에서도 후세의 그것과 마찬가지로, 구丘를 단위로 해
서, 구가 속한 도都·보保, 구의 자호字號, 면적, 소유자, 어쩌면 사지
四至도 모두 기재되어 있었을 것이다. 앞에서 제시한 『청명집(淸明
集)』에는, '제~호땅'이라 되어있고 구丘라고는 되어있지 않다. 하지
만 그것이 구丘라는 것은 『청명집(淸明集)』의

> 황의방의 토지대장[砧基簿](의 내용을) 살펴보면 세금과 관련된(세금을 내
> 야 할) 토지 정영丁盈 36호, 정영 38호, 정영 40호, 정영 48호, 정영 76호
> 모두 합쳐 5필지가 있고, 아직(전혀) 거래는 없었다. 확실히 황의방의 호의
> 세금인 것이 분명하고, 이웃의 황정의 공술과도 일치한다.105)

으로도 알 수 있다. 한 구丘의 면적은 지세에 따라 일률적이지는 않
았다고 생각되는데, 앞에서 든 『청명집(淸明集)』에 보이는 바에 따
르면, 1구는 약 5무, 또는 4무였다. 아래 『청명집(淸明集)』에 보이는
지무地畝는 한 구의 전체 면적을 나타낸 것이라고 하기는 어렵지만
참고로 하기 위해 기록해 둔다.

> 오숙吳肅이 갖고 있는 가정12년(1219)의 한 장의 계약서에는, 오용吳鎔의
> "제帝"의 자호의 밭 6무 2각, "관"의 자호 밭 2무30보를 저당잡았는데, 9년
> 의 기한[典限]으로 이미 압인도 받았다.106)

---

105) 『청명집(淸明集)』戶婚門, 권4-16, 爭業上「胡楠周春互爭黃義方起立周通直田
　　　産」(貴出義方砧基簿內, 有稅田丁盈三十六號, 丁盈三十八號, 丁盈四十號, 丁盈
　　　四十八號, 丁盈七十六號, 共計五丘, 未曾交易, 見得委是黃義方戶稅分明, 田隣
　　　黃政所供一同(임대희 외, 「『청명집』「호혼문」제4권 역주」『中國史硏究』33,
　　　2004년12월, pp.274~278)).
106) 『청명집(淸明集)』戶婚門, 권4-15, 爭業上「吳肅吳鎔吳檜互爭田産」(吳肅, 嘉
　　　定十二年, 一契典到吳鎔帝字號田六畝二角, 官字號田二畝三十步, 約限九年,
　　　亦已投印(임대희 외, 「『청명집』「호혼문」제4권 역주」『中國史硏究』33, 2004

송대에 토지대장이 만들어 진 것은 송사에 기록되어 있듯이 징세 때문이었다. 원래 송대에는,『송회요』에 "應以田産虛立契, 典賣于形勢豪强戶下, 隱庇差役者, 云云", "子戶詭名寄産", "詭名挾戶"등이라 되어있고,『속수기문涑水紀聞』에 "각 촌에 궤명이 많아서, 세는 남아있는데 호는 망하였다(諸村多詭名, 稅存戶亡)"이라 되어있고, 또『경원조법사류』에 "以財産隱密寄, 或假借戶名, 或詐稱官戶, 及立詭名挾戶"라 되어있듯이, 소농小農은 이름을 속여 재산을 토호에게 맡기고, 토호는 이름을 사칭해 호戶를 세워놓는 등, 조세를 피하는 자가 많았다.107) 그래서 토지와 납세의무자(일반적으로 토지소유자)를 명료明瞭히 하여108), 탈세를 방지하기 위해, 관부官簿 즉 토지대장의 작성이 필요했던 것이다. 그것은 명나라 때 어린도책이 만들어진 이유와 동일하다(앞에서 제시한『昭代典則』참조). 이와 같이 토지에 대한 개인의 권리관계를 명확히 하기 위한 것만이 목적은 아니었다고 하더라도, 거기에 토지와 그 소유자가 등록되어 있었으므로, 그것은 권리관계의 증명에도 사용되었다. 즉 권원權原에 다툼이 있는 경우, 관은 이것을 가지고 재판의 한 기준으로 삼았다. 앞서 든 공부가 유백희를 고발한 사건의 판어가 그 한 예이다. 그러나 송대의『원씨세범』에 "관청에 설령 경계도적이 있다고 하더라도(官中雖有經界圖籍), 무너져서 이미 존재하지 않는 경우가 허다하였다(壞爛不存者多矣)"라 되어있듯이, 토지대장이 항상 정비되어 있었던 것은 아니었다.

년12월, pp.272~274)).

107) 仁井田陞,「당송시대에서의 채권의 담보」『사학잡지』제42편 10호, p.66; 仁井田陞,『중국법제사 연구』「거래법」, 1960년3월 제5장 참조.

108) 周藤吉之,「송원시대의 佃戶에 대해」『사학잡지』제44편 10호, p.47 이하에 의하면, 송 대에는 佃戶도 조세를 부담한 경우가 있었다.

제7절 이혼

이혼은 혼인해소의 한 방법이다. "이혼"이라는 용어는 『청명집(淸明集)』에도 보이는 것으로 보아, 당송시대에 전혀 없었던 것은 아니다. 당시에도 후세와 마찬가지로 대부분은 "이이離異", "이離", 혹은 "휴休"라고 했다.

당송시대의 율에는 "부처라는 것은 서로 안해하지 않으면 화이한다(夫妻, 不相安諧, 而和離)"라 되어있는데, 학자는 이 화이를 협의상의 이혼(합의이혼)이라는 뜻으로 해석한다. '화이'라는 용어는 뒤에 나오는 『청명집(淸明集)』에서도 찾아볼 수 있다. 또 남편은 아내에게 칠출지상七出之狀 즉 "첫째는 아들이 없는 것, 둘째는 지나치게 음란한 것,109) 셋째는 시부모媤父母를 섬기지 않는 것, 넷째는 말을 지어내는 것, 다섯째는 절도하는 것, 여섯째는 투기하는 것, 일곱째는 나쁜 병이 있는 것110)이다.111)" 혹은 의절의 원인, 즉 "의절(의 情狀)이라는 것은 "(남편이) 처妻의 조부모·부모를 구타하거나 처의 외조부모·백숙부모·형제·고모·자매를 죽인 경우, 또는 부처 쌍방의 조부모·부모·외조부모·백숙부모·형제·고모·자매가 스스로 서로 간에 죽이거나, 처가 남편의 조부모·부모를 구타하거

---

109) 원문의 淫泆이란 欲情을 제어하지 않고 放蕩하게 하는 것이다. 『左傳』隱公 3年條에 "驕奢淫失, 所自邪也."라고 하였는데 孔穎達의 疏에 "淫, 謂欲過度, 泆, 謂放蕩無藝"라고 하였다.

110) 『唐令拾遺』,253쪽, 戶令 35條. 惡疾이란 치료하기 어려운 殘疾을 말한다. 『公羊傳』昭公 20年條에 "何疾爾, 惡疾也"라 하였는데 何休의 注에 "惡疾, 謂瘖(병어리)·聾(귀머거리)·盲(장님)·癘禿(나병)·跛(절름발이)·傴(곱사등이)"라 하였다.

111) 『역주당률소의』제2책, 각론편, 第189條 戶婚 40 妻無七出, 임대희·김택민 주편, 한국법제연구원, 2275쪽(一無子, 二淫泆, 三不事舅姑, 四口舌, 五盜竊, 六妬忌, 七惡疾).

나 욕하며, 남편의 외조부모·백숙부모·형제·고모·자매를 죽이거나 상해하고, (妻가) 남편의 시마친 이상 또는 (남편이) 장모와 간통하는 것 및 (처가) 남편을 해치고자 한 경우112)"가 있으면, 일방적인 의사로 처와 이혼할 수 있었다(單意離婚). 게다가 의절의 원인이 되는 경우에 이혼하려면, 법의 명령에 의해 이뤄져야 했고, 남편의 반대의사도 고려되지 않았다. 그러나 삼불거三不去 즉 "첫째는 (妻가) 시부모의 장례를 치른 경우, 둘째는 혼인할 때 빈천하였다가 나중에 부귀하게 된 경우, 셋째는 (혼인할 때에는) 받아들인 곳이 있었으나 (후에는) 돌아갈 곳이 없게 된 경우113)"라는 이유가 있으면, 의절을 범하거나, 또는 음일淫泆이거나 악질惡疾이 있는 경우가 아니라면 이혼할 수 없었다.114) 이상과 같은 일방적 의사에 의한 이혼은

---

112) 『역주당률소의』제2책, 각론편, 第189條 戶婚 40 妻無七出, 임대희·김택민 주편, 한국법제연구원, 2275쪽(妻毆詈夫之祖父母父母, 殺傷夫外祖父母, 伯叔父母兄弟姑姉妹, 及與夫之緦麻以上親……姦, 及欲害夫).

113) 『역주당률소의』제2책, 각론편, 第189條 戶婚 40 妻無七出, 임대희·김택민 주편, 한국법제연구원, 2275쪽(一經持舅姑之喪, 二娶時賤後貴, 三有所受無所歸).

114) 이상의 和離, 七出, 三不去, 義絶 등은 이미 논한바 있다(예를 들면, 대만 私法 제3편 제3장 제2절 제4예가 그것이다). 金元에서도 이것과 거의 같았다는 부분에 대해서는, 通制條格 권4 嫁聚 「至元八年四月, 尙書省御史臺呈, 陝西道按察司申體, 知得, 京兆府一等夫婦, 不相安諧者, 賣休買休, 若不禁斷, 敗壞風俗, 戶部呈送法司, 照得, 舊例, 棄妻須有七出之狀, 一無子, 二淫泆, 三不事舅姑, 四口舌, 五盜竊, 六妬忌, 七惡疾, 雖有棄狀, 而有三不出之理, 一經持舅姑之喪, 二娶時賤後貴, 三有所受無所歸卽不得棄, 其犯奸者, 不用此律, 又條, 犯義絶者離之, 違者斷罪, 若夫妻不睦, 而和離者不坐, 若依臺擬甚爲允, 當都省准擬」 및 『원전장』 권18 休棄, 離異買休妻 「至元八年五月, 尙書戶部, 承奉尙書省箚, 付御史臺呈體, 知得, 有一等夫婦, 不相安諧者, 遂有賣休買休, 體例, 若不禁斷, 有傷人倫, 敗壞風俗, 今來照得, 舊例, 諸棄妻, 雖犯七出之狀, 而有三不法之理, 以此參詳, 若以夫出妻妾者, 分郎寫立休書, 赴官告押執照, 卽聽歸宗, 依理改嫁, 以正夫婦之道, 此係僞例事理, 乞照驗事得此送本部批詳該送法司, 照得, 舊例, 棄妻須七出之狀有之, 一無子, 二淫泆, 三不事舅姑, 四口舌, 五盜竊, 六妬忌, 七惡疾, 雖有棄狀, 而有三不去, 一經持舅姑之喪, 二娶時賤後貴, 三有所受無所歸卽不得棄, 其犯者姦(○者姦, 作姦者)也, 不用此律, 又條, 犯義

일반적으로 처에게는 허락되지 않았다. 『청명집(清明集)』에는

남편에게는 처를 내쫓는 이치(理)는 있느나, 처가 남편을 버리는 조문은
없다.115)

이라 되어있고, 또 "무릇 처가 함부로 떠나는 경우에는 도형2년이
다"116) (『당률소의』와 『송형통』과 같은 내용이다)이라 되어있다. 그
러나 남송에서는 남편이 죄를 범해 이향하여 편관된(離鄉編管) 경우
에 처가 이혼을 신청하는 것이 허락되었다. 또 이혼과는 법률적 성
질이 다르지만, 남편이 출외出外(沒落外蕃 및 도망같은 경우)해서, 3
년이 지나도 돌아오지 않을 때 처는 개가할 수 있고 이전에 한 혼
인도 해소解消되기까지 하였다. 『청명집(清明集)』에

법령에는 "이미 결혼이 성립되어 남편이 고향에서 나와 편관되고, 그 처가
이혼을 원하면 허락한다", "남편이 타향에 나가서 3년간 돌아오지 않으면 역
시 다른 곳에 시집가는 것을 허락한다"라고 되어있다. 지금 탁일지卓一之의
딸 오저五姐는 원래 임신중林莘仲에게 시집갔는데 이후 임신중이 일을 저질러
편관되어 6년 동안 소식이 없었다. 법규에 비추면 당연히 이혼해야 하는데,
탁일지는 사위를 생각해 협의이혼으로 약정서를 적고 예물 관회45관을 영수
하게 했다.117)

絶者離之, 違者杖一百, 若夫婦, 不相安諧, 而和離者不坐, 若依臺所擬甚爲允,
當省府准擬施行」을 참조. 『통제조격』 및 『원전장』에 보이는 「구례」에 대해
서는 제4절 주(6) 참조.
115) 『청명집(清明集)』戸婚門, 권9-46, 婚嫁 「妻以夫家貧而仳離」(夫有出妻之理,
妻無棄夫之條).
116) 『청명집(清明集)』戸婚門, 권9-50, 離婚 「婚嫁皆違條法」(諸妻擅去, 徒二年).
117) 『청명집(清明集)』戸婚門, 권9-51, 離婚 「已成婚而夫離鄉編管者聽離」(在法,
已成婚, 而移鄉編管, 其妻願離者聽, 夫出外三年不歸, 亦聽改嫁, 今卓一之女
五姐, 元嫁林莘仲, 續後, 林莘仲, 因事編管, 而六年竝不通問, 揆之於法, 自合
離婚, 而卓一之, 尙以半子爲念, 與議和離, 立定文約, 領去聘財四十五貫官會).

라 되어있는 것이 그것이다.

그런데 앞에서 제시한 『청명집(淸明集)』에 "협의이혼으로 약정서를 적고 예물 관회45관을 영수하게 했다(與議和離, 立定文約, 領去聘財四十五貫官會)"라는 것은, 협의상의 이혼 때 이혼서를 작성한 것이라고도 생각되지만, 일방적 의사에 의한 이혼의 경우에도 소위 '이서離書', '휴서休書'가 작성되었다. 『청명집(淸明集)』에는

율律을 잘 조사해 보니, "만일 남의 처를 합의한 뒤에 맞이하는 자 및 시집보내는 자는 각각 도형2년. 만일 남편이 직접 시집보내는 것도 역시 같다. 또 양쪽 모두 이연離緣으로 한다"라고 하고, 또 "만일 처가 마음대로 나간 경우도 도형2년"으로 한다. 엽사葉四에게는 처 아소阿邵가 있었는데, 살수가 없어 휴서休書[남편이 아내에게 주는 이혼장]와 돈 영수증을 직접 적고, 또 장인掌印을 찍어 아소를 여원오呂元五에게 시집보내고, 부자와 관회 300관을 주고받았는데, 아직 결제가 안된 회자 200관은 엽만육의 집에 맡겨 두었다. 이미 자필 문서를 적고 돈을 받았으면서 다시 현을 거쳐 일을 바로잡아달라고 요구하러 왔다. 만일 이렇게 해서 처를 돌려 받을 수 있다면 처를 반 장난으로 팔 수가 있다. 여원오는 아소를 처로 삼기를 원하고 배천칠裴千七, [엽천칠葉千七] 부부와 양만을楊萬乙에게 엽사를 꼬드기게 했다. 이미 약정서는 적었지만 아직 마음으로부터 승낙하지 않고 갑자기 아소를 말려서 집에 있게 했다. 만일 이렇게 해서 처를 손에 넣을 수 있다면 처는 폭력으로 빼앗을 수 있게 된다. 율에 양쪽 모두 이연(離緣)하는 조문이 있는 것은 이런 일이 있을 수 있기 때문이다.118)

남편에게는 처를 내쫓는 이치(理)는 있으나, 처가 남편을 버리는 조문은 없다. 구교수丘敎授가 아직 과거에 합격하기 이전에 여동생을 황계黃桂에게 시집보내 5명의 딸까지 두었다. 한번 구교수가 고위高位로 합격하자 집의 상황이 바뀌어 버렸다. 황계는 돈벌이에 능숙하지 못해 가운이 기울어지자 구교

---

118) 『청명집(淸明集)』戶婚門, 권9-50, 離婚「婚嫁皆違條法」(謹按, 律曰, 諸和娶人妻, 及嫁之者, 各徒二年, 卽夫自嫁者亦同, 仍兩離之, 又曰, 諸妻擅去徒二年, 葉四有妻阿邵, 不能供養, 自寫立休書錢領, 及畫手模, 將阿邵, 嫁與呂元五, 父子共交去官會三百貫, 尚有未盡會二百貫, 寄留葉萬六家, 旣已親書交錢, 又復經官陳理, 若如此而可取妻, 是妻可以戲賣也, 呂元五貧圖阿邵爲妻, 令裴千七夫妻, 與楊萬乙, 啜誘葉四, 雖已寫約, 尚未心服, 而遽占留阿邵在家, 若如此而可得妻, 是妻以可力奪也, 律有兩離之法, 正爲此等).

수는 갑자기 여동생을 빼앗아 와서 이연장離緣狀을 적게 했다. 한심한 것은
구교수가 수명壽命에 운이 없어 먼 타향에서 죽은 것도, 이런 일로 인해 음덕
에 탈이 붙었기 때문은 아닐까. 애석하게도 당시 관계관청은 눈치를 보며 의
義과 리理 때문에 구교수에게 설론說論하지 않았다. 전임 현지사는 그 책임에
서 벗어날 수 없을 것이다. 그렇다고는 하지만, 비천한 남자라도 그 뜻을 빼
앗을 수는 없는 법이다. 황계에게 만일 정말로 부부의 의誼가 있었다면, 팔이
부러지더라도 이연장을 적어서는 안 된다. 지금 그 자필 이연장을 보고 7년
이 지난 후에 후회해도 그것은 역시 수상쩍은 것이다. 황계는 어떤 의절 조
항도 범하지 않았는데, 그 처를 빼앗긴 이후, 그녀가 낳은 딸들도 함께 구씨
집으로 뺏겨 버리고 말았다. 이 세상에 부친이 없는 나라가 있을까.119)

이라 되어있다. 앞의 두 예 중에서 후자는 처의 오빠가 남편으로
하여금 이서離書를 강제적으로 쓰게 한 것이므로 다른 예로 봐야한
다. 이것은 유후촌劉後村이 "처에게는 남편을 버릴 수 있는 법조문이
없다(妻無棄夫之條)"라고, 판어 앞머리에 두고 있는 이유이다. 당령
의 주석서註釋書인 『당령석唐令釋』(「戶令」 七出條 集解에서 인용한)에
의하면

 唐令釋云, 男及父母伯姨舅, 幷女父母, 及伯姨(○國書刊行會本令集解頭注云,
姨下按舅脫歟) 東隣西隣及見人皆署也, ……令釋後云, 得理, 又依唐令釋, 男及
男之親屬, 竝女之親屬(○同上云, 竝以下五字, 據金澤文庫一本 東隣西隣及見人
皆署也)

라 되어있어, 당에서는 남편이 처와 이혼할 때, 남편 및 그 부·모

---

119) 『청명집(淸明集)』戶婚門, 권9-46, 婚嫁 「妻以夫家貧而仳離」(夫有出妻之理,
妻無棄夫之條, 丘敎授未第之前, 以女弟適黃桂, 旣生五女矣, 一旦, 丘敎授, 偶
中高科, 門戶改變, 黃桂不善營運, 家道凋零, 丘敎授, 遽奪女弟, 令寫離書, 茶
壺, 丘敎授, 壽祿不永, 萬里客死, 豈非此等事, 有以累其陰騭歟, 惜乎, 當時有
司觀望顔情, 莫有以義理, 勤諭丘敎授者, 前任知縣, 不得不任其責矣, 雖然匹
夫不可奪志, 黃桂若眞有伉儷之誼, 臂可斷, 而離書不可寫, 今觀手寫離書却翻
悔, 於七年之後, 亦已疎矣, 黃桂不曾犯義絶, 旣奪其妻, 又幷其所生女子, 奪歸
丘氏家, 天下豈有無父之國哉).

·백·이·구, 처의 부·모·백·이·구, 동린서린, 견인이 모두 이
서에 서명하도록 되어 있었는데 처의 서명은 문제 밖에 있었다. 또
당나라 때는, 주례의 가공언賈公彦의 소疏에서 말하는 "획지권畫指券"
이 실시되었다. 획지는 원나라의 『목암집牧庵集』에

> 凡今鬻人, 皆畫男女左右食指橫理於券, 僞信, 以其疏密, 判人短長壯少

라 있는데, 이것을 통해 추측할 수 있듯이,[120] 서명을 할 수 없는
무필자가 자서自署해서, 집게 손가락[食指]의 마디금, 또는 집게 손
가락의 길이와 마디금을 문서에 그렸다. 이러한 사실은 서역에서
발견된 당대 차전문서[121] 및 유언장[122]에서 그 실례를 볼 수 있
다.[123] 일본 『양로령』 칠출조七出條에는 "皆夫手書棄之, 與尊屬近親
同書, 若不解書, 畫指爲記"라 되어있고, 『대보령』에도 있다. 이점은
『대보령』 주석서인 『고기古記』[124](「戶令」 七出條 集解) 에서,

> 古記云, 皆夫手書棄, 謂夫自子細共七出之狀記耳, 與尊屬近親同署, ……古記
> 云, 謂夫不解寫書, 賃他人, 合(○國書刊行會本令集文庫一本解頭注云, 合, 金澤
> 作令)作牒狀, 年月日下, 夫姓名注付, 食指點署, 但食指爲記, 法用此間與本令異
> 耳, 其記文送里長也

---

120) 『周禮注疏』권14, 地官 「漢詩下手書, 若今畫指券」; 『목암집』권22, 浙西廉訪副
　　使潘公神道碑.
121) Stein, *Ancient Khotan* Vol. II. Plates CXV. CXVI. 黑板勝美, 「대보령에 보이는 관
　　위의 칭호 및 식지에 대해」 『법학협회』잡지 제37권 3호, p.107 이하. 黑板勝
　　美, 『虛心文集』, 1931년7월.
122) Stein, Serindia. Vol. IV. Plates CIXVIII. 仁井田陞, 「당송시대의 가족공산과 유언
　　법」 『市村박사 고희기념 동양사 논총』, p.919.
123) 仁井田陞, 『중국법제사 연구』 「거래법」, 1960년3월. 제 9장 不載의 획지에 대
　　한 설명 참조.
124) 『國史大系本』에는 「七出」이 「六出」로 되어있다.

라 되어 있는 점으로부터 알 수 있다. 『고기古記』에 나오는 '임貰'은 '고雇'와 같은 뜻이다. 또 나는 획지에 관한 규정을 당송령의 유문遺文에서는 발견할 수 없었다. 위의 『청명집(清明集)』에 보이는 "획수모畫手模"도 획지와 같은 종류일지도 모르겠다. 수모라는 것은 어쩌면 어음 종류일지도 모르겠다. 다른 논문에서 깊이 다루고 있으므로 획지에 관한 언급은 이 정도로 하겠다. 휴서休書(離書)에 획수모가 실시된 예는 또 다음과 같이 원나라 자료에서도 발견할 수 있다. 『청명집(清明集)』을 비롯해 송원시대의 자료에서 말하는 수모는 어음(掌印)을 말하는 것이고, 획지와는 같은 것이 아니다. 이에 대해서는 이미 많은 논문을 발표하였다.125)

大德七年四月, 中書省禮部呈, 東昌路王欽, 因家私不和, 畫到手模, 將妾孫玉兒休棄歸宗, 伊父母主婚, 將本婦改嫁殷林爲正妻, 王欽却行爭悔, 本部議得, 正欽雖畫手模, 將妾休棄, 別無明白休書, 於理未應綠, 本婦改嫁殷林爲妻, 與前夫已是義絶, 再難同處, 合准已婚爲定, 今後凡出妻妾, 須用明立休書, 卽聽歸宗, 似此手摸擬合禁治, 都省准擬(『通制條格』卷四「戶令」)

제8절　양자養子와 입계立繼 및 명계命繼

당 개원25년 호령戶令에서 양자법은

諸無子者, 聽養同宗於昭穆相當(○相當, 或作合)者

---

125) 仁井田陞, 『지나신분법사』, 1947년1월, 제5장·제7절. 仁井田陞, 『중국의 농촌가족』, 1957년8월, 제7장 제7절. 仁井田陞, 『중국법제사 연구』「가족촌락법」, 1967년3월, 제8장 제5절 참조. 『통제조격』의 경우, 「手模」를 「手摸」라 적고 있는데 이는 잘못되었다.

이라 되어있는데126), 이 규정은 송령 및 금령金令에서도, 거의 그대로 답습되었다.127) 나는 이전에 금金『태화령泰和令』의 호령戶令으로,『형통부해刑統賦解』에 수록된 것을 들었는데,『원전장元典章』에,

舊例, 諸人無子, 聽養同宗昭穆相當者爲子

라 하는 구례舊例도 금령金令일 것이다.128)

그런데 중국고대에서 승계는 표면상으로는 우선 조상의 제사를 승계하는 것이고, 직계남비속直系男卑屬이 승계하는 것이다. 직계남비속이 없고, 따라서 제사가 끊어진 경우에는 조상은 굶는다고까지 생각했다.『좌전左傳』선공宣公 4년조에

"이 자식은 곰과 범의 형상을 하고, 승냥이와 이리의 소리를 내니, 이를 죽이지 않으면 반드시 우리 약오若敖씨가 망할 것이다. 속담에 말하기를 '이리의 새끼는 마음이 늘 산야에 있다'고 한다. 이 아이는 곧 이리이다. 그런데 기를 수 있단 말인가"라고 했다. 그러나 양良은 안된다고 했다. 그래서 문文은 큰 근심거리로 여겼다. 그래서 그는 죽어가려 할 때에, 그의 씨족들을 모아놓고 말하기를 "이후에 월초越椒가 정권을 잡거든 다들 속히 외국으로 떠나서 재난을 당하지 말아라"라고 했다. 그리고 울며 말하기를 "귀신도 먹을 것을 구하는 법인데, 우리 약오若敖씨의 귀신은 앞으로 배고프지 않을 것인가"라고 걱정했다.129)

---

126) 中田薰,「당령과 일본령과의 비교연구」『법제사논집』제1권, p.656. 仁井田陞,『唐令拾遺』, p.233.
127) 仁井田陞,『唐令拾遺』, p.233 이하.
128)『원전장』권17 호부3 承繼, 禁乞養異姓子. 여기에서 말하는「구례」는 금령일 것이다. 제4절 주(81) 참조.
129) "是子也, 熊虎之狀, 而豺狼之聲, 弗殺必滅若敖氏, ……且泣曰, 鬼猶求食, 若氏敖之卑, 不其餒而"

라 되어있는 것이 그 예다. 따라서 "무자無子"는 중국에서는 오래 전부터 이혼의 원인이 되었을 정도이다 (家語, 大戴禮). 이 점에 대해서는 『청명집(淸明集)』에도 다음과 같이 나와있다.

> 그 제사를 없애 귀신을 굶기니[130], 이것을 용서할 수 있겠는가? [131]
> 그러나 하마터면 단절될 뻔 한 조상의 제사를 양자를 들여 승계시킴으로서 영속永續을 꾀했다. 앞에서 제시한 양자법은 이런 관념을 기초로 한 것이다.[132] 그런데 양자에게는 재산적 이익이 동반되었다. 양자는 양자로 들어간 집의 재산에 대해 지분을 가지도록 되어 있었으므로, 습속으로 보면 재산적 이익을 목적으로 하는 것이 승계의 실질적 목적이어서, 독립적으로 승계의 대상이 될 수 있는 제사승계도, 가산家産이 없는 곳에서는 종종 아무도 거들떠 보지 않았다. 또 가난한 집의 양자인 경우에도, 제사승계 때문이라기보다는 양부모가 양자에게 소위 '반포反哺'를 받으려는[133] 물적 이익이 고려되었던 것이다. 양자수양뿐만 아니라 아들을 키우는 것이 양로보험이라는 의미는 이미 『한비자』에 나온다.[134]

『청명집(淸明集)』에 의하면, 송대에 양자는 "과방자過房子"라고도 불렸는데, 양자는 양남養男을 의미하고, 양녀養女와는 대칭된다. 그러

---

130 자손이 끊겨 조상의 제사가 가능치 않게 된 것. 굶주린 귀신은 제사지낼 수 없다. 따라서 제물이 없는 귀신이 굶는다는 뜻. 『좌전』선공4년 "鬼猶求食, 若敖氏之鬼, 不其餒而"를 출전으로 한다.

131) 『청명집(淸明集)』戶婚門, 권8-04, 立繼類「叔敎其嫂不願立嗣意在呑倂」(廢其祭祀, 餒其鬼神, 是可忍也, 孰不可忍也).

132) 水谷國一, 『지나에서의 가족제도』, p.199 이하.

133) 『원씨세범』卷上 養子長幼異宜 (貧者養他人之子, 當於幼時, 蓋貧者無田宅可養, 暮年惟望其子反哺, 不可不自其幼時, 衣食撫養以結其心, 富者養他人之子, 當於旣長之時, 今世之富人, 養他人之子, 多以爲諱, 故欲及其無知之時撫養, 或養所出至徵之人, 長而不肯, 恐其破家, 方議逐去, 致有爭訟, 若取於旣長之時, 其賢否可以粗見, 苟能溫淳守己, 必能事所養如所生, 且不致破家, 亦不致興訟也).

134) 仁井田陞, 『중국의 농촌가족』, 1952년8월, p.28, p.164. 『한비자』로부터 2000년 후 전통중국사회에도 「양자를 들여 노후를 대비한다(養兒防備老)」라는 속담이 있었다.

나 양자 및 양녀의 인연은 모두 수양으로 통칭되었다. 이하, 양자에 대한 서술은 양녀까지도 포함된다고 생각한다.

그런데 수양자의 자격으로, 『청명집(淸明集)』에 인용된 남송南宋의 령令에

> 무릇 아들과 손자가 없으면 동종가운데 소목상당한 사람을 양육하여 아들이나 손자로 삼는 것을 허락한다.135)

이라 되어있는 것을 보면, 자손이 없는 것이 요건이었다. 당 개원 25년령, 송宋의 『천성령天聖令』 및 금金의 『태화령泰和令』에는 "무자無子"라 되어있으나, 『청명집(淸明集)』에 인용된 송령宋令과 같이 "무자손無子孫"이라고는 되어있지 않다. 피수양자의 자격은 수양자와 동종同宗이어야 하고 동시에 소목에 상당하는 자여야 했다. 그러나 『청명집(淸明集)』에 의하면

> 노공달盧公達은 시랑侍郎의 손자인데 불행히도 자식이 없었다. 그래서 같은 성을 가진 사람(同姓人)인 노군용의 아들 노응신을 아들로 삼았다.136)

이라 되어있어, 동성이종同姓異宗인 자를 골라 아들로 삼았고, 또는 성이 다르더라도 3세 미만인 경우에는 법률적으로 수양하는 것이 허락되었다. 여기에 관한 자료를 다음 『청명집(淸明集)』에서 뽑아서 실어 보겠다.

> 비록 이성(異姓)이지만 아직 3세 이하이고 그 성을 다르고 친자손법에 의

---

135) 『청명집(淸明集)』戶婚門, 권8-05, 立繼類 「已立昭穆相當人而同宗妄訴」(諸無子孫, 聽養同宗昭穆相當者, 爲子孫).
136) 『청명집(淸明集)』戶婚門, 권8-22, 歸宗 「出繼子不肯官勒歸宗」(盧公達, 爲侍郎之孫, 不幸無子, 遂養同姓人盧君用子應申爲子).

거한다.137)

한 나라가 이성을 세워 망했고 한 가정이 이성을 세워 망했다는 『춘추』에 나오는 "거인멸증莒人滅鄫"의 고사는 무릇 이성으로서 후계자를 세운 것을 이르는 말이다. (그러나)후세에 법을 제정함에 있어 오직 3세 이하의 이성자만이 입사를 허락한다는 조문이 있는데, 대개 이 역시 인정을 쫓아 홀아비과 과부가 믿고 의지하여 생활하도록 하기 위한 것일 뿐이다.138)

3세 이하의 이성자를 수양하는 것은 법이 분명 그것을 허락하고 있다.139)

이성수양의 금지는 율(『당률소의』·『송형통』)에 있지만, 유기된 3세미만의 어린아이를 수양하는 것은 율에서도 허락했다.140) 학자가 자주 인용하는 부분인데, "혼은 친척이 아닌 사람의 제사를 받지 않고, 사람들은 친척이 아닌 사람의 제사를 행하는 일이 없다(神不歆非類, 民不祀非族)"(『左傳』僖公10年) 이라 하고, "친척이 아닌 혼을 제사지내는 것은 이것에 아첨하는 것이 된다(非其鬼而祭之, 諂也)"(『論語』「爲政」제2)라 전해진다.141) 그러나 당송시대는 물론, 당나라 이전에도 연령을 불문하고 성이 다른 이를 수양하는 것은 그

---

137) 『청명집(淸明集)』戶婚門, 권8–03, 立繼類「父在立異姓父亡無遣還之條」(雖曰異姓, 三歲已下, 卽從其姓, 依親子孫之法).

138) 『청명집(淸明集)』戶婚門, 권8–04, 立繼類「叔教其嫂不願立嗣意在吞倂」(國立異姓曰滅, 家立異姓曰亡, 春秋書莒人滅鄫, 蓋謂其以異姓爲後也, 後世立法, 雖有許立異姓三歲以下之條, 蓋亦曲徇人情, 使鰥夫寡婦, 有所恃而生耳).

139) 『청명집(淸明集)』戶婚門, 권8–20, 戶絶「夫亡而有養子不得謂之戶絶」(收養異姓三歲以下, 法明許之).

140) 『당률소의』, 『송형통』권12, 호혼율「卽養異姓男者, 徒一年, 與者笞五十, 其遺棄小兒, 年三歲以下, 雖異姓, 聽收養卽從其姓」, 그러나 『청명집(淸明集)』에 보이는 이성양자는 반드시 유기된 아이만 가리키는 것 같지는 않다.

141) 예를 들면, 대만사법 제2편 제4장 제3절 및 水谷 전게 p.202.

리 드물지 않았다.

　다음에 '소목'의 의의에 대해서는 의견이 분분한데, 『원씨세범袁氏世範』에 의하면 부자의 배행輩行을 나타내는 것이라고 해석할 수 있다. 『원씨세범袁氏世範』 권상에,

> 　동성의 아들이라 하더라도 소목상당하지 않으면 역시 후사로 삼을 수 없다. 기러기와 같은 미물도 하물며 항렬을 따르는데, 사람이 그렇게 하지 못하여 숙부를 조카의 후사로 들이는 것이 어찌 도리에 맞단 말인가? 하물며 싸움의 단서를 만들어서야 되겠는가? 설령 자신의 자식이 없어 동생을 양자로 들이거나 조카나 손자를 양자로 들여 제사를 모시게 한다면 마땅히 자신의 자식처럼 길러주고 재산도 그에게 주어야 한다. 양육을 받은 자는 친부와 같이 (양부를) 봉양해야 한다.142)

이라 되어있다. 여기에서 말하는 것은, 첫째 숙부를 양자로 삼는 것은 원래 소목불순昭穆不順이고, 둘째 소목에 해당하는 형제의 아들 혹은 종형제의 아들이 없어 어쩔 수가 없이, 소목에 해당하지 않는 동생, 혹은 질손姪孫을 수양한 경우에도 이를 아들처럼 돌보라고 하는 것이다. 여기에 대해서는 『청명집(淸明集)』의

> 　"이학문은 장가를 든 후에 죽었다. 그의 조부가 또한 일찍이 입사를 행하여 성정成丁이 된 아들이 있다. 아장阿張143)은 명계자가 이학문의 친당형제144)로 소목불순하다고 소송해 왔다. 본관아에서는 결국 (이학문의 친당동생을) 귀종시킬 적을 명하고 따로 명계命繼할 것을 명하였다"145)

---

142) 『원씨세범袁氏世範』권상, 立嗣擇昭穆相順「同姓之子, 昭穆不順, 亦不可以爲後, 鴻雁徵物, 猶不亂行, 人乃不然, 至以叔拜姪, 於理安乎, 況啓爭端, 設不得已, 養弟養姪孫, 以奉祭祀, 惟當撫之如子, 以其財産與之, 受所養者, 奉所養如父」.

143) 阿는 『청명집』의 判語에서는 여성의 성 앞에 접미사로 붙여져 있다. 일반적으로는 조익 『해여총고』권38의 "阿"등을 참조

144) 당형제는 동당형제의 생략어. 아버지쪽의 사촌. 『해여총고』권37. "俗以同祖之兄弟, 爲堂兄弟"

도 참조할만하다. 또 후세의 자료인데, 예를 들면 왕씨王氏『명률전석明律箋釋』에도

> 尊卑失序, 謂不是子行, 如以姪孫而嗣叔祖, 則躋穆於昭, 而與諸父爲昆弟矣,
> 以弟而嗣兄, 則降昭於穆, 而以昆弟爲諸父矣, 亂昭穆與亂宗族, 其罪均也, 故亦
> 杖六十, 其子歸宗, 云云

이라 되어있어146), 소목을 해석한 것이『원씨세범』과 동일하다. 이런 설은 단순히 위의 두 책에만 있는 것이 아니다. 그런데 미우라(三浦)씨가 당령 및 명령의 "소목상당운운"한 것을 가지고, "구태여 존비장유尊卑長幼라 하더라도, 부자의 도道를 이루는데 황당하지 않은 경우는 동생 혹은 손자를 키워 그 뒤를 잇게 하는 것을 막지 않을 수 없다"라고 해석한 이유는,147) 그것이 경학자의 "부소父昭·자목子穆" 주장에 합치되지 않을 뿐만 아니라, 앞에서 다룬 두 권의 책 외에 많은 의견에도 어긋나기 때문이다. 그러나 사실상 법에서 금하는 것과는 상관없이, 숙(叔)·동생(弟), 혹은 질손(姪孫)을 양자로 삼은 일도 틀림없이 있었다. 다음에 독자[單丁]는 양자로 삼을 수 없었다고 생각한다. 그것은 뒤에 나오는 자료를 가지고 추정할 수 있다.148)

『청명집(淸明集)』에 수록된 남송령에 "無子孫, 聽養……爲子孫"이라는 부분에 따르면, 자손이 없는 경우에는, 남을 수양해서 손자

---

145) 『청명집(淸明集)』戶婚門, 권8−04, 立繼類「叔敎其嫂不願立嗣意在呑倂」李學
　　 文旣娶而亡……阿張昨以所命繼子, 是李學文親堂弟, 昭穆不順爲詞, 本府遂與
　　 勒令歸宗, 別令命繼.
146) 『명률전석』권4, 戶役, 立嫡子違法條 제5절.
147) 三浦周行, 『고대친족법』「법제사의 연구」, p.470. 三浦의 소목에 관한 주장은
　　 長文인데, 여기에서는 주요 부분만을 들었다.
148) 뒤에 나오는『청명집(淸明集)』戶婚門, 권8−15, 立繼類「命繼與立繼不同」및
　　 권8−27, 檢校「檢校嫠幼財産」을 참조.

로 삼기도 한 것과 같은 경우이다. 지금 증거로서, 『청명집(淸明集)』
에 수록된

　　법에 의하면, "양자·양손 모두를 조부와 부친이 사망한 후에 그 조모나
모친이 부당하게 내쫓아 돌려보내는 것을 허락지 않는다."라고 되어 있다. 정
문보鄭文寶는 아들이 없어, 원진元振을 양자로 들여 아들로 삼았다. 비록 이성
異姓이지만 아직 3세 이하이고 그성을 다르고 친자손법에 의거하는 것 또한
법령이 허락하는 바이다. 정문보가 정원진을 양자로 들이면서 호적신고[除附]
를 거치지 않아, (정원진)의 당시 나이를 확실히 따져 볼 수는 없다. 그러나
정문보가 살았을 때 정봉길鄭逢吉이 정문보에게 보낸 편지에서 이미 정원진을
조카라고 부르고 있다. 이로써 조사하여 검증해 보니, (일이) 명백하고 거짓
이 없다. 지금 정문보가 이미 죽었고 비록 그 모친이 부당하게 (정원진을) 내
쫓아 돌려보내려 해도 역시 불가능한데 하물며 백부와 숙부의 경우야 더 말
할 것이 있겠는가?149)

을 들 수 있다.
위의 자료에는 "불경제부不經除附"라 되어있는데, 이 "제부除附"라
는 것은 『청명집(淸明集)』에

　　정창이 살아 있을 때 3세 이하의 아들을 얻어 양육하였고 그런즉 정창은
원래 호절이 아니고 주선의 소송은 망령된 것일 뿐이다. 임지현은 이미 그것
을 명확히 알았으면서도 "제부하지 않았는 법"으로 다시 바로 잡았다. 촌인
이 제부가 어떠한 일을 하는 것인지 어찌 알겠는가? 지금 상세히 보니 임지
현도 역시 이 두자가 지닌 의義를 인식하지 못하고 있다. 이것은 한사람의 집
에서 동종자를 야자로 삼을 경우에 양쪽 戶가 각각 인호가 있으니, 갑호에
아들이 없어 을호의 아들로서 양자로 삼을 시에 을호의 아들의 이름을 호적

---

149) 『청명집(淸明集)』戶婚門, 권8－03, 立繼類「父在立異姓父亡無遺還之條」(準法,
　　諸養子孫, 而所養祖父父亡, 其祖母母不許非理遺還, 鄭文寶無子, 而養元振以
　　爲子, 雖曰異姓三歲以下, 卽從其姓, 依親子孫法, 亦法令之所許, 文寶之養元振,
　　不經除附, 當時年歲固不可考, 然當文寶生前, 鄭逢吉折簡與之, 已呼之爲姪, 以
　　此勘驗, 昭然不誣, 今文寶旣亡, 雖使其母, 欲以非理遺還, 亦不可得, 況伯叔乎,
　　……).

에서 빼서[除] 갑호에 넣는 것[附]을 말한다. 이것이 소위 제부라는 것이다.
그 후사侯四는 가난한 백성이고 반드시 호戶가 있는 것도 아니다. 아울러 3세
이하의 이성자를 수양하는 것은 법이 분명 그것을 허락하고 있으니 그 성을
따른다. 애당초 어디서 왔는지를 묻지 않으니 어찌 제부할 것이 있겠는가. 만
약에 단지 정창이 (그를) 양자로 들인다고 했다면 관에 보고하여 호적에 올리
면[附]될 뿐이다. 임지현도 역시 (법문을)대조하여 처리하지 못한즉 그 업業을
몰수하여 정창의 처와 어린 자식이 품고 있는 것을 빼앗는다.150)

라고 되어 있으므로, 양자를 본 집의 적籍에서 없애고 양자로 간 집
의 적에 붙이는 것을 말하는데, 위의 두 예에 의하면, 양자와 인연
을 맺은 경우는 관에 신고해서 적籍을 제부除附해야 했다. 그러나 당
령唐令의 양자법, 혹은 그것을 답습한 송宋·금金의 여러 령令의 일
문逸文에는 이런 제부의 규정이 나타나지 않는다. 그러나 당령을 이
어받은 일본 양로령에는,

凡無子者, 聽養四等以上親於昭穆合者, 卽經本屬除附

라 되어있어, 제부의 규정을 찾을 수 있다.151) 이것이 당령에도 있
었는지 어떤지는 여전히 문제로 남겨두자.
　　양자養子 결연의 효과로, 양부모와 양자 사이에 친자관계가 발생

---

150) 『청명집(淸明集)』戶婚門, 권8－20, 戶絶 「夫亡而有養子不得謂之戶絶」(丁昌在
　　日, 已養得三歲以下之子, 然則丁昌元非絶戶, 朱先之, 告妾耳林, 知縣旣明知
　　之, 乃復繩之, 以不除附之法, 彼村人安識除附爲何事, 今詳, 林知縣, 亦未識此
　　二字之義也, 此謂人家養同宗子, 兩戶各有人戶, 甲戶無子, 養乙戶之子, 以爲
　　子, 則除乙戶子名籍, 而附之於甲戶, 所謂之除附, 彼侯四貧民, 未必有戶, 兼收
　　養異姓三歲以下, 法明許之, 卽從其姓, 初不問所從來, 何除之, 有若只謂丁昌養
　　子, 合申官附籍則可耳, 然法亦有雖不除附, 官司勘驗得實, 依除附法之文, 林知
　　縣, 亦不照應, 便將丁昌作戶絶, 拘沒其業而奪之).
151) 戶令 聽養條 集解에 「古記云, 卽經本屬, 謂除所附所官司也」라 되어있어, 제
　　부의 규정이 대보령에도 있었던 것이 확실하다(『古記』가 대보령의 주석서라
　　는 사실에 대해서는 中田薰, 『법제사 논집』제1권, p.627 이하 참조).

하고, 양자는 적출자와 동일한 신분을 취득한다. 따라서 첫째, 양부의 사망 후 제사를 승계해야 하고, 둘째 양가養家 안에서 양친자養親子의 동거동재同居同財가 성립된다. 그리고 인연을 맺은 이후에, 양부모 사이에서 남자아이가 태어나더라도 양자가 적출이라는 신분을 박탈당하지는 않았다. 당대 및 송 초기에 실시된 호령戶令 응분조應分條의 1절節에(전체 조는 다음절 참조)

> 무릇 전택과 재물을 나누어야 하는 경우에는 형제가 균분할 것이며, ……, 형제가 죽은 경우에는 자식이 부친의 몫을 승계한다(繼絶의 경우에도 마찬가지 이다)(諸應分田宅及財物, 兄弟均分, ……兄弟亡者, 子承父分)(繼絶亦同)

이라 되어있는데, 이 '계절'에 상당하는 자가 일본의 양로령 호령 응분조에서는 '양자'라 되어있다. 그러나 위의 '계절'이 양자와 완전히 동일한지 어떤지는 문제로 남지만, 양자가 소위 계절 안에 포함되어 있었던 사실은 틀림없다. 즉 양자는 적출자와 마찬가지로 가산의 분할에 간여하였다. 『청명집(淸明集)』에 보이는 판어에서도

> 서씨徐氏는 진사언陳師言의 후처로, 원래부터 양자가 1사람이 있어, 진소조陳紹祖라고 하고, 또 진소고陳紹高, 진소선陳紹先이라고 하는 친아들 2명과 진 진낭陳眞娘이라고 하는 딸이 있다. 진사언陳師言이 죽자, 서씨徐氏는 자신이 남편(夫)의 재산(業)을 5개로 나누어, 양자에게는 5분의 1만주고, 자신과 친자녀 세 사람은 5분의 4를 차지했다. 이것은 법의 조문으로도 바른 조치는 아니다.152)

이라 되어있듯이, 양자와 적출자를 평등하게 다루는 가산분할은 부

---

152) 『청명집(淸明集)』戶婚門, 권9-01, 違法交易 「已出嫁母賣與其子物業」(徐氏乃陳師言之繼妻, 元乞養一子曰紹祖, 又親生二子, 曰紹高, 紹先, 乃女曰眞娘, 師言死, 徐氏自將夫業, 分作五分, 乞養之子一分而已, 與親生三子, 自占四分, 於條亦未爲是宜乎).

당하게 여겨졌다. 그러나 『청명집(淸明集)』에 의하면, 지방에 따라서는 집안에 여자가 있으면, 양자는 가산 분할에 있어 그 1/2만 취득할 뿐이었다고 한다. 그것은 양자 혼자서 1/2, 딸은 둘이서 나머지 1/2를 가진다는 의미인데, 남자는 양자든 아니든, 여자의 배액倍額을 받는 것으로 되어 있었다. 그것은 당시 국가의 법적 규율과 모순되지 않는다 (다음절 참조).

또 『청명집(淸明集)』에,

　3살이 되기 전에 양자로 들인 아들이 있으므로 호절이 아닌 것은 분명하다.…… 정창이 살아 있을 때 3세 이하의 아들을 얻어 양육하였고 그런즉 정창은 원래 호절이 아니고……3세 이하의 이성자를 수양하는 것은 법이 분명 그것을 허락하고 있으니 그 성을 따른다.……그 업業을 몰수하여 빼앗았으니……도리상으로도 모름지기 잘 처리했다 할 수 없다.[153]

이라 되어있다. 양자가 있으면 (그것이 비록 성이 다른 자라 할지라도) 호절되지 않는다는 것은 양자가 적출자와 동일한 신분을 가지고 있다는 당연한 결과이다. 또 조부 혹은 아버지가 수양해서 자손으로 삼은 사람을, 조부 혹은 아버지가 돌아가신 후, 조모 혹은 어머니가 이유 없이 이연離緣할 수 없었다.[154] 다음 『청명집(淸明集)』도 그 자료이다.

　조사해 살펴본 결과, 우애는 생전에 진씨에게 장가들었는데 처가가 지참금

---

153) 『청명집(淸明集)』戶婚門, 권8−20, 戶絶類 「夫亡而有養子不得謂之戶絶」(有三歲以下收養之子, 非戶絶分明, ……丁昌在日, 已養得三歲以下之子, 然則丁昌元非絶戶, ……收養異姓三歲以下, 法明許之, 卽從其姓, ……便將丁昌作戶絶, 拘沒其業, 而奪之, ……於理殊未安).
154) 앞에서 제시한 前揭.『청명집(淸明集)』戶婚門, 권8−03, 立繼類 「父在立異姓父亡無遣還之條」을 참조.

으로 진씨에게 전 120종을 표발標撥한 것을 가지고 있었다. 불행히도 진씨와
우애는 서로 연이어 죽게 되었다. 그런데 부친인 우현승이……이에 버려진
아이를 거둬들여 양육하였다는 것을 명목으로 삼아. 몰래 양자를 내쫓을[遣
逐]계획을 세웠다. 이는 우현승이 이익에 마음을 쓴 것이므로 옳지 못하다.
…… (우현승이) 우계가 동종소목상당한 아들인 것을 생각지도 못했으나, 운
좋게도 그를 입사하여 그 아들의 후사로 삼을 수 있었다. 우계는 아직 현저
한 잘못[顯過]이 없는데 어찌 그를 돌려 보낼수 있단 말인가?155)
　　우계가 먼저 우현승에 의해 입사되었고 소목의 순서가 맞고 또한 현저한
잘못이 없으므로 내쫓아 낼 이유가 없다. 앞에 관에 통에서 제부한 것에 비
추어서 우애의 제사를 잇도록 하는 것이 합당하다.156)

　　율(『당률소의』·『송형통』)에서는, 여자를 수양하는 것은 비록 여
자가 성이 다르더라도 위법은 아니었다.157) 『청명집(清明集)』에도

　　지금 해녀림에게는 어린 딸과 손녀가 있을 뿐이고, 모두 미혼이다. 호절법
에 비춰 균등히 분할한다.……칠고는 원래 성은 정씨이지만 해림이 살아생전
에 직접 데려다 키웠으므로 친딸과 다름없다.158)

이라 되어있어, 남송에서도 성이 다른 여자를 양녀로 들이는 것은

---

155) 『청명집(清明集)』戶婚門, 권8－06, 立繼類 「立昭穆相當人復欲私意遣還」(照得,
　　　虞艾存日, 娶陳氏得妻家摽撥田一百二十種與之隨嫁, 不幸陳氏與虞艾相繼物
　　　故, 乃父虞縣丞……於是, 以收養遺棄爲名, 而陰爲遺逐養子之計, 此虞丞設心
　　　益不善矣, ……不思虞繼係本宗昭穆相當之子, 幸而立之, 可以爲其子後, 虞繼
　　　旣無顯過, 安可切切然以去之).
156) 『청명집(清明集)』戶婚門, 권8－06, 立繼類 「立昭穆相當人復欲私意遣還」(虞繼
　　　旣先爲虞丞所立, 昭穆旣順, 且無顯過, 自無遺逐之理, 合照先來經官除附, 承紹
　　　虞艾香火).
157) 『청명집(清明集)』戶婚門, 권5－03, 爭業下 「僧歸俗承分」(立法有曰, 諸誘引, 或
　　　抑令同居親, 爲童行僧道, 規求財産者杖一百, 仍改正贓重者, 坐贓論)은 그 참
　　　고 자료가 될 것이다.
158) 『청명집(清明集)』戶婚門, 권8－33, 女承分 「處分孤遺田産」(今解汝霖, 只有幼
　　　女孫女, 竝係在室, 照戶絶法均分, ……七姑, 雖本姓政, 汝霖生前, 自行收養,
　　　與親女同).

위법이 아니고, 게다가 여자도 수양되면 친딸과 같은 신분을 취득하고 친딸과 평등하게 가산을 나눠 받았다.

　이상은 남자가 자녀를 수양하는 경우이다. 그런데 여자도 또한 남편이 친아들 혹은 양자를 남기지 않고 사망한 경우, 죽은 남편을 위해 계繼를 세울 수 있었다. 『청명집(淸明集)』은 이것을 "입계立繼"라고 하는데, '계繼'가 될 수 있는 자 역시 동종으로서 소목에 해당하는(同宗昭穆相當) 사람이 원칙이었고, 수양의 경우와 마찬가지였다고 생각한다. 또 『청명집(淸明集)』에는

> 　순희 년간 지휘 중에 신료의 주청을 검토해 보니 "생각해 보니 조종祖宗의 법에서는, 입계立繼라는 것이 남편이 죽고 부인이 살았을 경우 후사가 끊기면 후사를 세우는 것은 처의 의향에 따라야 하고, 명계라는 것은 부부 모두 죽었을 때 후사에 대한 명령은 근친 존장에게 따라야 된다고 한다. 입계의 경우는 아들이 아버지의 지분을 상속할 때의 법규와 같아 그 재산을 그대로 전부 줘야 하고, 명계의 경우라면 미혼인 딸과 이혼한[소박맞은] 딸이 없는 경우에도 가산의 3분의 1을 얻을 수 있을 뿐이다"라고 한다.159)

라고 되어있다. 이와 같이 근친존장 혹은 족장 등의 명령에 의해 호戶의 절絶을 이은 자는, 재실·귀종 등의 딸이 없는 경우에도, 가산의 1/3을 얻는 것에 불과했던 것에 반해, 과부에 의해 계로 세워진 자는 적출자와 똑같이 가산의 분할에 간여하게 되어 있었다. 다음의 『청명집(淸明集)』에,

> 　방천록方天祿이 죽었을 때 아들은 없었다.…… 후사를 마땅히 세워야 하는데 남편이 죽으면 처에게 따르게 된다. 방천복方天福의 아들은 이미 단정單丁

---

159) 『청명집(淸明集)』戶婚門, 권8−16, 立繼類「命繼與立繼不同」(檢照淳熙指揮內臣僚奏請, 謂案祖宗之法, 立繼者謂夫亡而妻在, 其絶則其立也, 當從其妻, 命繼者謂夫妻俱亡, 則其命也, 當惟近親尊長, 立繼者與子承父分法同, 當盡擧其産以與之, 命繼者於諸無在室歸宗諸女, 止得家財三分之一).

이므로 세워서는 안 된다. 만약 방천복의 아들을 사자嗣子로 한다면 방천록方天祿의 재산도 함께 천복 아래로 들어가고, 후사는 끊어진 것이나 다름없다.160)……천록의 아래로 귀속해야 하는 것은 관이 장부를 만들고, 또 본종 가운데 소목 상당자를 뽑아 천록의 후사를 세운다.161)

이라 되어있으므로, 동종이고 소목에 상당하는 자라도, 독자[단정]는 계로 세울 수 없었다고 생각한다.

직계남비속이 없고, 또 수양·입계가 없이 사망한 자가 있을 때는, 부모는 아들을 위해 아들과 소목상당인 자를 골라 계를 명한다. 부모가 없을 때는 가장, 가장이 없을 때는162) 근친존장·족장이 계를 명한다.163) 그러나 『청명집(淸明集)』은 위에서 언급한 "명계"의 경우에 "입계"라는 단어를 사용하는 경우도 있다. 즉 명계는 승계인의 선정이다. 그런데 또 부모가 명계를 하지 않겠다는 의사를 표현하고 사망했을 때는, 명계할 수 없고 관도 또 명계를 강제로 적용할 수 없었다. 지금 『청명집(淸明集)』에서 이상의 명계에 관한 자료를 초록하면

일찍이 관사가 사람이 이미 죽고 후사가 이미 끊어진 경우에 당연하게 이성자를 명계하도록 한 것은 아니었다. 지금 이학문에게는 소목상당한 사람이 없고 그 어머니인 아장 또한 지금까지 명계를 원하지 않는다는 소송을 내었으니, 어찌 본관이 강제로 이성자를 구하라고 명하겠는가?164)

---

160) 역자주; 원문에서 해석이 틀린 것 같음.
161) 『청명집(淸明集)』戶婚門, 권8−26, 檢校「檢校孷幼財産」(方天祿死無子, ……
　　 子固當立, 夫亡從妻, 方天福之子, 旣是單丁, 亦不應立, 若以方天福之子爲子,
　　 則天祿之業, 倂歸天福位下, 與絶支均矣, ……其合歸天祿位下者, 官爲置籍, 仍
　　 擇本宗昭穆相當者, 立爲天祿之後).
162) 그것은 일반적으로 호절의 경우와 일치된다.
163) 당의 戶令에도「命繼者, 但於本生籍內, 法云年十八, 然聽」이라는 명계의 규
　　 정이 있다. 仁井田陞, 『당령습유』, p.234. 仁井田陞, 『지나신분법사』, 1942년1
　　 월, p.50 이하, p.786.
164) 『청명집(淸明集)』戶婚門, 권8−04, 立繼類「叔敎其嫂不願立嗣意在呑倂」(初未

범통일에게는 네 명의 아들이 있는데, 장남은 희보熙甫, 차남은 자경(子敬; 감세), 삼남은 우(遇; 달보達甫), 사남은 술(述; 선보善甫)라 한다. 범희보는 이미 장가를 갔고, 아이도 낳았는데, 얼마 되지 않아 부부와 아이가 모두 죽어버렸다. 도리로 말하자면 당연히 후사를 세워야 한다. 법문에 따르면, 족장에 의해 후사를 세우는 것은 모두 부모가 없는 사람의 경우여야만 하기 때문이다. 만일 아버지나 어머니가 생존해 있다면 부모의 명령에 따라야 한다. 희보가 죽었을 때 그 부모는 둘 다 생존해 있었지만 모두 후사를 세울 의사가 없었다. 그 아들을 사랑하지 않았기 때문이 아니다. 요컨대 손바닥만한 전지를 지금 살아있는 세 명의 아들에게 나눠준다면 그 재산은 균등해진다. 손자 한 명을 희보의 후사로 세운다면 일가들만 받을 수 있는 전지가 반으로 줄게된다. 그 반을 나눠 두 명의 아들에게 나눠주면, 세 명의 아들 사이에서 (바로) 다소의 차별이 생기게 된다. 이것이 본심이었다. 따라서 세 명의 아들에게 균등하게 나눠주는 쪽을 택해, 범희보가 직접 산 전지는 제사를 지내기 위한 밭으로 하고, 세 집에서 번갈아 가며 경작 수확하게 해서 그 제사를 지내도록 했다. 세 집의 아이들은 모두 희보의 조카이므로 후사를 세우지 않더라도 제사는 끊기지 않는다.[165]

입사하는 방법은 반드시 도리에 따라 행해져야 한다. 이씨李氏는 본디 가장이므로 곧 입계는 반드시 이씨(의 의견을) 따라야 한다.[166]

살펴보건대 조문에서 이르기를, "무릇 아들과 손자가 없으면 동종가운데 소목상당한 사람을 양육하여 아들이나 손자로 삼는 것을 허락한다."라 되어 있다. 또한 조문에 "호절된 가가家를 잇고자 할 때 끊어진 가의 근친존장이 명계命繼하는 것을 허락한다.", 또 "남편이 죽고 그 처妻가 살아 있으면 그 처를 따른다."라 되어 있다. 이 세 개의 조문을 살펴본 즉 왕씨王氏의 쟁송은 단번

嘗令官司, 於其人已死, 其嗣已絶, 而自爲命繼異姓者, 今李學文, 旣無昭穆相當之子, 而其母阿張, 又常有不願命繼之詞, 在官司豈可强令求之異姓).

165) 『청명집(淸明集)』戶婚門, 권8－12, 立繼類 「嫂訟其叔用意立繼奪業」(範通一, 有子四人, 長曰熙甫, 次曰子敬, 卽監稅, 次三曰遇, 卽達甫, 次四曰述, 卽善甫, 熙甫已娶妻生子, 未幾夫妻與子俱亡, 以理言之, 當爲立繼, 在法, 立繼由族長, 爲其皆無親人也, 若父母存, 當由父母之命, 當熙甫死時, 其父母俱存, 皆無立繼之意, 非不愛其子也, 蓋謂蕞尒田業, 分與見存三子, 則其力均, 立一孫爲熙甫後, 則一房獨分之業, 已割其半矣, 割其一半, 使二子分受之, 則三子中立有厚薄之分, 此通一之本意也, 故寧均與三子, 而以熙甫私置之田, 爲丞嘗田, 使三房輪收, 以奉其祭祀, 三房之子, 皆其猶子, 雖不立嗣, 而祭祀不絶矣).

166) 『청명집(淸明集)』戶婚門, 권8－01, 立繼類 「當出家長」(立繼之法, 必由所由, 李氏旣是家長, 則立繼必由李氏, ……).

에 간단히 판결할 수 있다.[167]

　　호령에 의하면, "무릇 절가絶家는 계절자속은 세우며 (근친존장이 세우는
것은 명계자라 한다), 절가의 재산은……"라 되어 있다.[168]

　　단지 왕이의 영혼을 제사지낼 수 없는 것이 애석하다. 족장 왕성목王聖沐이
본 관청을 통해 "조문에 비춰 소목에 상당하는 자를 선택해 왕이의 후사로
정한다[命繼]"고 진술한 것은 이치에 맞는 말이다.[169]

과 같다. 그러나 명령받아 끊어진 가계를 계승한 자도, 자기의 생가
에서 남계男系가 끊어졌을 때는, 생가에 복귀해서 그 제사[香火]를
승계할 수 있었다. 『청명집(淸明集)』에

　　호절한 집이 후사를 세우는 경우 일거양득인 경우가 있다. 예를 들면 아버
지와 아들이 둘 다 사망해서, 조상의 제사를 물려받을[承紹] 사람이 없다면,
반드시 아버지를 위해 후사를 세우지 않더라도 손자를 세워두면 아버지의 제
사도 그 속에 포함이 된다. 왕성여王聖與에게는 두 아들이 있었는데 장남인
왕이王怡, 차남 왕촉王蜀 모두 불행하게도 요절해 버렸다. 그래서 왕광문王廣聞
의 아들인 왕혜손王惠孫을 왕이의 후사로, 왕광조王廣祚의 아들인 왕형손王衡孫
을 왕촉의 후사로 세웠다. 그런데 불행하게도 왕광문의 장남 왕연도王淵道가
그 즈음에 죽고 말았다. 그래서 왕혜손은 어쩔 수 없이 생부의 집[태어난 집]
으로 돌아가 왕광문의 재산을 물려받게 되고, 왕이의 제사는 끊어지고 말았
다.……해당 현에 공문을 내려 왕연해를 왕이의 후사로 해도 좋다고 허락해
야 한다. 왕이의 제사가 끊어지지 않으면 왕성여의 제사도 끊어지는 일이 없

---

167) 『청명집(淸明集)』戶婚門, 권8－05, 立繼類「已立昭穆相當人而同宗妄訴」(謹按
　　　令曰, 諸無子孫, 聽養同宗昭穆相當者, 爲子孫, 又曰, 其欲繼絶, 而得絶家近親
　　　尊長命繼者聽之, 又曰, 夫亡妻在, 從其妻, 觀此三條, 則王氏爭訟, 可一見便
　　　決).
168) 『청명집(淸明集)』戶婚門, 권8－15, 立繼類「命繼與立繼不同」(准戶令, 諸已絶
　　　之家立繼絶子孫, 謂近親尊長命繼者, 於絶家財産者,……).
169) 『청명집(淸明集)』戶婚門, 권8－13, 立繼類「父子俱亡立孫爲後」(但可惜, 王怡
　　　爲不祀之鬼耳, 族長王聖沐, 經本司陳乞照條擇昭穆相當人, 爲王怡命繼, 義當
　　　然也).

이라 되어 있는 것이 그것이다.171)

피명계자의 자격은 피수양자의 자격과 같고 동종소목상당자여야 했는데, 어쩔수 없을 때에는 동성이거나 이성에게 명계한 경우도 틀림없이 있었을 것이다. 또 독자는 명계할 수 없었기 때문에, 『청명집(清明集)』에는,

왕광한王廣漢이 후사를 세우는 일에 대해 다투는 바를 조사해 보니, 해당하는 조문으로써 그것을 논하니 왕이王怡가 죽었으니 다만 근친 중에서 소목에 해당하는 자를 택해 그 후계자로 삼아야 된다고 한다. 왕광한은 (왕이의) 사촌이다. 당시 그에게는 두 아들이 이미 있었으므로 근친이라 말하면서도 그런 까닭에 그 자식을 내버려 두고서 먼 친척을 후사로 세워서는 안된다. (후사로 세울 만한 사람이 없었다. 그러나 그 때 왕광한의 차남은 아직 태어나지 않았으므로 일족 사람들은 왕이의 후사가 끊어져서는 안 된다고 모두 상의한 끝에 왕광병王廣炳의 3살 된 아들 왕연해를 후사로 세웠다. 이 왕연해는 비록 혈연관계는 멀지만 소목에 해당하고, (일족 내의) 여러 집안에도 적당한 아이가 없는 이상 다툴 이유는 전혀 없었다. 그러나 왕광한이라는 자만이 그 조상의 재산이 먼 일가에게 분배되는 것에 참지 못해, 그대로 관에 호소하고 유언장을 들고 와서 "왕이의 모친은 일찍이 자신을 후사로 세웠다"고 말하고, 왕연해와 나란히 함께 후사로 만들려 했다. 즉 숙부대의 손자이기 때문이라는 이유였다. 본 관청에서는 그 유언이 반드시 정당한 것이 아니므로 그쯤에서 정지 시켜 시행하지 않았다. 뜻밖에도 왕연해는 후사로 지목된 지 얼마 지나지 않아서, 갑자기 죽어버렸다. 이 때에는 왕광한에게 이미 차남이 있었지만 본 관청이 왕이의 후사로 세운다면 일족 사람들은 다툴 수 없게 될 것이다.172)

---

170) 『청명집(清明集)』戶婚門, 권8－13, 立繼類「父子俱亡立孫爲後」(絶家命繼, 有一擧而兩得者, 謂如父子俱亡, 無人承紹香火, 不必爲父, 命繼而立孫, 則父之香火, 在其中矣, 王聖與有子二人, 長怡次蜀, 皆不幸早世, 於是, 立廣聞之子惠孫, 爲怡之後, 立廣祚之子衡孫, 爲蜀之後, 適不幸, 王廣聞之長子淵道俱死, 其惠孫, 只得歸所生父家, 承紹王廣聞之業, 而王怡之香火絶矣,……聽立淵海爲王怡後, 怡之香火不絶, 則聖與之香火亦不絶, 所謂一擧兩得是也).

171) 여기에서는 소위 雙祧(兼祧)는 문제가 되지 않는다.

이라 되어있다.

피명계자는 제사를 승계함과 동시에 가산의 일부를 취득할 권리를 가졌다. 명계가 반드시 항상 호절되었을 때만 이뤄지는 것은 아니었다. 호절은 한 집안의 제사를 승계할 남자(가산을 승계할 남자) 혹은 과부가 없는 경우를 가리키는 것인데, 위의 『청명집(淸明集)』호혼문(권8-12) 「입계류」, 시동생이 고의로 후사를 세워 재산을 빼앗으려 한다고 형수가 고소하다-등운관鄧運管173)이 원안을 제출하고, 요립제姚立齊174)가 판결한다-(嫂訟其叔用意立繼奪業)의 조항에 보이듯이, 부모가 있어 호절이 아닌 경우에도 원하면 명계를 실시할 수 있었다. 그러나 『청명집(淸明集)』에 보이는 피명계자의 가산취득에 관한 규정은 다음에 보이는 호절의 경우를 전제로 하고 있다.

법령을 조사하면 "만일 호절의 재산은 재실녀在室女에게 나눠준다"라든가 "만일 호절된 후 절가絶家를 계승할 자손을 세우면 절호의 재산에 대해서는 만일 그 집안의 딸들이 있다면 모든 재산의 4분의 1을 이 자손에게 지급한다"라고 되어있다.175)

---

172) 『청명집(淸明集)』戶婚門, 권8-14, 立繼類 「所立又亡再立親房之子」(照得, 王廣漢, 所爭立繼之事, 以本條論之, 王怡不在, 只合於近親中, 擇昭穆相當人, 與之繼後, 王廣漢從兄弟也, 使其是時已有兩子, 則以近親而言, 固不堂捨其子而立遠族, 只緣此時, 王廣漢次子未生, 族人以王怡不可絶嗣, 同共商議, 立王廣炳之三歲子淵海, 其淵海, 雖是遠房, 昭穆旣順, 諸房則未有子, 所以皆無可爭, 獨王廣漢者, 一時不忍以其祖業, 分與遠房, 遂經官陳詞, 執出遺囑, 以爲王怡之母, 曾立其爲嗣, 欲與淵海雙立, 爲叔孫, 官司以其遺囑, 未甚正當, 方此尼而不行, 豈料淵海得立, 未幾忽爾身故, 當是時, 王廣漢亦旣有次子, 官司立爲王怡後, 族人夫誰得而爭也).

173) 전운사 屬官의 하나, 管勾문자 혹은 주관문자의 약칭

174) 姚瑤. 자는 귀숙, 호가 입제. 남검주 순창(복건)사람. 가정4년(1211) 진사. 여기에 보이듯이 복건도 전운사 검상문자와, 지건녕부 등을 역임했다.

175) 『청명집(淸明集)』戶婚門, 권8-08, 立繼類 「繼絶子孫止得財産四分之一」(令文, 諸戶絶財産, 盡給在室諸女, 又云, 諸已絶而立繼絶子孫, 於絶戶財産, 若止有在室諸女, 以全戶四分之一給之).

해녀림은 친자가 없는 이상 당연히 호절로 하여 호절법을 적용해야 한다. 법문에 의하면 "모두, 이미 후사가 끊긴 집에서 그것을 계승하는 자손—근친의 존장이 명계한 자를 말한다—을 세우는 경우, 호절 집안의 재산에 관해서, 만일 단지 미혼의 딸이 있다면 가산 전체의 4분의 1을 양사養嗣에게 준다. 만일 그 외에 다시 돌아온 딸이 있다면 5분의 1을 준다. 미혼과 돌아온 딸에게는 전체의 5분의 4를 호절법 규정에 의해 분배한다. 돌아온 딸이 있다면 호절법에 의해 주는 것 외에, 그 나머지의 반을 줄여 양사에게 주고, 나머지는 조정이 몰수한다. 출가한 딸만 있는 경우 가산 전체를 삼등분 해서 3분의 2를 출가한 딸과 양사가 균등하게 받고, 3분의 1은 조정이 몰수한다. 만일 미혼과 돌아온 딸 출가한 딸이 없는 경우는 가산 전체의 3분의 1을 양사에게 준다. 모든 경우 3000관이 넘으면 자른다. 만일 2000관이 넘으면 2000관을 가급加給한다" 지금 해녀림에게는 어린 딸과 손녀가 있을 뿐이고, 모두 미혼이다. 호절법에 비춰 균등히 분할하면 모두 3000관이 넘지는 않는다. 반가는 끊어진 집을 계승한 것이므로 4분의 1을 급부해야만 한다. 나머지 4분의 3은 균등하게 2명의 미혼인 딸에게 주어 그들의 재산으로 하게 한다.176)

나겸羅謙은 아들을 셋 두었는데, 장남은 나절羅𥖕, 차남은 나숭羅崇, 삼남은 나선羅𠑴이라 했다. 부모가 죽고 이미 복상이 끝나 (재산을) 삼등분해서 상서성 호부의 대장에 각각 성명이 기재되어 있었다. 지금 나숭이 죽고 아들 나영노羅寧老는 어머니가 6촌동생177)인 나역과 재가하는데 따라갔다. 나중에 나영노도 사망하자, 나역은 나영노 몫의 토지를 절호絶戶로 처리해서 관에 헌납했다. 지금 나영노의 숙부인 나선이, 큰형 나절의 차남으로 형(나숭)을 명계하고자 한 것은 법에 또한 타당하다. 단 법에서는 "무릇 이미 절호된 집이 자손을 입계할 때—근친의 존장이 명계시키는 것을 말한다—, 절호된 집의

---

176) 『청명집(淸明集)』戶婚門, 권8-33, 女承分類 「處分孤遺田産」(解汝霖, 旣無親子, 合作戶絶施行, 准法, 諸已絶之家, 而立繼絶子孫, 謂近親尊長命繼者, 於絶家財産, 若只有在室諸女, 卽以全戶四分之一給之, 若又有歸宗諸女, 給五分之一, 其在室幷歸宗女, 卽以所得四分, 依戶絶法給之, 止有歸宗諸女, 依戶絶法給外, 卽以其餘減半給之, 餘沒官, 止有出嫁諸女者, 卽以全戶三分爲率, 以二分與出嫁女均給, 一分沒官, 若無在室歸宗出嫁諸女, 以全戶三分給一, 並至三千貫止, 卽及二萬貫, 增給二千貫, 今解汝霖只有幼女孫女, 並係在室, 照戶絶法, 均分, 各不在三千貫以上, 半哥繼絶, 合給四分之一, 其餘三分, 均與二室女爲業).

177) 원문은 「同曾祖之弟羅棫」인데, 「같은 중조할아버지를 둔 동생」이란 6촌 동생을 말한다.

재산에 대해서는 만약 (가족 가운데) 미혼이나 이혼해서 돌아온 딸, 출가한 딸들이 없다면 모든 호를 3등분해서 하나는 지급하고 나머지는 관에 몰수한 다"라고 되어있다. 마땅히 나선이 큰형의 아들을 나숭의 후계로 삼고 나숭의 재산 중 3분의 1을 주고, 나머지는 이미 행해진 대로 비추어 관에 몰수시켜 야 한다.178)

위에서 서술한 대로 명계와 입계가 동일하지 않은데(『청명집(淸 明集)』입계류, 命繼與立繼不同, 擬筆을 참조), 피명계자의 가산취득 분은, ①재실·귀종·출가 등의 딸들이 없는 경우에도, 가산의 1/3 뿐이었다(나머지는 沒官). 게다가 ②재실녀在室女들이 있으면 그저 1/4이 되고, 이에 비해 재실녀들의 취득분은 3/4였다. ③또 재실귀종 녀들이 모두 있을 때는 1/5이 되고, 이에 비해 재실·귀종녀들의 취 득분은 4/5였다. ④귀종녀들만 있는 경우의 취득분에 대해서는 호절 법에 의해 지급하는 한편, 그 나머지는 반을 감해 급여한다(나머지 는 몰관). ⑤다음에 출가녀들만 있을 때는, 피명계자는 출가녀와 함 께 2/3를 취득했다(나머지 1/3은 몰관) ⑥그리고 이상의 모든 경우에 서, 피명계자 및 여자들의 취득분의 총액은 3000관을 넘을 수 없었 고, 가산이 2만관 이상일 때는 5천관을 한도로 했다.179)

---

178) 『청명집(淸明集)』戶婚門, 권4－10, 爭業上「羅棫이 처의 전남편의 토지를 관 에 몰수하도록 청원하다 (羅棫乞將妻前夫田産沒官)」 羅謙生子三人, 長曰嵒, 次曰崇, 三曰㟵. 父母身亡,已當服闋,分而爲三,省簿各有姓名. 今羅嵩死, 有男羅 寧老隨母改嫁同曾祖之弟羅棫. 後寧老又死,羅棫以寧老所分田産,作絶戶獻於官. 今寧老之叔羅㟵欲以長兄羅嵒次男爲兄命繼,於法亦順. 但在法, 諸已絶之家而 立繼絶子孫, 謂近親尊長命繼者.1) 於絶家財産, 若無在室.歸宗.出嫁諸女,以全戶 三分給一分, 餘將沒官. 合聽羅㟵以長兄之子立爲羅崇後, 將羅崇家業給與三分 之一, 其餘照已行沒官 (임대희 외, 「『청명집』「호혼문」제4권 역주」『中國史 硏究』33, 2004년12월, pp.263～265)).
179) 仁井田陞, 「당송시대의 가족공산과 유언법」『市村박사 고희기념 동양사논 총』(p.911) 기재의 문장은 본문과 같이 補訂한다.

제9절 가족공동재산

중국에서는 가족공동재산을 "동거공재同居共財", "동거공찬同居共爨" 또는 "동재同財", "동찬同爨" 등이라 말하고 있는데180), 나까다(中田薰)씨에 의하면, 프랑크시대의 가족공동재산은 "하나의 도마와 연기와 빵으로(zu einem Scheffel, Rauch und Brot)", 프랑스 중세에는 "불火 한 톨과 빵 한 조각으로(a un feu et a un pain)" 생활하는 것이라 여겼다.181) 중국의 공찬도 소위 불과 음식을 공동으로 사용하는 것으로, 『문선文選』의 소위 "불과 음식을 따로 하지 않는 가족"182)이라고 한 생활이다. 『원씨세범』에서는 가족의 공유재산을 "중재衆財"라 하고183), 『청명집(淸明集)』에서는 "중업衆業", "중분전업衆分田業", "중분전택衆分田宅" 등이라고도 했다. '중衆'은 공산친共産親이고, '분分'은 지분의 몫(分)이다. 이 '중'의 용법은 이미 『문선』에 노예의 공유에 대해 "중노衆奴"·"입중入衆"·"속중屬衆" 등으로 나와 있다.184)

그런데 로마·게르만·인도·슬라브 등 여러 민족의 가족공동재산제는, 부자간의 공동재산에서 시작해 그 직계비속에게 이르는 것과 아버지의 유산을 공동으로 상속한 형제간의 공동재산에서 시작해 그 자손에게 이르는 것, 두 유형이 있다.185) 나까다가오루(中田

---

180) 中田薰, 『당송시대의 가족공산제』 『국가학회잡지』제40권 7호, p.15 이하. 이 논문은 이 후 『법제사 논집』제3권에 수록되었다.

181) 中田薰, 「당송시대의 가족공산제」 『국가학회잡지』제40권 7호, p.5 이하.

182) 『문선』권40, 奏彈劉整, 任彦升 「寅罷西陽郡還, 雖未別火食, 寅以私錢七千, 贖當伯, 仍使上廣州去後寅喪亡, ……整復云, 寅未分財, 贖當伯……」. 整은 寅의 동생. 當伯은 형제가 함께 소유하는 노예.

183) 『원씨세범』권상, 同居不必私藏金寶 「有竊盜衆財, 或寄妻家」.

184) 『문선』권40, 奏彈劉整. 이 衆奴, 入衆 등에 대해서, 학계에는 오해가 있는 것 같다. 주(182) 참조.

185) 中田薰, 「당송시대의 가족공산제」 『국가학회잡지』제40권 7호, p.1. 또 게르만 및 인도에는 부자공동재산제, 형제공동재산제는 모두 존재하지만, 中田薰는

薰)씨는 당송시대의 가족공동재산제를 부자간의 공동재산에서 시작해, 그 직계비속 사이에 이르렀다고 추정했다.186) 나도 또한 그 방증이 될만한 자료를 발견했을 뿐187), 그 반증은 발견하지 못했다. 그러나 청나라 혹은 1949년 이전에 실시되었던 가족공동재산은 형제간의 공동재산에서 시작해, 그 자손에 이른 것이라고 보는 주장이 인정받고 있다.188) 나는 지금 여기에서 그 옳고 그름을 논하려는 것은 아니다. 그러나 『청명집(淸明集)』에는 가산이 친자간의 공동재산이었다고 추정할 수 있는 자료가 있으므로, 그 두가지 예를 들어 보겠다. 그것은 둘 다 가산의 처분과 관련된 것이다. 첫번째는

전택田宅을 거래할 때에는 당연히 법률에는 그에 관한 조문이 규정되어 있다. 모친이 살아 계시면, 모친을 계약서의 필두서명인(契首)으로 해야 하고, 재산이 형제들에게 분할되지 않았다면, 형제들은 공동으로 계약서를 작성해야 한다. 모친이 생존해 있고, 형제도 5명이 모두 생존해 있는데도, 한사람이 자기 마음대로 토지를 전매典賣하는 것은 있을 수 없는 일이다. 위준魏峻의 모친 이씨李氏는 아직 살아계시고, 형(兄)인 위현魏峴과 위협魏峽, 그리고 아우 위교魏嶠도 살아 있다. 만약 토지와 가옥田宅을 전매하려고 한다면, 모친의 동

「부자는 가산을 공유하는 자라는 생각이 과연 日耳曼의 最古法에서 유래하는 것인지, 아니면 형제공동재산제에서 영향을 받아 발생한 후세의 산물인지가 의문이다」라고 하며, 인도에서도 「고대의 법경 법서를 가지고 생각해 보면, 형제간의 공동재산은 상당히 오래 전부터 이뤄진 것 같은데, 고대에서도 오늘날과 같은 父祖子孫간의 공동재산제가 존재했었는지가 의문이다」라고 했다.

186) 中田薰, 「당송시대의 가족공산제」『국가학회잡지』제40권 7호, p.32.
187) 仁井田陞, 「당송시대의 가족공산과 유언법」『市村박사 고희기념 동양사 논총』, p.928. 仁井田陞, 『당송법률문서의 연구』, 1937년3월, 제13장, 제14장. 仁井田陞, 『지나신분법사』, 1942년1월, 제4장 제4절.
188) <옮긴이주>; 육정임, 「宋代 '共財'槪念과 家産所有權」『송요금원사연구』8, 2003년. 육정임은 共財에 대한 가족의 지위 또는 권한은 상속권에 의해 지배되는 것으로 부자간 또는 직계가정의 재산소유관계는 상속원리와 상속권한과 분리하여 생각할 수 없으므로, 共財를 家父長의 단독 소유로는 볼 수 없고, 장기적 관점에서 공동의 소유라고 인정하고 있다.

의를 얻어 계약서를 만들고, 형제 5명이 동시에 서명 날인해야만 비로소 합법적인 계약이 성립된다. (그런데) 위준은 부초不肖하며 술과 도박을 즐겨, 이를 위해 자신이 쓰야 할 돈이 필요하므로, 공유소유지인 토지를 구여려丘汝礪에게 전매해서 돈을 빌렸다. 호민豪民인 (구여려)는 사람으로서의 덕德을 지니지 않고, 토지를 증대시키려는 것만 생각하여, 법의 규정이 있는 것도 생각하지 않고, 공연히 그와 토지거래를 했다. (이때) 위문모危文謨는 중개인이 되어, 사실상 (그는 구여려와) 공모하여 그 위법인 토지거래를 하도록 도와 주었다. (위씨 형제들의) 소송장이 관청에 제출되자, 구여려(丘汝礪)와 위문모(危文謨)는 당연한 이치(理法)에 따르지 않고, 거꾸로 "이 토지는 위준魏峻에게 분할된 토지이다"라고 함부로 말하고, 그 어머니나 형제의 입장에서는 조금도 생각하지 않았다. 또 "위준魏峻이 구여려의 집에 와서 거래하고, 위문모가 그 계약서를 이씨李氏의 집에 가져가서, 계약서에 날인시켰다"라고 진술하였다. 이 진술서만으로 볼 때에는, 모친인 이씨李氏가 직접 (구여려의 집에) 가서 계약한 것이 아니라는 것은 명백하다. 위준魏峻이 지금까지 관청에 출두한 적이 없다고 하더라도, 이 안건은 그 자체로 처단할 수 있는 것이다. 위법違法의 거래(交易) 조항에 따라서, 토지 대금은 관청에서 몰수하고, 토지는 원래의 소유자에게 반환시킨다.189)

이라 되어있어, 어머니 및 그 여러 아들간의 공동재산(중분전업)은, 아들이 비록 공동재산을 가지는 친족이더라도, 아들 한 명의 의견에 의해, 이것을 자유롭게 처분할 수 없다는 취지를 밝힌 것이다.190) 두 번째는

---

189) 『청명집(淸明集)』戶婚門, 권9−06, 違法交易 「母在與兄弟有分」(交易田宅, 自有正條, 母在則合令其母爲契首, 兄弟未分析, 則合令兄弟同共成契, 未有母在堂兄弟五人俱存, 而一人自可典田者, 魏峻母李氏尙存, 有兄魏峴魏峽弟嶠, 若欲典賣田宅, 合從其母立契, 兄弟五人, 同時着押可也, 魏峻不肯, 飮?要得錢物使用, 遂將衆分田業, 就丘汝礪處典錢, 豪民不仁, 知有兼幷, 而不知有條令, 公然與之交易, 危文謨爲牙, 實同謨助成其事, 有詞到官, 丘汝礪危文謨, 不循理法, 却妄稱, 是魏峻承分物業, 不知欲置其母兄於何地, 又稱, 是魏峻來丘汝礪家交易, 危文謨, 齎契往李氏家着押, 只據所供, 便是李氏, 不曾自去交易分明, 魏峻雖是未曾出官, 其事自可定斷, 照違法交易條, 錢沒官, 業還主).

190) <옮긴이주>; 육정임, 「宋代 '共財'槪念과 家産所有權」『송요금원사연구』8, 2003년. 육정임도 이 판례를 통해 같은 견해를 보이고 있다. 재산처분에 있어서 家父, 또는 直系尊屬이 家長인 경우에는 가장의 단독 처분으로만 충분

진규陳圭는 아들 진중용陳仲龍과 처 채씨蔡氏가 중분衆分해야할 토지를 몰래 채인蔡仁에게 저당잡혔다고 소송했다. 이에 채인을 소환하여 보니 "저당잡힌 것은 진중용이 처의 재산으로 산 것이다"라고 말하는 바, 토지거래문서(干照)와 이전의 앞에 문서(上手)를 제출케 했다. 아호阿胡의 원래 계약서를 제출케 하여 살펴보니 진해원(解元)에게 팔았다고 되어 있으니 처의 지참금으로 산 것이 분명한 즉, 중분할 토지라고 할 수는 없다. 법에 이르길 "처가妻家로부터 얻은 재산은 재산 분할 범위에 들어가지 않는다"라 되어 있고, 또한 법에 "처의 재산은 모두 남편과 함께 주인이 된다"라고 되어 있다. 지금 진중용이 처의 지참금에 해당하는 토지를 직접 저당잡힌 것은 정당한 거래행위이다. 그러나 채인은 실제 처 채씨의 동생이고, 그의 행동에도 의심스러운 것이 있다. 또한 진규가 이르길 "채인이 집세가 쌓이자 변제하는 셈치고 팔아버렸다(啜賣)"라고 하였다. 관련서류를 살펴보니 단평端平 3년(1236년)에 거래가 있었고, (다시 사들인다는) 3년의 기한이 지났으므로 소송을 받아들여 응해서는 안된다. 위 사건의 토지는 원래 저당가격이 20관이 넘었다(貫文足). 분쟁의 발단은 무한務限 안에 있고, 비록 다시 사들이는 것을 허락하는 것은 아니지만 채인은 곧 진중용의 처의 동생이고, 이미 아버지 진규의 소송이 있은지라, 채인이 계속 점유함이 마땅치 않고, 마땅히 돈과 회자를 준비하여 해당 관청의 입회하에 다시 사는 것이 합당하다. 지금 채인은 토지를 누나에게 돌려주기를 원하고 있다. 관사는 당연히 이를 들어주어야 한다. 이 안에 대해 모름지기 두 집안을 불러 물어보아야 한다. 만약 진규가 돈을 준비하여 채씨에게 돌려주기를 원한다면 토지는 당연히 모두에게 돌아가 앞으로 형제의 가산 분할 대상에 내에 들어가고, 만약 진규가 다시 살 돈을 내지 않는다면 토지는 채씨에게 돌아가 자동적으로 시집갈 때 가져간 토지법에 의거하게 된다. 이렇게 하면 바라건대 후일의 분쟁이 근절될 것이다. 동의서를 제출시켜 일건서류에 붙여둔다.[191]

한 법적 효력을 가지는 것과 달리 형제간 共財의 처분에는 형제 전원의 합의가 필요하다는 것이다.

191) 『청명집(淸明集)』戶婚門, 권5-04, 爭業下 「妻財置業不係分」(陳圭, 訴子仲龍 與妻蔡氏, 盜典衆分田業, 與蔡仁, 及喚到蔡仁則稱, 所典係是仲龍妻財置到, 執 出干照上手繳到阿胡元契稱, 賣與陳解元, 裝奩置到分明, 則不可謂之衆分田矣, 在法, 妻家所得之財, 不在分限, 又法, 婦人財産並同夫爲主, 今陳仲龍, 自典其 妻裝奩田, 乃是正行交關, 但蔡仁實其妻蔡氏之弟, 則踪跡有可疑者, 又, 據陳圭 稱, 被蔡仁積計賃屋錢啜賣, 拖照係端平三年交關, 係在三年限外, 不應訴理, 上 件田, 元典價錢二十貫文, 是爭端在務限內, 雖不當聽贖, 但蔡仁乃仲龍妻弟, 其 父陳圭既有詞, 則蔡仁自不宜久占, 合聽備錢會當官推贖, 今蔡仁願以田棄還其

이라 되어있다. 이 판어의 요지는 아들의 처의 지참금을 가지고 산 토지, 즉 "장렴치도"의 토지(장렴전)도 또한 처의 지참재산이고, 그것은 부자간의 혹은 아들 형제간의 공동재산으로 봐서는 안 되나, 아들은 그 처의 장렴전을 전매해도 된다. 그러나 이 사건에서는 아버지의 반환청구가 있고, 또 전주는 처의 형제라는 특별한 사정이 있으므로, 아직 전매지 회속기에는 도달하지 않았지만, 아버지에게 대상을 지불해서 회속하고, 그것을 공동재산(중분전업) 안에 포함하는 것을 허락한다. 거기에 전주 쪽에서 권리를 포기해서 전매지를 반환하려는 신고가 있으므로, 아버지가 회속하지 않는 경우에는, 토지는 아들의 처에게 돌려주어 종전과 같이 그 장렴전으로 하라는 것이다.192) 여기에 보이는 "형제"는 아버지의 형제이고, "중분전업"은, 그들 방계친傍系親끼리 재산을 공유한다는 뜻으로 해석해도 될 것 같은데, 아마도 "형제"는 장래—아버지의 사후—공동재산을 분할해야 하는 아들의 형제이고, "중분전업"은 부자의 공동재산이고, 게다가 가장인 아버지의 관리하에 있었던 것이라고 생각한다.

송대에는 여러 세대는커녕, 10세대가 함께 살며 재산을 공유한 예가 종종 사료에 보인다.

진방은 집안(家)이 13대가 동거하고 있다. 나이 많고 적은 사람이 7백여 명이나 된다. 조비[복첩]을 거느리지 않고 상하가 화목하고 사람들끼리 이간질하지 않고 매번 식사때마다 넓은 마당에 둘러 앉아 식사한다. 성인이 되지 않은 사람은 따로 식사한다. 역시 개가 백여마리 있는데 하나의 구유에 모여 같이 먹이를 먹는다. 한 마리의 개가 먹으러 오지 않으면 나머지 개들은 모

妹, 官司自當聽從案, 須引問兩家, 若是陳圭願備錢還蔡氏, 而業當歸衆, 在將來兄弟分析數內, 如陳圭不出贖錢, 則業還蔡氏, 自依隨嫁田法, 庶絶他日之爭, 責狀附案). 임대희 외, 「역주 『청명집』 「호혼문」제5권」, 『중국사연구』34, 2005, pp.347~349 참조.
192) 판어에 보이는 「치」는 賣 또는 買의 의미로 사용된다. 여기에서는 買의 의미다. 이 판어의 해석에는 中田薫의 의견을 따른 부분이 많다.

두 먹이를 먹지 않는다.193)

　구승순,…… 19대가 모두 부뚜막을 같이 한다.……조칙을 내려 그 여문을
칭찬하다.194)

　하양의 이전 대리승인 진방陳芳의 집안은 14대代가 300여 년 동안 동거
하고 있다.195)

은 그러한 여러 예이다.196) 즉 가족공동재산생활을 하는 것은 일시
에 수백구數百口, 그 연대를 헤아려보면, 당·오대 및 송을 통해, 수
백년간 장기간에 걸친 집안이 있다는 것을 알 수 있다. 그러나 『청
명집(淸明集)』에 보이는 것은, 부자 2세, 부자父子·조손祖孫의 3세에
불과하다. 또 청대 이후의 사회에서도, 한 촌락 혹은 여러 촌락에서,
동성同姓동족同族의 경우가 있고, 그 중 큰 것은 수천명의 수백집이
있다는 것을 관찰할 수 있다. 이것은 당송에서도 흔한 일은 아니었
다. 그러나 그 동성동족이 항상 단일한 가족공동재산단체를 이룬
것은 아니다.

　공동재산을 가지는 친족은 가산에 대해 지분을 가지고 있었다.
그러나 지분은 확정적인 것이 아니어서, 가족의 출생과 사망에 따라
증감되었다. 따라서 공동재산친족이 사망해서 생존한 자가 1명뿐이
라면 가산은 모두 그 한 명에게 돌아갔다.197) 『청명집(淸明集)』에

　범통일에게는 네 명의 아들이 있는데, 장남은 희보熙甫이다. ……희보가 죽
었을 때 그 부모는 둘 다 생존해 있었지만 모두 후사를 세울 의사가 없었다.
그 아들을 사랑하지 않았기 때문이 아니다. 요컨대 손바닥만한 전지를 지금

---

193) 『宋史』卷四, 「百五十六孝義列傳」 昉(○陳昉) 家十三世同居, 長幼七百口, 不畜
　　僕妾, 上下姻睦, 人無間言, 每食必群坐廣堂, 未成人者, 別爲一席, 有犬百餘,
　　亦置一槽共食, 一犬不至, 群犬皆不食.
194) 『宋史』卷四, 「百五十六孝義列傳」(裴承詢,……十九世無異爨, ……詔旌其閭).
195) 『宋史』卷四, 「百五十六孝義列傳」.河陽故大理丞陳芳一門, 十四世同居三百年
196) 中田薰, 「당송시대의 가족공산제」 『국가학회잡지』제40권 7호, p.22.
197) 中田薰, 「당송시대의 가족공산제」 『국가학회잡지』제40권 8호, p.45.

살아있는 세 명의 아들에게 나눠준다면 그 재산은 균등해진다. 손자 한 명을 희보의 후사로 세운다면 일가들만 받을 수 있는 전지가 반으로 줄게 된다. 그 반을 나눠 두 명의 아들에게 나눠주면, 세 명의 아들 사이에서 (바로) 다소의 차별이 생기게 된다. 이것이 본심이었다.[198]

라고 되어 있는 것은, 가족의 사망에 의해 공동재산친족의 지분이 첨증添增된 예이다. 지분은 또 가족의 출가出家하거나 입도入道하거나 또는 환속한 경우에도 마찬가지로 변화되었다. 당송시대에 있어, 출가입도를 한 자는 반드시 재산향유능력을 가지지 않은 것은 아니지만, 가산에 대해서는 공동재산친족이라는 신분을 상실한 자라고 생각된다.[199] 그러나 환속한 경우에는, 미분할 가산에 대해 지분을 가지도록 되어 있었다. 『청명집(淸明集)』에

하열이 또한 자식이 없어서 성姓이 다른 조희손趙喜孫을 양육하여 아들로 삼았는데 말년에 첩이 아들을 낳았는데 그 이름이 하오로何烏老였다. 하덕무의 나이가 점차 들어감에 집안 사정을 파악하여 알게 되었고 비로소 숙부의 강압적이고 핍박했던 마음을 견디지 못하여 드디어 순우淳祐 2년에 환속하여 머리를 기르고 돌아와 하열과 같이 살게 되었다. 하열이 늙고 마음(태도)이 확실하지 않았는데, 이는 처가 곁에 있고 사랑하는 아들이 옆에 있어 밝은 판단과 단호한 결단을 내릴 수가 없었다. 그리고 하덕무가 거처할 곳을 마련해 주거나 집을 나눠 거기에 살게하거나 땅을 나눠서 그것으로 생계를 꾸리도록 해주어야 했다. 하덕무는 조용히 참고 견디며 손을 소매 속에 넣고서 숙부가 죽기만을 기다려야 했고, 숙부가 죽은 후 소송을 일으켰다. 법에 이르길 "무릇 승려와 도사가 죄를 지어 속세로 돌아가 본가의 재산이 이미 처분된 경

---

198) 『청명집(淸明集)』戶婚門, 권8-12, 立繼類 「嫂訟其叔用意立繼奪業」(范通一, 有子四人, 長曰熙甫, …… 當熙甫死時, 其父母俱存, 皆無立繼之意, 非不愛其子也, 蓋謂蒐尒田業, 分與見存三子, 則其力均, 立一孫爲熙甫後, 則一房獨分之業, 已割其半矣, 割其一半, 使二子分受之, 則三子中立有厚薄之分, 此通一之本意也).
199) 『청명집(淸明集)』戶婚門, 권5-03, 爭業下 「僧歸俗承分」(立法有曰, 諸誘引, 或抑令同居親, 爲童行僧道, 規求財産者杖一百, 仍改正贓重者, 坐贓論)은 그 참고 자료가 될 것이다.

우는 그저 남아 있는 조부의 재산을 중분해서 현재의 것만 나눠가진다." 하열이 이미 죽은 지라, 탐하여 차지하려고 쫓아내려는 계략에 대해서는 우선 철저하게 법에 규명하는 것을 면해둔다. 그 하씨 현재재산은 모두 합쳐 "자식은 아버지를 승계하여 지분을 받는다"는 법에 의해 균등히 쪼개어 양분한다.200)

이라 되어 있는 것이 그것이다.

공동재산친족은 비록 공동재산에 지분을 가지고 있어도 그 처분은 제한되어 있었다. 그러나 가장이 직계존속인 경우에는, 나까다가 오루(中田薰)씨가 논했듯이, 직계존속이 자손에 대해 가지고 있는 강대한 교령권과 공동재산관리권이 혼동되어, 자유롭게 공동재산을 처분할 수 있었지만, 그 방계존속인 경우에는, 이런 권한을 가지지 못해, 가족이라도 존장의 허가 없이는 가산을 처분할 수 없었다.201) 『청명집(淸明集)』은 「위법교역류」에 보이는 "모친이 살아 있으면 형제와 함께 몫이 있다(母在與兄有分)"라는 판어(앞에서 제시한)는, 존장의 허가없이 가산을 전매典賣한 경우에는 상대방으로 하여금 전매典買재산을 반환시키고, 상대방에게 교부한 대가(돈)는 몰관한다는

---

200) 『청명집(淸明集)』戶婚門, 권5-03, 爭業下「僧歸俗承分」何烈, 亦無親子, 遂拘養異姓子趙喜孫爲男, 晚年, 妾生一男, 名烏老, 德楮年齒漸老, 頗知家世, 始有不甘乃叔抑逼之心, 遂於淳祐二年, 歸俗長髮還, 與何烈同居, 何烈年老, 依違悍妻在傍, 愛子在側, 不能明斷勇決區處, 德懋分屋而居之, 析田以瞻之, 德懋隱忍不免袖手, 以待乃叔之死, 叔死, 而訟興矣, 在法, 諸僧道犯罪還俗, 而本家已分者, 止據祖父財産衆分見在者均分, 何烈旣身亡, 所有規求一節, 且免盡法根究, 其何氏見在物業, 並合用子承父分法作兩分. 임대희 외, 「역주 『청명집』」「호혼문」제5권」, 『중국사연구』34, 2005, pp.344~347 참조.

201) 中田薰, 「당송시대의 가족공산제」『국가학회잡지』제40권 8호, p.29 이하. 仁井田陞, 「당송시대 가족공산과 유언법」『市村박사 고희기념 동양사 논총』, p.897 이하. 또 이 仁井田陞, 「당송시대 가족공산과 유언법」『市村박사 고희기념 동양사 논총』, p.900에서 「가족의 가산에 대한 권리는 이 가장권에 억압되어 있었다. 즉 지나의 가장권은 云云」이라 했는데, 앞에는 교령권, 뒤는 가부권으로 고치겠다.

취지를 판시判示한 것이다. 당령 및 송초에 행해진 슈에서는, 이런 경우 "물건은 주인에게 돌려주고 돈은 몰관해서 추급하지 않는다.(物卽還主, 錢沒不追)"라 하고, 송 건륭년간의 기청에서는 "전업은 각각 양쪽 매매자에게 돌려 주고 돈을 이미 비유가 써버려 추징하거나 받아낼 것이 없다면 가장[家主]이나 존장으로부터 거두어들일 수 있는 범위 안에 들지 않는다.(錢業各還兩主, 其錢已經卑幼破用, 無可徵償者, 不在更於家主尊長處徵理之限)"이라 했는데,202) 남송에서는 "전錢은 몰관沒官하고, 토지(業)는 주인에게 돌려준다(還主)"라 되어있었다. 또 『청명집(淸明集)』「위법교역류」에는

전택田宅을 거래할 때에는 당연히 법률에는 그에 관한 조문이 규정되어 있다. 모친이 살아 계시면, 모친을 계약서의 필두인(契首)으로 해야 하고, 재산이 형제들에게 분할되지 않았다면, 형제들은 공동으로 계약서를 작성해야 한다. 모친이 생존해 있고, 형제도 5명이 모두 생존해 있는데도, 한사람이 자기 마음대로 토지를 전매典賣하는 것은 있을 수 없는 일이다. 위준魏峻의 모친 이李씨는 아직 살아계시고, 형兄인 위현魏峴과 위협魏峽, 그리고 아우 위교魏嶠도 살아 있다. 만약 토지와 가옥(田宅)을 전매하려고 한다면, 모친의 동의를 얻어 계약서를 만들고, 형제 5명이 동시에 서명 날인해야만 비로소 합법적인 계약이 성립된다.203)

라 되어있으므로, 남송에서도 가족공동재산의 처분을 하는 경우에는, 어머니를 계약서의 필두서명인(契首, 또는 契頭라 한다)으로 하고, 그 아들이 여기에 같이 서명했음이 틀림없다.204) 또 『청명집(淸明集)』에

---

202) 中田薰, 「당송시대의 가족공산제」 『국가학회잡지』제40권 8호, p.31.
203) 『청명집(淸明集)』 호혼문(권9—06) 「모친이 살아 있을 때에는, 형제들은 함께 재산을 소유해야 한다 (母在與兄弟有分)」 交易田宅, 自有正條, 母在則合令其母爲契首, …… 兄弟未分析, 則合令兄弟同共成契, ……若欲典賣田宅合從其母立契, 兄弟五人同時着押可也
204) 中田薰, 「당송시대의 가족공산제」 『국가학회잡지』제40권 8호, p.33.

법령에 의하면 "만일 조부모 부모가 이미 사망하고 공동소유분의 토지와 거주지를 마음대로 써 버린 자는 분할법[公法]에 준해 소급해서 반환시키고 원래 전매한 사람으로 하여금 대금을 돌려 주게 한다. 만일 전매 후 10년이 내였다면 소급하는 것을 면제하고 단지 그 값만큼 배상하게 한다. (또) 10년 이 지나고 전매인이 죽었거나 혹은 이미 20년이 되었으면 각각 재판의 대상 이 되지 않는다"라고 되어 있다.[205]

라 되어있어, 직계존속이 아니고 단순히 형제간의 공동재산인 경우 에, 형제 한명이 임의대로 가산을 전매해서 비용으로 썼을 때는, 그 전매자로 하여금 상대방에게 대가를 돌려주어, 상대방으로부터 형 제의 지분에 상당하는 가산을 반환케 하고(처분액이 자기의 지분을 넘지 않은 경우는 문제로 삼지 않는다), 전매典賣 후 이미 10년이 경 과한 경우에는, 가산의 반환은 면하지만, 상대방[206]으로부터 지분이 있는 형제에 대해 그 비용을 보상해주어야 한다고 규정한 입법에도 보인다.

직계존속인 가장은 또 강한 교령권에 기초해, 자유롭게 가산을 분할할 수 있고, 항상 가산분할규정에 따라야 할 필요는 없었다. 그 러나 방계존장인 가장이 분할하려 할 때는, 반드시 위의 규정에 근 거해야 했다.[207] 또 조부모 부모의 생전에는 그들의 허락이 있다면

---

205) 『청명집(淸明集)』戶婚門, 권4－19, 爭業上「漕司送許德裕爭田事」(準法, 諸祖父母父母已亡, 而典賣衆分田宅, 私輒費用者, 準分法追還, 令元典賣人還價, 卽典賣滿十年者免追, 止償其價, 過十年典賣人死, 或已二十年, 各不在論理之限 (임대희 외, 「『청명집』 「호혼문」 제4권 역주」 『中國史硏究』33, 2004년12월, pp.282～285)).
206) 여기서 '상대방'이 산사람인지, '판사람'인지 불명확하다. 문장으로 봐서는 산사람이 보상해야 되는 것처럼 되어 있으나 이미 산사람을 그 대가를 지불 했으므로 법논리상으로 보면 판사람이 지불해야 할 것이다. 따라서 이 문장 의 주어는 典賣人으로 보고서 그 가격을 보상하는 것은 典賣人이 되어야 될 것이다(역자주).
207) 가부장에 대한 문제에 관해서는, 국가의 법적 규율에 대해서는 물론 법습관 을 생각하는 경우에 대해, 그 후 더 넓은 견해를 가지게 되었다. 仁井田陞,

괜찮지만, 허락이 없이 비유卑幼가 재산을 마음대로 하는 것을 율에서 금하고 있었다.208) 당대 및 북송의 가산분할 규정은 『호령』「응분조」에,

> 　　諸應分田宅及財物者, 兄弟均分, (其祖父亡後, 各自異居, 又不同爨, 經參載以上, 逃亡, 經陸載以上, 若無父祖舊田宅邸店碾磑部曲奴婢見在可分者, 不得輒更論分,) 妻家所得之財, 不在分限, (妻雖亡沒, 所有資財及奴婢, 妻家竝不得追理), 兄弟亡者, 子承父分, (繼絶亦同,) 兄弟俱亡, 則諸子均分, (其父祖永業田及賜田亦均分, 口分田卽准丁中老小法, 若田少者, 亦依此法爲分,) 其未娶妻者, 別與聘財, 姑姊妹在室者, 減男聘財之半, 寡妻妾 (○中田薰氏云妾字當衍) 無男者, 承夫分, 若夫兄弟皆亡, 同壹子之分, (有男者不別得分, 謂在夫家守志者, 若改適, 其見在部曲奴婢田宅, 不得費用, 皆應分人均分)

이라 하는데,209) 남송에서도 그것과 비슷한 규정이 있었다는 사실을 『청명집(淸明集)』을 통해 알 수 있다.

　우선 가산의 분할은 당대 및 북송에서는 같은 항렬[同一世數]에 있는 방계친족(예를 들면 형제, 종형제) 간에 균평均平하게 이뤄져야 했다. 그러나 그 중 한 명 혹은 몇 명이, 먼저 사망했을 때는, 그 자손이 죽은 자를 대신하도록 되어 있었다.210) 『청명집(淸明集)』에 보이는 형제균분의 예로는,

> 이자흠李子欽은 몇 살 되지 않아 모친이 담염화譚念華댁으로 시집을 가는데 따라가서 양육의 은혜를 입은 것이 30년이다. 그것이 꼭 친부자지간과 무엇이 다르겠는가? 그러나 이자흠은 배은망덕하게도, 그 모친과 함께 계략을 꾸

『중국의 농촌가족』, 1952년8월, p.116 이하, pp.166~241. 仁井田陞, 『중국법제사연구』, 1962년3월, p.439 이하, p.468 이하 참조.
208) 中田薰, 「당송시대의 가족공산제」『국가학회잡지』제40권 8호, p.36 이하.
209) 中田薰, 「양노호령응분조의 연구」『법제사논집』제1권, pp.43~47. 仁井田陞, 『당령습유』, pp.245~247.
210) 中田薰, 「당송시대의 가족공산제」『국가학회잡지』제 40권 8호, p.39 이하.

며 담염화와 친자를 이간시켜 담염화의 재산을 점거하려고 꾸몄다. 담염화는
어리석고 무지하게도 후처의 사랑에 현혹되어, 이자흠의 간교에 말려들고
드디어 그 전처 소생의 아들을 쫓아내더니, 억지로 거짓계약서를 위조하여
토지를 모두 이자흠에게 귀속시켰다. ……담씨의 족장族長을 불러모아 담염화
가 관리해온 토지와 이자흠 명의로 구입해둔 것 모두 법조문에 비추어 자식
들에게 균분해야 한다. 이자흠의 죄상이 이와 같고, 본래 균분의 대상에 들어
가지 않지만, 함께 산 것은 오래되었고, 또 담염화가 지극히 사랑했으니 특히
한명분을 준다.[211]

을 들 수 있다. 종형제 간에 균분이 실시되었다는 것에 대해서는,
『원씨세범』 "부모가 모두 사망했을 경우에는 여러 아들들이 균분하
도록 한다(諸父俱亡, 作諸子均分)"라는 규정을 원용援用해 두겠다.[212]
또 형제 중 어떤 자가, 다른 사람 보다 먼저 사망했을 때 그 아들이
그것을 대신한 예로는

　　양회梁淮는 형제가 3명 있었는데, 형과 동생은 모두 사망했고, 양회梁淮만
　이 살아있다. 조카 양회로梁回老와 양석로梁錫老라는 자는 (양회) 형제들의 자
　식들로써, 2명 모두 부친의 몫을 상속받고 있었다. 양梁씨 집안의 재산은 이
　미 분할되었다.[213]

　　방문량方文亮에게는 3명의 아들이 있다. 장남 방언덕方彦德과 차남 방언성方

---

211) 『청명집(淸明集)』戶婚門, 권4−23, 爭業上 「隨母嫁之子圖謀親子之業」(李子欽,
　　甫數歲, 卽隨其母嫁于譚念華之家, 受其長育之恩, 凡三十年矣, 其與親的 (○親
　　的, 原作的親) 父子何異, 而李子欽, 背德亡義, 與其母造計設謀, 以離間譚念華
　　之親子, 圖占譚念華之家業, 譚念華愚蠢無知, 昵於後妻之愛, 墮於李子欽之姦,
　　遂屛逐其前妻所生之子, 勒令虛寫契字, 盡以田産, 歸之于李子欽, ……喚集譚
　　氏族長, 將譚念華所管田業, 及將李子欽姓名買置者, 竝照條作諸子均分, 李子
　　欽罪狀如此, 本不預均分之數 (임대희 외, 「『청명집』「호혼문」제4권 역주」
　　『中國史硏究』33, 2004년12월, pp.295∼299)).
212) 『원씨세범』권상, 分業不必計較.
213) 『청명집(淸明集)』戶婚門, 권9−05, 違法交易 「共帳園業不應典賣」(梁淮元有兄
　　弟三人, 兄與弟俱歿, 獨梁淮在焉, 其姪回老錫老, 則其兄弟之子, 俱承父子分,
　　梁氏物業已析).

彦誠은 전처前妻 황黃씨의 자식이고, 막내인 방운로方雲老는 첩妾 이李씨의 자식
이다. 방언성은 이미 사망하였고, 아들로 방중을方仲乙이 있다. 방운로方雲老는
겨우 2살이기 때문에, 집안의 재산은 모두 장남 방언덕이 소유하고 있다. 앞
서 방언덕이 제출한 소송장에서는 "아들 중을이 불법으로 도박을 하고, (집안
소유의) 토지를 함부로 팔았다"라고 한다. ……방운로를 낳은 이李씨도 건강
하다. 순우淳祐7(1247)년, 칙령소勅令所214)에서 심의한 평강부平江府의 진사
인陳師仁의 분할법에 따라, 토지를 이李씨에게 분여해서 생계를 위한 비용을
하게 하고, 남은 전토재산은 셋으로 균등 분할해서 각각 1호戸로 독립시킨다.
그렇게 되면, 아래로는 인정人情에 합치하고, 위로는 법의 의도에도 어긋남이
없으며, 오래도록 분쟁도 없을 것이다.215)

을 들 수 있다. 또 위에 의하면 적자든 서자든 상관없이, 평등하게
가산을 나눠받을 수 있었고, 이 또한 당대 및 송초기에 실시된 영
(令)과 상통되는 점이다. 그러나 『원전장』에 수록된 구례舊例에 의하
면, 적서嫡庶에 따라 얻는 몫이 달랐다. 『원전장』에

　檢照舊例, 應爭家財, 妻之子各四分, 妾之子各三分, 姦良人及幸婢子各一分,
云云

이라 되어있어, 적처에서 태어난 아들의 가산 취득분은 각 4분, 서
자는 각 3분, 양천 사이에서 태어난 아들은 1분이라 했다.216)

---

214) 4대 황제 仁宗朝이래, 때에 따라 발포된 勅令格式의 수는 계속 증대되어, 그
　　것들을 정리하는 기관이 필요하게 되었다. 여기서의 勅令所는 詳定編勅所라
　　든지 編修諸司勅式所로 여러 가지 명칭으로 불리우지만, 王安石이후는 상설
　　적인 관청이 되었다. 북송말로부터 정식이름은 詳定一司勅令所이며 약칭하
　　여 勅令所로 한다. 『宋史』권161, 『咸淳臨安志』권7 참조.
215) 『청명집(淸明集)』戸婚門, 권9－08, 違法交易「業未分而私立契盜賣」(方文亮,
　　生三男, 長彦德, 次彦誠, 前妻黃氏生, 幼雲老, 妾李氏生, 彦誠已死, 有男仲乙,
　　雲老年方二歲, 家業盡係長男彦德主掌, 昨據彦德入狀論, 男仲乙, 非理曙博盜
　　賣田産, ……雲老所生李氏尙存, 合照淳祐七年勅令所看詳到平江府陳師仁分
　　法, 撥田與李氏膳養, 自餘田産物業, 作三分均分, 各自立戸, 庶幾下合人情, 上
　　合法意, 可以永遠無所爭競).

당대 및 북송에서는 재산을 나눈 형제의 처가 그들의 친정에서 지참해 온 재산은, 분할 대상이 아니었다.[217] 그것은 『청명집(淸明集)』(권5-04)의 「호혼문」 쟁업류, 처의 재산으로 토지를 사면 분할 대상이 되지 않는다(妻財置業不係分)의 판어(앞에서 제시한)에 의하면, 남송에서도 마찬가지였다. 이 판어에 보이는 "법에 이르길 "처가로부터 얻은 재산은 재산 분할 범위에 들어가지 않는다(在法, 妻家所得之財, 不在分限)[218]"고 하는 규정은 당대 및 송초에 행해진 호령 응분조에 상당하는 남송의 경원 혹은 순우 년간의 호령일 것이다. 왜냐하면 같은 판어 안에 "서평3년"이라 되어있어, 사건이 서평3년 이후의 것이기 때문이다.[219] 또 위의 『청명집(淸明集)』에는

> "법에 '처의 재산은 모두 남편과 함께 주인이 된다'라고 되어 있다. 지금 진중용이 처의 지참금에 해당하는 토지를 직접 저당잡힌 것은 정당한 거래행위이다.[220]"

---

216) 『원전장』권19 호부5, 家財의 吳震告爭家財條. 이것은 통제조격에 수록된 것과는 문자가 다르다(仁井田陞, 『당령습유』, p.49 참조). 명나라 호령에는 「分析家財田産, 不問妻妾婢生, 止依子數均分, 姦生之子, 依子數, 量與半分, 如別無子應繼之人爲嗣, 與姦生子均分, 無應繼之人, 方許承紹全分」(仁井田陞, 『당령습유』, p.248)이라 되어있어, 처(妻)첩(妾)비(婢)의 출생을 불문하고 아들에게 공평히 나눈다고 되어 있다. 그러나, 간생의 아들만은 몫이 달랐다.
217) 中田薰, 「당송시대의 가족공산제」『국가학회잡지』제40권 8호.
218) 『당률소의』제162조, 권12, 「호혼」13, 卑幼私輒用財物에 "「戶令」에 따르면 "田·宅 및 재물을 나눌 때에는 형제가 균등하게 나누어야 한다. 妻家에서 얻은 재물은 나누는 범위에 포함시키지 않는다(准戶令, 應分田宅及財物者, 兄弟均分, 妻家所得之財, 不在分限)"이라 되어 있다.
219) 『원전장』권19, 호부5, 家財의 弟兄爭家産事條에 「照得, 舊例, 應分家財若因官及隨軍, 或妻家所得財物, 不在均分之限」이라 되어있어, 금 및 원나라에서도 관으로부터 혹은 군으로부터 얻은 재산, 또는 처가 지참한 재산은 特有産이므로, 공동재산에는 포함시키지 않도록 되어 있었다. 이 규정은 『통제조격』에도 보인다. 이전 『당령습유』, p.49에서, 『통제조격』「不在分分之限」에서 뒤의 '分'이 아마도 '衍'일 거라고 주석을 달았는데, 『원전장』에 의하면 '均分'을 '分分'으로 잘못 적은 것 같다.

이라 되어있다. "주(主)"는 일반적으로 소유자를 나타내는데 이 경우에 남편이 처의 지참재산의 단독소유자임을 나타내는 것이 아니라, 부부의 공동 재산이고 남편의 책임아래에 있게 된다고 해석할 수 있다. 여기까지만 언급하고 이후 내용은 다음의 연구로 미루도록 하겠다. 그러나 아무튼 처가 지참해 온 재산은, 남편의 관리 아래에 있었지, 가장(부친)의 관리에는 속하지 않으므로, 남편은 가장(부친)의 승낙 없이도 이것을 처분할 수 있었다고 해석된다. 지참재산이 부모 혹은 형제간의 공동 재산이 아니었던 예로

> 범통일에게는 네 명의 아들이 있는데, 장남은 희보熙甫이다.……범희보는 이미 장가를 갔고, 아이도 낳았는데, 얼마 되지 않아 부부와 아이가 모두 죽어버렸다.……범희보가 직접 산 전지는 제사를 지내기 위한 밭으로 하고, 세 집에서 번갈아 가며 경작 수확하게 해서 그 제사를 지내도록 했다.…… 이를 위해 소정2년(1292) 10월, 침기부砧基簿를 작성하고, 장부 앞머리에 "장남 희보는 이미 죽었지만 재산분할은 원하지 않는다. 그가 살아 있을 때, 처의 지참금으로 산 전지 등은 제사를 지내기 위한 밭으로 충당한다"라고 하고, 장부 말미에는 아버지 범통일 어머니 진씨가 서명을 하고[着押·花押] 형제들이 모두 서명[簽]했다. 아버지의 명령이 있었다는 것은 이것으로 명백하다. 침기문서 모두 이미 납인 서명이 끝났다.[221]

을 들 수 있다. 처의 지참금인 장렴을 가지고 산 토지(장렴전)는 처(혹은 부부)의 사재이므로, 남편의 부친 또는 남편의 형제들간의 공동재산 안에 넣을 수 없다는 점은, 이미 기술한 대로이다.[222] 이

---

220) 『청명집(淸明集)』戶婚門 (권5-04) 처의 재산으로 토지를 사면 분할 대상이 되지 않는다(妻財置業不係分)(又法, 婦人財産, 竝同夫爲主, 今陳仲龍, 自典其妻裝奩田, 乃是正行交關).

221) 『청명집(淸明集)』戶婚門, 권8-12, 立繼類 「嫂訟其叔用意立繼奪業」(范通一, 有子四人, 長曰熙甫, ……熙甫已娶妻生子, 未幾, 夫妻與子俱亡,…… 以熙甫私置之田, 爲烝嘗田, 使三房輪收, 以奉其祭祀, ……故紹定二年十月, 立砧基簿, 簿首言, 長男熙甫旣亡, 不願分産, 其存日將妻粧奩置到田業, 撥充烝嘗, 簿尾係通一母陳氏着押, 兄弟同簽, 是有父命明矣, 砧基文書皆已印押訖).

사례에서도 처의 지참금(장렴)을 가지고 산 전업은 장렴전업으로 봐야 하고, 남편의 부친 혹은 형제들간의 공동재산에 넣을 수 없는 개인재산임을 알 수 있다.223) 또 과부는 지참재산이라 하더라도 자손이 17세가 되면, 그것을 자유롭게 처분할 수 없었다. 『청명집(淸明集)』에는 이와 관련해서 다음과 같은 판어가 보인다. 또 문장 안의 "남편이 죽으면 자식을 따른다(夫死從子)"는 말은 유교의 경전에도 보이는 부녀후견제(婦女後見制)라고도 볼 수 있는 속담이다. 과부가 아들이 17세가 될 때까지는 가산을 처분할 수 있었던 것에 대해서는 원나라 제도도 참고해 보아야 할 것이다.224) 또 아들이 17세가 되어 행위능력을 가지게 되었을 때, 가산전매증서에는 그 아들이 서명인이 되는데, 그 경우 어머니가 필두서명인이 된 것은, 앞서 말한 대로이다. 여기에서 위의 주장을 보충하겠다.

엽씨의 57석 토지는, 엽씨가 아직 살아있는지라 어찌 다른 사람이 참견하겠는가? 그러나 엽씨가 이 토지를 노후 대책의 자금으로 하는 것은 괜찮지만, 사사로이 팔아도 된다는 의미는 아니다. 재혼 시에 혼수로 지참하여 가는

---

222) 『청명집(淸明集)』戶婚門, 권5-04, 爭業下「妻財置業不係分」을 참조.

223) <옮긴이주>; 육정임, 「宋代 딸의 相續權과 法令의 變化」『이화사학연구』30, 2003년. 육정임은 지참재산은 신부 부모의 가산이 신부 곧 딸 개인의 소유로 되는 것이고, 이것이 남편과 자식 즉 그 딸 부부만의 재산으로 同居共財하는 시부모나 가족들에게 분산되지 않는 사재의 개념으로 같은 견해를 보이고 있다. 그리고 이러한 지참재산은 그녀와 남편 그리고 자녀들의 독립가정의 재산으로 그 자녀의 자녀에게까지 전승된다는 점에서 지참재산을 아들의 빙재와 같은 혼인비용이 아니라 신부측의 분할상속 재산과 성격이 같다고 주장하고 있는데 이는 기존에 육정임이 따르던 滋賀秀三의 지참금을 혼인비용으로 보는 시각과 다른 견해이다.

224) 『통제조격』권3 호령(호절재산), 『원전장』권19 호부4 가재(戶絶卑幼産業)에 인용된 중통5년 8월의 규정에 「若母寡子幼, 其母不得非理典賣田宅人口, 放賤爲良, 若有須合典賣者, 經所屬陳告, 勘當是實, 方許交易」이라 되어 있는 것과 대조해서 생각할 필요가 있다. 仁井田陞, 『지나신분법사』, 1942년1월, p.826 이하, p.849.

것도 안되고, 유언으로 딸에게 물려주는 것도 안된다. 왜냐하면 법령에 "과부
가 자식이 없거나, 자손이 16세 이하라면 모든 토지와 가옥[田宅]의 전매를
허락하지 않는다." 대개 남편이 죽으면 자식에게 따른다는 의미이다. 부인은
자신이 나누어 줄 토지와 재산이 없으므로 이에 어찌 사사로이 전매할 수 있
겠는가. 부인이 시집올 때 지참한 토지는 부모가 남편의 집에 준 토지재산이
므로 당연히 남편 집에 상속권이 있다. 어찌 자신에 따르는 것으로 가지려
하는가 (그것을 그대로 자신의 지참물로 해서는 안 된다.)225)

다음에 당대 및 북송에서는 자식을 남기지 않고 다른 이보다 먼
저 사망한 공동재산(共産)형제는 과부[寡妻]가 죽은 남편을 대신해
공동재산의 몫을 받았다 (그러나 처가 다른 집으로 시집가면 가산
분할권의 자격을 잃었다).226) 남송에서도 마찬가지로, 『청명집(淸明
集)』에는

방천록方天祿이 죽었을 때 아들은 없고, 처는 겨우 18세에 과부로 남았다.
꼭 수절할 수는 없겠지만, 개가하지 않는 이상 남편의 재산을 물려받을 수
있다. 그러나 아침에 시집가면 저녁에 의절義絶되어 버리는 것이 세상 이치
다. ……이중 천록의 아래로 귀속해야 하는 것은 관이 장부를 만들고, 또 본
종의 소목 상당자에서 뽑아 천록의 후사를 세운다. 처가 살아 있을 때 본래
는 검교하지 않지만 사안에는 때와 경우가 있다. 18세의 과부는 굳은 의지
가 없고 게다가 왕사성이 옆에서 군침을 흘리고 있으므로 검교할 수밖에 없
다. 청하건대 해당현이 판결을 살펴 보고 구분하여 처리한 후에 보고하
라.227)

---

225) 『청명집(淸明集)』戶婚門, 권5－05, 爭業下「繼母將養老田遺囑與親生女」葉氏
五十七碩穀田, 葉氏尙在, 豈外人敢過而問. 但葉氏此田, 以爲養老之資則可, 私
自典賣固不可, 隨嫁亦不可, 遺囑與女亦不可. 阿者? 在法‥ 寡婦無子孫年十六
以下, 並不許典賣田宅. 蓋夫死從子之義, 婦人無承分田産, 此豈可以私自典賣
乎? 婦人隨嫁奩田, 乃是父母給與夫家田業, 自有夫家承分之人, 豈容捲以自隨
乎? 임대희 외, 「역주 『청명집』「호혼문」제5권」, 『중국사연구』34, 2005,
pp.349～351 참조.
226) 中田薰, 「당송시대의 가족공산제」『국가학회잡지』제40권 8호.
227) 『청명집(淸明集)』戶婚門, 권8－26, 檢校「檢校嬰幼財産」(方天祿死無子, 妻方
十八, 而孀居未必能守志, 但未去一日, 則以一日承夫之分, 朝嫁則暮義絶矣,

이라 되어있다. 위의 문장 가운데 "검교"라는 것은 관리자가 없는 어린아이의 재산을 관이 관리한다는 의미인데, 송대에는 관리를 위해 검교고檢校庫가 설치되어 있었다.228) 다음에 드는 『청명집(淸明集)』의 판어는 검교재산을 함부로 써버리는 것을 처단한 것이다.

조칙에 의하면 이미 검교한 재산을 함부로 지출하여 사용한 자는, "조정의 봉장전물封椿錢物을 마음대로 지출한 법과 같이 논죄하여 도형2년으로 한다"라고 하고, 또 율律에 "관사의 문서를 위조하고, 또 빼고 더한 것은 장형100대"라고 되어 있다. 지금 증원수曾元收가 이미 검교한 돈 600여관과 은잔 20개를 마음대로 지출하고 또 관인이 있는 계약서229) 6통을 지우고 고쳤다. 법이 금지하는 것이 왜 있다고 보는가? 만일 조문에 비춰 죄를 부과하지 않는다면, 전해들은 사람들은 본 부府도 또한 그의 손아귀에 있다고 말할 것이므로 감히 힐문하지 못할 것이다. 그리하여 이로부터 간악한 모두 "여기에 따라 이것을 흉내낼" 것이다.230)

이상과 같이 당 및 북송에서의 가산분할법, 즉 『호령』「응분조」의 요점은 남송에서도 변하지 않고 답습되었는데, 전체 조문이 완전히 동일했다고는 할 수 없을 것이다. 예를 들면 같은 조의 본주

……其合歸天祿位下者, 官爲置籍, 仍擇本宗昭穆相當者, 立爲天祿後, 妻在者, 本不待檢校, 但事有經權, 十八孀婦旣無固志, 加以王思誠從旁垂涎, 不檢校不可, 請本縣詳判區處訖申).

228) 검교 및 검교고에 대해서는 加藤繁, 「송의 검교고에 대해」『사학』제6권 3호, p.139 이하. 仁井田陞, 「당송시대의 가족공산과 유언법」『市村박사 고희기념 동양사 논총』, p.909. 이것은 미성년자 후견에 관계된 것으로, 거기에 대해서는 仁井田陞, 『지나신분법사』, p.482, p.846 참조.

229) 仁井田, 『당송 법률문서의 연구』, p.95. 부동산 계약, 典質 계약시 관사에게 신고, 관인을 날인한 것을 朱契, 紅契라고 한다.

230) 『청명집(淸明集)』戶婚門, 권8-27, 檢校 「侵用已檢校財産論如擅支朝廷封椿物業」(準勅, 輒支用已檢校財産者, 論如擅支朝廷封錢椿物法, 徒二年, 又律, 詐爲官司文書, 及增減者, 杖一百, 今曾元收, 擅支已檢校錢六百餘貫, 銀盞二十隻, 又揩改朱契六道, 其視法禁何有哉, 若不照條科斷, 則聞者, 將謂本府亦爲其所持, 莫敢致詰, 自此姦民, 皆將是則是傚矣).

"구분전口分田은 바로 정중노소법丁中老小法의 법에 준한다"라고 한 규
정과 같은 것은 아마도 남송의 령에는 없었다고 생각한다.
　　공동재산친족 가운데 남자가 없거나, 혹은 과부가 없을 때는 소
위 호절이 되어 가산은 미혼여자들이 나눠 가졌다.231)
　　『청명집(淸明集)』에도

　　　법령을 조사하면 "만일 호절의 재산은 결혼하지 않은 딸들[재실녀]에게 나
　　눠준다"라 되어 있다.232)

이라 되어있다.233) 호절되었을 때는, 귀종녀 및 출가녀도 또한 가산
을 분할받은 경우가 있는데, 그 분할법은, 『청명집(淸明集)』에 의하
면 소위 명계와 관련지어 규정되었다(앞 절 참조). 또 여자몫에 대
해 주목해야 할 것은, 『청명집(淸明集)』에 보이는 아래의 판어이
다.234)

　　　법문에 따르면 "부모가 이미 죽고 아이들이 재산을 분할하는 경우는, 딸은
　　아들의 반을 취득해야 한다. 유복자도 역시 아들이다"라고 되어있다. 주병周丙
　　이 죽은 후에 재산은 삼등분 해서, 유복자 아들이 3분의 2를 취득하고, 세을
　　낭細乙娘이 3분의 1을 취득해야 한다. 이렇게 분할해야 법 취지에 적합하다.
　　이응용李應龍은 다른 집안의 사위가 되어 처갓집에 고아가 있는 것을 보고 법
　　규 따위는 아랑곳하지 않고 어린 고아를 불쌍히 여기지 않고, 함부로 장인의
　　비옥한 전지를 자기 친족에게 주고, 장인 장모가 나눠준 것이라고 마음대로

---

231) 당 및 송 초에 행해진 상장령 호절조 및 『송형통』권12 에 기록된 송 건륭 년
　　간 기청의 호절에 관한 규정에 대해서는 中田薫 前揭 p.45 주 참조. 또 당송
　　의 호절에 대해 자세한 것은 仁井田陞 前揭 p.902 이하 참조.
232) 『청명집(淸明集)』戶婚門, 권8－08, 立繼類「繼絕子孫止得財産四分之一」(令文,
　　諸戶絕財産, 盡給在室諸女).
233) 仁井田陞, 『당령습유』, p.838. 또 『後村선생 대전집』권193 서판. 『後村선생 대
　　전집』권193 서판(건창현 劉氏訴立嗣事)에 의하면, 이 규정에 보인 사건은 건
　　창현이다.
234) 『後村선생 대전집』권193 서판 참조.

말했다. 세상에 사위가 처갓집 재산을 나눠주는 도리가 어디에 있는가. 현위
가 인용한 장괴애가 재산을 삼등분해서 사위에게 주었다는 고사는, 다름 아
닌 현행 조령條令에서 딸이 아들 몫의 반을 취득한다는 의미이다. 동부 현위
에게 의뢰명령서를 제출하고, 주병 호적 아래의 일건一件의 전토田土·원지園
地의 간조干照와 부재浮財 목록을 제출하게 해서, 기름지거나 메마르거나[肥瘠]
좋고나쁨(良惡)을 모두 평균 내어 삼등분하고, 분할할 당사자들을 소환해서
본 관청에서 직접 침구拈鬮시킨다. 첨청은 우선 이응용의 일건 위법 간조를
찾아내어 말소한 후 이 사건의 기록에 첨부한다.235)

위의 판어에 의하면 여자도 남자와 동시에 가산을 나눠 받을 수
있었고, 그 분할 비율은 남자의 1/2로 한 입법예가 남송에 있었던
것이다.236) 당 및 송 초에 행해진 『호령』「응분조」에는, 재실녀는
남자가 가져가는 몫의 반을 받아야 된다는 규정이 있는데, 위와 같
은 여자몫에 대한 규정은 없다. 『청명집(淸明集)』, 호혼문, 「입계류」,
8-15, "명계命繼와 입계立繼는 같지 않다"라는 판어에 의하면, 남편
이 아들 없이 사망하고, 과부에 의해 계를 세우는 것을 "입계"라 하
고, 부부 모두 아들을 남기지 않고 사망해서 부모나 근친의 존장

---

235) 『청명집(淸明集)』戶婚門, 권8-24, 分析「女壻不應中分妻家財産」(在法, 父母
已亡兒女分産, 女合得男之半, 遺服之男, 亦男也, 周丙身後財産, 合作三分, 遺
腹子得二分, 細乙娘得一分, 如此分析, 方合法意, 李應龍爲人子壻, 妻家見有孤
子, 更不顧條法, 不恤幼孤, 輒將妻父膏腴田産, 與其族人, 妄作妻父妻母標撥,
天下豈有女壻中分妻家財産之理哉, 縣尉所引張乖崖三分與壻故事, 卽見行條
令, 女得男之半之意也, 帖委東尉, 索上周丙戶下一宗田園干照, 幷浮財帳目, 將
磽腴好(○好, 後村文集作'美') 惡匹配, 作三分, 喚上合分人, 當廳拈鬮, 僉廳,
先索李應龍一宗違法干照, 毀抹附案).
236) <옮긴이주>; 이 법령은 중국의 가족사연구에 있어서 가장 격렬한 논쟁을
불러온 것 중에 하나로, 육정임은 滋賀秀三의 의견대로 법령의 존재유무에
대해서는 동의하고 있지만, 양자와 친딸이 있는 경우에 국한되었다고 보고
있는 滋賀秀三의 견해와 달리 국가법으로 시행은 되었으나 당시 모든 사람
들이 이법에 동의하고 따르지는 않았을 것으로 생각하고 법령의 강제력이
충분하지 않았다고 주장하고 있다. 그러나 여전히 의견이 분분하여 하나의
견해를 따르는 것은 무리인 듯하다. 육정임, 「宋代 딸의 相續權과 法令의 變
化」『이화사학연구』30, 2003년 참조.

등이 계를 명하는 것을 "명계"라 한다. 가산의 몫에 대해서는, "입계의 경우 아들이 아버지의 지분을 승계할 때의 법과 같아 마땅히 그 재산의 전부를 줘야 하고, 명계의 경우 시집가지 않은 딸이나 이혼한[소박맞은] 딸이 없을 경우에 재산의 3분의 1을 얻을 뿐이다"237)이라고 한다. 즉 명계의 경우만 여자몫의 비율이 문제가 되는데, 적남에 대해서는 물론 입계에서도 여자몫과의 비율은 새삼스럽게 문제가 되지 않는다. 그러나 앞절에서도 서술했듯이, 남송의 어느 지방에서는 양자와 가녀家女가 있는 경우에, 양자는 가산의 1/2만 취득하는 관습이 있었는데, 이것도 제정법에는 없었던 부분이라고 생각한다. 남송의 여자몫에 대해 그 후, 연구를 거듭한 결과, 여자는 남자의 반을 받는 것이 당시 법률이었다고 밝혀졌다.238)] 여자가 2명 있으면 그 두명과 양자 1명이 가산을 똑같이 나누는 것이다 (앞 절 참조). 지금부터 30년 전에 이글은 처음 쓸때에는 그때까지 이런 여자몫에 대한 자료를 찾은 것은 처음이었고 지금까지 알려진 당령의 규정과도 상당히 달라 충분히 이해할 수 없었다. 위의 여자몫에 대해서는 앞으로 다시 고찰하고자 한다.

또 『청명집(淸明集)』, 분석류(앞에서 제시한)에서 "유복자"라 하는 것은 부친이 사망했을 때 아직 출생하지 않은 아이[胎兒]를 말하는 것인데, 이 유복자는 가산의 분할에 대해서 이미 태어난 것과 동일하게 대우를 받았다.

『청명집(淸明集)』에 의하면 남송에서는 공동재산의 일부를 분할하는 일 없이, 부친의 과처첩寡妻妾을 위해 보류되었다. 『청명집(淸明集)』의

---

237) 『청명집(淸明集)』 호혼문(권8-16) 「再判」, "立繼者, 與子承父分法同, 當盡擧其産, 以與之, 命繼者, 於諸無在室歸宗諸女, 止得家財三分之一".
238) 仁井田陞, 『중국법제사연구』(가족촌락법) 전게, p.381 이하, p.421 이하.

엽씨라는 자는 곧 장삼蔣森의 후처이고,……엽씨가 이 토지를 노후 대책의
자금으로 하는 것은 괜찮지만, 사사로이 팔 수는 없다.239)

방문량方文亮에게는 3명의 아들이 있다. ……막내인 방운로方雲老는 첩妾 이
李씨의 자식이다.……토지를 이李씨에게 분여해서 생계를 위한 비용을 하게
하고, 남은 전토재산은 셋으로 균등 분할한다.240)

과부 송씨에게는 3명의 아들이 있었다. ……호적에 명시되어 있는 재산은
세 명에게 각각 분할하였고 그 밖에 문앞의 연못과 동구곡東丘谷의 원지園地와
또 다른 연못 1곳은 분할을 하지 않고 송씨를 부양하기 위한 비용으로 충당
하기 위해 남겨두었다.241)

에 보이는 "양노지자養老之資"·"양노전養老田"·"선양膳養"·"양노養老"
라고 불리는 것이 그것이고, 후세의 자료에서는 양섬養贍이라고도
한다.

공동재산분할규정에 따라, 공동재산에 따라 가산을 공평하게 할
당해서, 조종祖宗의 무덤 앞 또는 신전 등에서 제비를 뽑아 나눈다
(鬮分)고 했다. 이것은 돈황에서 발견된 고문서, 『원씨세범』이나 또
는 명청의 자료 등에 의해서도 밝혀졌는데,242) 『청명집(淸明集)』, 「분
석류」(앞에서 제시한)에도 "침구砧鬮"라고 되어있어 구분했던 자료를
찾을 수 있다. 또 『원전장』에도

---

239) 『청명집(淸明集)』戶婚門, 권5－05, 爭業下「繼母將養老田遺囑與親生女」(葉氏,
    乃蔣森後娶之妻, ……葉氏, 此田以爲養老之資, 則可私自典賣固不可).
240) 『청명집(淸明集)』戶婚門, 권9－08, 違法交易 「業未分而私立契盜賣」(方文亮,
    生三男, ……幼雲老, 妾李氏生, ……撥田與李氏膳養, 自餘田產物業, 作三分
    均分).
241) 『청명집(淸明集)』戶婚門, 권9－10, 違法交易「買主僞契包幷」(寡婦阿宋有三男,
    ……戶下物業除三分均分外, 剋留門前池東丘谷園, 又池一口, 充阿宋養老).
242) 仁井田陞, 「당송시대의 가족공산과 유언법」전게, p.892 이하. 돈황에서 발견
    된 그 외의 가산분할문서에 대해서는 仁井田陞, 『당송법률문서의 연구』,
    1947년3월, 제13장 및 仁井田陞, 『중국법제사연구(가족촌락법)』, 1962년3월,
    제8장 제12장 제13장에 수록된 것이 참조가 된다.

唐楨自行主意，與親族唐剛大等議，令二子均分家產，赴官執法，連判所立分
書，於内明白，將實有田土，品搭均分，又該品搭之由，（○由，疑當作田）乃唐柱
應分之業，又該分撥之後，兄弟自宜孝友，同心協力，支持門戶，若爭執，以不孝
論如此等語

라 되어있어,243) 원나라에서도 가산분할에 "품탑균분"을 하고, 분할
문서에, 분할 수의 효우와 협력을 맹세한 문언을 기재한 것이 엿보
인다. 또 가산분할 때 작성한 계는 분할의 뜻에 의해, 분서分書·분
계分契·분권分券·분관分關 등이라 불리고, 구분鬮分이라는 뜻을 따라
구서鬮書라고도 불린다. 『청명집(清明集)』에서는 이것을 분관分關·수
분관서受分關書 또는 분관부서分關簿書 등 이라 칭한다.

제10절 유언

중국에는 예전부터 유언이라는 용어가 있었다. 『좌전』에 보이는

> 돌아가신 분이 남긴 말씀이 있사온데, 가신인 저에게 지시하여 말하기를
> "남씨가 생남生男을 하거든, 군주와 대부들에게 알려드리고, 그 아들을 후계
> 자로 세우도록 하라"고 하셨습니다. 그런데 이번에 아기를 낳았는데 아들이
> 옵니다. 따라서 감히 고하옵니다.244)

은 가장 오래된 예이다. 유언은 '유명遺命'·'유령遺令' 또는 '유촉遺
囑'이라고도 했다. 『청명집(清明集)』에는 모두 '유촉'이라 되어있다.

---

243) 『원전장』권19, 호부5, 가재의 同宗過繼男與庶生生子均分家財條. 문장 안의 「품
　　탑균분」에 대해서는 仁井田陞 전게논문 p.894 참조(보충 : 전주 소게 仁井田
　　2서, 補註 (8) 참조).
244) "夫子有遺言，命其圉臣曰，南氏生男，則以告於君與大夫，而立之，今生矣，男
　　也，敢告"(애공3년 6월)

그런데 사람의 마지막 뜻을 존중해서 이것을 법률적으로 보호하려
한 것이 유언법의 목적이다. 『청명집(淸明集)』에 나타난 남송시대
유언의 내용은 신분상의 행위와 재산처분에 관계된 것이다. 우선
전자의 예를 『청명집(淸明集)』에서 찾아보면

> 지금 왕경안이 자신의 동생인 왕요명과 명계命繼를 다투고 있는 사건에 대
> 해 본관이 이전의 일건서류를 조사해 보니, 재판분쟁의 계기가 일단 시작되
> 고 거기에서 거기로 재산을 날려버리게 되면 관청 쪽에서도 공론에 편을 들
> 어 거기에 대해 확실한 조처를 강구하지 않으면 안된다. 지금 왕경안이 그
> 동생 요명과 명계를 다투고 있는 사건에 대해 본관이 지금까지의 일건서류를
> 모아 조사해 보니, (아래의 사실을) 알게 되었다. 아유阿游와 그 남편인 왕구
> 汪球는 왕여단汪如旦 · 왕여규汪如珪 · 왕여장 · 왕여송 · 왕여옥汪如玉 모두 5명의
> 아들을 낳았다. 왕구가 죽은 후 장남인 왕여단도 일찍 세상을 떠나 그처인
> 아주阿朱는 시어머니 유씨의 명령과 남편 왕여단의 살아생전의 유언을 받들
> 어, 왕여규의 아들 왕경안을 왕여단의 후계자[嗣子]로 삼고 그 문서에 여러
> 형제들이 모두 화압을 찍었고 막내 아들인 왕여옥도 실제로 참여하였다. 이
> 미 관을 통해 제부를 마쳤고 증명서도 발급받아 왕경안이 가지고 있다. 무릇
> 10여년이 지나 가정 9년(1216)에, ……245)

> 왕연해는 비록 혈연관계는 멀지만 소목에 해당하고, (일족 내의) 여러 집
> 안에도 적당한 아이가 없는 이상 다툴 이유는 전혀 없었다. 그러나 왕광한이
> 라는 자만이 그 조상의 재산이 먼 일가에게 분배되는 것에 참지 못해, 그대
> 로 관에 호소하고 유언장을 들고 와서 "왕이의 모친은 일찍이 자신을 후사로
> 세웠다"고 말하고, 왕연해와 나란히 함께 후사로 만들려 했다. 즉 숙부대의
> 손자이기 때문이라는 이유였다. 본 관청에서는 그 유언이 반드시 정당한 것
> 이 아니므로 ……246)

---

245) 『청명집(淸明集)』戶婚門, 권8-19, 立繼類 「後立者不得前立者自置之田」(今據
　　　汪慶安, 與其弟堯蓂, 爭論命繼事, 當職拖照前案, 得見阿游與夫汪球共生五子,
　　　如旦, 如珪, 如璋, 如松, 如玉, 汪球身故之後, 其長男如旦亦早世, 妻阿周奉阿
　　　姑游氏之命, 及其夫如旦存日遺囑, 將如珪之子慶安, 與如旦爲嗣, 其文字內, 諸
　　　子皆有知押, 而幼男如玉實預焉, 旣又經官除附給據付慶安收執, 凡經十有餘歲,
　　　至嘉定九年, ……).
246) 『청명집(淸明集)』戶婚門, 권8-14, 立繼類 「所立又亡再立親房之子」(其淵海,

등을 들 수 있다. 원래 생전에 자기의 계사를 세울 수 있었던 자, 혹은 자기의 아들을 위해 명계할 수 있었던 부모는 유언에 의해 이것을 이룰 수 있었던 것이다.247) 다음에 재산처분에 관한 유언으로, 『청명집(淸明集)』에 보이는 것은

> 정응진은 후사가 없이 두 딸을 낳았는데 정효순과 정효신 이라고 하고 일족 중에서 한명의 아들을 데리고 와서 양자 로 삼고 정효선 이라고 하였는데, 이 집은 3천무의 전과 창고 10동이 있어서 매우 부유하였다. 정응진이 살아 있을 때 두 딸에게 유언으로 전 130무와 창고 1동을 주겠다고 하였는데…248)

이 그 예이고, 직계존속인 가장은 유언에 의해서도 가산을 자유롭게 처분할 수 있었음을 추정할 수 있다. 그러나 직계존속인 가장이 아닌 자는 물론, 비록 가장이라도 방계존장인 경우는, 이런 권능을 가지지 못했다. 그 유언에 의해 재산을 자유롭게 처분할 수 있었던 것은, 첫째, 재산이 자기의 개인재산인 경우, 둘째 자기 외에 몫을 이을 수 있는 친족[承分親]인 백숙, 형제, 형제의 아들, 형제의 과부 등이 없는 경우(그것은 혼자 가장일 때, 혹은 호절하려 할 때와 보통 일치된다)였다. 게다가 남송의 법률은 유언을 받는 자의 범위를 내외 시마緦麻 이상의 친족으로 한정되어 있었다. 즉 『청명집(淸明集)』에

雖是遠房, 昭穆旣順, 諸房則未有子, 所以皆無可爭, 獨王廣漢者, 一時不忍以其祖業分與遠房, 遂經官陳詞執出遺囑, 以爲王怡之母, 曾立其爲嗣, 欲與淵海雙立爲叔孫, 官司以其遺囑, 未甚正當).

247) 仁井田陞, 「당송시대의 가족공산과 유언법」『市村박사 고희기념 동양사 논총』에는, 유언에 의한 가산의 분할 및 재산의 처분에 대해 생각했는데, 신분상의 행위에 관한 문제는 거의 다루지 않았다.

248) 『청명집(淸明集)』戶婚門, 권8-35, 遺囑「女合承分」(鄭應辰無嗣, 親生二女, 曰孝純, 孝德, 過房一子, 曰孝先, 家有田三千庫一十座, 非不厚也, 應辰存日, 二女各遺囑田一百三十畝, 庫一座與之).

　　법률조항에는 "모든 재산은 상속인이 없고, 유언에 의해 내외內外 시마緦麻
이상의 친족에게 넘겨주려고 할 경우에는 본인의 신고를 허락하고, 관청에서
그 증명서(公憑)를 발급한다."고 되어 있다.[249]

이라 되어 있는 것이 그것이다.[250]

　　사람의 마지막 의사표시가 유언으로서 법률상으로 보호받기 위
해서는, 법정 요건을 구비할 필요가 있었다. 즉 당 및 송 초기에 이
뤄진 「상장령」에는 "죽은 사람이 살아있던 동안에 스스로 유언으로
처리하였으며, 그 증거가 분명한 경우에는(亡人存日[251], 自有遺囑處
分, 證驗分明者)"라 되어있고,[252] 유언의 방식에 대해 정한 것은 아
니지만, 증험이 분명해야 할 필요가 있었다.[253] 또 『청명집(淸明集)』

---

249) 『청명집(淸明集)』戶婚門, 권9-09, 違法交易 「鼓誘寡婦盜賣夫家財物」(在法,
　　諸財産無承分之人, 願遺囑與內外緦麻以上親者, 聽自陳官, 給公憑).

250) 또한 仁井田陞, 「당송시대의 가족공산과 유언법」『市村박사 고희기념 동양
　　사 논총』前揭, p.902 이하 참조. 남송에서는 가족공유재산 외에 개인재산을
　　가진 일례로, 『원씨세범』권상, 同居不必私藏金寶의 1절을 들어 두겠다. 또
　　여기에 의하면 개인재산의 액수도 적었음을 알 수 있다. 「人有兄弟子姪同居,
　　而私財獨厚, 慮有分析之患者, 則買金銀之屬, 而深藏之, 此爲大愚, 若以百千金
　　銀計之, 用以置産, 歲收必十千, 十餘年後, 所謂百千者, 我已取之, 其分與者皆
　　息也, 況百千又有息焉, 用以典質營運, 三年而其息一倍, ……余見世人有將私
　　財, 假於衆, 使之營運於家, 久而止, 取其本者, 其家富厚, 均及兄弟子姪, 綿綿
　　不絶, 此善處心之報也」.

251) 存, 一作'在'

252) 中田薰, 「양노호령응분조의 연구」『법제사논집』제1권, pp.51-52. 仁井田陞,
　　「당송시대의 가족공산과 유언법」『市村박사 고희기념 동양사 논총』, p.21.
　　仁井田陞, 『당령습유』, p.835 이하.

253) 또한 仁井田陞 前揭, p.902 이하 참조. 남송에서는 가족공유재산 외에 개인재
　　산을 가진 일례로, 『원씨세범』권상, 同居不必私藏金寶의 1절을 들어 두겠다.
　　또 여기에 의하면 개인재산의 액수도 적었음을 알 수 있다. 「人有兄弟子姪同
　　居, 而私財獨厚, 慮有分析之患者, 則買金銀之屬, 而深藏之, 此爲大愚, 若以百
　　千金銀計之, 用以置産, 歲收必十千, 十餘年後, 所謂百千者, 我已取之, 其分與
　　者皆息也, 況百千又有息焉, 用以典質營運, 三年而其息一倍, ……余見世人有
　　將私財, 假於衆, 使之營運於家, 久而止, 取其本者, 其家富厚, 均及兄弟子姪,
　　綿綿不絶, 此善處心之報也」.

에 의하면

　　노공달盧公達은 시랑侍郎의 손자인데 불행히도 자식이 없었다. 그래서 같은 성同姓 사람인 노군용盧君用의 아들 노응신을 아들로 삼았다. (그러나) 불행히도 불초不肖하여 시랑侍郎의 음덕을 믿고 뽐내고 향리에서 소동을 일으키고 양부養父를 배신하고 생부生父를 따라 부정한 방법으로 물품을 취득하고 도적질을 행하였다. (그래서) 본 주州가 노응신은 배장背杖에 처하고 무주撫州로 편관하였다. ……노공달의 사후에 의자義子인 진일선이 현에 소송장을 내어 노응신이 (노공달의) 장례식을 치르는 비용을 내지 않았다고 한다. 살아생전에 봉양하지 않고 죽어서는 장례를 치르고 싶어 하지도 아니하니, 부자의 도리道가 진정 이러하단 말인가? 인륜人倫과 천리天理가 이렇게까지 무너졌단 말인가! 지금 노응신과 진일선이 각각 노공달 생전에 한 유언이라 하여 제출한 것에 의거해 보면, 노응신이 죄를 범하기 전, 금년 6월과 7월의 유언과 유언장이 서로 상반되니 모두 노공달이 임종에 임하여 거의 정신이 혼미한 상태에서 한 유언(臨終亂命)이어서 그 신빙성이 없다. 다만 지금 대의大義로서 그것을 헤아린다면, 생부인 노군용과 함께 형벌을 받은 이상 사대부[혹은 벼슬아치]의 면목을 손상시키고 욕보일 수 없고 하물며 노공달 생전에 봉양하지 않았고 노공달이 죽어서도 장례를 치르지 아니하였으니 (노공달의) 아들이 되기는 어렵다. 노응신을 끌어내어 원래대로 귀종歸宗시켜 노군용의 아들이 되게 한다. 노공달의 정산부丁産簿는 당 관청에서 직접 방장 노경유 등에게 발부하고 공정하게 본종本宗 가운데서 동종同宗 가운데 소목昭穆이 맞는 자를 선택하여 노공달의 후사로 세우도록 한다.254)

이라 해서, 유언자는 유언을 할 때 유언능력이 있어야 했고, 소위 ‘임종난명臨終亂命’은 유언으로서의 효력을 인정하지 않았다.255) 다음

----

254) 『청명집(淸明集)』戶婚門, 권8-22, 歸宗「出繼不肖官勒歸宗」(盧公達, 爲侍郎之孫, 不幸無子, 遂養同姓人盧君用子應申爲子, 又不幸不肖, 挾侍郎之蔭, 生事鄕鄰, 背所養從所生, 犯贓犯盜, 蒙本州將應申決背杖, 編管撫州, ……公達死後, 義子陳日宣, 經縣投詞稱, 應申不出錢營葬, 生旣不能養, 死又不肯葬, 父子之道, 固如是乎, 人倫天理, 至次滅矣, 今據盧應申陳日宣, 各執出公達生前遺囑, 乃應申未犯罪之前, 今年六月七月遺囑, 及狀互相反覆, 皆是公達臨終亂命, 不可憑信, 今但以大義裁之, 則應申旣同所生父君用, 受刑則決, 不可玷辰衣冠, 況生不養公達, 死不葬公達, 委難爲子, 引勒盧應申, 仍歸宗, 爲君用子, 公達産簿, 當廳給付房長盧景愈等, 從公擇本宗昭穆相當人, 當爲公達之後).

『청명집(淸明集)』에

　　이미 왕연해를 왕이의 후사로 세운 뒤에 또다시 왕광한을 왕성여의 후사로 세우려 하고 있다. 그 이유를 규명해 보면, 그것은 즉 여씨의 생전에 그런 유언이 있었기 때문인데 이에 좀전에 통판이 보고해 온 "왕제익 부자와 여씨는 왕광한을 후사로 세우고 싶지 않다"라는 이야기와는 전혀 상반된다. 설령 (진짜로) 유언이 있었다면 우선 관의 날인 서명을 받은 것을 증거로 해서 제출해야 했다.256)

　　무씨繆氏 모자는 일의 처리가 어둡고, 오히려 유언과 양도증서 한 장을 들어 이미 재산 분할이 끝났다는 증거로 들고 있다. 이는 모두 하열이 살아 있을 때 작성하여 꾸며낸 것이지 관청에 신고하여 도장(허가)을 받은 것은 결코 아니다. 어찌 개인이 집에서 만든 오래된 종이 쪽지를 이용해 관청의 법도(公朝의 明法)를 어지럽힐 수 있겠는가.257)

　　법률조항에는 "모든 재산은 상속인이 없고, 유언에 의해 내외內外 시마緦麻 이상의 친족에게 넘겨주려고 할 경우에는 본인의 신고를 허락하고, 관청에서 그 증명서(公憑)를 발급한다." 또 법률 규정에는 "무릇 과부인데 아들이나 손자가 없이 함부로 토지와 가옥(田宅)을 전매典賣한 경우에는 장형杖刑100대에 처한다. 재산은 원래 주인에게 돌려주고, 매입주·중개인·보증인도 그러한 정황을 알았다면 같은 죄에 처한다(與同罪)". 지금 서이徐二의 재산은 이미 유언으로 누이 동생 서백이낭徐百二娘과 딸 서육오낭徐六五娘에게 주었고, 관청에 신고하고 등기가 되었기 때문에 합법적이라고 할 수 있다. 여기에 진원칠陳元七은 함부로 풍씨를 유혹해 함부로 팔게(盜賣) 했던 것이다. 만약 전매典賣한 법률 규정에 따라, 죄를 정하더라도 여전히 죄형을 살펴서, 재산을 환수해야

---

255) 이들 문제도 仁井田陞, 「당송시대의 가족공산과 유언법」 앞 절에서는 언급하지 않은 부분이다.

256) 『청명집(淸明集)』戶婚門, 권8-13, 立繼類 「父子俱亡立孫爲後」(已立淵海繼王怡外, 更欲立王廣漢, 爲聖與之後, 究其所以, 乃謂余氏存日有此遺囑, 殆與前此通判所申, 王齊翼父子, 幷余氏, 不欲立廣漢之說, 背馳, 設果有遺囑, 便合經官印押).

257) 『청명집(淸明集)』戶婚門, 권5-03, 爭業下 「僧歸俗承分」(繆氏子母, 不曉事理, 尙執遺囑及關書一本, 以爲已分析之證, 此皆何烈在日, 作此粧點, 不曾經官印押, 豈可用私家之故紙, 而亂公朝之明法乎).

하는 것이다. 하물며 도매라고 하는 것에 있어서야 말할 필요가 없는 것이
다.258)

이라 되어있으므로, 유언은 유언자가 문서를 통해 관에 신고하고,
거기에 관의 도장을 받아야 할 필요가 있었다. 또 앞에서 언급한
『청명집(淸明集)』의 「호혼문」에서 "본인의 신고를 허락하고, 관청에
서 그 증명서(公憑)를 발급한다(聽自陳官給公憑)259)"라고 하듯이 구
두로 유언을 말하고, 관은 거기에 공빙을 발급하는 경우도 포함한
다고도 해석될 수 있을 것이다.260) 중국 고래의 법률에서 유언을 작
성할 때 관의 개입을 규정한 입법예가 이 외에도 있었는지의 여부
는 확실하지 않지만, 중화민국 대리원 판결(민법시행전)에서도 "유
촉을 작성하는 것은 현행법에 있어서는 그다지 정해진 방식이 있
는 것은 아니다. 운운."261) 또는 "유촉 성립의 형식은 현행법에서는
어떠한 제한도 없다."262)라 되어있어, 관의 개입에 대해서는 따로
기재되어 있지 않다.

---

258) 『청명집(淸明集)』戶婚門, 권9-09, 違法交易 「鼓誘寡婦盜賣夫家業」(在法, 諸
　　財産無承分人, 願遺囑與內外緦麻以上親者, 聽自陳官給公憑, 又法, 諸寡婦無
　　子孫, 擅典賣田宅者, 杖一百, 業還主, 錢主牙保, 知情與同罪, 今徐二之業, 已
　　遺囑與妹百二娘, 及女六五娘, 曾經官投印, 可謂合法, 而陳元七輒誘阿憑盜賣,
　　若只以擅典賣之法定之, 尙當勘罪追業, 而況又係盜賣乎).
259) 『청명집(淸明集)』戶婚門, 권9-09, 違法交易 「鼓誘寡婦盜賣夫家財物」(在法,
　　諸財産無承分之人, 願遺囑與內外緦麻以上親者, 聽自陳官, 給公憑).
260) 이들 문제도 仁井田陞, 「당송시대의 가족공산과 유언법」 앞 절에서는 언급하
　　지 않은 부분이다.
261) 대리원 판결민국 4년 상자 제827호(遺囑之作成, 在現行法, 竝不須一定之方式,
　　云云).
262) 대리원 판결민국 4년 상자 제1791호(遺囑成立之形式, 現行法上, 無何等限制).

제11절 『청명집(淸明集)』에 보인 법문

송대에 令 및 격식은 종종 찬수되지만, 율은 건륭년간에 당 개원 25년 율소를 답습해, 『송형통』을 편찬한 이후, 한번도 산정刪定된 적이 없었다.263) 그러나 형법전의 기간으로서, 율과는 별도로 칙勅이 찬수되어져, 당 및 송 초기에는 '당령격식'이라는 이름으로 익숙해져 왔다. 그 후 '칙령격식'이라는 용어까지 생겨나기에 이른다. 물론 경원명예칙慶元名例勅에서 말하듯이,264) 칙은 율을 개폐改廢한 경우가 있었는데, 칙은 오히려 율에 정하지 않은 사항을 규정한 경우가 많아, 율문이 완전히 무용지물화된 것은 아니다. 판어에서 범죄의 판정에 사용되고, 또는 형벌에 적용된 율은, 의심할 여지없이 당시에 있어서도 아주 효과가 있었다. 지금 이런 율문을 『청명집(淸明集)』에서 찾아보면 (조문의 차례는 『청명집(淸明集)』에 나타난 순),

① 『청명집(淸明集)』戶婚門, 08-26 檢校類, 「檢校孱幼財産」, 雨巖 "율문에 이르기를, "관사의 문서를 위조하여 증감하는 자는 장형100대에 처한다" 라 되어 있다(律, 詐僞官司文書, 及增減者, 杖一百)"265)
② 율에 "만약 무기를 가지고 싸우고, 남을 베거나 찌르거나 해서 미수로 끝난 자는 장형100대이다"이라 되어있다.266)
③ 법률조문에서는 "결혼을 승낙한 여자가 이미 결혼 서약서를 주고, 또 사적으로 약속(私約)을 하였는데도, 함부로 마음을 바꾸면, 장형 60대

---

263) 仁井田陞, 牧野 「故唐律疏議製作年代考」(하) 『동방학보』동경 제2책, p.60 이하.

264) 牧野巽, 「경원조법사류의 道釋文」 『종교연구 신』제9권 2호, p.74. 『경원조법사류』형옥문에 수록된 명예칙 「諸勅令無例者從律, (謂如見血爲傷, 强者加二等, 加者不加入死之類,) 律無例, 及例不同者, 從勅令」.

265) 옮긴이주; 『청명집(淸明集)』戶婚門, 권8-26에 이와 같은 내용이 추가된 것이 없음.

266) 『청명집(淸明集)』戶婚門, 권8-32, 孤幼 「叔父謀呑併幼姪財産」(律, 諸鬪以兵刃斫射人不着者, 杖一百).

에 처한다. 나아가 다른 사람과 결혼을 승낙하였다면, 장형 100대에 처하고, 다른 사람과 결혼을 하였다면, 도형 1년에 처하며, 여자는 결혼을 약정한 남자(前夫)[267]에게 돌려보낸다"라고 되어 있다.(在法, 許嫁女已投婚書, 及有私約, 而輒悔者, 杖六十, 更許他人者杖一百, 已成者徒一年[268]女追歸前夫)[269]

④ 법률 조문에서는 또 "결혼을 승낙한 증서가 없다고 하더라도, 만약 결혼 예물을 받았다면, 역시 결혼한 것에 해당한다"라고 되어 있다. 이 조문의 注에서는 "예물의 많고 적음은 관계없다"라고 되어 있다. (律文又云, 雖無許婚之書, 但受財亦是, 注云聘財無多少之限)[270]

⑤ 律을 잘 조사해 보니, "만일 남의 처를 합의한 뒤에 맞이하는 자 및 시집보내는 자는 각각 徒2년. 만일 남편이 직접 시집보내는 것도 역시 같다. 또 양쪽 모두 離緣으로 한다"라 되어 있다.[271]

⑥ 또 "만일 처가 마음대로 나간 경우도 도형2년으로 한다."라 되어 있다.[272]

류가 그것이다. ①은 『송형통』 권25 사위율詐僞律, ②는 권21 투송률鬪訟律, ③ 및 ④는 권13 호혼율, ⑤ 및 ⑥은 권14 호혼율戶婚律과 각각 일치한다. ③은 법이라 되어있더라도 율문임이 확실한데, "법에 따르면(準法), 부모가 살아있으면(父母在), 별적이재를 하락하지않는다(不許別籍異財)"[273] 도 또한 율에 의해 문장을 완성한 것이다.

---

267) 원문에서의 前夫는 원래 전 남편의 뜻으로 사용되지만, 여기서는 결혼을 약정한 남자가 될 것이다.

268) 年下, 『唐律疏議』·『宋刑統』並有'半'字

269)) 『청명집(淸明集)』호혼문, 권9−47, 여자 집이 이미 定帖을 돌려보냈는데도 변심해서 파혼하다 (女家已回定帖而翻悔) <역자주>; 원저자는 이 부분의 인용 장소를 誤記하고 있다.

270) 『청명집(淸明集)』호혼문, 권9−47, 여자 집이 이미 定帖을 돌려보냈는데도 변심해서 파혼하다 (女家已回定帖而翻悔) <역자주>; 원저자는 이 부분의 인용 장소를 誤記하고 있다.

271) 『청명집(淸明集)』戶婚門, 권9−50, 離婚 「婚嫁皆違條法」(律曰, 諸和娶人妻, 及嫁之者各徒二年, 卽夫自嫁者亦同, 仍兩離之).

272) 『청명집(淸明集)』戶婚門, 권9−50, 離婚 「婚嫁皆違條法」(律……又曰, 諸妻擅去徒二年).

273) 分析類, 母在不 應以親生子與拘養子析産

다음에 『청명집(淸明集)』에서 칙勅이라 되어 있는 것을 찾아보면 다음과 같다.

조칙에 의하면 "이미 검교한 재산을 함부로 지출하여 사용한 자는, 조정의 봉장전물(封椿錢物)을 마음대로 지출한 법과 같이 논죄하여 도형2년으로 한다"라고 되어 있다.274)

칙에 의하면 "만약 사망하고 재산을 남긴 자 중에서, 아들딸이 어려서 고아가 되었을 때 상기(廂耆)나 이웃사람(隣人)이 관(官)에 초적(抄籍)을 신고하지 않으면 장형80대에 처한다. 그것이 원인이 되어 슬쩍 속이고 은닉하려 한 자에게는 죄를 2등급 더 부과한다"라고 되어있다.275)

칙에 "만일 로(路) 또는 주(州)나 현(縣)의 관서에서 난동을 부리고 무시한 자는 장형100대에 처한다"고 되어있다.276)

또 칙은 아니지만

법에 "무릇 속여서 거짓으로 은닉하여 등제等第 혹은 과배를 감면 받는다면 위제違制로써 논한다"고 되어 있다. 주注에 이르기를 "재산을 몰래 기탁하는 것은 혹은 거짓으로 호와 이름을 빌리거나 또는 호명을 협호挾戶의 이름으로 속여서 세우는 것 등을 말한다"고 되어 있다.277)

은 『경원조법사류』 권47 부역문賦役門, 사위칙詐僞勅과 일치되고, 게다가 그것을 인용한 판어에는 "執出嘉定十二年分關一紙"라 되어있으

---

274) 『청명집(淸明集)』戶婚門, 권8-27, 檢校 「侵用已檢校財産論如擅支朝廷封椿物法」(準勅, 輒支用已檢校財産者, 論如擅支朝廷封椿錢物法, 徒二年).
275) 『청명집(淸明集)』戶婚門, 권8-32, 孤幼 「叔父謀吞倂幼姪財産」(準勅, 諸身死, 有財産者, 男女孤幼廂耆隣人, 不申官抄籍者, 杖八十, 因致侵欺規隱者, 加二等).
276) 『청명집(淸明集)』戶婚門, 권8-32, 孤幼 「叔父謀吞倂幼姪財産」(勅, 諸路州縣官, 而咆哮凌忽者, 杖一百).
277) 『청명집(淸明集)』戶婚門, 권5-02, 爭業下 「受人隱寄財産自輒出賣」(在法, 諸作匿減免等第, 或科罪者, 以違制論, 注, 謂以財産隱寄, 或假借戶下, 及立戶名, 挾戶之類).

므로 경원시기의 (아니면 순우시기) 사위칙詐僞勅임이 확실하다. 또
『청명집(清明集)』에 실린,

　　도대체 순희14년(1187)의 신명칙申明勅을 보지 않은 것일까. 거기에는
"만일 갑가甲家가 100관문의 돈을 내서 을가乙家를 고용하고, 질고質庫를 개
업하게 한 경우, 자금을 운용해서 거둬들인 이자가 원금을 초과하더라도ㅡ그
고용인은, 원금을 가지고 운용했으므로 손에 넣은 이자는 외부의 여러 사람
이 의류나 금백金帛 등을 저당한 것에서 나왔고, 그 원금은 그대로 남아있다
ㅡ, 이것을 대차로 이자를 받더라도 원금을 초과한 것과 비교하면, 사정은 같
지 않다. 따라서 사채와 똑같이 판결해서는 안된다"라고 한다.278)

가운데 "만일 갑가甲家가"라는 문구 이하는 『경원조법사류.』 권
80 잡문 잡칙소록의 문장과 다소 차이는 있지만 거의 같은 문장이
다. 이상 예기한 칙은 어느 것이나 율에 규정한 바는 아니다. 따라
서 율과 중복모순하지 않는 것 뿐이다. 또 『청명집(清明集)』에 보이
는

　　법문에 따르면, "무릇 법에 어긋나게 결혼하면279) 아직 20년이 경과하지
않았을 때 비록 은사를 만나더라도 역시 헤어지게 한다"라고 되어 있다.280)

을 칙이라고 해석할 수 있다면, 칙에 의해 호혼률 "諸嘗爲祖免親之
妻, 而嫁娶者, 各杖一百, 云云. 竝離之"(『송형통』 권14)을 부분적으로

---

278) 『청명집(清明集)』戶婚門, 권9－37, 庫本錢「質庫利息與私債不同」(豈猶未見淳
　　熙十四年申明之 勅乎, 其說曰, 若甲家出錢一百貫, 雇倩乙家, 開張質庫, 營運
　　所收息錢, 雖過於本, 其雇倩人, 係因本營運, 所得利息, 旣係外來, 諸色人將衣
　　物金帛抵當之類, 其本尙在, 比之借借取利過本者, 事體不同, 卽不當與私債一
　　例定判).
279) 원래 단면친(袒免親) 이상의 친족의 처를 말한다.
280) 『청명집(清明集)』戶婚門, 권4－10, 爭業上「羅械乞將妻前夫田産沒官」(準法,
　　諸違法成婚, 謂嘗爲祖免以上親之妻, 未經二十年, 雖會赦猶離(임대희 외, 「『청
　　명집』「호혼문」제4권 역주」『中國史研究』33, 2004년12월, pp.263～265)).

변용한 것이라 할 수 있다.

『청명집(淸明集)』에 보이는 령, 또는 령에 상당하는 문장은 다음
과 같다.

　　법령에 의하면 "무릇 호절의 재산은 결혼하지 않은 딸들[在室女]에게 나눠
준다"라고 되어 있다.281)282)283)

　　법령에 의하면 "만일 호절된 후 절가絕家를 계승할 자손을 세우면 절호의
재산에 대해서는 만일 그 집안의 딸들이 있다면 모든 재산의 4분의 1을 이
자손에게 지급한다"라고 되어있다.284)

　　법령에서 이르기를, "무릇 아들과 손자가 없으면 동종가운데 소목상당한
사람을 양육하여 아들이나 손자로 삼는 것을 허락한다"라 되어 있다.285)286)

　　또한 법령에 "호절된 가家를 잇고자 할 때 끊어진 가의 근친존장이 명계命
繼하는 것을 허락한다"라 되어 있다.287)

　　또 법령에 의하면, "남편이 죽고 그 처妻가 살아 있으면 그 처를 따른다"
라고 되어 있다.288)

---

281) 仁井田陞, 『당령습유』, p.838.
282) 『後村선생대전문집』권193 서판(建昌縣 劉氏訴立嗣事)에 의하면, 이것은 건창
　　 현 사건 중의 자료. 다음 조문도 또한 마찬가지다.
283) 『청명집(淸明集)』戶婚門, 권8－08, 立繼類「繼絕子孫止得財産四分之一」(令文,
　　 諸戶絕財産, 盡給在室諸女).
284) 『청명집(淸明集)』戶婚門, 권8－08, 立繼類「繼絕子孫止得財産四分之一」(令……
　　 又云, 諸已絕而立繼絕子孫, 於絕戶財産, 若止有在室諸女, 即以全戶四分之一
　　 給之).
285) 仁井田陞, 『당령습유』, p.233.
286) 『청명집(淸明集)』戶婚門, 권8－05, 立繼類「已立昭穆相當人而同宗妄訴」(令曰,
　　 諸無子孫, 聽養同宗昭穆相當者爲子孫).
287) 『청명집(淸明集)』戶婚門, 권08－05, 立繼類「已立昭穆相當人而同宗妄訴」(令……
　　 又曰, 其欲繼絕而得絕家近親尊長命繼者聽之).
288) 『청명집(淸明集)』戶婚門, 권8－05, 立繼類「已立昭穆相當人而同宗妄訴」(令……
　　 又曰, 夫亡妻在從其妻).

호령을 조사하면, "과부에게 아들과 손자가 없고, 또 동거인 중에 재산을 나눠 가질 권리가 있는 친족이 없이, 접각부를 들인 경우는 전 남편의 전지, 가옥은 관청을 통해 등록한 뒤에 임시로 급부한다. 그 평가액은 5천관을 넘어서는 안 된다. 그 부인이 새남편의 집으로 시집가기를 원하거나 본인이 사망한 경우에 비로소 호절의 법에 의거한다"라고 되어 있다.289)

법에서는 "무릇 이미 절호된 집이 자손을 입계하는 경우, 근친존장에 의해 명계하는 것을 이르는 것이다. 절호된 집의 재산에 대해서는 만약 (가족 가운데) 재실녀在室女나 귀종녀歸宗女, 출가녀出嫁女가 없다면 모든 호를 3등분해서 하나는 지급하고 나머지는 관에 몰수한다"라고 되어있다.290)

법문에 의하면 "모두, 이미 후사가 끊긴 집에서 그것을 계승하는 자손291)을 세우는 경우, 호절 집안의 재산에 관해서, 만일 단지 미혼의 딸이 있다면 가산 전체의 4분의 1을 양사養嗣에게 준다. 만일 그 외에 다시 돌아온 딸이 있다면 5분의 1을 준다. 미혼과 돌아온 딸에게는 전체의 5분의 4를 호절법 규정에 의해 분배한다. 돌아온 딸이 있다면 호절법에 의해 주는 것 외에, 그 나머지의 반을 줄여 양사에게 주고, 나머지는 조정이 몰수한다. 출가한 딸만 있는 경우 가산 전체를 삼등분 해서 3분의 2를 출가한 딸과 양사가 균등하게 받고, 3분의 1은 조정이 몰수한다. 만일 미혼과 돌아온 딸 출가한 딸이 없는 경우는 가산 전체의 3분의 1을 양사에게 준다. 모든 경우 3000관이 넘으면 자른다. 만일 2000관이 넘으면 2000관을 加給한다"라 되어 있다.292)

---

289) 『청명집(淸明集)』戶婚門, 권8-20, 戶絶 「夫亡而有養子不得謂之戶絶」(按戶令, 寡婦無子孫, 幷同居無有分親, 召妾脚夫者, 前夫田宅, 經官籍記訖權給, 計直不得過五千貫, 其婦人願歸後夫家, 及身死者, 方依戶絶法).

290) 『청명집(淸明集)』戶婚門, 권4-10, 爭業上 「羅械乞將妻前夫田産沒官」(在法, 諸已絶之家, 而立繼絶子孫, 謂近親尊長命繼者, 於絶家財産, 若無在室歸宗出嫁諸女, 以全戶三分給一分, 餘將沒官(임대희 외, 「『청명집』「호혼문」제4권 역주」『中國史研究』33, 2004년12월, pp.263~265)).

291) 근친의 존장이 명계한 자를 말한다.

292) 『청명집(淸明集)』戶婚門, 권8-33, 女承分 「處分孤遺田産」(准法, 諸已絶之家, 而立繼絶子孫, 謂近親尊長命繼者, (○謂以下六字本註) 於絶家財産, 若只有在室諸女, 卽以全戶四分之一給之, 若又有歸宗諸女, 給五分之一, 其在室幷歸宗女, 卽以所得四分, 依戶絶法給之, 止有歸宗諸女, 依戶絶法給外, 卽以其餘減半給之, 餘沒官, 止有出嫁諸女者, 卽以全戶三分爲率, 以二分與出嫁女均給, 一(○一上, 立繼類所引戶令, 有餘字) 分沒官, 若無在室歸宗出嫁諸女, 以全戶三

『청명집(淸明集)』「입계류」및「쟁업류」에는「여승분류」에 나오는 소위 "법"에 상당하는 "호령"이나 "령문(令文)" 또는 "법法"이 보이는데, 모두 조문의 일부이고「여승분류女承分類」에 보이는 완조完條는 아니다.293)

> 법에 이르길 "처가妻家로부터 얻은 재산은 재산 분할 범위에 들어가지 않는다"라 되어 있다.294)

이 "법"이 경원 혹은 순우 시기의 호령이라는 것은 이미 서술한 바와 마찬가지이다(제9절 가족공동재산참조). 또

> 「과부寡婦를 유혹하고, 남편의 재산을 함부로 팔다(鼓誘寡婦盜賣夫家業)」, 법률조항에는 "모든 재산은 상속인이 없고, 유언에 의해 內外 緦麻이상의 친족에게 넘겨주려고 할 경우에는 본인의 신고를 허락하고, 관청에서 그 증명서(公憑)를 발급한다"고 되어있다.295)

도 "법령[戶令]에 이르길 '무릇 재산을 물려받을 상속인이 없고, 내외 시마緦麻296) 이상의 친족에게 유언으로 물려주기를 원하는 자는 직접 청원하는 것을 허락한다[聽自陳]'라고 되어 있으며(戶令曰, 諸財産, 無承分人, 云云…聽自陳)297)"에 상당하고, 게다가 그 인용된

　　分給一 (○一下, 爭業類所引法, 有分餘將沒官五字) 竝至三千貫止, 卽及二萬貫, 增給二千貫).(옮긴이주; 괄호 안의 글자는 본문의 내용이 아니며, 필자의 '주(注)'인 것 같음)

293) 仁井田陞,『당령습유』, p.839의 송령은 이「호령」,「영문」에 의한 것인데,「여승분류」에 인용된 조문에 의해 보정해야 한다.

294) 『청명집(淸明集)』戶婚門, 권5−04, 爭業下「妻財置業不係分」(在法, 妻家所得之財, 不在分限).

295) 『청명집(淸明集)』戶婚門,09−09 違法交易類,「鼓誘寡婦盜賣夫家業」在法, 諸財産, 無承分人, 願遺囑與內外緦麻以上親者, 聽自陳, 官給公憑.

296) 시마친. 증조부의 형제, 조부의 종형제, 부친의 재종형제, 자신의 삼종형제, 처부모, 외손, 증손, 아버지 고모, 姑의 子, 외숙의 子, 乳母

판어에 "순우淳祐 2년(1242년) 자필로 유언을 썼기 때문에, 가옥(屋宇)과 원지(園)·연못(池)을 친 동생과 딸에게 준 위에298)"라 되어있으므로, 본 조는 경원 호령이거나 혹은 순우 호령임이 틀림없다. 덧붙여 기록하면, 『옥해玉海』 권66은 순우중수칙령격식을, "2년2월상(二年二月上)"이라고 되어있고, 『송사』 「형법지」에는 "순우淳祐(理宗, 1241-1252) 2년 (1242) 4월 칙령소는 새로 법전을 헌상하였으니 이를 「순우칙령격식淳祐敕令格式」이라 한다(淳祐2年 4月, 敕令所上, 其書名淳祐敕令格式)299)"이라 되어있다. 위에 든 령令은 모두 호령뿐이지만,

> 법의 조문에서 "친린親隣하는 곳에 물어야 할 것"이라고 하는 것은 본종本宗의 상복喪服관계가 있는 친족으로, ……경원慶元년간에 중수重修된 전령田令과 가정13년(1220년)의 형부刑部로부터 반포된 조례책을 보면 명백히 알 수 있다.300)

을 참고하면,

> 令에 따르면 "모든 전택을 전매할 경우, 사린四隣의 경계에 본족의 시마301)이상의 친족이 있으면, 문서로 확인한다. 다른 집의 전지에 간격이 있으면, 그 간격에 옛부터의 도랑이나 하천 및 여러 사람이 왕래하는 도로와 같은 것이 있다면, 인접의 범주에 넣지 않는다."라고 되어있다.302)

---

297) 『청명집(淸明集)』 호혼문(권5-05) 계모가 노후를 위한 전토(養老田)를 유언으로 친딸에게 상속하다(継母將養老田遺囑与親生女)
298) 『청명집(淸明集)』 호혼문(권9-09) 寡婦를 유혹하고, 남편의 재산을 함부로 팔다 (鼓誘寡婦盜賣夫家業)(於淳祐二年手寫遺囑, 將屋宇園池, 給付親妹與女)
299) 박영철, 「『宋史』「刑法志」譯注①」《중국사연구》 19, 2002, 360쪽.
300) 『청명집(淸明集)』戶婚門, 권9-13, 取贖 「親鄰之法」(在法, 所謂應問所親鄰者, 止是問本宗有服紀親之有鄰至者, ……見於慶元重修田令, 與嘉定十三年刑部頒降條册).
301) 緦麻는 五服의 중에서 가장 가벼운, 3개월의 喪服기간이 있는 친족을 말한다. 시마위로는 小功, 大功, 齊衰, 斬衰의 순으로 상복관계가 길어진다.

은 적어도 경원전령에 있었다고 추정할 수 있다. 또,

> 또 令에는 "모든 전택을 전매하고, 3년이 지나서, 이웃사람(隣人)에 물어야
> 하는데 묻지 않고, 소송한 경우에는 접수하지 않는다."라는 기록이 있다.303)

은, 다음 자료와 맞추어 보면 아마도 순우령에 있었던 조문일 것이다.

> 법령에서는 "전토·가옥을 전매典賣하고 만 3년이 지나서, 이웃사람(隣人)에
> 게 문의해야 하는데도 묻지 않은 경우에는 (이 소송을) 수리受理할 수 없다."
> 라 되어있다. 여우녕이 산 것은 가희嘉熙 2년(1238) 봄의 일이고, 이세오가
> 소송을 제기한 것은 순우淳祐 2년(1242) 가을의 일이므로 약 5년의 간격이
> 있다.304)

또 다음의 두 개의 法文

> "이미 혼인을 정했으면서 이유없이 3년간 혼인을 성사시키지 않으면 이혼
> 을 허락한다."305)
> 법령에는 "이미 결혼이 성립되어 남편이 고향에서 나와 편관되어 그 처가
> 이혼을 원하면 허락하며, 남편이 타향에 나가서 3년간 돌아오지 않으면 역시
> 다른 곳에 시집가는 것을 허락한다"라고 되어있다.306)

---

302) 『청명집(淸明集)』戶婚門, 권9-14, 取贖 「有親有鄰在三年內者方可執贖」(准令,
　　諸典賣田宅, 四鄰所至, 有本宗緦麻以上親, 墓田相去百步內(○墓以下七字, 據
　　墳墓類所引法補之)者, 以帳取問).
303) 『청명집(淸明集)』戶婚門, 권9-14, 取贖 「有親有鄰在三年內者方可執贖」(令,
　　諸典賣田宅, 滿三年, 而訴以應問鄰, 而不問者, 不得受理).
304) 『청명집(淸明集)』戶婚門, 권9-24, 墳墓 「禁步內如非己業只不得再安墳墓起造
　　墾種聽從其便」(然在法, 典賣田宅滿三年, 而訴以應問鄰, 而不問者, 不得受理,
　　黎友寧, 買係在嘉熙二年之春, 李細五入詞, 係在淳祐二年之秋, 相去几隔五年).
305) 『청명집(淸明集)』戶婚門, 권9-49, 婚嫁 「諸定婚無故三年不成婚者聽離」(諸定
　　婚, 無故三年不成婚者, 聽離).
306) 『청명집(淸明集)』戶婚門, 권9-51, 離婚 「已成婚而夫離鄉編管者聽離」(在法,

은, 일본 호령 결혼조를 참고하면, 모두 송령의 호령일 것이라고 생각한다. 그렇다면 "이미 혼인을 정했으면 운운(諸定婚云云)"이라는 조항은, 거기에 나온 판어 가운데에 "寶慶元年議婚, 至紹定二年, 男家方有詞, 經縣催促成婚, 云云"이라 되어 있으므로, 그것은 경원호령일 것이다. 더욱이

> 법령에서는 "채무가 있고, 계약을 위반해서 상환하지 않으면 관청이 추징하여 처리하고, 그때 죄의 최고형은 장형 100대이며, 모두 유금留禁하지는 않는다"(在法.. 債負違契不償, 官爲追理, 罪止杖一百, 並不留禁)307)

라고 되어있는 것은 『경원조법사류』 권32 재용문財用門에 보이는 경원관시령慶元關市令으로서,

> 諸負債違契不償, 官爲理索, 缺者逃亡, 保人代償, 各不得留禁, 云云..

및 『경원조법사류』 권33 재용문財用門에서 인용한 바의 경원잡칙(慶元雜勅),

> 諸負債違契不償, 罪止杖一百

에 상당하는 것이다.308)

　이상의 것 외에, 『청명집(淸明集)』에는 단순히 "법法"이라고 되어

已成婚, 而移鄕編管, 其妻願離者聽, 夫出外三年不歸, 亦聽改嫁).
307) 『청명집(淸明集)』戶婚門,(권9－39) 借財를 欠落시킨 물건을 정말로 마련할 수 없다면 감독납입 시키는 것을 면제해야 한다 (欠負人實無從出合免監理). 『경원조법사류』32, 理缺. 雜勅, 「諸負債, 違契不償, 罪止杖一百」같은 항의 關市令. 「諸負債, 違契不償, 官爲理索, 缺者逃亡, 保人代償, 各不得留禁」
308) 『경원조법사류』권80 잡문에도 위의 관시령 및 잡칙이 모두 보인다. 이 또한 仁井田陞, 『당령습유』, p.854 참조.

있는 것이 적지 않은데, 그것도 대부분은 또한 남송의 칙勅이거나 또는 령令의 종류일 것이다.309)

『경원조법사류』이나 혹은 이부조법 등 남송의 법전에 보이는 칙勅, 또는 령令등에 의해 알 수 있듯이, 송대의 기본법은 - 율은 별도

---

309) 「准法, 諸養子孫, 而所養祖父父亡, 其祖母母, 不許非理追還」(立繼類,8-03). 在法, 諸戶絶人, 有所生母同居者, 財産並聽爲主"(立繼類, 8-08). "在法, 立繼由族長"(立繼類, 8-12). "然法, 亦有雖不除附, 官司勘驗得實, 依除附法之文"(戶絶類, 8-20). "在法, 父母已亡, 兒女分産, 女得男之半"(分析類, 8-24). "準法, 諸別宅之子, 其父死而無證據者, 官司不許受理"(別宅子類,8-37). "准法, 應交易田宅, 過三年而論, 有利債負准折, 官司並不得受理"(爭業類, 4-06). "准法, 應交易田宅, 並要離業, 雖割零典買, 亦不得自佃賃"(爭業類, 4-06). "准法, 諸理訴田宅, 而契要不明, 過二十年, 錢主或業主死者, 官司不得受理"(爭業類, 4-09, 4-15, 4-28). 이 법문은 쟁업류에 3번 보인다. "准法, 諸典賣田宅, 已印契, 而訴畝步不同者, 止以(○以下, 一字不明) 內四至爲定, 其理年限者, 以印契之日爲始, 或交業在印契日後, 以交業日爲始"(爭業類, 4-15). "準法, 諸祖父母父母, 已亡, 而典賣衆分田宅, 私輒費用者, 準分法追還, 令元典賣人還價, 卽典賣滿十年者免追, 止償其價, 過十年典賣人死, 或已二十年, 各不在論理之限"(爭業類, 4-19). "在法, 分財産滿三年, 而訴不平, 又遺囑滿十年, 而訴者, 不得受理"(爭業類, 5-01). "立法有曰, 諸誘引, 或抑令同居親, 爲童行僧道, 規求財産者, 杖一百, 仍改正贓重者, 坐贓論"(爭業類, 5-03). "在法, 諸僧道犯罪還俗, 而本家已分者, 止據祖父財産衆分見在者均分"(爭業類, 5-03), "法, 婦人財産, 並同夫爲主"(爭業類, 5-04). "在法, 寡婦無子孫年十六以下, 並不許典賣田宅"(爭業類, 5-05). "在法, 交易諸盜, 及重疊之類, 錢主知情者, 錢沒官, 自首及不知情者理還, 犯人償不足, 知情牙保均備"(爭業類, 5-08). "在法, 盜典賣田業者, 杖一百, 贓重者, 准盜論, 牙保知情與同罪"(爭業類, 5-08). "在法, 典田宅者, 皆爲合同契, 錢業主, 各取其一"(爭業類, 5-10). "在法, 典賣田地, 以有利債負, 準折價錢者, 業還錢主, 錢不追"(違法交易類, 9-08). "法, 諸以已田宅, 重疊典賣者, 杖一百, 牙保知情, 與同罪"(違法交易類, 9-08). "又法, 諸寡婦無子孫, 擅典賣田宅者, 杖一百, 業還主, 錢主牙保知情, 與同罪"(違法交易類, 9-10). "在法, 交易錢, 止有一百二十日限"(取贖類, 9-16). "在法, 諸典賣田産, 年限已滿, 業主於務限前收贖, 而典主故作遷延占據者, 杖一百"(取贖類, 9-21). "在法, 理年限者, 以印契日爲始"(取贖類, 9-25). "法……又曰, 典賣衆分田宅, 私輒費用者, 準分法追還, 令元典賣人還價, 卽典賣萬十年者, 免追, 止償其價, 過十年典賣人死, 或已二十年, 各不在論理之限, 若墓田, 雖在限外, 聽有分人理認, 錢業各還主, 典賣人已死, 價錢不追"(墳墓類, 9-25). 이 법문은 쟁업류에 보이는 것과 일부분이 일치된다.

로 치고 - 당의 기본법에 따라, 매우 세밀했다.310) 『청명집(淸明集)』
에는 위와 같이 현존하는 남송의 법전에서는 발견되지 않은 호혼에
관한 많은 조문 - 예를 들면 호령 - 이 있는데, 이들 조문을 보아도
마찬가지였다 점이 분명해진다.311)

---

310) 牧野巽, 「永樂大典本宋吏部條法에 대해」『市村박사 고희기념 동양사 논총』,
   p.1016 이하 참조. 牧野씨는 여기에 송의 기본법이 상세하게 되었던 이유를
   서술하고 있다.
311) 『止齋선생 문집』권44에는, 남송에서 실시된 勅 및 율의 일부를 들었는데, 율
   과 칙을 대조한 좋은 자료라고 할 수 있다.

옮긴이 뒷글

최근에 가족법에 관련된 관심이 매우 높아져있다. 전통사회의 가족관계가 지금과 다른 점이 많기는 하지만 그래도 이에 대한 구체적인 이해없이 전통시대를 파악하기는 쉽지 않다. 전통시대의 가족관계를 파악하기 위해서 옮긴이는 일찍부터, 몇몇 저서를 번역하고 있다. 시가슈우조(滋賀秀三), 『중국 가족법의 원리』, 니이다노보루(仁井田陞), 『중국법제사연구(가족법편)』과 송대의 판례집인 『명공서판청명집(名公書判淸明集)』이며, 또한 이번에 번역출판하는 가와무라야스시(川村康)씨의 이 책도 그 가운데에 포함된다.

『명공서판청명집(名公書判淸明集)』은 사료집으로서 앞으로 이 방면에 관심을 갖고 연구하려는 분들이 깊이 연구할 대상이 될 것이다. 그런데, 그 이전에 가와무라야스시(川村康)씨의 이 책은 이 방면의 문제점들을 매우 체계적으로 정리하고 있어서, 중국의 가족법을 연구하는 데에 훌륭한 지침서가 될 수 있는 요긴한 연구서이다. 그는 앞에서 연구했던 많은 연구들을 섭렵하며 검토하고 그 위에 자신의 논지를 전개하고 있으므로, 새로이 이 문제에 접근하는 데에는 더 없이 편리한 연구라고 할 수 있는 것이다. 따라서, 아직 일본에서는 저서로 출판되지 않은 단계에서 한국에서 먼저 번역하고자 하는 이유가 바로 여기에 있는 것이다.

가와무라야스시(川村康)씨는 와세다(早稻田)대학 법학부에서 학사학위와 석사학위를 마치고, 동경대학 동양문화연구소의 조교(助手)를 지냈다. 일본 학계에서 가장 우수한 수재(秀才)들이 거쳐가는 관문(關門) 코스 가운데 하나를 밟아가고 있는 셈이며, 곧 이어 관서학원대학 (關西學院大學; Kwansei Gakuin University)에 부임하였다. 옮긴이는 대학원 시절에 그가 이께다옹(池田溫)교수가 주최하는 『청명집』 윤독회에 참가하였으므로, 그의 인품이나 학구열에 매료된 바 있다. 그의 연구는 가족법을 다룬 본서의 연구 이외에도 형벌 등에 관련된 많은 연구도 있다. 이 부분도 옮긴이로서는 번역을 해두었으며 원저자로부터 출판허가를 받아두었는데, 기회가 있으면 좀 더 다듬어서 출판하고자 한다. 그의 연구는 정치(精緻)한 면이 있어서 배울 점이 많다.

물론 위에서 언급한 시가슈우조(滋賀秀三)씨의 연구나 니이다노보루(仁井田陞)씨의 연구가 그 범위에서 좀 더 시대를 초월한 면이 있겠지만, 가와무라씨처럼 송대라는 어느 한 시기에 국한하여 천착(穿鑿)한 연구야말로 보다 구체적인 사안을 파악할 수 있게 될 것이다. 그러한 점에서 앞으로 명대 가족법이나 청대 가족법에 관련된 연구들도 이와 같이 체계적으로 이루어지면 좋겠다고 생각된다.

　　본서는 송대에 양자(養子)를 둘러싼 여러 가지 있을 수 있는 사안을 모두 검토하고 있다. 양자가 될 수 있는 자격에서부터 양자관계가 해소될 수 있는 경우까지도 검토하고 있으며, 양자를 두지 않고 죽은 사람의 경우에 어떻게 처리하는지 등등 사려깊은 연구라고 할 수 있을 것이다. 또한, 부록으로 실은 데릴사위(贅婿)의 경우는 개가(改嫁)한 모친(母親)을 따라온 아들과 마찬가지로 양자도 아니면서 한 집안 식구가 되는 경우인데, 이러한 부분에 대한 검토는 흔하지야 않겠지만, 가족을 연구하는 데에는 필요한 작업이라고 생각한다. 판어(判語)라는 용어는 한국에서는 아직 생소한 편이지만, 중국법사에서는 판례(判例)와 단계상에서 구분하여 쓰이고 있으므로, 앞으로 이 방면의 연구가 진전된다면 한국에서도 이 개념이 받아들여질 것이라고 생각되어, 일단 원저자나 외국에서의 용어 선택에 따르고자 한다.

　　그리고, 또한 부록으로 실은 니이다노보루(仁井田陞)씨의 「『청명집(淸明集)』戶婚門의 연구」는 송대의 가족법을 연구하기 위해서는 필수적인 자료인 『청명집(淸明集)』에 대한 이해를 돕기 위해서 실었다. 이 부분의 판권문제는 동경대학출판회의 양해를 미리 얻었다. 마침, 『중국사학총서』의 일환으로 서경문화사는 동경대학출판회에서 출판한 니이다노보루(仁井田陞)씨의 『중국법제사연구』시리즈의 몇몇 책을 번역하기 위해서 계약을 맺었는데, 그 과정에서 이 글을 이 책에 싣도록 양해를 얻은 것이다.

　　『명공서판청명집(名公書判淸明集)』은 경북대학에서 따로이 번역작업을 하고 있다. 본서에 『청명집(淸明集)』을 인용한 부분에 번호가 붙어있는 것은 그 작업에서 쓰이고 있는 정리번호이다. 경북대학 작업팀은 이 『청명집』(모두 14권) 전체를 번역하여 이 방면의 연구바탕을 만들고자 노력하고 있다. 그 가운데 「호혼문」부분은 이미 번역이 완료되어 『중국사연구』라는 학술지에 연재하고 있는 중이다. 애초에는 경북대학 작업팀이 번역하고 있는 『청명집』의 번역 성과를 그대로 본 번역서에 반영하려고 했으나, 원저자가 일어로 번역한 내용을 바탕으로 논리전개를 하고 있으므로, 원저자가 해놓은 번역의 뉘앙스를 살리는 방향으로 다시 수정하지 않을 수 없었다. 한편으로는, 경북대학 작업팀의 『청명집』의 번역에는 많은 각주가 실려있고 전체적인 맥락 속에서 번역하였으므로 『청명집』 문장의 내용을 제대로 파악하려면 이를 참조하는 것이 좋으리라고 생각된다.

　　이미 이 작업에 참여했던 구성원들이 『청명집』을 이용하여 박구철, 「청명집을 통해본 업소송 – 저당소송을 중심으로」『계명사학』14집(2003), 박구철, 「청명집을 통해본 업소송-전소송을 중심으로」『대구사학』73집(2002), 이종찬, 「명공서판청명집을 통해 본 송대 부동산 違法거래와 親隣法」『법사학연구』31집(2005), 우성숙, 「명공서판청명집을 통해 본 송대 여성의 再婚과 財産」『법사학연구』31집(2005), 박순곤, 「명공서판청명집을 통해 본 송대 胥吏들의 역할과 법적 지위」『법사학연구』31집(2005) 등의 논문을 작성하여 권위있는 학술지에 실었다. 지금은 김경희, 「명공서판청명집을 통해 본 송대 孤兒와 檢校처분」, 배수현, 「명공서판청명집을 통해 본 계약서 위조와 그 처벌」 등과 같이 이 방면에 입문하여, 석사학위 논문을 쓴 사람도 있고, 또는 지금 준비중인 사람도 있다는 점이, 이러한 작업을 추진하고 있는 사람으로서 보람을 느낄 수 있게 되는 바이다.

이 책을 통해서 중국 전통시대의 가족법에 관심을 가지게 된 분들에게, Cyworld에 만들어놓은 「중국문화탐방」(junggug.cyworld.com)의 〈중국가족법〉 게시판을 활용하시도록 권하고 싶다. 그곳에 중국 전통시대의 가족법과 관련된 자료나 읽을거리를 몇가지 실어놓았으며, 또한 토론의 터로서 활용하고자 한다. 이러한 공간을 통해서 앞으로 이 분야에 좀 더 많은 논의가 진전되었으면 좋겠다.

이 번역을 출판하는 과정에서 많은 분들의 도움을 받았다. 우성숙님 · 김경희님 · 김보영님 등이 이 책을 번역출판하는 과정에서 크게 애를 써주었다. 이점에 대해서 깊이 감사하는 바이다. 그리고, 송대 가족법에 관련해서 한국에서는 지금 현재 유일한 연구자라고 할 수 있는 육정임씨도 이 번역의 앞부분을 살펴보아 주었다. 앞으로 이 책의 출판을 계기로 좀 더 이 분야에 관심을 이끌어낼 수 있게 되기를 바라마지 않으며, 이를 통하여 중국사회를 조금이라도 구체적으로 파악할 수 있는 계기가 되었으면 좋겠다.

이 책을 중국사학회가 마련하고 있는 중국사학총서에 포함시켜 주신데 대해서 중국사학회 임원 여러분께 감사드린다. 그리고, 이번에도 작업의 진행이 더디었는데도, 언제나 변함없이 묵묵하고도 꾸준하게 지켜보아준 서경문화사의 여러분들께 감사드리는 바이다.

2005년 5월

임 대 희

찾 아 보 기